JN298743

アメリカの黒人奴隷制論
――その思想史的展開――

清　水　忠　重　著

木鐸社

目　次

はじめに …………………………………………………………………5

第Ⅰ章　ジェファソンの人間本性論，黒人奴隷制論，
　　　　政治制度論 ………………………………………………11
　1節　知的関心と方法（11）
　2節　人間本性論（32）
　3節　黒人奴隷制論（55）
　4節　政治論と道徳感覚（87）

第Ⅱ章　アメリカ植民協会 ……………………………………113
　1節　協会創設とリベリア植民の背景（113）
　2節　地域利害対立の進展（125）
　3節　課題の克服とリベリア共和国の誕生（139）

第Ⅲ章　南部奴隷制擁護論と少数派擁護論 ………………149
　1節　トマス・デューの『論評』（149）
　2節　聖職者の宗教的擁護論（161）
　3節　ジョージ・フィッツヒューの社会学的擁護論（170）
　4節　アメリカ人種学派の科学的擁護論（182）
　5節　ジョン・C・カルフーンの少数派擁護論（205）

第Ⅳ章　北部の奴隷制即時廃止運動 …………………………215
　1節　即時主義の意味（215）
　2節　アボリショニストと「多数派の専制」（231）
　3節　ガリソン派アボリショニズムの限界（246）

第Ⅴ章　北部多数派の黒人奴隷制論 …………………………261
　1節　プラス・イメージの黒人像（261）
　2節　『アンクル・トムズ・ケビン』（268）
　3節　リンカーンの黒人奴隷制論（282）
　4節　リンカーンの黒人植民政策（291）
　5節　マーティン・R・デレイニの移住主義（298）

おわりに …………………………………………………309
あとがき …………………………………………………315
索引 ………………………………………………………317

はじめに

　アメリカ建国期から南北戦争勃発にいたるまでの時期にかけて展開された黒人奴隷制論を思想史的にあとづけようとする場合，出発点にすえるべき人物をだれか一人選ぶとすれば，トマス・ジェファソンを措いてほかにない。ジェファソンは一方で人間の平等と「生命，自由，幸福の追求」という「不可譲の権利」をかかげた独立宣言の起草者であり，アメリカ・デモクラシーの祖とされる人物であるが，他方ではまた北部のアレクサンダー・ハミルトンやジョン・アダムズらとはちがって，黒人奴隷の大所有者でもあった。独立宣言の起草時に，ジェファソンは180人あまりの奴隷を所有しており，晩年には所有奴隷数を270人ちかくにまで増やしている。かれはまた黒人奴隷に関する法案（1779年）を起草して，通行証なしの外出を禁ず，武器を所有すべからず，裁判の証言者になる資格はなしといった規定を設け，白人女性が黒人の子供を生んだ場合，その女は子供をつれて1年以内にヴァージニアから立ち去るべしといった混血への嫌悪感をあらわにした規定まで設けている。ジェファソンは建国期アメリカの矛盾を他のだれよりもよく体現していた思想家であったといってよい。

　ジェファソン以後，南北戦争勃発にいたるまでの時期，さまざまな論客がさまざまな角度から黒人奴隷制をとりあげて論じたが，かれらの所論は，（1）奴隷制反対・黒人植民論，（2）奴隷制擁護論，（3）奴隷制即時廃止・国内解放論という三つのものに大別することができよう。

　奴隷制反対・黒人植民論は奴隷を解放し，これを国外の地に移住させて，合衆国を白人共和国にしようとするものであり，具体的には西アフリカにリベリア植民地が建設されて，黒人のアフリカ送還事業がおしすすめられることになった。他方，南部のイデオローグたちは聖書の字句や社会科学・自然科学上の論拠をもちだして，なぜ奴隷制が倫理的に是認さるべき制度なのか，自然の理にかなった制度であるのかを説いて，

奴隷制の擁護論を展開した。これに対して，北部の奴隷制即時廃止論者(アボリショニスト)たちは奴隷の即時・無条件・国内解放をとなえて，奴隷制擁護論者とは正反対の方向に過激な論陣を張った。

　黒人奴隷制論を繰り広げたこれらの論客たちが，みな一様に議論の出発点にすえたのはトマス・ジェファソンの思想であった。奴隷制に対して擁護・反対いずれの立場をうちだすにせよ，人はジェファソン思想のうちに自分の主張の拠り所をみいだすか，あるいは自説の展開に先立って，まずジェファソン思想を否定する作業から着手した。

　ちなみに黒人植民を実践したアメリカ植民協会は，植民事業を推奨するジェファソンの手紙を『アメリカ植民協会第1次年次報告』（1818年）に掲載して，自らの立場を正当化した。そしてジェファソンが1777年にヴァージニア州議会に提出した法案は「明確なかたちで表明されたアフリカ人植民計画の最初の構想」であったと説いて，黒人植民の理念がジェファソンに由来するものであることを力説した。また後年奴隷解放を実施することになるエイブラハム・リンカーンはペオリア演説（1854年10月16日）で黒人奴隷制に対する反対意見を体系的なかたちで示したが，その際かれは自分の依拠する原理が独立宣言と北西部条例（1787年）のそれであることを明言し，奴隷制拡大反対の立場（すなわち西部のテリトリーを自由な白人専用の居住地として確保すべしとする自由土地の立場）こそがジェファソンの目指すところであったと主張して，自説の支えをジェファソンのうちに見出したのであった。他方，北部の過激派アボリショニストはジェファソンのデモクラシー思想と現世主義をこばみ，民意よりも神意を尊重すべきであるとする彼岸的立場にたって，北部の多数派世論に挑んだ。また聖書の字句を引用し，奴隷制が神の律法にかなった道徳的に正しい制度であることを示そうとした南部の聖職者や，アリストテレスの思想（「生来の主人」「生来の奴隷」の説）に依拠して，人間の不平等を主張したジョージ・フィッツヒューも，奴隷制擁護論の展開に先立って，まずジェファソンの人間本性論と自由・平等思想の否定から作業を開始した。これに対して，おなじ奴隷制擁護論者でも，アメリカ人種学派と呼ばれるグループは黒人の生物学的な劣等性を科学的なデータを駆使して論証し，それを根拠にして奴隷制の正当性を主張し

たのであったが，かれらのかかげた人祖多元論のテーゼ（人類の初発時からの諸人種の異質性と黒人の生物学的劣等性をとなえる学説）は建国期にトマス・ジェファソンが孤軍奮戦するかたちで唱えた学説であった。

　19世紀前半の奴隷制論議において，その出発点に置かれたのはつねにジェファソンであり，黒人奴隷制を論じようとする者はだれしもジェファソンの思想を避けて通ることはできなかったといってよい。したがって黒人奴隷制論の思想史的展開をあとづけるためには，まずジェファソンの黒人奴隷制論の特徴をおさえ，その上でその後の論客たちがこれをどのように受けとめ，論理展開していったのかという手順で見ていくのが妥当であろう。

　叙述の進め方について，もう一つ付言しておこう。ジェファソンの黒人奴隷制論の特徴を明らかにするには，かれの「自然」に関する論議，とりわけ「人間本性」(human nature) に関する論議から入っていく必要があるということである。ジェファソンは独立宣言で，すべての人間が自由・平等という不可譲の権利を賦与されていると主張したが，かれがこの自然権を黒人にも適用さるべきものと考えていたのかどうか，すなわち「すべての人間」のなかに黒人も含めて考えていたのかどうかといった点を明らかにするには——ジェファソンは自然権を一定の「自然」（資質，本性）を備えた者にのみ賦与さるべきものと考えていたわけであるから——かれが人間本性をどのように定義し，黒人本性をどのようにとらえていたかを明らかにする必要がある。つまり思想史的な観点から黒人奴隷制論をとりあげるには，人間本性論から入っていく必要があるということである。

　自然という概念は，もっと一般的な見地からいっても重要であるといわねばならない。ジェファソンの生きた啓蒙主義の時代は別名，自然法の時代とも呼ばれるように，自然がきわめて重要な意味をもっていた時代であった。バジル・ウィリーはその古典的労作『18世紀の自然思想』のなかで，「『自然』は古典古代の昔からずっと西欧思想において支配的な観念であったのだが，ルネサンスから18世紀にいたる間におけるほどあまねく幅をきかせた例はおそらくついぞなかった」と述べ，啓蒙期にはこの自然という土台の上に，倫理，政治，法律，芸術などすべての思

想が築かれねばならなかったと述べている。建国期アメリカの思想家のなかでもジェファソンはもっとも頻繁に自然という言葉を口にした人物であったという点にかんがみて，このウィリーの言葉はジェファソンにこそよくあてはまるといわねばならない。

　晩年に書いたある手紙のなかでジェファソンはアメリカ独立革命を回顧して，あの革命は「われわれが望みどおりに自由に書くことのできるアルバムを提供してくれました。われわれはカビのはえた記録を調べたり，王室の羊皮紙を捜しもとめたり，なかば野蛮な祖先の法律や制度を調査したりする必要はありませんでした。われわれは自然という根拠に訴えました」と述べている。ジェファソンの思考の出発点にはつねに自然（人間本性）が置かれていたのであり，自然法は人間社会と自然現象を理解する上での包括的な視座を提供するものであった。ジェファソンの思想は人間本性論（すなわち外的物理的自然に対して，人間の内なる自然）に関する考察がまず土台としてあり，その上に社会に関する具体的な論議（教育論，政治制度論，国家論など）が組み立てられるという仕組みになっていた。人間本性論が具体的処方箋をみちびきだす上での論理的な大前提としてすえられていたのであり，ジェファソンが人間本性をどのようなものとして把握したかが，そのままかれの教育論や国家論の性格を決定する構造をもっていたといってよい。「自然」（人間本性）概念を抜きにしてジェファソン思想を語るのは，あたかも原理論を抜きにして各論の位置づけを試みるに等しいといわねばならない。したがってジェファソンを起点とする黒人奴隷制論の展開をあとづけるに際しても，それに先立ってまずジェファソンの人間本性論から入っていかなくてはならない。

　　（1）　ジェファソンは1774年に187人，1783年に204人，1822年には267人の奴隷を所有していたと推定されている。William Cohen, "Thomas Jefferson and the Problem of Slavery," *The Journal of American History*, LVI, No.3 (December 1969), 506.
　　（2）　Saul K. Padover, ed., *The Complete Jefferson. Containing His Major Writings, Published and Unpublished, Except His Letters* (New

York: Duell, Sloan & Pearce, Inc., 1943), pp.89-90.
(3)　*The First Annual Report of the American Society for Colonizing the Free People of Colour of the United States* (Washington, D.C., 1818; rpt. New York: Negro Universities Press, 1969), pp.6-7.
(4)　*The Thirty-Second Annual Report of the American Society for Colonizing the Free People of Colour of the United States*, p.40.
(5)　Roy P. Basler, ed., *The Collected Works of Abraham Lincoln* (New Brunswick, New Jersey: Rutgers University Press, 1953), II, 247-283.
(6)　バジル・ウィリー（三田博雄・松本啓・森松健介訳）『十八世紀の自然思想』（みすず書房，1975年），2頁。
(7)　Charles A. Miller, *Jefferson and Nature* (Baltimore, Maryland: The Johns Hopkins University Press, 1988), pp.1-2.
(8)　Saul K. Padover, ed., *Thomas Jefferson on Democracy* (New York: The New American Library, 1939), p.33.

第Ⅰ章
ジェファソンの人間本性論，黒人奴隷制論，政治制度論

1節　知的関心と方法

多面的な関心

　ジェファソンの知的関心一般についてまず見ておこう。ジェファソンは身のまわりのありとあらゆる物事に対して飽くことのない知的好奇心を示した人物であった。さまざまな分野で多彩な才能を発揮したという点で，かれはいわばルネサンス型の万能人であった。かつてケネディ大統領はアメリカのノーベル賞授賞者たちをホワイト・ハウスに招いて晩餐会を催した際，列席するゲストたちに向かって，これはここで「トマス・ジェファソンが一人で食事をしたときのことを除けば，これまでホワイト・ハウスに集った才能と人知のなかでももっとも特筆すべき集い」[1]でありますと述べたというエピソードが残っている。多数のノーベル賞授賞者を束にしてジェファソン一人に対抗させているわけであり，かれの万能人型のイメージを象徴するものといってよい。

　この種のジェファソン・イメージは歴史家たちのあいだにもすでに定着して久しい。ちなみに史家ソール・K・パドーヴァーは，ジェファソンが私淑したルネサンス期の哲学者フランシス・ベーコンを引合いに出して，つぎのように述べている。

　　「二世紀前のフランシス・ベーコン卿のように，ジェファソンはすべて

の知識を故国のために吸収した。かれの知的な関心と科学的な関心には全くびっくりさせられる。かれは測量師であり，数学者であり，ヴァイオリン演奏者であり，建築家であり，植物学者であり，地理学者であり，人種学者であり，天文学者であり，農学者であり園芸家であり，法律家であり，家具デザイナーであり，発明家であり，技術者であった。かれの手紙を一目見ただけで，かれが造園や，砲術や，米作や，オリーブ栽培や，護岸工事や，医薬や，織物や，鋳物や，ギリシア語・ラテン語文法や，詩形論や，度量衡や，代数学や，楽器や，教育や，海水の蒸留や，インディアン語や，宗教や，養蚕や，紡績機械や，蒸気機関や，硫黄や，海潮や，ブドウ栽培や，速度計や，製材場や，羊や，流星や，プラウや，硬貨や（現在の合衆国の通貨制度の基礎となっているドル単位はかれが制定したものである），運河や，化学や，暦や，水雷などのことに没頭していたことがわかる。かれはあらゆる事柄に関してなんらかの知識をもっており，ある事柄に関しては非常によく知っていた」。

ジェファソンの博識と多面的な関心は，かれの主著『ヴァージニア覚書』(1784年)によく示されている。この著作の出版はアメリカ哲学協会やアメリカ学芸アカデミーの創設と並んで建国期アメリカ科学の出発点を画するものであるが，この書はつぎのような項目のもとにヴァージニアの事情を手に取るように詳細に描いている。

　　　　(1)（ヴァージニアの）境界，(2)河川，(3)海港，(4)山，(5)滝と洞穴，(6)地下資源・植物・動物，(7)気候，(8)人口，(9)陸軍，(10)海軍，(11)先住民，(12)郡と町，(13)憲法，(14)法律(黒人奴隷)，(15)大学，(16)王党派に対する処遇，(17)宗教，(18)生活様式(奴隷制)，(19)工業・商業・貿易，(20)特産品と輸入品，(21)硬貨，(22)財政収支，(23)歴史書

『ヴァージニア覚書』は事実上は『ヴァージニア百科事典』とでも称すべきものであるが，この百科事典が並のそれとちがうのは，すべての項目をジェファソン一人が執筆しており，しかもどの項目も並の学者では及ばぬほど徹底して詳論されているという点である。しかも，ここに盛りこまれている諸事実はいわば本から本を作る式に他人の著作から引き写しにしたものではなく，ジェファソン自身が日常生活のなかで丹念

第Ⅰ章　ジェファソンの人間本性論，黒人奴隷制論，政治制度論　13

に収集したものであった。ちなみに「アメリカ地理学の父」と呼ばれるジェディダイア・モースは1789年に地理学のパイオニア的な著作『アメリカの地理』を著したが，かれはヴァージニアに関しては，『ヴァージニア覚書』の叙述をそのまま引き写しにしただけであった。

　ジェファソンは目にふれる新しいもの，耳にする珍しいことがらを逐一メモする習慣と「事実収集への情熱」とでもいうべきものをもちあわせていた。かれは二期にわたる大統領在職中，37種類にもおよぶ野菜や果物について，それらが首都ワシントンの市場に現れる日付と姿を消す日付を克明に記録している。ブロッコリーは4月7日に店頭に現れて，4月24日に姿を消し，アーティチョークは6月9日から7月16日まで市場に出まわり，キノコは8月11日から10月19日まで，スイカは7月7日から9月3日まで，カボチャは6月11日から10月17日まで市場に出まわるといったぐあいである。

　ジェファソンは気象学上のデータの倦むことのない収集家でもあり，鳥や蛙や昆虫の初鳴日，初見日，植物の開花日などを克明に記す記録者でもあった。ジェームズ・マディソンに宛てた手紙のなかでかれは(1)日付，(2)日の出時の気温，(3)日の出時の気圧，(4)日の出時の風向，(5)日の出時の天候，(6)午後4時の気温，(7)午後4時の気圧，(8)午後4時の風向，(9)午後4時の天候，(10)木の葉，花，珍しい植物の発芽と落葉，(11)鳥たちの初見日と移動，(12)雑多，の12項目を日記に書きとめるよう勧めている。そして自分自身も1790年6月8日にニューヨーク市でヨタカの初鳴きを聞き，4月21日にツバメの姿を初めて目にしたこと，翌年2月27日にはフィラデルフィアにムクドリモドキとワタリツグミが渡ってくるのを目撃したことなどを書きとめている。

　ジェファソンはまた巻尺をもち歩く習慣があり，目にするさまざまなものを逐一測定してまわる「測量熱」とでもいうべき癖があった。ものごとを数量化して把握しようとする即物的な姿勢である。イタリア旅行中，ポー川を渡し船で渡った際，11分要したことを書きとめているし，エッセンブルクでライン川を横切るには8分から10分かかることを確かめている。またハイデルベルクで観光名物の大酒樽を見物したときには，ただ見るだけでは満足せず，樽の長さが外寸で28フィート10インチ，直

径は端が20フィート3インチ,板の厚さは7.5インチ,たがの厚さも7.5インチあることを実測して確かめている。ジェファソンは動物や樹木のサイズにも関心を示し,ヨーロッパ旅行中マルセーユとニースの近くで測った無花果の木は,それぞれ幹の直径が15インチと18インチあったこと,マルセーユで測ったラバの丈は5フィート2インチあったことを書き記している。見るもの,聞くものすべてに関してサミュエル・ピープス風の記録を残しているわけであり,モノマニア的なメモ癖があったことがわかる。

しかも,ジェファソンの多面的関心と事実収集癖は一定の方法的な自覚に裏打ちされていたのであって,雑然とした骨董屋的な関心に発するものではなかった。既成の理論を鵜呑みにするのではなく,自分自身の目で直接観察しようとする強い意欲がその背後には控えていた。ジェファソンはある手紙のなかで,「理論を立てるやいなや,人間の想像力というものはどんな対象のうちにも,その理論にあう側面のみを見てしまうものです」と書いている。既成の理論に無自覚にもたれかかり,手垢のついたフレームでしか対象を眺めることのできない態度を批判したものである。ジョン・アダムズからアメリカ先住民に関する著作を尋ねられた際,ジェファソンはその返書でこの種のテーマに関しては旅行者の書いたものしかないがと断り書きをした上で,フランス人のラフィトーとイギリス人のアデアの著作を挙げ,前者に関してはつぎのように述べている。

「不幸なことにラフィトーは,かれの頭のなかにヨーロッパ,アジア,アフリカの古代諸国民の神話,風習,制度および政治に関する先入観に染まった理論を詰めこんでいました。そしてアメリカのそうした問題を取り上げた際,ただ単にその同じフレームにこれをあわせ,自分の一般理論の確認をそこから引き出そうとしただけでした。……(中略)……それゆえにかれは自分の理論にあいそうなあらゆる諸事実を集め,あらゆる誤謬を採用したのであり,きわめて由々しいことに,理論への熱狂のみが飲みこむことのできるような馬鹿げた事柄を受け売りすることになってしまったのでした。……(中略)……かれは北部のインディアンのあいだに伝道者として5年間も住んでいたのですが,自分の材料を自分自身の観察からではなく,

他人の記述の方からより多く集めています」。⁽¹²⁾

要するに，他人の作ったフレームでしかものを眺めることのできない人間をこきおろしているわけであり，自分はそうではないということを言外にいっているわけである。

現世主義の志向

ジェファソンの知識欲と事実収集熱を根底から支えていたのは，徹底した現世主義の立場であった。かれが獲得しようとしたのは人間の実生活から浮き上がった神学体系のような観念論ではなく，生身の人間を中心にすえた知識の体系であった。現世の生活は来世の準備のためにあるのではなく，神の栄光を増すためにあるのでもない。苦行や禁欲ではなく幸福の追求こそが人生の目的であるという現世謳歌の姿勢である。人生の価値基準を来世や天上から地上へと引きずりおろしたといってよい。ジェファソンが独立宣言で「幸福の追求」を謳って，現世的な願望を肯定したことは周知のとおりであるが，かれはA・コーライーに宛てた手紙のなかでも，人間の平等と個々人の幸福こそが政府の追求すべき唯一の目的であると説いている。(13)またW・ショートに宛てた手紙では，エピクロスの哲学に言及して，その哲学を「幸福が人生の目的。徳が幸福の基礎。有用性が徳の試金石」と要約し，「わたしもまたエピキュリアンです」と結んで，その哲学に多大な共感を示している。(14)

この人間中心主義の立場は当然のことながら，神学者の観念論や超越神を否定する態度を生み出すことになる。ジェファソンは，キリスト教の教義というのは「頭の狂った神学者たちの思弁」にすぎず，「自分自身にも他人にも理解できず，人間精神の理解力をまったく超えた抽象物」にすぎないと考えていた。(15)かれはキリスト教教義の中心を占める「原罪」や三位一体説には馴染めなかった。ショートに宛てた手紙のなかでかれは，「私は物質主義者です」と述べ，原罪をつぐなうには，懺悔をして赦しを乞うよりも，それに見合うだけのよい仕事をすればいいことであるとして，精神主義的なものの見方を否定している。(16)また三位一体説に関しても，「誠実な人間が三は一であり，一は三であるというプラトン流の神秘主義を信じるふりをするのはもう時代遅れです。一は三ではありま

せんし, 三は一ではありません」と述べて, 否定的な態度をとっている。

ジェファソンの人間中心主義は超越神だけではなく, 死者をも否定する態度となって現れた。他界した人間の意思よりも, いま現に生きている人間の意思をこそ尊重すべきである。地球は死者のためにあるのではなく, 現存する生活者のためにあるという考えを, かれはつぎのように語っている。

「造物主は地球を生きている者のためにつくられたのでありまして, 死者のためにではありません。権利と権力はただ人間にのみ属するのでありまして, 意思を与えられていない物や単なる物体に属することなどできません。死者は物ですらありません。かつてかれらの肉体を構成していた物体の微粒子は, いまではありとあらゆるかたちをした他の動物や植物や鉱物のからだをつくっています。としますと, かつてかれらが人間のかたちをしていたときに持っていた権利と権力とは, どこに帰することになるのでしょうか」。

死者のからだは, その辺にころがっている動植物の一部になっているという言い方はいかにも冒瀆的で, 物質主義者ジェファソンの面目躍如たるものがある。国政を担った建国期の政治家たちのなかで, これほど歯に衣着せぬものの言い方をした人物は他にはいないといわねばならない。

ジェファソンの現世主義の立場が端的に示されているのは, かれの世代論である。ジェームズ・マディソンに宛てた手紙のなかでかれは, 「ある世代の人間が他の世代の人間を縛る権利を持っているかどうかという問題」をとりあげて, 「わたしは『地球の用益権は生者に属する』, すなわち死者はそれに対してはどんな権限も権利も持ち合わせてはいないという自明と思われる立場から出発します」と述べて, つぎのような注目すべき世代論を展開している。

「社会の成員個々人に関していえることは, それらすべてをひっくるめたものに関してもいえます。というのは, 全体の権利は個々人の権利の合計に等しいからであります。われわれの考え方をはっきりさせるために, この考えを人間集団にあてはめて, 一世代の人間がすべて同じ日に生まれ, 同じ日に成熟年齢に達し, 同じ日に死んで, その瞬間あとにつづく世代が

第Ⅰ章　ジェファソンの人間本性論，黒人奴隷制論，政治制度論　17

成熟年齢に達すると仮定してみましょう。成熟年齢を21歳としますと，21歳に達した人間に与えられている平均的な生存期間は34年ですので，それ以後の生存期間を34年と仮定してみましょう。そうしますと，一連の世代がちょうど個人の場合と同じように，一定の瞬間を区切りにして舞台の上に現れ，かつ消えていくということになります。ですから地球はこれらの世代の各々に，その世代の存続期間中属しており，かれらの権利のもとにあるといえます。2番目の世代は最初の世代がこしらえた負債や抵当をすっかり清算したかたちで地球を引き継ぎます。3番目の世代は2番目の世代のそうしたものを清算して地球を引き継ぎ，以下同様というわけです。……(中略)……ですからいかなる世代も，その生存期間中に支払うことのできないような負債の契約をすることはできません。21歳の時点では，人は以後34年間，自分自身と自分の土地を束縛することができます。22歳の時点では33年間，23歳の時点では32年間，54歳の時点ではわずか1年間だけ束縛することができます。といいますのは，これがそれぞれの時点で人びとに残されている人生の期間であるからです」[20]。

このあとジェファソンは，「いかなる社会も永久的な憲法をつくることはできませんし，永久的な法律すらつくることはできません」[21]，憲法や法律などというものはその世代世代で新しくつくりかえていくべきものです，と述べてマディソンを驚かせている。

ジェファソンはカーチヴァルに宛てた手紙でも，「法律と制度は人間精神の進歩と手を携えて進まなくてはなりません」，古い制度に固執するのは，あたかも少年時代に着ていたコートを大人になってからも着せ続けるようなものですと述べて，上に述べたのと同じような世代論を展開している。ヨーロッパの死亡率表によれば，現在生きている成人のうちの過半数は，およそ19年で死んでしまう。つまり19年経てば新しい過半数，新しい世代が登場することになる。各世代は「それ自身のために，その世代自身の幸福の最善の促進策であると信じる政治形態を選択する権利」を持っている。したがって19年ないし20年ごとに各世代の多数派の意向を取り入れて，法律・制度の改変を行なうべきである[22]。こう述べたあとジェファソンは，ヴァージニアの現実に話題を切り替えて，つぎのような過激な発言をしている。

「ヴァージニアの州憲法がつくられて、すでに40年になります。同じ死亡率表によりますと、この歳月のあいだに、憲法制定時の成人の3分の2はもう故人になってしまっていることがわかります。としますと、残りの3分の1の者たちは、いま現在成人の多数派を構成している他の3分の2の者たちを、自分たちの意思にしたがわせ、むかし自分たちがつくった法律にしたがわせる権利をはたして持っているのでありましょうか。もし、かれらが持っていないとしますと、誰が持っているのでありましょうか。死者でしょうか。いや、死者は権利など持ってはおりません。かれらは存在していないのでありまして、存在していない者がなにかを所有することなどできはしません。物体がありもしないところに、出来事が起こるわけがありません。この有形の地球とその上にあることごとのものは、いま現在生身の肉体をもっている住民のものなのでありまして、その世代が生存しているあいだだけかれらのものなのであります。現世代の者だけが自分自身の関心のおもむくところにしたがって進み、その意向を盛った法律を制定する権利を持っております。そしてこの表明は、かれらのうちの多数派によってのみなされることができます。多数派は議会に代表を送って、かれら自身にとって最善であると思えるようなものに憲法をつくりあげていく権利を持っております」(傍点、清水)。

(23)

　ジェファソンはいかなる世代も土地を永久に所有しつづけることができないのと同様、どの世代といえど「たんなる終身の小作人」にすぎないと考えていた。亡くなった世代がそれに続く世代を束縛するのはあたかも、他国の住民を束縛しようとするようなものである。政治というものは現世代の意向を反映すべきであり、すべての政治制度は現世代の多数派の意向にしたがって、そのつど改変されていくべきである。この世代ごとの憲法改正の考え方は、ジェファソンの徹底した現世主義の一端を示すものであり、かれはこうした見地から従来の知識や理論を洗いなおそうとしたのであった。

唯物的、実証的、統計的手法

　ジェファソンがものごとを論じる際の手法について見ておこう。その一つの特徴は感覚論に立脚した事実主義とでも呼びうるもの、すなわち

第Ⅰ章　ジェファソンの人間本性論，黒人奴隷制論，政治制度論　19

手で触れることのできる確実な事実しか信用しないという態度である。ジェファソンはあらゆる種類の形而上学を嫌ったが，とくにプラトンの神秘主義とその曖昧模糊とした「霧のかかったような観念」に対しては大きな嫌悪感を抱いていた。亡くなる6年前にジョン・アダムズに宛てた手紙のなかでジェファソンは自分の哲学上の立場について論じているが，それは敬虔な宗教心をわざと逆なでするような挑発的な筆致で書かれており，年齢を感じさせない若さのようなものを感じさせる。すなわち，

　「『わたしは感じる，それゆえわたしは存在する』。わたしは自分自身のものではない物体を感じます。したがって他の存在物が存在します。わたしはそれらを物質と呼びます。わたしはそれらの場所の移動を感じます。これがわたしに運動を感じさせます。物質が欠如しているとき，わたしはそれを空白，無あるいは非物質的な空間と呼びます。感覚，物質，運動という基盤の上にこそ，われわれはわれわれが所有し，必要とする徹頭徹尾確実な建造物をうちたてることができます。……（中略）……ひとたび感覚という基盤から離れてしまいますと，すべては雲散霧消してしまいます。非物質的な存在物について語るということは，何もないものについて語るということと同じであります。人間の魂，天使，神が非物質的なものであるということは，とりもなおさずそういったものは無であるということ，つまり天使，神，魂などというものは存在しないのだということであります」。

じかに手で触れることのできるもの，自分の感覚で確かめることのできるものだけが実在する，したがって神や天使や魂といったものは存在しないのだというこの無神論的なものの言い方は，当時の思想風土のもとではきわめて過激なものであったといわねばならない。

　数量化への旺盛な志向と統計的な数値を駆使する手法もジェファソンの方法を特徴づけるものである。ジェファソンはものごとを表現する際，漠然とした形容詞を連ねるのではなく，数字を駆使して即物的に表現するのをつねとした。たとえば『ヴァージニア覚書』「質問2」で，かれはヴァージニアを流れている数多くの川について説明しているが，その場合それぞれの川について，川舟はどのあたりまで遡航することができる

か，川にはどのような魚が住み，その周辺にはどのような生物が生息しているか等を記述するに先立って，「ポトマック川の川幅は，河口で7マイル半，ノモニー湾で4マイル半，アクィアで3マイル，ハルーイング岬で1マイル半，アレグザンドリアで1マイルと4分の1である。またその水深は，河口で7尋，セント・ジョージ島で5尋，ロウァー・マチョディックで4尋半，スワン岬およびその上流アレグザンドリアまでは3尋，さらにアレグザンドリア上流13マイルにある滝までは10フィートである」といった調子で，読み手の主観やその時々の気分によってさまざまに受け取られることがないよう，逐一具体的な数字をあげて論述している。『ヴァージニア覚書』の叙述はそのほとんどがこの種の無味乾燥な即物的叙述に徹しているのであって，問題意識なしにこの書を読もうとすれば，ある種の苦痛をともなわざるをえない。

『ヴァージニア覚書』「質問5」には「天然橋(ナチュラル・ブリッジ)」のアーチの美しさを称えたつぎのようなくだりが出てくる。

「天然橋は自然の作品のなかでももっとも荘厳なものであり，この質問の範囲に含まれてはいないが，触れないわけにはいかない。これは，何らかの大震動のために全体的に裂けたと思われる丘の中腹にある。ある測量によれば，この裂け目はちょうど橋のところで深さ270フィートであるが，別の測量によれば205フィートにすぎない。幅は底で45フィート，上端で90フィートである。これが橋の長さおよび水面からの高さを決めていることはいうまでもない。橋の幅は中央部で約60フィート，両端ではこれよりも広く，厚さはアーチ型の頂上で約40フィートある。この厚みの一部は土の層から成り，そこには数多くの大木が生育している。残りの部分は石灰岩からなる単一の固い岩で，両端は丘につながっている。橋が描くアーチは，半楕円形に近いが，弓形の弦にあたる楕円の長軸は，横軸よりも数倍長くなっている。橋の両側にはところどころ固着した岩が手すりのようになってはいるが，始めからそこまで歩み寄って下の深淵をのぞきこもうと決心する人はほとんどない。何気なく四つんばいになって手すりまで這って行き，その上からのぞいてしまうのである。私は，この高さから約1分間見下ろしていて，ひどい頭痛を覚えたものである。しかし，上からの眺めが苦痛に満ちてたえられないものであるとすれば，下からの眺めは同じくら

い極端に楽しいものである。この荘厳な美しさから生まれるもの以上の感動を求めることは不可能である。橋が描くアーチの美しさ，高さ，優雅さ，あたかも天国に向かってのびているかのごとく，これを眺める者の喜びは全く言いようのないほどである。丘の裂け目は，橋の上下かなりの間にわたって狭く，深く，かつ真っすぐ続いており，その切れ目からは，それぞれ5マイルほどのところに一方にノース・マウンテン，他方にはブルー・リッジが，わずかではあるが，気持ちのよい姿を見せている」。[29]

この描写の後半部分は，『ヴァージニア覚書』の中でもジェファソンの主観が吐露された数少ない箇所の一つとなっている。この一文がいわれるほどの名文であるのかどうかは疑問であるが，ここでジェファソンは自然美を描くに際してまず無味乾燥なサイズの測定から筆を起こし，橋の特徴を数量化して示すことに叙述の大半をついやしたのち，自分の感情を補足的に添えるという手法をとっている。自然の賛美者がよくやるように陶酔気分や高揚感を過剰気味に表出するのではなく，対象を即物的に叙述したあと嘆声をつけたすという禁欲的な描き方をしているわけである。

統計的な手法，すなわちある事柄を論証する場合，2，3の単発的な具体例をもちだすのではなく，大量のデータを駆使し，統計的数値に訴えて実証しようとする姿勢もジェファソンの特徴である。[30]たとえば『ヴァージニア覚書』は，ヴァージニアの植物，動物，鳥，気候，人口，民兵，先住民に関するつぎのような一覧表を提示している。

（1） 薬用植物，食用植物，装飾用樹木，建築用樹木の名前
　　薬用植物19種類，食用植物35種類，装飾用樹木38種類，建築用樹木25種類の合計117種類のものが挙げられている。[31]
（2） ヨーロッパとアメリカの四足動物の重量の比較
　　(1)両方に土着のもの（26種），(2)一方のみに土着のもの（ヨーロッパ17種，アメリカ73種），(3)両地方で家畜化されているもの（8種）の合計124種の四足動物が挙げられている。[32]
（3） ヴァージニアの鳥の種類
　　ケイツビに依って挙げられているものが92種，ジェファソンがこれに付け加えているものが32種で，合計124種のものが挙げられている。[33]

（4）ウィリアムズバーグの降水量，一日の最低および最高気温，風向の測定値。[34]
（5）ヴァージニアの新規移入者数，住民人口，10分の1税納付人口の変遷。[35]
（6）ヴァージニアの各カウンティの民兵数。[36]
（7）ポウハタン，モナホアック，モナカン族の中心集落の所在地と1607年および1669年の兵士の数。[37]
（8）合衆国とその周辺に居住する先住民の部族名，居住地域，人口。[38]

この統計的手法についてはもう少し具体的にみておく必要がある。というのは『ヴァージニア覚書』は別名「統計の書」とも呼ばれるように，[39]この点にジェファソンの体質がよく示されているからである。観念論や神秘主義を斥けて，実感しうる具体的事実に訴える，それも計量化された統計的数値に訴えるという点にかれの本領はあるといってよい。フランスの博物学者ビュフォンを批判した際の手法をとりあげて，この点を具体的に見ておこう。

ビュフォン批判の手法

『ヴァージニア覚書』のなかでも飛び抜けて多くの紙幅が費やされているのは，「質問6　鉱業およびその他の地下資源，樹木，草，果実等についての情報は如何？」であり，この一章だけで本書全体の4分の1にあたる不釣合なほどのスペースが割かれている。そしてこの「質問6」の主要部分をなしているのが他でもないヨーロッパの碩学ビュフォンのアメリカ論に反論を加えた箇所であり，ビュフォン批判の方法はそのまま『ヴァージニア覚書』の方法を貫くものでもある。

ビュフォンのアメリカ論を要約すると，「大西洋のこちら側(アメリカ大陸——清水)では自然はその産物を小さくする傾向をもつ」，アメリカ[40]の自然は「各種の動物の矮小化をもたらす」というもので，それは一言[41]でいえば「自然の退化」という言葉で要約されるものであった。[42]

この退化説はたとえば，アメリカ大陸にはマンモスのような巨大動物は生息していなかったという主張となって現れる。ジェファソン自身はオハイオ川流域やこの川以北の地域で，シベリアで発見されたのと同じ

第Ⅰ章　ジェファソンの人間本性論，黒人奴隷制論，政治制度論　23

ように大きい牙，歯，骨が数多く発見されることから，アメリカにもマンモスが生息していたと考えていた[43]。しかしビュフォンを師とあおぐヨーロッパの学者たちは，アメリカで発見されるそうした巨大な牙と骨は象のものであり，歯は河馬のものであると言い張って，アメリカに巨大動物の生息したことを認めようとはしなかった。ジェファソンはこうした頑なな主張に対して，「河馬と象が，前者は歯を，後者は牙と骨を置くべく，つねに同じ場所に来るとはいえないであろう。なぜなら，そこに置かれていない他の部分はどうなったというのか？」と，皮肉を飛ばしている[44]。しかしビュフォン説はヨーロッパの博物学者のあいだでは根強い支持を誇っており，アメリカには大型動物は生育しないという見解が行き渡っていた。

ジェファソンはビュフォン批判を展開するに先立って，「自然の退化」説をつぎのように要約している。すなわち，「（1）旧世界および新世界の双方に共通してみられる動物は後者における方が小さく，（2）新世界に固有の動物はより小規模であり，（3）両世界でともに家畜化されている動物はアメリカでは退化しており，（4）全体としてアメリカの方が種類が少ない」の四点である[45]。

ビュフォンは退化を引き起こす原因としては，熱と湿気を考えていた。そしてアメリカでは熱が低く，湿気が多いがゆえに退化が生じると考えていた[46]。熱の高低というのは気温の高低と考えてよい。湿気というのは分かりにくい概念であるが，アメリカのほうが湿気が高いというのはたとえば，「自然の手でより多くの河川池沼が地表をおおっており，このうち人間の手で水を排出したものは比較的少ない」がゆえにそうであると説明されている。つまりたんなる湿度のことではない[47]。

ジェファソンは，この「自然の退化」説に二通りの方向から批判を加えていく。第一は，ビュフォンはアメリカの動物が小型化（退化）しているというが，実際にそのようなことがいえるのかどうかということ。第二は，ビュフォンが退化を引き起こす原因として挙げているものに関するもので，この原因に関してはさらに二通りの観点から検討を加えている。一つは，アメリカにおける気候の寒さと湿気の多さが動物の成長を阻害し，退化を引き起こしているというが，そういう因果関係がはた

して成り立つのかどうかということ。もう一つは，アメリカの気候はヨーロッパと比べて寒く，湿気が多いというが，そのようなことがはたして実証できるのかどうかということである。

　この第一，第二の論点のうち，ジェファソンは第二の矮小化を引き起こす原因から入っていく。そして動物の成長にとって「熱は好都合，湿気は不利」に作用するという考え方を俎上に載せる。

　ジェファソンは，アメリカがヨーロッパに比べて湿気が多いか少ないかという点については，「この問題を決するのに十分なだけの観測結果をわれわれは与えられていない」ので断定的なことはいえないという。そしてこの問題を扱うに際して「われわれに与えられた唯一の手段は経験に訴えることであるが，私の考えでは，経験はこの仮定に反している」と述べて，ビュフォン説に疑問を呈している。というのは，湿気の多い気候はより多くの青草をはぐくむが，この青草はあらゆる動物の食料となるのであるから，湿気が動物の成長を阻害する，つまり乾燥こそが動物の成長をうながすという考え方には無理があるとジェファソンはいう。

　ジェファソンは熱が動植物の成長をうながすという因果関係については，これを認める。しかしもう一つ別の問題，すなわちアメリカがヨーロッパよりも寒冷であるということが実際にいえるのかどうかについては，ジェファソン自身，実証的データを持ちあわせていないので，反論もできない代わりに肯定もできないと考えたのであろう，確定的なものの言い方はしていない。ただしかし，一般的に考えて「アメリカは，温帯のみならず熱帯にもまたがっているので，全体量としての熱はヨーロッパよりも多い」のではないかと述べて，ビュフォン説に疑問符を付けている。

　ジェファソンはヴァージニアのウィリアムズバーグという一地点に関しては，自分自身で観測した気象上のデータを持ちあわせていた。先述した『ヴァージニア覚書』「質問7」に出てくる「ウィリアムズバーグの降水量，一日の最低および最高気温，風向の測定値」の表であり，これはこの町の降水量を5年間にわたって測定したものであった。この表を説明した際ジェファソンは，「この表では年平均47インチの雨量があるとなっており，これはヨーロッパにおける通常の雨量よりもかなり多いが，

私の集めた情報によれば、ヴァージニアではヨーロッパと比べて日光を受ける割合もはるかに大きいと考えられる。ヨーロッパ中部では、合衆国と比べて曇りの日の数が二倍もあるということがわかるであろう」と述べて、ヨーロッパ中部とヴァージニアを比較し、後者のほうが湿気が多く温暖である（すなわち、動物の成長に有利な条件を二つともそなえている）と結論づけている。ただこのウィリアムズバーグの観測データはアメリカとヨーロッパ全体を比較してものをいうにはあまりにも限定されすぎていると考えたのであろう、「質問6」のビュフォン批判の箇所ではもちだしてはいない。この禁欲的な態度は当然といえば当然であるが、ジェファソンの実証上の手堅さをよく示すものとなっている。

原因（熱と湿気）に関する論議を展開したのちジェファソンは、アメリカの動物が矮小化（退化）しているということが実際にいえるかどうかという第一の問題にもどっている。そして、ここで持ち出されるのが「ヨーロッパとアメリカの四足動物比較表」である。このデータは三つの表から成り立っている。まず第一の表では「（1）両方に土着のもの」という見出しのもとに、ヨーロッパとアメリカ両地域に生息している熊、（赤）鹿、ビーバー、カワウソなど26種の動物がとりあげられ、重量のわかっているものに関しては、その測定値も付記されている。第二の表では「（2）一方のみに土着のもの」という見出しのもとに、ヨーロッパ固有の動物である猪、野生羊、野兎など18種の動物とアメリカ固有の動物であるバク、大鹿、ジャガー、カピバラ、オオアリクイなど74種の動物が挙げられている。そして重量のわかっているものに関しては、その数値も記されている。第三の表では「（3）両地方で家畜化されているもの」という見出しのもとに、牛、馬、豚など8種の家畜化された動物が挙げられている。

ジェファソンは、この三つの比較表からそれぞれ結論を引き出していく。まず第一の表に関しては、26種の動物のうち7種はアメリカ産のほうが大きく、7種は両地域でおなじ、残り12種については調査不十分で正確な重量はわからないという点を指摘する。そしてビュフォン説の「（1）旧世界および新世界の双方に共通してみられる動物は後者における方が小さ」いという主張の妥当性に疑問符を付す。

第二の表に関しては,「ヨーロッパに固有の四足動物は18種,アメリカに固有のものはこの四倍以上,すなわち74種」もあること,しかもこのアメリカ側の74種のうち最大の重量を誇るバクの重量（534ポンド）は,ヨーロッパ固有の最大の動物である猪の重量（280ポンド）をはるかに凌ぐのみならず,バクの重量だけでヨーロッパ固有の18種の動物の重量を合計したものを上まわっている点を指摘して,ビュフォンの「(2)新世界に固有の諸動物は相対的に規模が小さい」という主張を斥ける。
(55)

　家畜化されている動物に関しては,ジェファソンは第三の表で一応のデータを示している。しかし,この表では牛の重量に関してのみ両地域の数値（ヨーロッパ763ポンド,アメリカ2500ポンド）がわかっていて,その他の動物（馬,豚,羊など）に関しては,いずれか一方の地域の重量しかわかっていない。したがって彼我いずれの家畜が大きいかを比較しうるようなデータにはなっていない。また家畜に関するジェファソンの関心は両地域の重量を比べることにあるよりも,むしろ重量の差を生み出す原因のほうにあった。すなわち家畜に関してはジェファソンは,その生育の良し悪しはビュフォンのいうような「気候の暖かさや乾燥によってではなく,良い飼料と保護とによる」,言い換えれば,もし「同程度の飼料と世話が与えられれば」,家畜は両地域とも同じ大きさになると考えていた。つまり家畜に関しては,原因に関するビュフォンの考え方自体に疑問を呈しているわけである。
(56)

　最後にジェファソンはアメリカの方が動物の種類が少ないというビュフォンの見解をとりあげて,アメリカ土着の種は100種（ヨーロッパ,アメリカ双方に土着のもの26種,アメリカのみに土着のもの74種を合計）もあることを指摘し,もしビュフォン説にしたがって,ヨーロッパ,アジア,アフリカに126種が生息すると想定すれば,「アメリカ産の種と世界の残りの部分の種との割合は100対126,つまり4対5である。しかし世界の残りの部分はアメリカの二倍の広さがあるから,正確な比率は4対8にすぎなかったであろう」と述べて,比率の上からいえばむしろアメリカの方が種類は数段豊富だということになるではないかと反論している。
(57)

　ジェファソンは「自然の退化」説を総括して,「私は,この理論を支持

第Ⅰ章　ジェファソンの人間本性論，黒人奴隷制論，政治制度論　27

するために披瀝されたのは妥当な推論というよりも，実は雄弁の部分の方が多かったのではないか，つまり，この問題は熱烈なるペンの勢いで判断を迷わせるような事例の一つなのではないか，と思いたい」と述べて，ビュフォン説を一蹴している。

『ヴァージニア覚書』は手堅いデータ主義と帰納的手法を駆使する点で，当時の学術論文の水準をはるかに抜くものであった。ジェファソンの筆は碩学ビュフォンを相手にして，アメリカの動物が小さいというようなことをいうためにはどのような実証的手続きが必要であり，アメリカの気候がヨーロッパのそれと比べて寒冷であるとか温暖であるとかをいうためにはどれだけの実証的データをそろえる必要があるのかを噛んで含めるように言い聞かせているふしがある。そして諸事実から帰納しうる範囲内でのみものをいい，それ以上のことはいわない代わりに，それ以下のこともいわないという姿勢を一貫してつらぬいている。バッファロー，赤鹿，黄鹿，狼などに言及した際ジェファソンは，「ビュフォン，ドオベントン両氏も，これら諸動物のアメリカ産のものは寸法や重量をはかったり，あるいは実際に見たりしたことはないようである」と述べて，触ったことも見たこともないくせに，旅行者や探検家の印象記風の報告を鵜呑みにして学説を立ることに急なヨーロッパの学者の軽率を揶揄している。

ジェファソンはベーコン，ロック，ニュートンの三人の思想家を学問の上部構造を支える基礎を築いた人物であるとして敬慕していた。とくにベーコンには深く私淑しており，画家のジョン・トランブルに，ベーコンを最上位に配置し，その下にロックとニュートンを並べて置く構図で，三人の思想家の実物大の肖像画を描いてほしいと頼んでいる。上に見たビュフォン批判は，このベーコンの経験的，帰納的な方法を実践したものであったといってよい。後の章でまた見ることになるが，アメリカ自然科学の確立期であるジャクソン時代に，ベーコンの経験論は再び脚光を浴びることになる。ドイツ観念論哲学風のイデーの大殿堂を築き上げるのではなく，事実から浮き上がった抽象的思考を斥け，手堅い事実主義，データ主義の手法をうちだしたという点で，ジェファソンはアメリカ自然科学のパイオニアであったといってよい。

(1) Quoted in Noble E. Cunningham, Jr., *In Pursuit of Reason. The Life of Thomas Jefferson* (Baton Rouge, La.: Louisiana State University Press, 1987), p.xiv (Washington *Post*, April 30, 1962, p.B-5).
(2) ソール・K・パドーヴァー（中屋健一訳編）『アメリカ思想を形成した人たち』（有信堂，昭和40年），55頁。訳は一部変更。
(3) John C. Greene, *American Science in the Age of Jefferson* (Ames, Iowa: The Iowa State University Press, 1984), p.409; Merrill D. Peterson, *The Jefferson Image in the American Mind* (New York: Oxford University Press, 1985), p.401.
(4) Merrill D. Peterson, *Thomas Jefferson and the New Nation: A Biography* (London: Oxford University Press, 1975), pp.264-265.
(5) Greene, *op. cit.*, p.30.
(6) Edwin T. Martin, *Thomas Jefferson: Scientist* (New York: Henry Schuman, Inc. 1952), p.21.
(7) Julian P. Boyd, et al., eds., *The Papers of Thomas Jefferson* (Princeton, N. J.: Princeton University Press, 1993), VII, 31-32.
(8) Martin, *op. cit.*, p.22.
(9) *Ibid.*, p.20; Greene, *op. cit.*, p.30.
(10) Greene, *op. cit.*, pp.19-20.
(11) チャールズ・トムソンに宛てた手紙（1787年9月20日付）。Boyd, et al., eds. *op. cit.*, XII, 159.
(12) 1812年6月11日付の手紙。Merrill D. Peterson, ed., *Thomas Jefferson. Writings* (New York: Literary Classics of the United States, Inc., 1984), p.1261. 以下 Peterson, ed., *Jefferson* と略。
(13) 1823年10月31日付の手紙。Adrienne Koch and William Peden, eds., *The Life and Selected Writings of Thomas Jefferson* (New York: The Modern Library, 1944), p.711.
(14) 1819年10月31日付の手紙。Peterson, ed., *Jefferson*, pp.1430, 1433.
(15) Saul K.Padover, ed., *Thomas Jefferson on Democracy* (New York: The New American Library, 1939), pp.118, 123.
(16) *Ibid.*, p.120.
(17) *Ibid.*, p.117.
(18) ジョン・カートライトに宛てた手紙（1824年6月5日付）。Saul K.

Padover, ed., *The Complete Jefferson. Containing His Major Writings, Published and Unpublished, Except His Letters* (New York: Duell, Sloan & Pearce, Inc., 1943), p.296. 以下 *Complete Jefferson* と略。

(19) 1789年9月6日付の手紙。Peterson, ed., *Jefferson*, p.959.
(20) *Ibid.*, p.960.
(21) *Ibid.*, p.963.
(22) 1816年7月12日付の手紙。*Ibid.*, pp.1401-1402.
(23) *Ibid.*, p.1402.
(24) ジョン・テイラー宛の手紙（1816年5月28日付）に出てくる表現。*Ibid.*, p.1392.
(25) ジョン・W・エッペス宛の手紙（1813年6月24日付）。*Ibid.*, p.1280.
(26) *Ibid.*, pp.1342, 1430; *Complete Jefferson*, p.1036.
(27) 1820年8月15日付の手紙。Peterson, ed., *Jefferson*, p.1443. 引用文の冒頭に引かれているのは，ジェファソンが心酔したフランスの哲学者トラシーの言葉。Joyce Appleby "What Is Still American in the Political Philosophy of Thomas Jefferson?" *William and Mary Quarterly*, 3d ser., XXXIX (1982), 287, 298 参照。
(28) T・ジェファソン（中屋健一訳）『ヴァージニア覚書』（岩波文庫，昭和47年），17頁。なお本書の日本語訳は中屋訳では『ヴァジニア覚え書』となっているが，筆者の本文の表記と注で引用する訳本の表記がそのつど食い違っては煩雑な印象を与えるので，以下，一貫して『ヴァージニア覚書』として引く。
(29) 同上，46-47頁。訳は一部変更。
(30) この点はたとえばジェファソンが国勢調査に強い関心をもっていたことにも示されている。アメリカ哲学協会は1800年1月に連邦議会の上下両院に国勢調査の方法をもっときめ細かくすべきであるという請願書を送り，つぎのような提案をしている。(1)年齢を0，2，5，10，16，21，25歳と区切り，それ以後は5歳ごとに区切って，それぞれの年齢層の人口を調べる。(2)人口増加が自然増加によるものか，移民の流入によるものかを見極めるために，アメリカ生まれか外国生まれかを区別して記載する。(3)自由な白人男子がどのような職業についているかを把握するために，知的専門職，商人，水夫，職人，農業労働者，その他の労働者，召使，貧民，生計をもたない者などの欄を設ける，等々である（*Complete Jefferson*, pp.998-999）。これは当時アメリカ哲学協会の会長であり，かつ副大統領でもあったジェファソンの提案によるもので，か

れはどんな現象でも統計的な数値に還元して把握しようとした。この数量化と統計的数値への異常な関心は互換性の原理に対する強い関心(Peterson, ed., *Jefferson*, pp.1095-96 のモンロー宛の手紙を参照)を生み、テイラー・システムを思わせる観察(Martin, *Jefferson: Scientist*, p. 21)となって現れることにもなる。

(31) 『ヴァージニア覚書』、67-74頁。
(32) 同上、87-90頁。筆者の後の論点に関係してくることなので、些細なことがらではあるが、いちおう指摘しておくと、ヨーロッパに土着のものとしてジェファソンは Zisel と Leming の2種類挙げているにもかかわらず、中屋訳では「たびねずみ」と一括して訳されている。したがってジェファソン自身は18種類といっているにもかかわらず、中屋訳の表では17種類しか挙がっていない。またアメリカのみに土着のものとしてジェファソンが挙げている Sarico-vienne が中屋訳では訳出されていないのでこの点で1種類少なくなっている。ところがジェファソンが Mouffette Squash, Mouffette Chinche, Mouffette Conepate. Scunk, Mouffette. Zorilla と4種類挙げてあるところを、中屋訳は5種類のスカンクに訳し分けている。このあとジェファソンが Sagoin Marikine, Sagoin Mico と2種類挙げている箇所を中屋訳は「小ざる」で一括している。このようなわけで、ジェファソンが74種類挙げ、この数字で議論しているにもかかわらず、中屋訳の表では73種類しか挙がっておらず、訳本の表と本文とで数字に食い違いが生じている。
(33) 『ヴァージニア覚書』、116-122頁。
(34) 1772-1777年の5年間の測定値。同上、140-141頁。
(35) 1607-1782年のデータ。同上、155頁。
(36) 1780年と81年の統計。同上、165-168頁。
(37) 同上、174-175頁。
(38) 同上、186-192頁。
(39) Peterson, *The Jefferson Image*, p.406.
(40) 『ヴァージニア覚書』、112頁。
(41) 同上、107頁。
(42) 同上、102、113頁。
(43) 同上、76-77頁。
(44) 同上、78頁。
(45) 同上、83頁。
(46) 同上、83-84頁。

第Ⅰ章　ジェファソンの人間本性論，黒人奴隷制論，政治制度論　*31*

(47)　同上，83頁。
(48)　同上，83頁。
(49)　同上，83頁。
(50)　同上，84頁。
(51)　同上，85頁。
(52)　同上，142頁。訳は一部変更。
(53)　同上，87-90頁。
(54)　同上，96頁。
(55)　同上，97頁。
(56)　同上，100頁。
(57)　同上，101頁。
(58)　同上，111-112頁。ビュフォン説に対する批判は以上のとおりであるが，じつはジェファソンはマンモスを論じた箇所と家畜を論じた箇所で，以上とはまた違う角度からビュフォン批判をおこなっている。すでに見たようにアメリカの動物が小型化する原因としてビュフォンがもちだしたのは熱と湿気（寒冷さと湿気の多さ）であったが，ビュフォンの想定している原因がもし単純にこの熱と湿気に尽きるのなら問題は簡単であり，その命題の正否はデータに訴えて経験的に検証することが可能である。しかしアメリカの動物の矮小化を主張するビュフォン説の根底には，じつは表面に出してはっきりいわれているわけではないが，もう少し漠然とした，しかも偏見に染まった別の原因が想定されていた。それは「自然は地球の一方の側（アメリカ——清水）では他方の側（ヨーロッパ——清水）におけるよりも活動的ではなく，力強くもない」という想定，言い換えればアメリカの自然は「大型動物の生命を受胎したり，育んだりするには無能」なのではないかという想定である。自然が力強くない，あるいは無能であるという価値的な評価（この場合は負の評価，つまりはっきりいえば蔑視）をこめたこの考え方に対してジェファソンは，それは「あたかも両地域は同一の暖かな太陽によって暖められているのではないといっているかのようであり，同じ化学成分をもつ土壌でありながら，動物の滋養分となる作用において劣っているといっているようでもあり，さらに，その土壌と太陽から採れる穀物・果物はより貧弱な乳糜を生み，……(中略)……動物体の成長を止めてしまうような硬直性をより早くつくりだしてしまう，といっているかのようでもある」と述べて，アメリカを特殊視するビュフォンの不明朗な説明方法を批判している。ビュフォン説の根底には，寒冷さや湿気の多さ以外に，より深いと

ころで「無能さ」「愚かさ」といった妙な原因が——経験的に論証したり反証したりすることのできないような原因が——想定されていたといえる。ジェファソンはそうした一貫性を欠いた説明方法に対して,「同じような結果は同じような原因に帰すべしとする哲学の法則」に照らすなら,同一の結果は「地球のこちら側にせよあちら側にせよ」同一の原因に帰せられるのが当然ではないのかと述べて,ビュフォンのアンフェアーな学問態度を批判している。『ヴァージニア覚書』,82, 98頁（訳語は一部変更）。

　ところで,以上見てきたのはアメリカの動物に関する見解であるが,じつはビュフォンのアメリカ蔑視はこれにとどまるものではなかった。ビュフォンは,先住民も「新大陸全体における自然の退化という一般的な事実の例外といえるわけではない」と述べて,その退化説を四足動物からさらに一歩進めてアメリカ先住民にまで適用しようとした（『ヴァージニア覚書』, 102頁）。これに対するジェファソンの反論については,また後の節で取り上げることにしたい。

(59) 『ヴァージニア覚書』, 94頁。
(60) トランバル宛の手紙（1789年2月15日付）。Peterson, ed., *Jefferson*, pp.939-940. ジェファソンはジョージ・ウォタストンに宛てた手紙（1815年5月7日付）では,本の分類方法には著者名をアルファベット順に並べる方法と,主題別に分類する方法の二種類あって,いずれにも一長一短はあるがといいながらも,わたし自身は主題別のほうがよいと思うと述べて,ベーコンの分類方法を勧めている。そしてヴァージニア大学の図書館でもベーコンの分類方法を採用している。*Ibid.*, p.1367; *Complete Jefferson*, p.1093.

2節　人間本性論

理性と道徳感覚

　ジェファソンの黒人奴隷制論と政治制度論を見るのにそなえて,かれが人間本性をどのようなものとしてとらえていたのかという点を見ておくことにしたい。ジェファソンは人間には理性と道徳感覚という二つの資質が備わっていると考えていた。理性のことを「頭脳の資質」,道徳感覚のことを「心の資質」とも言いかえている。キリスト教神学を批判す

るに際して，かれはしばしば理性の役割と意義を強調した。たとえばデュフィエフに宛てた手紙のなかで，人間は理性をそなえた「合理的存在」であり，人がどういう本を読むべきかどうかは，宗教家が審問官になって決めるべきことがらではなく，各人が理性にしたがって判断したらいいことであると述べている。また愛甥ピーター・カーに宛てた手紙では，キリスト教の啓示や奇跡を批判し，聖書の記述や神の存在すら疑って，ただ理性の導くところにのみしたがうよう，つぎのように勧めている。

「理性をそのあるべき位置に確固としてすえ，あらゆる事実と意見を理性の法廷に委ねなさい。神の存在そのものすら，大胆に疑ってかかりなさい。なぜならもし神が存在するとしますと，神は盲目の恐怖心からする敬意よりも，理性の敬意を受けることのほうを是とされるに相違ないからです。あなたはまず当然のことながら，あなた自身の国の宗教を検討しなくてはなりません。リヴィウスやタキトゥスを読むのと同じような態度で聖書を読んでください。……(中略)……あなたはあらゆる偏見をわきへ押しやって，誰か他の人びとが，あるいは他の人びとの記述が，拒んだり信じたりしているという理由で，なにかあることを信じたり拒んだりしてはなりません。あなた自身の理性が，神から授かった唯一の神託なのです」。

ジェファソンはこの理性と並んで，道徳感覚というもう一つ別の資質の内在を確信していた。この資質をかれは「道徳本能」，「正邪の感覚」，「良心」，「生まれながらの正義感」とも言いかえており，感謝の念，慈悲心，誠実さはこの道徳感覚の育むものと考えていた。道徳感覚はものごとの善悪を識別する一種の感覚器官のようなものである。すなわち目，耳，鼻，舌，皮膚にやどる五つの感覚器官が視覚，聴覚，嗅覚，味覚，触覚の五感をつかさどっているのと同じように，道徳感覚も正邪の判断をくだす機能をつかさどっているとジェファソンは考えていた。カーに宛てた同じ手紙のなかで，かれはつぎのように述べている。

「この正邪の感覚は聴覚，視覚，触覚とまったく同様，人間本性の一部であり，これこそが道徳の真の基礎となりうるものです。……(中略)……道徳感覚すなわち良心は，脚や腕とまったく同じように，人間の一部をなすものです。道徳感覚は，その力の大小の差はあれ，脚や腕がすべての人間に賦与されているのと同様，強弱の差はあれ，すべての人間に賦与され

ています。それは肢体と同様，鍛錬によって強化することができます。……（中略）……機会あるごとにあなたの資質を鍛えて，感謝の念，寛大さ，慈悲心，思いやり，誠実さ，公正さ，堅固，規律，勇気などの気風を培ってください。この種の行為はすべて，あなたの道徳能力を強化し，あなたの価値を高める鍛錬だと考えてください」。[5]

要するにジェファソンは人間本性には理知的，合理的な資質（理性，「頭脳の資質」）と，善悪の判断をくだす資質（道徳感覚，「心の資質」）の二つが内在していると想定していた。[6]「理性の時代」と呼ばれる啓蒙期に身を置きながら，道徳感覚という資質を想定し，この資質にもきわめて重要な役割を与えている点にかれの人間観の特徴があるといえよう。

啓蒙期の思想家たちは，人間が自然法を認識するのは理性の働きによってであると考えていたので，理性の方をもっぱら重視した。かれらは徳への道はアモーファスな情念に身を委ねるのではなく，冷静な理性にしたがうことにあると考えていた。何をなすべきか，何をなすべきでないかは理性の指示によって決められるべきであり，理知的な頭脳が心に命令をくだすのであるとして，理性の優位をいわば自明視していた。

しかしジェファソンは当時支配的であったこうした見解には与しなかった。かれは知識の修得（理性の啓発）と道徳の実践（道徳感覚の錬磨）はまったく別個のことがらであると見なしており，理性優位のものの見方を随所で批判している。たとえば，先ほどのピーター・カーに宛てた手紙では，大学の「道徳哲学」の講義に言及して，「わたしはこの分野の講義に出席するのは時間の無駄であると考えています」[7]と述べて，道徳の実践は教室における知識の伝授とはまったく別個のことがらであるという見解を示している。そして理性と道徳感覚をそれぞれ「大学教授」と「農夫」にたとえ，「農夫と大学教授に，道徳上の問題を提示してごらんなさい。農夫は教授と同じくらい巧みに，そしてしばしば教授よりももっと立派に問題を解決することでしょう。といいますのは，農夫は人為の諸規則によって道を踏み外してはいないからです」[8]と述べている。

この「農夫」と「大学教授」の比喩は，ジェファソンの思想をもっともコンパクトに表明したものといってよい。学問をおさめ，該博な知識を身につけた大学教授が，かならずしも道徳的に正しく振舞うとはかぎ

らない。大学教授は理性面での修練は積んでいるかも知れないが，そのことと道徳面での卓越性とはなんの関係もないことである。鋭利な頭脳をもった人間のなかにも邪悪な人間は数多くいるし，逆に無学な人間のなかにも道徳的に善良に振舞う者が数多くいる。否，むしろ文明社会の「人為の諸規則」やさかしらな学識に毒されていない純朴な農夫の方が，博識な大学教授よりも道徳的には正しく振舞うことの方が多いのではないか。善悪の判断は無学な農夫にもできるのであり，むしろ農夫の方が教授よりも適切な判断をくだすのではないか。ジェファソンはこの「農夫」と「大学教授」の比喩によって，道徳上の判断には理性（学問・知識）は不要である，知識や学問上の進歩向上がその人間の道徳的，人格的向上をうながすとはかぎらない，すなわち「道徳は必ずしも学問と手をたずさえて前進するものとはかぎりません」という見解を表明したわけである。こうした見解が，啓蒙期の理性優位の思潮と大きくかけ離れたものであったことはいうまでもない。

　ジェファソンは，理性と道徳感覚にはそれぞれ別個の支配領域があると考えていた。かれは「頭脳」（理性）と「心」（道徳感覚）の対話形式で書いたマライア・コズウェイ宛の手紙のなかで，「心」につぎのように語らせている。

　　「自然がわれわれに同じ居住場所をお与えになったとき，自然はわれわれに相分かれた帝国（a divided empire）をお与えになったのです。自然はあなた（「頭脳」——清水）には知識の領域をわりあて，わたしには道徳の領域をわりあてました。円の面積をもとめたり，彗星の軌道をあとづけたり，もっとも堅固なアーチはどのようなものか，もっとも抵抗の少ない固体はなにかといったことを調査する際は，あなたが問題にとりくんでください。こうした問題はあなたの領域です。自然はわたしにはこうした問題に対する管轄権を与えてはいません。同様に，自然はあなたに思いやり，慈悲心，感謝の念，正義感，愛情，友情といった感情を拒むことによって，これらの領域に対する支配権からあなたを除外したのです。自然はこれらに対しては，心の仕組みが適合するようにしました。道徳は人間の幸福にとって本質的に重要なものですから，頭脳の不確かな働きにゆだねてこれを危険にさらすわけにはいきません。したがって自然は道徳の基礎を知識

にではなく，感情に置いたのです」（傍点，清水）。

　人間の内面には，「頭脳」と「心」の支配する「相分かれた帝国」が存在している。数学，物理学，天文学のような学問分野は「頭脳」（理性）の管轄下に属している。他方，正義感，愛情，友情といった対人関係に関する分野は「心」（道徳感覚）の管轄下に属している，という見解が表明されている。

　「心」はさらに続けて，「自然はあなたを道徳的な指図が下せるようにはお創りにならなかったのです」といい，このことを示す事例を挙げましょうといって，あるエピソードを持ち出している。それは独立戦争中のある日，ジェファソンが馬車でチカホモニーを通りかかった際，疲労困憊した哀れな兵士に出会ったときのものである。兵士は馬車に乗せてほしいとジェファソンに乞うた。しかし（ジェファソンの）「頭脳」は，これから先はこうした兵士で溢れかえっている，これをいちいち拾っていたのでは馬を疲れさせるばかりであると判断し，乞いを退けて先を急いだ。しかしその後思いなおし，たとえ出会う兵士のすべてを助けてやれなくても，できるだけ多くの兵士を乗せてやることはできるはずだと考えて，来た道を引き返したが，あの兵士は脇道に入ってしまったらしく姿は見えなかったというものである。

　このエピソードを持ち出したあと「心」は「頭脳」に向かって，今後わたしの領域に干渉するのは一切やめてほしいといって，つぎのようにいう。

　　「わたしの記憶しているかぎりでは，わたしはこれまであなたの示唆にしたがってなにか善いことをした記憶もなければ，逆にあなたの示唆に背いてなにか悪いことをした記憶もありません。ですからわたしは，あなたがわたしの領域に干渉してくるのを今後一切お断わりしたいと思います。三角形や正方形で紙面を満たし，それらを何通り組み合わせることができるかといったことがらについては，どうか随意に試みてください。わたしはあなたの崇高な喜びを妬んだり，それに口出ししたりするつもりはありません。しかし，いつどこで人と親交を結ぶかといったことがらは，わたしの決定にゆだねてください」。

　「頭脳」の支配領域をせまく学問（知識）の分野に限定し，交友関係

は「心」の支配下にゆだねようとする見解をとっていることがわかる。啓蒙期の思想家たちが一般にしていたように「心」を「頭脳」に従属させるのではなく、「心」を完全に自立させてとらえているわけである。

「相分かれた帝国」という考え方は、現代人の立場からすれば別段目新しいものではない。人間が知識（学問）の領域で進歩向上することが、かならずしもその人間の道徳的な向上を意味するものではないことぐらい今日では誰でもが口にすることである。しかし「理性の時代」と呼ばれた啓蒙期にあっては、こうした考え方はむしろ異例のものであり、きわめて斬新なものであった。当時は数学にたずさわるのと同じ理性が道徳上の善悪の判断をもくだすと考えられていたのであって、「円の面積をもとめたり、彗星の軌道をあとづけたり」する能力（理性）に秀でた人間は、道徳的にも正しい判断をくだし、正しい振舞い方をする、すなわち「大学教授」は道徳的な振舞いの上でも「農夫」に勝っていると考えられていた。

ちなみにワシントン大統領は「告別演説」（1796年）のなかで、「美徳あるいは道徳性が人民政府の必須の源泉であるということはじつに真実であります」と述べたあと、「第一に重要な目的として、知識の一般的普及をはかるための諸制度を設けるべきであります」と続けている。道徳と知識を直結させ、知識の修得を道徳性の向上に結びつけて考えるのが、建国期の一般的な考え方であった。ジェファソンのように無学な農夫を大学教授よりも（道徳的に）上位に置いてみたり、「道徳の実践は社会の福祉にとって必要ですので、神は道徳的戒律がわれわれの頭脳のこざかしい詮議によって消し去られてしまわないように、これをわれわれの心の上に拭いがたいかたちで刻印し給うたのです」と述べて、（道徳の領域での）頭脳の不要性をほのめかしたりするような態度は、むしろ異例のものであったといわねばならない。

道徳感覚の重視

ジェファソンの人間本性論で注意を引くのは、ただ単にそれが理性と道徳感覚を並置しているというだけでなく、ある意味では道徳感覚の方を理性以上に重視している面がうかがえるということである。ジェファ

ソンは理性よりも道徳感覚の方が普遍的な資質であると考えていた。そして理性が利己的個人主義的であるのに対して，道徳感覚は利他的社会的な性質をそなえており，この後者の資質あるがゆえに人間は社会的存在たりえていると考えていた。また個人的な好みの上からいっても，ジェファソンは道徳感覚の方に好感を抱いていた。これら三点について以下，具体的に見ておこう。

　ジェファソンは理性という資質は偏在しているが，道徳感覚はすべての人間に満遍に賦与された普遍的資質であると考えていた。たとえば，先ほどの引用箇所とすこし重複するが，かれはピーター・カーに宛てた手紙のなかで，「学問のある人間が一人いるとしますと，そうでない人間は何千人もいるのでありまして，これらの人びとは一体どうなるのでしょうか。……(中略)……道徳感覚は，その力の大小の差はあれ脚や腕がすべての人間に賦与されているのと同様，強弱の差はあれすべての人間に賦与されています」(18)と述べている。「学問のある人間」(すなわち理性に秀でた人間) は，何千人中一人しかいないが，道徳感覚はすべての人間に満遍なく備わっているというわけである。マライア・コズウェイに宛てた手紙ではもっと単刀直入に，「心はすべての人びとにとって必要なものですから，自然はこれをすべての人びとに与えました。他方，頭脳は少数の人びとだけで十分ですから，自然はこれを少数の人びとにのみ与えたのです」(19)と述べている。理性という資質に関していえば，人間は不平等に創られていると考えていたことがわかる。ジェファソンはこの道徳感覚の普遍性をトマス・ローに宛てた手紙ではつぎのように述べている。

　　「人間のなかには目や耳を持たずに，あるいは手を持たずに生まれてくる者もいます。しかし人間というものはこれらの能力を持たずに生まれてくるものであると主張するのは誤りでしょうし，目や耳や手はじつのところ人間の一般的定義の中に数えられるものであります。道徳感覚が欠けていたり，不完全であったりする者がいたとしましても，それはちょうど視覚や聴覚が欠如していたり不完全であったりする者がいるのと同じでありまして，そのことは人類の普遍的特徴を示す証拠にはなりません。……(中略)……わたしはあなたと同様，道徳本能の普遍的存在を心から信じてい

第I章　ジェファソンの人間本性論，黒人奴隷制論，政治制度論　39

ます」。[20]

　ジェファソンはまた理性が利己的で個人主義的であるのに対して，道徳感覚は利他的で社会的な性質をそなえていると考えていた。二つの資質の性格を対照的にとらえていたといってよい。ジェファソンは人間の生き方，振舞い方には個人主義的なものと，利他的社会的なものと二種類のものがあると考えていた。前者は自分一個の安心立命や心の平安のみを追いもとめるものであり，後者は社会生活のなかで他者への義務をはたし利他的に振舞おうとするものである。この二者のうち，ジェファソンは道徳行為の本質は後者の振舞いの中にこそあると考えていた。禁欲的な自己規律を守ったり，個人修養にいそしんだりする孤独な営みよりも，対人関係，とくに利他的行為のうちに道徳の本質を見いだしていたといってよい。「人間の精神はすべて他者に対して善をなすことに喜びを感じるものです」，「徳の本質は，他者に対して善をなすことにあります」[21]という見解をジェファソンは随所で繰り返している。かれはローに宛てた手紙では，他者との関係性を抜きにして道徳行為は成り立ちえないということをつぎのように説いている。

　「わたしは他者との関係性が，道徳の最低の必要条件だと考えています。自分自身に関してはわれわれは同一性に立脚しているのでありまして，関係性に立脚しているのではありません。そしてこの関係性というのは，二人の主体を必要としているのでありまして，単一の人間に限定された自己愛というものを排除します。厳密にいって，われわれは自分自身に対して義務を負うということはできません。義務というものもまた二人の当事者を必要としています。ですから自己愛というものは道徳の一部にはなりえません」。[22]

　ジェファソンは自制，節制，堅忍，簡素さなどの美徳を説いた古代の哲学者たちの所説が個人主義的な生き方の典型であると考えていた。かれはピタゴラス，ソクラテス，エピクロス，キケロ，セネカ，アントニウスの所説に言及して，「かれらの戒律は主として自分自身に関するものであって，放置しておけば，われわれの心の平静を乱すような激情を統御することに関するものでした」と述べている。そして，この種の哲学に一定の意義を認めつつも，「他人への義務を説くという点で，かれら

は不十分であり，欠陥をもっていました」[23]と述べている。古代の哲学者は親類・友人といったせまい範囲の対人関係では他者への義務を説き，愛国心を説きもした。しかしその教えはあくまで自己規律に主眼を置く個人主義的なものであって，全人類をおおう普遍的なものではなかったというのがジェファソンの見解であった。[24]

　古代の哲学者に対するこの評価とは対照的に，ジェファソンはイエスの説いた道徳は利他的行為を主眼とする社会的性格のものであるとして，これに最高の評価をくだしている。ジェファソンは腐敗したキリスト教には反対であったが，神秘主義者や僧侶がまとわせた外衣をはぎとった「イエス自身の純粋な戒律」は，「かつて人間の説いたものの中で，もっとも完全で崇高なもの」であり，「これまで人間に提示されたものの中でも，もっとも崇高かつ慈愛に満ちた道徳律」[25]であると考えていた。かれは古代の哲学者とイエスの道徳思想のちがいに言及して，「エピクテトスとエピクロスはわれわれ自身を統御する戒律を与えてくれました。他方，イエスはわれわれが他者に対して負うている義務と慈愛に関して，それを補ってくれています」[26]と述べている。イエスの教えは単に親類，友人，隣人，同国人に対する義務や慈愛を説いているだけでなく，全人類に対する普遍的な義務や慈愛を説いているという点で，古代の哲学者やユダヤ人の唱えた戒律をはるかに凌駕するものであるとジェファソンは考えていた。[27]そしてイエスの説く利他的博愛主義的な道徳の実践をうながすのが，他でもない道徳感覚であると考えていた。たとえば，つぎのように述べている。

　　「われわれが飢えた者に食べ物を与え，裸の者に衣服を着させ，盗人たちに打たれて傷を負った者に包帯をしてやり，その傷にオイルとワインを注ぎ，かれをわれわれの家畜に乗せて，宿に運んでやるのは，こうした行いによってわれわれ自身が喜びを感じるからであるといわれてきました。……（中略）……こうした善い行いはわれわれに喜びを与えますが，しかしなぜそれがわれわれに喜びを与えるのでしょうか。それは自然がわれわれの胸中に他者への愛，他者への義務感，要するに，……（中略）……道徳本能を植えつけているからであります」[28]。

　理性が自制と堅忍をこととする古代の哲学者の生き方に適合的な資質

第Ⅰ章　ジェファソンの人間本性論，黒人奴隷制論，政治制度論　41

であるとすれば，道徳感覚はイエスの博愛主義的な生き方をうながす資質であるということができよう。先ほど引いたマライア・コズウェイに宛てた手紙のなかで，ジェファソンは利己的な「頭脳」につぎのように語らせている。

「この世のことは万事，計算ずくの問題です。ですからあなたの手に天秤をたずさえて注意深く前進しなさい。一方の天秤皿にはその対象が提供するであろう快楽を置くのです。しかし他方の天秤皿には公正を期して，そのあとに続くであろう苦痛を載せ，どちらが重いかを判断するのです。……(中略)……人生のこつは苦痛を避けることにあります。……(中略)……苦痛をのがれるもっとも効果的な方法は自分のなかに引きこもり，自分自身の幸福で満足することです。自分自身に依拠した楽しみこそ，賢者があてにする唯一の楽しみであります。なぜなら，他者がわれわれから奪い取ってしまうことのできるようなものは，われわれのものではないからです。知的楽しみが限りない価値をもっているのも，そのためです」。[29]

このあと「頭脳」は「友情とは愚行との提携，他人の不幸との提携の別名にすぎません」[30]と述べて他者との交友を拒絶する。そして自分一個の心の平安を追いもとめ，自己本位の楽しみのみを是とする態度をよしとする。「心」はしかし，そうした孤独で冷たい非社会的な発想を斥けて，つぎのようにいう。

「世俗を捨てた陰欝な修道士には，その独居房の片隅で非社会的な楽しみを追求させておけばよろしい。高尚ぶった哲学者には真理という衣装をまとった幻影を追求させ，まぼろしのような幸福にしがみつかせておけばよろしい。かれらの至高の英知など愚の骨頂にすぎません。かれらは単に苦痛がないということを幸福な状態だと勘違いしているだけなのです。もしかれらが心の奥底から豊かにこみあげてくる充実した本当の楽しみを一度でも味わったことがあるならば，かれらはあなたが意気揚々と誇らしげに語っている人生の冷たい思弁などすべて捨て去って，そちらの方をとるでありましょう」。[31]

ジェファソンはこのように「頭脳」(理性)と「心」(道徳感覚)の志向を対照的にとらえていた。そしてその上で，利他的社会的行為，イエスの説く博愛主義的行為を実践する際に発現するのが道徳感覚であると

考えていた。

　このことと関連するが、ジェファソンは道徳感覚は人間に社会道徳を教える規範感覚であり、この感覚を賦与されているがゆえに、人間は「社会的存在」たりえている、言いかえれば道徳感覚は対人関係の中でなにをなすべきか、なにをなすべきでないかを指図してくる規範感覚であり、社会生活を営む上では理性よりも重要な役割を担っていると考えていた。(32)かれは繰り返し、つぎのような発言をしている。

　　「人間は社会的に生きるべく運命づけられたのです。人間の道徳はこの目的に合うように形成されました。人間が正邪の感覚を賦与されているのも、もっぱらこのためです」(33)。

　　「わたしは人間の性格というものを一般に善意に解釈するものです。わたしは、人間は社会のために創られており、社会に合うような気質を自然によって賦与されていると考えています」(34)。

　　「自然はわれわれの胸中に他者への愛、他者への義務感すなわち道徳本能を植えつけました。……(中略)……もしも造物主が人間のなかに社会的性格を植えつけることなく人間を社会的動物たらしめようと意図されたのだとしますと、かれはじつに不手際な芸術家であったといわねばなりますまい」(35)。

　　「人間は社会的交流をするように創造されたのです。しかし社会的交流というものは正義感なしには維持できません。ですから人間は正義感を賦与されて創造されたに相違ありません」(36)。

　ジェファソンは個人的な好み(価値づけ)の上からも、道徳感覚の方に好感を抱いていた。ジェファソンがものごとの評価基準として持ち出すのは知識よりも道徳性であり、一個人の振舞いから一国のあり方を論じるにいたるまで、かれはつねにこの見地を貫ぬいている。たとえばピーター・カーに対して、つぎのように述べている。「不道徳な振舞いをするくらいなら、むしろお金を捨て、名誉を捨て、学問を捨て、この世のすべてをくれてやりなさい」。窮境から脱するに際しても、「真実と正義と率直な振舞い」をすべきであって、陰謀、策略、偽装、飾った言葉、虚偽、不正によって切り抜けようとしてはなりません。「誠実な心こそが第一の祝福であり、知識を探求する頭脳はこれに次ぐものです」(37)、と。

第Ⅰ章　ジェファソンの人間本性論，黒人奴隷制論，政治制度論　43

　ジェファソンは一国のあり方を論じるときにも，知識よりも誠実を優位に置く視点をとっている。すなわち，

　　「フランスとイギリスについていいますと，この両国は知識の点ではこの上なく優れていますが，前者は盗賊の巣窟であり，後者は海賊の巣窟です。もし知識というものが専制，殺人，強奪，国民道徳の欠如以外の果実を生まないのでしたら，わたしはわが国が，われわれの隣人の野蛮人がそうであるのと同じように，無知で誠実で尊敬される国であってくれた方がいいと思います」。[38]

　当時アメリカ人はヨーロッパ人から野蛮人呼ばわりされ，アメリカ人自身，文明の点ではヨーロッパにおよばないことを自覚していた。しかしジェファソンは，たとえヨーロッパ世界が古代以来蓄積した理性面での業績で卓越しているにせよ，新興国アメリカは純朴さ，質実剛健さの点では（すなわち，道徳感覚の面では），貴族趣味に染まり腐敗堕落した君主制ヨーロッパに劣ってはいないと確信していた。また，そうした純朴な気風は新興共和国を維持していく上で，必須のものであると考えていた。

　ジェファソンは理性の産物である文明のゆくすえに対しても，きわめて悲観的な見方をしている。たとえばつぎの一文は，道徳性の裏打ちを欠いた文明が破壊と闘争しかもたらさないことを危惧したものである。

　　「文明と呼ばれているものは，万人の万人に対する戦いの原理をより大規模なかたちで人間に追求させること以外の結果は生み出しておりませんし，部族間のこぜりあいの代わりに，地球上のすべての地域を同じ破壊作業にたずさわらせる以外の結果しか生み出していないように思われます」。[39]

　こうした言葉からもうかがえるように，ジェファソンの立場は理性優位のそれからはほど遠く，むしろ理性と道徳感覚を並置するもの，もしくは後者のほうに力点を置くものであったことがわかる。

共和国の課題と政治家の資質

　ジェファソンは人間本性論をベースにすえて，共和国の課題と政治家の資質についても考察を加えている。かれが共和国の根本課題とみなしたのは農業の振興と教育の普及であったが，この二つの政策は道徳感覚

の陶冶と理性の啓発をうながすことを目的とするものであった。

　人間の営みのなかで、ジェファソンがもっとも重視したのは農業であった。かれは「農業，製造業，商業および海運業」が合衆国の繁栄を支える「四つの支柱」であり，これらのなかでもとりわけ農業が重視されねばならないと考えていた。大地の耕作者は「もっとも活力があり，もっとも独立心が強く，かつもっとも有徳である」というのが，その理由である。経済的な意義や貢献度ではなく，道徳性に着目して評価しているわけである。『ヴァージニア覚書』に出てくる有名な農民賛歌も，農民の道徳的な健全さを謳ったものに他ならない。すなわち，

　　「もし神が選民をもつものとすれば，大地に働く人々こそ神の選民であって，神はこれらの人々の胸を，根源的で純粋な徳のための特別な寄託所として選んだのである。それは神があの聖火を燃えつづけさせる焦点であって，それがなければ聖火は地の面から消え失せるかもしれないのだ。耕作者の大部分が道徳的に腐敗するという現象は，いまだかつてどの時代にも，またどの国民の間にも実例のあったためしがない。道徳の腐敗は，農民のように自分たちの生存のために天に頼り，自分の土地や勤勉に頼ることをしないで，自分の生存のために顧客の不慮の災害や気まぐれに依存しているような人々に捺されたしるしなのである。依存は追従や金銭絶対の考えを生み，徳の芽を窒息させ，野心のたくらみに都合のよい道具をつくり出す」。

　ジェファソンは，アメリカがヨーロッパのように製造業と農業をともに営むべきか，それとも農業のみに専念すべきかを論じた際，「道徳は後者（すなわち農業立国の道──清水）に耳を傾けますし，自然の法はわれわれの義務と利害をそのように一定不変につくっているのです。……（中略）……われわれは製造業にたずさわる者よりも農業にたずさわる者の方が道徳的にも肉体的にも勝っているという点を正当に評価しなくてはなりません」と述べている。判断基準を自覚的に道徳（経済外的なもの）に置き，経済政策を人間本性論から導き出していることがわかる。

　ジェファソンが共和国論の中心にすえたもう一つの柱は教育であった。理性の啓発と「知識の共和国」の樹立は，ジェファソンの目指す一大目標であった。「知識の一般的普及のための法案」（1779年）のなかでかれ

第Ⅰ章　ジェファソンの人間本性論，黒人奴隷制論，政治制度論　　45

は人民の精神を啓蒙して，その生来の能力と権利が行使できるようにすることの重要性を説いている。そしてジョージ・ウィスに宛てた手紙では，この法案の重要性をつぎのように論じている。

　「すべての法律のなかでも，もっとも重要なのは人民のあいだに知識の普及をはかる法律であります。自由と幸福を保持していく上で，これ以上堅固な基盤は他にありません。……(中略)……どうか無知に対する聖戦を展開して，庶民を教育する法律を制定し，改善してください。人民のみがこうした悪からわれわれを守ることができるのでありまして，そのために費やされる税金など，人民を無知なままに放っておいたら，われわれのあいだに発生してくるかも知れない国王や僧侶や貴族に支払わなくてはならない税金の千分の一にも満たないのだということを国民に知らしめましょう」。

人民が無知で，合理的な判断のくだせないような国では選挙や多数決も無意味であり，自治など望むべくもない。人民に政治を託し，共和制を健全なかたちで維持していくには，幅広い教育の浸透が必要である。教育の普及は農業の振興とならんで，ジェファソンの共和国論を支える車の両輪であったといってよい。先に見た「農夫」と「大学教授」の比喩は，道徳感覚の涵養は「農夫」の生活に範をあおぎ，理性の啓発は「大学教授」にゆだねよという含意でもあった。

ジェファソンは共和国をみちびく政治家の資質についても人間本性論の見地から考察している。道徳感覚と理性の両面に秀でた「自然の貴族 (a natural aristocracy)」を共和国の指導者にすえよというのがかれの持論であった。ジョン・アダムズに宛てた手紙のなかで，ジェファソンは「自然の貴族」と「人為の貴族」という対立概念を設定して，政治家の資質をつぎのように論じている。

　「人間のなかに自然の貴族がいるという点では，わたしはあなたに同意いたします。この貴族の基礎は徳と才能（すなわち道徳感覚と理性——清水）です。……(中略)……富と出生に基礎を置いており，徳も才能もともに欠いた人為の貴族というのもあります。……(中略)……自然の貴族は，わたしは社会の教育，信用，政治のために自然がお恵みになったもっとも貴重な賜物であると考えています。じつのところ，もし人間が社会状態を

生きるべく創られておりながら、社会の重要事に対処しうるだけの徳と英知（同じく道徳感覚と理性——清水）を賦与されていないとしますなら、それこそ辻妻があわないことになるではありませんか。これら自然の貴族のみを政府の諸官職にもっとも効率的に選出することのできる政治形態こそが最善のものであるといえないでしょうか。人為の貴族というものは政治上の有害要素ですから、その台頭を阻止すべく規定を設けなくてはなりません」(47)(傍点、清水)。

ジェファソンのいう「自然の貴族」とは要するに「徳と才能」、「徳と英知」を兼ね備えた有徳有識の士のことであり、「農夫」の道徳性と「大学教授」の学識を兼備した人物のことである。ジェファソンは「知識の一般的普及のための法案」でも同じように、「富、出生その他の偶然的条件や環境は顧慮しないで」、「才能と徳」を兼備した人物、理性と道徳感覚の両面に秀でた人物を共和国の為政者にすえるべきであると力説している。(48)人間本性（資質）に基礎を置かない貴族、富や家紋にもたれかかって政府の要職に就いている「人為の貴族」をジェファソンは「偽貴族」あるいは「世襲貴族」と呼んで軽蔑していた。(49)かれの見解は、「あらゆる共同体は、少数派と多数派に分かれている。前者は富裕で生まれの良い人びとであり、後者は人民大衆である。……(中略)……前者の階層に、政府における確固とした恒久的な役割をあたえよ」(50)(傍点、清水)というハミルトンの見解とみごとな対照をなしているといえる。

道徳感覚の思想史上の位置と意味

ジェファソンの人間本性論の特徴は道徳感覚の内在を想定し、この資質にきわめて重要な役割を与えている点にあるといえるが、この人間本性論が欧米思想史のなかでどのような位置を占めているかについて見ておこう。

道徳感覚という概念を倫理学の領域にはじめて導入したのはイギリスの哲学者シャフツベリであった。(51)かれがこの新しい概念を案出したのは、当時出まわっていたキリスト教神学とホッブズ哲学を批判するためであった。

シャフツベリは主著『人間・風習・意見・時代等の諸特徴』（1711年）

のなかで,「キリスト教は, 報いと罰を義務へと向かわせる主要動機にしようとすることによって本末転倒の誤りを犯して」いると述べて, 宗教家が来世の報いと罰を説いて人びとに善行をうながし, 善行を報酬めあての打算的行為に堕さしめてしまったことを批判している。シャフツベリは宗教熱心な人間が人類愛を欠いていたり, 逆に無神論者が実際の振舞いにおいては道徳的で, 人類愛に富んでいたりする事例を知っていた。シャフツベリは人間を堕落した存在, 原罪に汚された存在とみるキリスト教の人間観をしりぞけ, 道徳の基礎を人間本性に置くことによって, 超越神をもちださない現世主義的な道徳を樹立しようとした。そして人間は善性（道徳感覚）を内在させた存在であり, 人間が善いおこないをするのは神の裁きを念頭に置いた打算的な考慮からではなく, 本性上そうした志向をそなえているからであると主張した。

シャフツベリはホッブズの人間観にも批判を加えている。人間本性には競争, 不信, 誇りという争いを生み出す三つの主要原因が宿っているとするホッブズは, 親切, 勇気, 愛国心も結局は「利己主義」と「自己愛」に行き着くと見なしていた。そして人間は自然状態では, 孤独でお互いに侵害し滅ぼしあう「各人対各人の戦争」状態にあると説いた。ホッブズは蜂や蟻の和合や一致は生来の資質にもとづいた自然なものであるから, それらはなんの強制力もなしに社会生活を営むことができるが, 人間の和合は信約（Covenants）によるものであり, 本性によるものではないと主張して, 人間を社会的動物であるとする見解を斥けた。かれは『リヴァイアサン』第1部第15章で, 正義・不正義は国家（政治権力）の確立以後出てくるものであるとして, 道徳の人為性をつぎのように論じている。

「自分のものがないところ, すなわち所有権がないところでは, なにも不正義はなく, 強制権力がなにも樹立されていないところ, すなわちコモン-ウェルスがないところでは, 所有はない。……(中略)……したがって, コモン-ウェルスがないところでは, なにごとも不正ではない。それであるから, 正義の本性は, 有効な信約をまもることにあるが, しかし信約の有効性は, 人びとにそれをまもることを強制するのに十分な, 政治権力の設立とともにのみ, はじまるのであって, しかもそのときにまた, 所有権

もはじまるのである」。⁽⁵⁶⁾

　シャフツベリは道徳の人為性を説くこのホッブズの見解を否定して，人間本性には正邪の判断能力が先天的に植えつけられていると主張した。そして「他者の精神の観察者あるいは聴き手である精神が比率を見分けたり，音を聞き分けたり，自分のまえに現れる感情や思考を精査したりする上で必要なそれ自身の目や耳をもっていないということはありえないことである。それはどんなものをもその厳しい検閲から逃すことはない」と述べて，道徳感覚を目や耳にたとえたのであった。⁽⁵⁷⁾

　シャフツベリはまた人間には「社会愛」，「社交性」，「人類ないし社会に対する真実の深い愛情」が植えつけられていると説いて，人間を孤独で，お互いに争いあう利己的存在とみるホッブズの人間観を否定した。⁽⁵⁸⁾『人間・風習・意見・時代等の諸特徴』のなかで，かれは人間同士を深く結びつけている「自然の情愛」をつぎのように論じている。

　　「もし食べることと飲むことが自然であるとするならば，群れをなすこともまた自然である。もし食欲や感覚が自然であるとするならば，同胞愛の感覚もまた同じである。男女間にみられるあの愛情が自然であるとするならば，両者のあいだに生まれる子供に対する愛情もまた明らかに自然なものである。同様に，同じ躾と経済状態のもとで育まれた親族であり仲間でもある子供同士のあいだの愛情もまた自然である。このようにして氏族や部族が徐々に形成され，公共のものが認識されていくのである」。⁽⁵⁹⁾

家族の愛情と結びつきを部族にまでおしひろげているわけであり，「自然の情愛」を社会秩序の形成原理と考えていることがわかる。政治社会の形成を，「信約」（ホッブズ）といった人為的なものではなく，人間本性に植えつけられた本能的な集団形成原理で説明しているわけである。

　ジェファソンの人間観は，シャフツベリを祖とするこの道徳感覚学派の見解を受け継ぐものであった。ジョン・アダムズに宛てた手紙のなかでジェファソンは，「正義はただ契約（contract）にのみもとづいているとするホッブズの原理」を批判して，「むしろわたしは正義は本能的，生得的なものであり，道徳感覚は触覚，視覚，聴覚と同様，われわれの体質の一部をなすものであると信じています」と述べている。⁽⁶⁰⁾ジェファソ

ンはシャフツベリと同様，ホッブズ的な「自己愛」に代えて道徳感覚の存在をとなえ，この資質の上に道徳を基礎づけようとした。そうすることによって善悪，正義・不正義が人為的なものではなく，人間本性に則った超歴史的で不変のものであることを主張しようとしたといえる。

西欧思想史における道徳感覚学派の登場は，伝統的な自然法の考え方に大幅な修正を加えるものであった。従来の自然法の考えでは，自然という概念は人間の外界に横たわる物理的世界と人間の内なる精神的，道徳的世界の二つの領域をおおうものであった。自然法は「物理」（自然法則）を意味すると同時に，「道理」（社会生活における正義，道徳規範）を意味していた。そこでは「（自然界の）星空と内なる道徳の法」は同じ性質のものとして把握されており，「星々を誤りなく運行させていた法則は，義務の規則でもあった」[61]。「存在」（物理的な自然法則）と「当為」（人間の踏みおこなうべき義務の道，道徳律）の異質性は認識されてはいなかった。

しかし18世紀に入ると，自然法という言葉で一括されてきた「物理」と「道理」の異質性が人びとの意識にのぼりはじめた。ちなみに，バークレイは「受動的服従」（1712年）と題する論文のなかで，自然法という言葉には"is"と"ought"の二つの異質な領域が含まれていることをつぎのように指摘している。

「われわれは自然法という言葉のもっている二つの意味を区別すべきである。すなわちこの言葉は，一つは理性的な行為者が自発的に行動する際に方向づけを与えてくれる規則ないし規範を意味している。その意味では，この言葉は義務を意味している。他方，この言葉は，自然のはたらきの中に人間の意思とは無関係におこなわれているのをわれわれが観察する一般的な法則を意味するのにも使われる。この場合は，義務という意味は全然ない」[62]（傍点，清水）。

自然法の名のもとに一括されてきた「物理」と「道理」，「存在」と「当為」がまったく異質のものであり，両者は区別されねばならないとする認識が芽生えてきたことがわかる。この両者を峻別し，従来万能視されてきた理性の役割をせまく「存在」の領域のみに限定して，「当為」の領域は道徳感覚の支配下にゆだねようとしたのが道徳感覚学派の哲学者た

ちであった。ジェファソンが「頭脳」と「心」の支配領域を「相分かれた帝国」として意識し、「心」を完全に自立したものとしてとらえたのは、この思潮を踏まえてのことであった。

道徳感覚学派の出現によって、理性一辺倒の見方から、理性と道徳感覚を対等視する見方へと潮のながれが変わった。そして自然法則に関する知識の増大がかならずしも道徳心の向上につながるものではないという認識が芽生えてきた。しかもこの状況は19世紀に入るとさらに進展して、「頭脳」(理性)よりも「心」(道徳感覚)のほうを優位に置く見方が幅をきかせることになる。いわゆるロマン主義の台頭である。この新しい思潮の祖とされるルソーは『学問芸術論』(1750年)のなかで、「学者」と「善行の士」(ジェファソンの言葉でいえば「大学教授」と「農夫」)を対置して、「学者がわれわれのあいだに現れはじめて以来、善行の士は姿を消した」、「学問芸術の光が地平にのぼるにつれて、徳がにげてゆく」と述べ、知的な進歩向上と道徳面でのそれが逆比例するかのような見解を掲げるにいたった。(63) 先述したように、マライア・コズウェイに宛てた手紙のなかでジェファソンは「心」をして「頭脳」に、「円の面積をもとめたり、彗星の軌道をあとづけたり、もっとも堅固なアーチはどのようなものか、もっとも抵抗の少ない固体はなにかといったことを調査する際は、あなたが問題にとりくんでください。こうした問題はあなたの領域です」と語らせたのであったが、ルソーはこうした類の知的作業(自然法則の探求)に一体いかなる意義があるのかと、つぎにように問いかける。

　「有名な哲学者諸君、物体は真空の中でどんな比例で引き合っているか、惑星の公転において、同一時間に通過する面積の比は、どれほどであるか、共軛点、湾曲点、岐点をもつ曲線とは、どんな曲線であるか……(中略)……どの天体には人間が住むことができるか、どんな昆虫が異常な方法で繁殖するか、などを、われわれに教えてくれる諸君、かくも多くの崇高な知識をわれわれに与えてくれる諸君よ、どうか、つぎの問いに答えてください。もし諸君が、われわれに、以上のことを教えなかったとしたら、われわれの人口が今よりも少なく、政治もよくなく、恐れられることも少なく、繁栄してもいず、あるいは一層邪悪になっていたでしょうか」。(64)

第I章　ジェファソンの人間本性論，黒人奴隷制論，政治制度論　51

ルソーはこう問いかけた上で，人間の幸福に必要なのは知識ではなく「善なる無知」であるとして，「博識」(「学者」)よりも「誠実」(「善行の士」)を上位に置いたのであった(65)。この反主知主義的な姿勢は，啓蒙期の理性万能の思潮が180度逆転し，その対極に行き着いたことを示すものであった。

ジェファソンは「心の資質」を重視し，「農夫」の道徳性に好感を抱いていたが，それと同時にかれは「知識の共和国」の樹立をも目指していたのであって，ルソーのように知識を全面否定する立場はとらなかった。思想史の大きな流れのなかでいえば，理性と道徳感覚を基軸にすえ，両者をともに重視するジェファソンの人間本性論は理性一辺倒の18世紀啓蒙主義と，感性のほとばしりを賛美する19世紀ロマン主義を架橋する位置にあったといってよい。ジェファソンの内面には「相分かれた帝国」が存在し，実証科学に向かう理知的合理的契機と，ロマン主義に向かう心情賛美の契機が並存していた。かれの抱えるこの二つの契機は，アメリカ思想史の上でそれぞれ独自の展開をとげていくことになる。そして黒人奴隷制論も，後の章で取り上げるように，それらの思潮に棹さすかたちで独自の展開をとげていくことになる。

（１）　『ヴァージニア覚書』の黒人論の箇所ではこのように言いかえている。T・ジェファソン(中屋健一訳)『ヴァージニア覚書』(岩波文庫，昭和47年)，256頁。
（２）　Saul K. Padover, ed., *Thomas Jefferson on Democracy* (New York: The New American Library, 1939), p.112. 以下 Padover, ed., *Jefferson* と略。
（３）　1787年8月10日付の手紙。Merrill D. Peterson, ed., *Thomas Jefferson. Writings* (New York, N.Y.: Literary Classics of the United States, Inc., 1984), pp.902-904. 以下 Peterson, ed., *Jefferson* と略。
（４）　*Ibid.*, p.901; Padover, ed., *Jefferson*, p.45.
（５）　Peterson, ed., *Jefferson*, pp.901-902.
（６）　ジェファソンはジョンソン判事に宛てた晩年の手紙では，人間は「諸権利(生命，自由，幸福追求などのそれ——清水)と生来の正義感を賦与された合理的動物」であると表現している。権利と資質の両面か

ら人間をとらえたきわめてコンパクトな定義になっているといえる。 Padover, ed., *Jefferson*, p.45.
(7)　Peterson, ed., *Jefferson*, p.901.
(8)　*Ibid.*, p.902.
(9)　M・コリアに宛てた手紙（1815年6月28日付）。Quoted in Lee Quinby, "Thomas Jefferson. The Virtue of Aesthetics and the Aesthetics of Virtue," *American Historical Review*, LXXXVII, No.2 (April, 1982), 338.
(10)　1786年10月12日付の手紙。Peterson, ed., *Jefferson*, p.874.
(11)　*Ibid.*, p.874.
(12)　*Ibid.*, p.874.
(13)　*Ibid.*, p.875.
(14)　善性（道徳感覚）の確固たる内在を説くことによって，ジェファソンは性善説の立場を打ち出しているといえる。建国期の思想家たちは一般に性悪説の立場に与していたから，この点でもジェファソンは異例であった。マキャベリが政治学をキリスト教道徳から解放し，アダム・スミスが人間の利己主義を前提にして経済学理論をたてたのとはちがって，その根底に性善説を敷くジェファソンの思想（たとえば政治論）には道学者風の発想がつきまとうことになる。この点についてはまた後にとりあげることにしたい。
(15)　Morton Gabriel White, *The Philosophy of the American Revolution* (New York: Oxford University Press, 1978), p.98.
(16)　Henry Steele Commager and Milton Cantor, eds., *Documents of American History* (Englewood Cliffs, New Jersey: Prentice Hall, 1988. Tenth Edition), I, 173.
(17)　J・フィシュバックに宛てた手紙（1809年）。Padover, ed., *Jefferson*, p.116.
(18)　Peterson, ed., *Jefferson*, p.901.
(19)　*Ibid.*, p.874.
(20)　1814年6月13日付の手紙。*Ibid.*, pp.1337-1338.
(21)　1816年10月14日付の手紙。Lester J. Cappon, ed., *The Adams-Jefferson Letters. The Complete Correspondence Between Thomas Jefferson and Abigail and John Adams* (Chapel Hill: The University of North Carolina Press, 1959), p.492.
(22)　Peterson, ed., *Jefferson*, p.1336.

(23) ベンジャミン・ラッシュに宛てた手紙（1803年4月21日付）。*Ibid.*, p. 1124.
(24) *Ibid.*, p.1124; *Ibid.*, p.1433 も参照。
(25) *Ibid.*, pp.1122, 1125, 1301, 1431.
(26) ショートに宛てた手紙（1819年10月31日付）。*Ibid.*, p.1431; Saul K. Padover, ed., *The Complete Jefferson. Containing His Major Writings, Published and Unpublished, Except His Letters* (New York: Duell, Sloan & Pearce, Inc., 1943), p.1036 には，これとまったく同じ内容の手紙（日付は1819年11月7日となっている）がジョン・アダムズ宛のものとして掲載されているが，内容から判断して，これはショート宛のものであろう。
(27) Peterson, ed., *Jefferson*, p.1125.
(28) *Ibid.*, p.1337.
(29) *Ibid.*, p.872.
(30) *Ibid.*, p.872.
(31) *Ibid.*, pp.873-874. マライア・コズウェイに宛てた手紙は，わが国ではあまり取り上げられることがない。またピーター・カーに宛てた手紙は『世界の名著33 フランクリン，ジェファソン，ハミルトン，ジェイ，マディソン，トクヴィル』（中央公論社，昭和45年），280-282頁に収められているが，農夫と大学教授の比喩の箇所はみごとに省かれている。要するに，ジェファソン像を組み立てる際，かれの理性重視の発言だけが従来ピックアップされてきたわけである。
(32) コーライーに宛てた手紙（1823年）には「合理的で道徳的な社会的存在」という表現が出てくる。人間を，理性と道徳感覚を賦与された社会的存在と定義しているわけである。Padover, ed., *Jefferson*, p.37.
(33) カーに宛てた手紙（1787年8月10日付）。Peterson, ed., *Jefferson*, p. 901.
(34) ウィリアム・G・マンフォードに宛てた手紙（1799年6月18日付）。*Ibid.*, p.1064.
(35) ローに宛てた手紙（1814年6月13日付）。*Ibid.*, p.1337.
(36) F・W・ギルマーに宛てた手紙（1816年）。Padover, ed., *Jefferson*, p.38.
(37) 1785年8月19日付の手紙。Peterson, ed., *Jefferson*, pp.814-815.
(38) ジョン・アダムズに宛てた手紙（1812年1月21日付）。*Ibid.*, p.1259.
(39) マディソンに宛てた手紙（1797年1月1日付）。*Ibid.*, p.1039.

(40) Padover, ed., *Jefferson*, pp.158-159; Peterson, ed., *Jefferson*, p.818.
(41) 『ヴァージニア覚書』, 297頁。
(42) セイに宛てた手紙。Peterson, ed., *Jefferson*, p.1144.
(43) ジョン・ホリンズに宛てた手紙（1809年2月19日付）。*Ibid.*, p.1200.
(44) *Ibid.*, p.365.
(45) 1786年8月13日付の手紙。Padover, ed., *Jefferson*, p.87.
(46) ジェファソンは独立したばかりの中南米の不安定な政情を論じた際，そこでは人民が無知と頑迷さのなかに浸っており，自治が不可能になっている点を指摘して，そのゆくすえに大きな不安の念を表明している。*Ibid.*, pp.144, 146.
(47) 1813年10月28日付の手紙。Peterson, ed., *Jefferson*, pp.1305-1306.
(48) *Ibid.*, p.365.
(49) Peterson, ed., *Jefferson*, pp.1306, 1308; Padover, ed., *Jefferson*, p.81.
(50) Henry Cabot Lodge, ed., *The Works of Alexander Hamilton* (New York: Haskell House Publishers Ltd., 1971), I, 401.
(51) シャフツベリの主著『人間・風習・意見・時代等の諸特徴』(1711年)は1790年までにイギリスで11版を重ね，1769年にはフランス語訳，1776-79年にはドイツ語訳が出ている。彼の名声は存命中すでに高く，モンテスキューはシャフツベリをプラトン，マルブランシュ，モンテーニュと並ぶ「四大詩人」の一人に数えている。John Robertson, "Introduction," in Anthony Ashley Cooper, Earl of Shaftesbury, *Characteristics of Men, Manners, Opinions, Times, etc.*(1711), ed. John Robertson, (Gloucester, MASS., First Published 1900, Reprinted 1963), I, ix, xiv-xv. 以下，シャフツベリのこの著作に関しては，このロバートソン編のものを *Characteristics* として引く。"moral sense" という言葉が初めて出てくるのは *Characteristics*, I, 262 においてである。
(52) *Characteristics*, I, 66; *Characteristics*, II, 59.
(53) *Characteristics*, I, 237-238.
(54) ホッブズ（水田洋訳）『リヴァイアサン（一）』（岩波文庫，1992年），第1部第11章と第13章。
(55) 『リヴァイアサン（二）』，第2部第17章，とくに30-32頁。
(56) 『リヴァイアサン（一）』，237頁。
(57) この箇所でシャフツベリは道徳感覚を「われわれの体質における第一原理」をなすものであると述べている。*Characteristics*, I, 251, 260.
(58) *Characteristics*, I, 77, 79, 270.

第Ⅰ章 ジェファソンの人間本性論，黒人奴隷制論，政治制度論 55

(59) *Characteristics*, I, 74;「自然の情愛」という表現は *Characteristics*, I, 77, 79 に出てくる。
(60) 1816年10月14日付の手紙。Cappon, ed., *The Adams-Jefferson Letters*, p.492.
(61) バジル・ウィリー（三田博雄・松本啓・森松健介訳）『十八世紀の自然思想』（みすず書房，1975年），15-16頁。
(62) Quoted in Morton White, *The Philosophy of the American Revolution* (New York: Oxford University Press, 1978), p.151.
(63) ルソー（前川貞次郎訳）『学問芸術論』（岩波文庫，昭和45年），19, 27頁。
(64) 同上，33-34頁。
(65) 同上，12, 44, 46, 50頁。

3節　黒人奴隷制論

黒人論

　ジェファソンは黒人奴隷制を人間本性論との関係でどのように論じているであろうか。かれは黒人論と奴隷制論を切り離して論じているので，ここでもそれぞれを別個に取り上げることにしたい。
　黒人の資質について，ジェファソンは興味深い手紙をいくつか書いている。1791年8月，かれは当時天文学者として名を馳せていた自由黒人のベンジャミン・バネカーから，バネカー自身が作製したという暦を送り届けられた。それにはつぎのような長文の手紙が添えられていた。われわれ黒人は長いあいだ動物のようにみなされ，知的能力があるとは見なされてきませんでした。聞くところによりますと，貴下はわれわれに対して好意的であり，われわれの苦境を救おうとしておられる方であるとうかがっております。どうか黒人に関する根拠のない偏見を根絶することにご尽力願いたいと思います。もし貴下が，神は人間をすべて同じにお創りになったのだと考えておられるのなら，自然権は黒人にも適用されるべきではないでしょうか。わたしは自由の境遇を享受しておりますが，わたしの同胞はいまなお専制的な隷属下に置かれております。どうかあなた方がイギリスの専制支配下に置かれ，隷属状態におとしめら

れていたときのことを想起してください。あのとき貴下は奴隷制の状態というものがいかに不正であるかを痛感されたがゆえに，万人の平等と生命，自由，幸福の追求という不可譲の権利を要求されたのではなかったでしょうか。あなた方はイギリスに対しては自然権を掲げましたが，わが同胞に対してはいまなお詐欺と暴力でもって過酷な抑圧を加え，自然権を奪っております云々，という内容のものであった。アメリカの抱える矛盾を衝いたものであったといえる。

　この暦と手紙に対してジェファソンは礼状をしたため，「自然は黒人同胞にも他の人種と同じ能力を賦与されたのでありまして，能力が一見欠如しているかのように見えるのは，単にアフリカおよびアメリカにおける黒人の堕落した生活状態のせいにすぎません。あなたがお示しになられたような事例を，わたしは他の誰よりも見たいと願っているものであります」と述べて，白人と黒人の能力は同じであるとする見解を告げたのであった。

　ジェファソンは外国人（白人）宛に書いた手紙のなかでも黒人論を披露している。1809年，アンリ・グレゴワールというフランス人聖職者が黒人文学を収録した印刷物をジェファソンに送りつけてきた。グレゴワールはかつて読んだジェファソンの『ヴァージニア覚書』が黒人資質を劣等視するものであると思っていたので，黒人の豊かな文学的資質を知ってもらおうと思って，これを送ってきたのであった。ジェファソンはこの時も，つぎのような丁重な礼状をしたためている。

　　「（『ヴァージニア覚書』で表明した黒人の能力に関する——清水）わたしの疑問は，わたし自身の州の限られた範囲の個人的観察から引き出されたものでありまして，かれらはわが州では才能を伸ばすような機会には恵まれておらず，才能を鍛える機会などなおさら一層ありませんでした。ですからわたしは非常に躊躇した上で，疑問を表明したわけであります。しかしかれらの才能がどの程度のものであろうとも，それはかれらの権利をはかる基準にはなりません。アイザック・ニュートン卿が理解力の点で他の人びとに抜きんでていたからといって，かれが他の人びとの人格や財産の支配者であったわけではありません。……（中略）……あの人種（黒人——清水）の立派な知性に関して，あなたがわたしに多数の事例をお示めし

第Ⅰ章 ジェファソンの人間本性論，黒人奴隷制論，政治制度論　57

になられたことに謝意を表したく思っております」。⁽³⁾

　黒人資質を論じたこのバネカーとグレゴワール宛の手紙は，じつはジェファソンの本心を語ったものではなかった。ジェファソンはグレゴワールに礼状を出したあと，気を許す同郷のジョエル・バーロウには，バネカーとグレゴワールを見下すかのような，つぎのような手紙を書いている。

　「かれ（グレゴワール——清水）は，わたしが25, 6年まえに『ヴァージニア覚書』で表明した黒人の理解力の程度に関する疑問について，わたしにも手紙を書いてよこしました。そして黒人文学に関するかれの著作をわたしに送りつけてきました。ものごとを軽率に信じやすいかれは，黒人に関する話を（それが生粋の黒人に関するものなのか，それともどの程度混血の進んだ黒人に関するものなのかの区別もしないで），たとえほんのわずかしか言及していなくても，あるいは話の出所が信の置けぬものであろうとも，ことごとく手当たりしだいに集めたわけです。全体的な印象は，事実という証拠に照らしてみて，われわれ自身がバネカーについて知っているところとは食い違っております。われわれはバネカーが暦がつくれる程度には球面三角法について知ってはいたと思うのですが，しかし（白人の——清水）エリコット——この人物はバネカーの隣人であり友人でありまして，つねづねバネカーをおだてあげ，焚きつけていました——の援助なしにこれができたかどうか，疑いなしといたしません。わたしはバネカーから長文の手紙をもらいましたが，その手紙はバネカーがじつにありきたりの精神の持ち主でしかないことを示しております。わたしはグレゴワール司教には，あなたと同様，非常に口当りのいい返事を書いておきました」。⁽⁴⁾

　ジェファソンは黒人がなにか卓越した業績を示すと，必ずそこには白人の援助の手が加わっていると邪推したのであったが，バネカーの場合もそういう目で見ていることがわかる。これらの手紙から判断して，ジェファソンが黒人にどのような感情を抱いていたか，おおよその見当はつくと思うが，以下あらためてかれの黒人資質に関する議論を取り上げることにしたい。

　ジェファソンがまとまった黒人論を展開しているのは，『ヴァージニ

ア覚書』「質問14 法の施行と諸法律の性格については如何？」において である。かれは白人と黒人の身体特徴を美的観点に立って比較し，白人の方が「優越した美」を備えていることを指摘する。そしてとくに皮膚の色に注意をうながし，黒人の黒さが身体組織のなにに由来しているのかは不明であるとしつつも，この黒さは環境の所産ではなく，「自然に根ざしている」と断定し，「この相違には，重大な意味がないのだろうか」と意味ありげに問いかけている。black という言葉にはエリザベス朝以来，不吉な，有害な，邪悪な，不正な，残忍なといった好ましからざる意味がこめられていたが，ジェファソンは黒人の自然（資質）にそうした意味を結びつけようとしているかのようである。

ジェファソンはさらに髪の毛や身体の均整を取り上げて，白人と黒人の美しさを比較する。そして当時ヨーロッパの学界に紹介されて注目を集めていたオランウータンを持ち出して，黒人とオランウータンのあいだに深い親近性のあることをつぎのように暗示する。

「黒人の表情を支配しているあの永遠の単調さ，あらゆる感情を蔽いかくしているあの黒い不動のヴェールよりも，白人のように赤と白がみごとに混りあい，皮膚の色にさす紅潮の程度によってあらゆる感情が表現される方が，より一層好ましくはないだろうか。さらに加えて，流れるような髪の毛や，より優美な身体の均整。また，オランウータンが自分自身の種族のメスよりも黒人の女性の方を好むのとまったく同様に黒人が白人をより好むことからわかるとおり，黒人自身も白人の方が美しいと判断していること。われわれが，馬や犬その他の家畜をふやすときに，より美しいものをと心がけることは大切なことであると考えられている。それならば，なぜ人間の場合に，そうであってはいけないのだろうか」。

黒人の精神的な資質に関しては，ジェファソンは「頭脳の資質」（理性）と「心の資質」（道徳感覚）という人間本性論のフレームを使って，議論を展開している。そして「頭脳の資質」に関しては，フランシス・ベーコンの方法にならって，これをさらに「記憶力」，「推理力」，「想像力」という三つの分野に区分する。ベーコンは『学問の進歩』（1605年）のなかで，「人間に関する学問の諸部門は，学問が宿る，人間の知力の三つの部門に関係がある。すなわち，歴史は人間の記憶に，詩は人間の想像力

に，哲学は人間の理性に関係がある(7)」としたのであったが，ジェファソンはこのベーコンの見解をそのまま踏襲し，記憶力，推理力，想像力のそれぞれが歴史学，哲学，芸術をつかさどっていると理解した(8)。そしてこの区分法にもとづいて，黒人と白人の「頭脳の資質」の差異をつぎのように要約する。

「記憶，推理，想像などの能力で彼らを比較してみると，記憶力の点では白人と同じであると思われるが，推理力では，ユークリッドの研究を追ったり，理解したりすることのできるものはほとんどいないだろうから，白人に比べてかなり劣っており，想像力は鈍く，下品で，異常であると思われる(9)」。

ジェファソンは想像力の分野における黒人の劣等性についてはさらに具体的に論じている。かれは黒人の芸術（詩・文学）面での業績を評して，「苦悩はしばしばもっとも感動的な表現をもつ詩を生みだすものである。黒人たちにとって苦悩はありあまってはいるが，なぜか詩は生まれない。愛も，詩人に独特の衝動を与えるものである。しかし，黒人の愛は激しいが，それは感覚を燃え立たせるだけで，想像力をかき立てはしないのである(10)」といい，当時評判を呼んでいた黒人作家イグナティウス・サンチョの書簡文を引き合いに出して，そのアブノーマルな想像力をつぎのように指摘する。

「彼の想像力は粗野で非常識なものであり，たえず理性や気品などのあらゆるワクから逃避していて，その奔放な空想の過程で，まるで大空を貫く流星の進路のように，気まぐれで風変りな思想空間を残していくのである。彼が扱う主題からすれば，彼はしばしばまじめな推理の過程に進んでいて当然だと思われるのだが，実際には彼はいつも感情をもって論証の代用としているのである(11)」。

白人には理解しがたいその異様な観念連想にあからさまな違和感を示していることがわかる。上の言葉につづけてジェファソンは，黒人作家のなかではたしかにサンチョは「第一級の存在」であるかも知れないが，白人作家と比べるならば「最低の位置」に置かざるをえないと酷評し，さらにこれに追い打ちをかけるかのように，「この批評は，彼の名によって出版された書簡文が，まぎれもなく本物であり，誰の修正も受けてい

ないものである，と仮定した上でのことであるが」と付言している。黒人バネカーの天文学上の業績（すなわち推理力の分野での業績）を疑問視し，白人の援助の手が加わっているはずだと邪推したように，ジェファソンは推理力や想像力の分野で黒人に優れた業績など出せるはずがないと最初から決め込んでいたふしがある。

しかし，「頭脳の資質」に対するこの低い評価とは対照的に，ジェファソンは黒人の「心の資質」に関しては，「さらに研究が進んで，頭脳の資質という点では自然が黒人たちに白人ほどのものを授けなかった，というこの推測が実証されることになろうと，なるまいと，とにかく私としては，心の資質という点では，自然は黒人に対しても公平であったということが理解されるだろう，と信じている」と述べて，好意的な見方をしている。そして，黒人のなかには「もっとも厳格な誠実さを示す実例が数多く見られるし，さらに慈善心や感謝の気持，ゆるぎない忠実さなどの実例は，彼らよりも高い教育をうけている主人たちの間にみられる実例に劣らぬくらい多いのである」として，なまじっか学のある白人よりも，無学な黒人のほうが「心の資質」の点では勝っている面があるという見解を口にしている。「大学教授」の理性はないが，「農夫」の純朴さはそなえているというわけである。

当時黒人の「心の資質」を低く評価する見方が出まわっていたが，ジェファソンはそうした見解に対して反論を加え，黒人を弁護することすらおこなっている。たとえば黒人は窃盗に走りやすいという通説を取り上げて，ジェファソンは「彼らが今まで汚名を着せられてきた窃盗に走りやすいという傾向は，彼らのおかれている状況に帰せられるべきものであり，道徳感覚が堕落しているためと考えられるべきものではない」と述べて，その原因を人種資質にではなく奴隷制のはらむ欠陥へと帰している。ジェファソンはE・バンクロフトに宛てた手紙でも，「もしも奴隷制が人間を泥棒にしないとしましたら，人間の道徳感覚というものは異常に強いものだといわねばなりません。自分自身の財産をもつことを法律によって認められていないような者は，財産が暴力以外のものに基礎を置いているなどと考えることはできません」と述べて，黒人の道徳感覚を擁護している。「心の資質」に関しては，あくまで好意的に評価し

第Ⅰ章　ジェファソンの人間本性論，黒人奴隷制論，政治制度論　　61

ていることがわかる。

　ジェファソンの黒人論は要するに「頭脳の資質」の点では黒人を蔑視し，「心の資質」の点では公正かつ好意的に評価しようとするものであって，総合評価としては黒人を精神（理性）面に欠陥をもつ劣等人種，人間（白人）の水準に達していない劣等者と見なしていたということになる。

　この黒人資質の劣等視は混血に対する嫌悪を生み，黒人との共存を不可能視する立場を生むことになる。古来ヨーロッパではすべてのものには守るべき分と序列があるという「存在の偉大な連鎖」の観念が語り継がれてきた。生きとし生けるものは神によってランクづけされた無数の連鎖の系列上に配置されているのであり，すべての存在者は最下等のものから人間，天使を経て神へといたる序列をなしているという考え方である。啓蒙期の思想家たちのなかには，この序列の観念を人種に適用して，人種間にも下等から高等への漸進的な序列が存在すると主張する者がいた。イギリスの解剖学者ジョン・ハンターや外科医チャールズ・ホワイトらはさまざまな人種の「顔面角」を測定し，その研究をもとにして，顔面角の大小に対応するかたちで人種序列が存在すると考えていた。ジェファソンが黒人とオランウータンの親近性を示唆し，黒人が白人とオランウータンの中間に位置する存在であるかのように述べたとき，かれの脳裏にもこの人種序列の観念，「存在の偉大な連鎖」の観念があったといってよい。

　この序列の観点からすれば，混血は自然の秩序を乱すものであり，劣等人種との混血は白人資質の優秀性と美的優越性をそこなうものにほかならなかった。動物の品種にも等級があるように，「人類という分野でも自然が定めたとおりの序列を守ろうと務める」ことはわれわれの義務ではないかとジェファソンはいう。われわれは「一方で人間本性の（つまりこの場合は黒人の──清水）自由を擁護したいと望みながら，同時に他方では人間本性の（この場合は白人の──清水）高貴さと美しさとを守りたいという気持ちも強いのである」と述べて，かれは二律背反の心境を口にする。黒人は奴隷制から解放してやりたい。しかしその結果，混血が生じて，白人資質の低下が生じては困るというわけである。ジェ

ファソンはエドワード・コウルズに宛てた手紙でも、「かれら（黒人——清水）と他のカラーとの混血は、愛国者や人間本性（すなわちこの場合は白人本性——清水）の卓越性を愛する者なら無邪気に同意することのできないような退化をもたらします」と述べている。黒人との混血が白人のグレードを下げるものであることに繰り返し警告を発しているわけである。

ジェファソンは理性面で欠陥をもつ人間は共和国の健全な担い手になることはできないと考えていた。かれは『自伝』（1821年）のなかで「運命の本には、これらの人びと（黒人奴隷——清水）が自由であるべきだということがこの上なくはっきりと書き刻まれている。同様に二つの人種が等しく自由な状態で、同じ政府のもとで生活することはできないということもまた確かである。資質、習慣、見解のちがいが、両者のあいだに拭うことのできない区分線を刻みつけているのである」[20]と述べて、（奴隷制を否定すると同時に）黒人との共存に難色を示している。劣等人種との混血・共存はともに嫌であるというのが、ジェファソンのいつわらざる感情であった。

人祖多元論

当時欧米の学界では人種の起源、人種差の由来をめぐって、人祖単元論と人祖多元論という二つの学説が提起され、論争を呼んでいた。上に見たジェファソンの黒人論もこの論争を背景にして語られているので、これとの関連でかれの黒人論をとらえなおしておこう。

人祖単元論（以下、単元論と略）は、人類の祖先はもと一つであったが、その子孫が地表に分散、定住していく過程で、環境の影響をこうむって諸人種に分岐していったと考えるものである。この見解を典型的なかたちで示しているのは『旧約聖書』の「創世記」で、そこには人祖アダムとイヴから10代目の子孫にあたるノアの三人の息子セム、ハム、ヤペテの子孫が地表に散在していく過程で三大人種が発生したという人類の一大系図が描かれている。[21]全人類をアダムとイヴという単一のペアーに帰すこの見解は宗教家だけではなく、リンネ、ビュフォン、カント、ブルーメンバッハ、キュビエなど18世紀ヨーロッパを代表する学者や建

第Ⅰ章　ジェファソンの人間本性論，黒人奴隷制論，政治制度論　63

国期アメリカの思想家たちのあいだでも根強い支持を博し，当時の支配的な見解をなしていた。

　他方，人祖多元論（以下，多元論と略）は地球上には資質を異にする複数の人祖が存在していたのであり，人種差は人類初発の段階ですでに存在していたとするものである。単元論が環境決定論の立場をとるのに対して，多元論は資質決定論の立場をとるわけであり，人種不平等の思想に傾きやすいといってよい。18世紀に多元論をとなえたのは顔面角や脳容積の測定にたずさわった一部の科学者やイギリスのケームズ卿のような知名度の点ではるかに見劣りのする人物でしかなかった。多元論は学説としては劣勢であった。

　しかし，ジェファソンが『ヴァージニア覚書』で表明したのは多元論の立場であった。かれは「黒人が白人と混血するや否や心身ともに進歩向上することは，誰もが目にしてきたところであるが，この事実は，黒人の劣等性が単に彼らの生活条件の結果だけではないことを物語っている」と述べて，劣等性を環境（生活条件）ではなく，人種資質へと帰した。またジェファソンは古代の奴隷（白人奴隷）の例をもちだして，ローマ時代とくにアウグストゥス時代の奴隷は合衆国南部の黒人奴隷よりも劣悪な境遇に置かれていたにもかかわらず，類いまれな芸術家や主人の子供の家庭教師を輩出するなどしていることを指摘し，「だから，白人と黒人との相違を生み出しているものは，彼らのおかれた条件なのではなくて，資質だということになる」と結論づけている。現時点で観察される人種差（資質の優劣）が，（たとえ人類初発のもの，人祖以来のものであることが示せないまでも）古代以来のものであることを示そうとしたわけである。

　多元論の見解は『旧約聖書』の記述と正面から衝突するものであったので，これを公然と口にするには相当な勇気がいったはずである。それに単元か多元かの問題は，ジェファソン自身もいうように，とりあつかう対象が「物質ではなく人間の能力に関するもの」であり，結論次第では「ある一つの人種全体を，造物主によって定められた諸生物間におけるその地位から下落させてしまうことにもなりかねない」以上，軽々しく論じるわけにはいかなかった。それにまたジェファソンは人種差が人

祖以来のものであることを論証しえたわけでもなかった。したがって，かれは黒人論の結論部では「私は，黒人がもともと別個の人種（すなわち人祖多元——清水）であるのか，それとも時代や環境によって別個のものとなった（すなわち人祖単元である——清水）のかはともかくとして，与えられた才能という点では身心両面で白人よりも劣っているのではないかという気がするとだけ，申し述べておきたい」[26]と，婉曲な言い方をしている。しかし単元，多元いずれの陣営に与しているかという点でいえば，『ヴァージニア覚書』の論述が多元論のそれに与していることは明らかである。

「人間の本性というものはあらゆる時代，あらゆる国を通じて同一である。美徳と悪徳，博識と無知といった点に関してわれわれが人びとのうちに見出すちがいはすべて，気候，国土，文明の程度，政治形態あるいはその他，偶然的な諸原因に由来するものとして説明されうる」[27]というベンジャミン・ラッシュの言葉に示されるように，アメリカ建国期の思想家たちは一般に人種資質を同質視する単元論の立場に立っていた。そうしたなかにあって，ジェファソンがあえて資質の優劣を説き，多元論に固執したということは注目に値するといわねばならない。

奴隷制論

ジェファソンは『ヴァージニア覚書』の「質問18　ヴァージニアにたまたま受け入れられている特殊な慣行や生活様式については如何？」で，奴隷制をとりあげている。「特殊な慣行」というのが奴隷制のことであり，これがヴァージニアの良き習俗を破壊し，白人の生活様式に不幸な影響を及ぼしているというのがこの章のテーマである。すなわち，

「主人と奴隷とのあいだの交流は，もっとも荒々しい激情を絶えず放出することになる。すなわち主人の側ではもっとも過酷な形の専制となり，奴隷の側では屈辱的な服従となる。われわれの子供たちはこれをみて，そのまねをすることを習い覚える。なぜならば，人間は模倣の動物だからである。この模倣性という特質は，人間のすべての教育の根源でもあるのだ。……（中略）……親が奴隷に対して荒れ狂うと，子供はそれを眺めて怒りの表情にかぶれ，奴隷の子供たちに対して同じような態度をとり，人間のも

つもっともいまわしい感情の赴くままに任せてしまうのである。こうして子供は、いわば暴虐のなかで育まれ、教育され、毎日それを訓練されているのであるから、当然厭うべき特徴を身につけないわけにはいかない。このような環境のなかでも自己の習慣や徳性を堕落させずにもちつづけられる人間がいたとしたら、それはまさしく驚異的な存在といわねばなるまい。……(中略)……人々の道徳が破壊されるのにともない、かれらの勤労精神もまた破滅に導かれる。なぜなら、暑い気候の土地では、自分の代わりに他人を働かせることができる人は誰も自分自身が働こうとはしないからである」(傍点、清水)。

奴隷制は共和国の担い手である白人の子弟を道徳的に堕落させ、その勤労意欲をそこなうがゆえに有害である、人間本性をはぐくむ上でよろしくないといっているわけである。この有害性とならんでもう一つ、ジェファソンは奴隷制のはらむ(白人にとっての)危険性を指摘する。

「神は公明正大であること、神の正義は永遠に眠ってはいないこと、奴隷の数や問題の本質、自然の手段方法だけから考えても有為転変の革命、すなわち主従の逆転も生じうるのだということ、そしてその大変化は、超自然的な干渉によって可能となるかもしれないこと、などに思いを馳せるとき、まったく私はこの国のために戦慄を禁じえない。……(中略)……現在の革命がはじまって以来、私はすでに一つの変化が見受けられるように思う。まず奴隷の主人の側の意気が衰えつつある一方、奴隷たちの心も屈辱の状態から立ち上りつつあり、その生活条件も緩和されつつある。私は全体の動向が神の御意志のもとに完全な奴隷解放の方向に向かっているものと思いたい。しかもこれが、最終的には、奴隷所有者たちを根絶するというような方法によるのではなく、むしろ彼らの同意を得てなされることを希望するものである」。

人種戦争(奴隷反乱)の勃発と白人の根絶を危惧する心理が濃厚に現れた一文となっている。暴力支配のきわみともいうべき奴隷制は、それに対する反抗としては武力蜂起以外に生み出しようがない。そして、それが主従の逆転と支配者人種の根絶をもたらすかも知れないとすれば、これほど由々しいことはない。ジェファソンは晩年の手紙でも、「現在のところわれわれは狼(すなわち奴隷制――清水)の耳をつかんでいるの

でありまして，これを取り押さえておくこともできなければ，これを安全に立ち去らせることもできない状態にあります。一方の天秤皿には正義が載っており，他方の天秤皿には自己保存が載っております」と述べている。「正義」（すなわち奴隷制の廃止）は実現したいが，これを下手に実現すれば，人種戦争を誘発して白人の「自己保存」を危険にさらすことになりかねないという不安を表明しているわけである。(30)

　人種戦争の恐怖は，ジェファソンの心を終生とらえてはなさなかった問題であった。それは南部白人にとって決して杞憂ではなかった。ジェファソンが大統領に選出された1800年，かれの地元ヴァージニア州ではゲブリエルの陰謀が発覚して奴隷主を震撼させる事件が起こっている。奴隷ゲブリエル・プロッサーの画策したこの陰謀は州政庁，兵器庫を襲い，白人を殺戮してヴァージニアの州都リッチモンドを制圧しようとする大胆不敵な企てであった。さいわい計画は発覚し，反乱は未然に鎮圧されたが，この事件は南部人を心の底から震え上がらせた。しかもこれと相前後して，カリブ海の仏領サンドマングでは，トゥーサン・ルヴェルチュールの率いる奴隷反乱が島の白人を皆殺しにして，世界史上初の黒人共和国ハイチ（1804年）を誕生させるにいたっている。ゲブリエルの陰謀事件がまだ生々しく脳裏に焼きついていた南部白人にとって，サンドマングの奴隷反乱は決して対岸の火事ではなかった。

　ジェファソンの奴隷制論は，白人にとっての有害性と危険性という観点から，奴隷制反対の立場を導き出している点に特徴がある。奴隷制が「巨大な政治的，道徳的悪」であるのは，それが黒人の自然権を蹂躙しているからではなく，「われわれヴァージニア人の生活様式に不幸な影響を及ぼしている」からであるという白人本位の発想をとっている点である。黒人の自然権を棚上げして，支配者側の都合のみをもちだすこの論法は，かれの黒人蔑視の立場のしからしむるところであった。自然権は一定の人間本性を満たした者にのみ賦与さるべきものである以上，黒人のような資質（自然）の劣等者（理性面に欠陥をかかえた人間）に，そうした権利を認めるわけにはいかない。ジェファソンの黒人論からするかぎり，被抑圧者の自然権を盾にとった奴隷制批判の論理は出てきようがなかったといってよい。(31)

第Ⅰ章　ジェファソンの人間本性論，黒人奴隷制論，政治制度論　67

　ジェファソンは以上見てきたように『ヴァージニア覚書』の別々の章で黒人論（「質問14」）と奴隷制論（「質問18」）を取扱っており，黒人反対（黒人との共存・混血反対）であり，かつ奴隷制にも反対であるという立場を打ち出している。後年の南部奴隷制擁護論者の場合には，黒人資質の劣等性を主張し，それを基盤にすえて奴隷制擁護論を展開した，つまり黒人論(黒人蔑視)と奴隷制論(奴隷制擁護)を緊密に連動させたのであったが，ジェファソンはこの二つを切り離し，一方で黒人資質を劣等視しつつも，他方ではまた別の論拠（白人への悪影響と危険性）に立って奴隷制反対を唱えるという立場をとっていることがわかる。

黒人植民論

　ジェファソンは黒人奴隷制を消滅させる方法として，黒人植民論すなわち奴隷を解放して，これを国外の地に追放すべしとする主張をかかげた。これは黒人反対と奴隷制反対をとなえる立場から導き出される当然の帰結であった。『ヴァージニア覚書』で，かれは黒人植民について，つぎのように論じている。

　　「ローマ人たちの場合，奴隷解放のためには，解放という一つの手段だけを講じればそれでよかった。解放された奴隷は，［白人であったから］主人の血を汚さずに，混ざり合ったであろう。しかしわれわれの場合には，その後に，歴史上に例をみないような何らかの手段を講ずることが必要である。すなわち奴隷たちは，解放された暁には，血の交わりのできない所へ移されるべきである」。⁽³²⁾

　合衆国の奴隷制は，古代ローマのそれとちがって二重の課題を抱えている。これを消滅させるには，ただ単に奴隷制を撤廃するだけではなく，そのあと持ち上がってくる人種問題にも対処する必要があるという認識を示している。黒人植民（解放奴隷の植民）論は，この二重の課題を一挙に解決する一石二鳥の方法として提起されたものであった。

　ジェファソンは黒人植民の実施方法を，『ヴァージニア覚書』ではつぎのように述べている。まず奴隷解放をうながす法律を制定して，そのあと生まれたすべての奴隷を解放する。「解放された奴隷たちはある一定の年齢まで両親と一緒に生活させ，それから成長するにつれて，女は18

歳，男は21歳になるまで，それぞれの才能に応じて，耕作，芸術，科学などの方面の教育を公共の費用で受けさせる」。この年齢に達したら，「武器，所帯道具，手仕事の道具，種子，つがいの有用な家畜を一緒に与えて，その時の情況からみてもっとも適当とみなされるような場所に送り出して植民させ」る。これと「同時に，送り出した黒人たちと同じ数だけの白人の住民を求めて，世界の他の場所へ船を送り，こちらへ移住するように勧める」(傍点，清水)というものである。

　ジェファソンはジャレッド・スパークスに宛てた晩年の手紙では，この問題をもっときめ細かく，つぎのように論じている。すなわち，(1)現在合衆国には150万人の奴隷がいるが，これを一挙に国外に追い出すのは不可能である。(2)もしこれを25年間かけて徐々に除去するとすれば，その間に奴隷人口は倍増することになろう。奴隷の価格は一人あたり平均200ドルなので，300万人の奴隷を買い上げるには6億ドルの資金が要る。しかもこのほかアフリカまでの輸送費や植民者を現地で1年間養うための食糧，衣料，農具の購入費なども考慮に入れる必要がある。これらは3億ドル以上になるであろう。とすると，われわれは今後25年間，毎年3600万ドルもの出費を覚悟しなくてはならないが，これは財政的にいって不可能である。(3)唯一実行可能なのは，今後生まれてくる奴隷たちを解放し，かれらが自分で生計を維持できる年齢に達した段階で立ち去らせるという方法である。これ以外の可能な方法をわたしは知らない。新生児の購入価格は成人の場合よりもはるかに安く，一人12ドル50セント程度である。購入費以外に要るものといえば，成人に達するまでの養育費と輸送費であるが，われわれはこれを連邦政府が西部に所有している公有地の販売収益から捻出することができるのではないか。わたしは『ヴァージニア覚書』では植民場所については触れなかったが，黒人の国として独立したハイチは聞くところによれば，外国から黒人たちを受け入れているようである。老齢の奴隷はわが国で余生を全うさせればよいが，1年間の増加分である6万人は毎年確実にこれをハイチに向けて送り出すようにすればよい。そうすれば，黒人はわが国から最終的にいなくなるであろう。

　ジェファソンは先ほどの引用箇所にもあったように，除去した黒人の

穴埋めとして，同じ数の白人労働者を移住させることを考えていた。『自伝』(1821年)のなかでも同じように，「(黒人奴隷制という——清水)害悪を目に見えないかたちで徐々に消滅させ，これを自由な白人労働者で徐々に置き換えていく作業を平和裡にかつゆるやかにおこない，奴隷解放と(黒人の——清水)国外追放を実践することは，まだわれわれの力のおよぶ範囲内にある」(傍点，清水)と述べている[35]。

　劣等人種を一市民として共和国にとどめ置くわけにはいかない。解放奴隷は国外の地に除去するしかない，というのがジェファソンの確信であった。奴隷制の撤廃と黒人植民を並行しておこなうことによって，合衆国を白人共和国にするというのがジェファソンの想到しえた唯一の解決策であった。

スミスの人種論

　建国期以後の人種論の展開をあとづけるのにそなえて，すこし寄り道をして人祖の問題に立ち返り，ジェファソンと正反対の議論を展開した人祖単元論者の所論を取り上げることにしたい。

　建国期のアメリカでは先述したように，単元論の見解のほうが優勢であった。独立宣言の署名者の一人でもあるベンジャミン・ラッシュは『奴隷所有に関するイギリス領アメリカ植民地住民への訴え』(1773年)のなかで，つぎのような見解を披露している。黒人の知性は白人のそれよりも劣っていると考えている者がいるが，それは誤解である。気質や才能の上での差異はたんに気候のちがいがもたらしたものにすぎない。われわれは，黒人がローマ人やキリスト教徒に劣らない崇高さや無私の美徳を示す事例を数多く知っている。奴隷制という劣悪な制度が人間の思慮分別と道徳能力を堕落させ，愚鈍にしているだけのことであって，われわれは母国にいるアフリカ人と，アメリカで奴隷制下に置かれているアフリカ人とを区別して考えるべきである。皮膚の色が黒いという理由でもって，黒人は奴隷に向いているのだと主張する者がいるが，熱と病気の荒れ狂う土地では白よりも黒のほうが適しているのである。皮膚の色のちがいを美的考慮に入れないならば，黒人は白人と同じである[36]。ラッシュはこのように述べて諸人種の同質性を説き，奴隷制反対を唱えた。

そしてペンシルヴェニア奴隷制廃止促進協会を結成して，1803年にはその会長になっている。

　ギルバート・イムレイも同じように『北アメリカの西部テリトリーの地形』(1797年)のなかで，『ヴァージニア覚書』の黒人論を手厳しく批判している。皮膚の色の「ちがいは自然に根ざしたものではなく，単に気候の結果にすぎない」のであって，そこにはなんら重要な意味などない。人種を比較するには，ジェファソンが恣意的に選んだ美的観点以外のありとあらゆる観点がもちだせるはずであって，筋力や運動能力などの点で比べるなら，黒人の方がわれわれよりも優れているのではないか。オランウータンが黒人女性を好むという「根も葉もない話」に信をおいて黒人の劣等性を暗示しようとするのは軽率としかいいようがない。われわれが「身体的にも知的にも本質的に同じであることは明らか」である，云々。[37]

　こうした単元論者の見解をもっとも体系的なかたちで示したのは，長老派牧師の論客サミュエル・スタンホープ・スミスの『人類の皮膚の色および姿態の多様性に関する一試論』(1787年)（以下『試論』と略）である。[38]スミスが『試論』で意図したのは『旧約聖書』で説かれている単元論の思想を論証し，そうすることによって聖書の権威の復権をはかることであった。その際かれは「敬神家たちはつねに自分の所説を十分確実な諸事実にではなく，不確かな神の権威に依らしめようとする」という科学者たちの批判に応えるために，聖書の権威をもちださず，経験的帰納的な手法によってこれを行なおうとした。[39]『試論』の劈頭，スミスはつぎのように述べている。

　　「本書の目的は人類のあいだに見られる多様性を自然の諸原因へと帰することによって，その単一性を立証することにある。したがって，本書はモーセ五書に語られている歴史の真実性を科学に確認させるという点で，宗教と明白かつ緊密なつながりを持っている。……(中略)……わたしは黙々たる探求過程に宗教の権威をもちこんだり，そうした権威でもって論証の代用にしたりするという態度は絶対にとらない。わたしは事実という明白な証拠と，それらの諸事実から帰結する結論――自然の研究者なら誰でもが，自然それ自体の源泉から正しく導き出されたと異存なく認めるで

第Ⅰ章　ジェファソンの人間本性論，黒人奴隷制論，政治制度論　71

あろうような結論——に訴えかける所存である」(傍点，清水)。⁽⁴⁰⁾

　要するにスミスが『試論』で試みたのは，なぜ人類が多様な人種へと分岐することになったかの原因を探求し，人種分岐の原因を明らかにすることによって，人類の祖先はもとは一つであったことを裏から論証することであった。

　スミスはこの原因として，三つのものを挙げている。まず第一は，人間の身体に外部から影響をあたえる（ａ）気候，（ｂ）社会状態，（ｃ）生活様式である。このうちスミスはとくに気候を重視し，緯度と人種の皮膚の色との間にはかなりの規則性があるという。（ｂ）の社会状態というのは「食事，衣服，住居，風習，政治，芸術，宗教，農業上の改良，商業活動，思考習慣およびあらゆる種類の思想」のことであり，これは（ｃ）の生活様式と内容的にかなり重複している。事実スミスは（ｂ）と（ｃ）を名称の上では区別しつつも，一括して論じている。⁽⁴¹⁾

　人種分岐をうながした二つめの原因としてスミスは，環境の働きかけに対して人間の身体が「独特の柔軟性」をもっていることを挙げている。⁽⁴²⁾「人間の体質は動物のなかでももっとも繊細であるが，またもっとも柔軟であり，この上なく多様な状況変化に適応しうるものである」。気候ひとつ取り上げてみても，人間の居住地は赤道から両極へといたるあらゆる気候帯におよんでおり，他の動物とこの点で顕著なちがいを示している。この体質の柔軟性ゆえに，人間は環境の影響をこうむることもまたきわめて大である，とスミスはいう。⁽⁴³⁾

　三つめの原因としてスミスは，環境のなかで培われた獲得形質が子孫へと遺伝するという点を挙げている。スミスはラマルクと同様，後天的なものが遺伝的な特性に化すと考えていた。そして中国の纏足の例をあげて，歴史上さまざまな国では，それ固有の美的基準に合わせて人間の姿態に作為を加える習わしがおこなわれてきたが，それは「当人だけに作用するという一般の想定に反して，その影響を後世にまでおよぼさずにはおかない」，「人種の遺伝的特性」が生まれる理由もそこにあるという。⁽⁴⁴⁾

　環境の働きかけと，それに適応しようとする身体の「独特の柔軟性」，そして獲得形質の後世への遺伝。この三者の働きによって，最初微小で

あった獲得形質が次第に蓄積され、やがて人種差を生むにいたるというのがスミスの所論の骨子である。この点をかれはつぎのように要約している。

「わたしは気候やさまざまな生活様式および社会状態が、人類の皮膚の色と姿態におよぼす影響について簡単に検討してきた。そしてそのなかでわれわれは、人間の柔軟な体質がもっとも微小な原因の作用からさえも数多くの変化をこうむりやすく、またこれらの作用を長期間、反復的に経験していると、ついには本来同一であった人類のあいだにこの上なく顕著な相違が生じうるということを見てきた。外界のおよぼす作用は一世代から次世代に移るにつれて増大し、身体がその影響力にもはやそれ以上染まりきれぬ地点にいたるまで続く」[(45)]。

スミスの人種形成論は典型的な環境決定論の立場を示すものといってよい。そこでは人間の身体特徴をまえもって規定するような先天的な要因というものは想定されていない。もしそうしたものがあるとすれば、それは柔軟性というフォーマルな特性のみであって、具体的な特徴はすべて環境の働きかけをまって彫塑される。「心をよぎるどんな激情、情感、思考といえど、それ独特のあらわれ方をする。その都度の一筆はきわめて軽く、ほとんど感知しえぬものかも知れないが、頻繁に繰り返されているうちに、ついには明確な輪郭をその顔に刻みつける」。「心地よい開墾のゆきとどいた景観は顔かたちを生き生きと活気づけ、それを端正かつ温和なものにする。未開の寂漠とした森林は、その粗野なイメージを顔かたちの上へと刻印する」[(46)]。ここにはジェファソンの資質決定論とは対極的なものの見方が示されているといわねばならない。

スミスは当然、黒人の人種特徴もすべて生活環境のせいにしている。合衆国の黒人は自然および生活環境がアフリカと異なっているので、しだいに白人へと変貌をとげつつある。黒人はアフリカを離れたことによって、「あの見た目にじつに不快な感じを与える諸特徴を徐々に失いつつある」。黒人奴隷を炎天下で過酷な重労働にたずさわる野外奴隷と、上等な衣食住をあてがわれている屋内奴隷とに分けるならば、「前者は一般に不格好である。かれらはアフリカ人特有の唇、鼻、頭髪の形状を大部分とどめている。かれらの精神は愚鈍であり、その表情は物憂げで

愚かしい。後者はしばしばすらりとしていて，よく均整のとれた肢体をしている。かれらの頭髪はしばしば3，4インチ，またときにはそれ以上も縮むことなく伸びている。口の大きさと形は多くの場合，見苦しさを与えることはなく，ときには美しくさえある。かれらの目鼻立ちは整っており，能力にも秀で，かつ表情は生気に満ちている」。[47]

骨格や毛髪の形状から精神状態にいたるまで，すべて生活環境の所産として把握しているわけであり，スミスはこうした変化がわずか一世代で生じることもあるという。たとえば，ヘンリー・モスという黒人はわずか7年で皮膚の色が濃黒色から白色へと変り，毛髪も球状毛から波状毛に変わって，当時話題を呼んだという。またスミスが学長をしていたニュージャージー大学に学んだ先住民青年は，学業修得の数年間に口，唇，頬骨，顔の輪郭，皮膚の色に大きな変化をきたしたという。スミスはこうした事例に依って，もし白人と先住民を幼年期から同一の社会状態で育てるなら，両者は成年期には同じ身体特徴を有するにいたるであろうと断言する。[48]

上の引用文中，スミスは黒人の姿態や精神をしばしば不格好な，愚鈍なといった言葉で表現しているが，[49]これをもって人種差別意識のあらわれと見るべきではない。スミスは社会状態と生活様式の身体におよぼす影響を論じた箇所で，フランスでは貴族，市民，農民はそれぞれ特有の身体特徴をもっているので，一瞥しただけで，その人間がどの階層に属するかがわかるが，そうした身体上の差異はイギリスではそれほど顕著でない，それはイギリスの方が社会的な流動性に富んでおり，貧富の差が少ないからであると論じている。また別の箇所では，「粗食をはみ悪天候にさらされているために，野蛮人および社会の貧困階層の容貌はいきおい粗暴で無骨になる」といった言い方をしている。要するに，黒人の場合も文明国の貧困階層の場合も，すべて生活様式がそうした粗暴さや愚鈍さを生み出すと考えているわけであって，白人と黒人奴隷の差異は，フランス国内の階層間の差異と同列に把握されている。[50]ジェファソンのように特定の人種に特定の先天的な特徴が付随するという発想は全然とっていないわけである。

スミスは科学の研究成果は聖書の記述と究極的には一致すると確信し

ていた。『試論』の随所でかれは「真の宗教と真の哲学（すなわち科学——清水）は、究極的には同一の原理に到達するに相違ない」、「自然の学がより深く極められるにつれて、かつて学問がその無知ゆえに自然界の中に見いだしていたあの聖書の記述との齟齬も次第に影をひそめていった」、「正しい哲学は、つねに真の神学と合致するであろう」という主張を繰り返している。スミスはあえて聖書の権威に依らずに、経験的な手法をもちいて単元論の真理性を論証しようとしたわけであるが、それは単元論のテーゼが「神の啓示という権威から独立して」真理なのだと確信するがゆえであった。

しかしその後の思想史の流れは、自然科学の発達が聖書の記述の真理性を補強するよりも、むしろその権威を突き崩し、自然科学が聖書の支配から自立して、それ独自の真理（多元論）を打ち立てる方向へと動いていった。そしてジャクソン時代における自然科学の隆盛はスミスの楽観を裏切って、建国期にジェファソンが孤軍奮戦するかたちで唱えた多元論を復活させる状況を作り出すことになる。この点については、第III章の奴隷制擁護論との関連で再び取り上げなくてはならない。

先住民論と先住民政策

ジェファソンの黒人奴隷制論は、かれの先住民論と先住民政策との比較において見ておく必要がある。というのは、ジェファソンは黒人と先住民の資質を意識的に対比して語っており、この両者に文字どおり正反対の評価をくだしているからである。ジェファソンの先住民論はいわば黒人論を逆照射する性格をもっているといってよい。

ジェファソンは黒人に対しては違和感と蔑視を示しただけであったが、先住民に対しては一目置く態度をとっており、ときに畏敬の念すら示している。ちなみに青年時代にチェロキー族の指導者アウタセットの演説を聴いたときの思い出を、かれは何十年も経った後、印象的な筆致でつぎのように記している。

「独立革命以前、かれらはしばしばそれも大勢で、わたしたちの政庁所在地にやってきましたので、わたしはかれらと親密に接触いたしました。わたしはチェロキー族の戦士であり雄弁家でもあった偉大なアウタセット

（すなわちアウタシティ）のことをよく知っていました。かれはウィリアムズバーグを訪れるときやその帰途，いつもわたしの父の家の客人になったものです。アウタセットがイギリスに向けて旅立とうとしていた前夜，かれが部族の人びとをまえにすばらしい別れの演説をした際，わたしはかれの幕営地にきていました。月は一点の曇りもなく皎々と照り輝いていました。アウタセットはその月に向かって，航海中のみずからの無事と，かれの不在中の部族の無事を祈って語りかけるがごとくでした。かれのよく響きわたる声，明瞭な語調，生き生きとした身振り，あちこちで焚火を囲むかれの部族の人びとの厳粛な沈黙。アウタセットの発する言葉の意味は一語もわかりませんでしたが，その場の雰囲気はわたしの心を畏怖と尊敬の念で一杯にしました[55]」。

植民地時代のヴァージニアでは，上流階級の居住地は沿岸部の海岸平野にあったが，父親が成り上がり者であったジェファソンの家はアパラチア山脈寄りの台地にあった。先住民の指導者が和平交渉などで内陸部からウィリアムズバーグにやってくる際，ジェファソンの家は内陸部と沿岸部の中間地点にあったので，よく先住民指導者に宿を提供したり，かれらを客人としてもてなすなどしていた。他の建国の父祖たちとちがって，ジェファソンは子供のころから先住民指導者と接触する機会が多かったといってよい。上の手紙に出てくるアウタセットの演説は1762年にウィリアムズバーグでなされたものであり，ジェファソンが20歳前後の頃のものであるが，それを半世紀ちかく後になって臨場感あふれる筆致で描いているわけで，青年期に受けた印象の強烈さがうかがえる。

『ヴァージニア覚書』の「質問6　鉱業およびその他の地下資源，樹木，草，果実等についての情報は如何？」で，ジェファソンは先住民について論じている。その骨子は一言でいえば，先住民の資質は心身両面で白人と同一であるというものである。

当時，ヨーロッパではフランスの博物学者ビュフォンの先住民論が幅をきかせていた。アメリカ動物の「退化」説についてはすでに見たとおりであるが，ビュフォンはこの説を動物だけではなく先住民にまで適用し，先住民も「自然の退化」の例外ではないと主張していた[56]。またレイナール神父にいたっては，退化説をヨーロッパから移住してきた白人に

まで適用し,アメリカが学問,芸術の分野でいまだ卓越した人物を一人も輩出していないのは,そのせいであると論じていた。ジェファソンがヨーロッパの学者のこうした主張に強い反発を覚えたのは当然であった。

先住民論を展開するに先立って,ジェファソンはまずビュフォンの蔑視に満ちた記述を引用している。

「新世界の野蛮人が我々の世界の人間とほとんど同じ人格をしているといっても,それだけで新大陸全体における自然の退化という一般的な事例の例外といえるわけではない。野蛮人は生殖器が脆弱で短小である。毛もなく髭もなく,女に対する情熱もない。走る習性があるためにヨーロッパ人に比べて身軽ではあるが,身体は弱い。また感覚はにぶいが,しかし,より怯懦で臆病である。敏捷さもなく,精神の活力もない。……(中略)……かれらには,女に対する愛情がないくらいであるから,同類に対する愛情などというものもない。……(中略)……父母や子供に対するかれらの愛情も乏しい。……(中略)……したがって,いかなる集合も,社会も,国家もないというわけである。……(中略)……かれらの心は冷えており,かれらの社会は凍っており,かれらの国は無情である。かれらは妻たちを苦役をさせるための奴隷か,さもなければ,思いやりもなく狩りの獲物を背負わせたり,同情も感謝の念もなしに力以上の仕事をさせたりするための駄獣ぐらいにしか考えていない。子供もわずかしかなく,面倒もみない。……(中略)……そして性に対する無関心さは,自然を退化させ,花咲くことを妨げ,生命の芽を破壊し,同時に社会の根をたち切る根源的な欠陥なのである」。

ジェファソンはこの描写を「イソップの寓話」程度の信憑性しかないとして一蹴する。そしてビュフォンの挙げる先住民の身体特性はすべて生来の資質に根ざしたものではなく,環境や慣習の生み出したものにすぎないといって反論していく。たとえば,ビュフォンは先住民が白人よりも体毛が少ないというが,かれらの社会では体毛が多いということは豚に似ているということであり,不名誉なことなのである。したがってかれらは,毛がはえるとすぐにむしりとってしまうのである。また先住民は子供の数が少ないというが,これも資質ではなく環境の相違に由来する。というのは先住民の場合,女たちも戦闘や狩猟に参加する機会が

多いので，出産は足手まといなのであり，彼女たちは堕胎の習慣を身につけるようになったのである(61)。ジェファソンはこういった調子でビュフォンの所説に逐一反論を加えていき，「インディアンの場合も白人の場合も，資質は同じである」と結論づける(62)。

ジェファソンは精神面でも先住民を白人と同格と見なしており，かれらを理性を備えた存在と見なしていた。大統領在職中，かれは先住民に対して「あなたがたはわれわれと同様，理性をもっています」(63)，「われわれが勤勉によって，そしてわれわれと同様あなたがたも持ちあわせているあの理性を行使することによって，いかに人口を増大させたかを見てください。同胞諸君，われわれの例を見習ってください。わたしたちは大いに喜んで諸君に援助の手を差し伸べるつもりであります」(64)と繰り返し呼びかけている。また第二次大統領就任演説では，先住民は「生来人間としての能力と権利を賦与されて」いるとして，白人と同じ意味での資質と自然権を認めたのであった(65)。

ジェファソンが黒人の理性（「頭脳の資質」）について，「推理力では，ユークリッドの研究を追ったり，理解したりすることのできるものはほとんどいないだろうから，白人に比べてかなり劣っており，想像力は鈍く，下品で，異常である」と述べたことは先述したとおりであるが，この記述と対置するかのようにジェファソンは，先住民は「最高級の雄弁でわれわれを驚かせるが，それは彼らの推理力や感情がなかなか強いものであり，彼らの想像力も強烈で気品があるということを立証している」(66)として，その資質に手放しの賛辞を送る。そして先住民の想像力に関しては，「たとえば私は，ミンゴ族の指導者ローガンが当時本邦の総督であったダンモア卿に宛てた演説よりもすぐれた一節を，デモステネス，キケロ，およびこの二人よりも著名な雄弁家——もしこれまでのヨーロッパにそのような者がいたらの話だが——のあらゆる演説の中に見出せるか，と挑戦してもよいと思っている」(67)と述べている。黒人作家サンチョの場合は，白人の加筆，修正を疑った上でなおかつ酷評したのであったが，先住民ローガンの場合は，白人の最高水準をすら凌駕すると言い切っているわけであり，じつに驚くべき対比というほかない。

ジェファソンは先住民の毅然とした態度と勇敢さ，細やかな愛情と鋭

敏な感受性についても，手放しの讃辞を送っている。

「インディアンは，大群の敵に対しても自らを守ろうとし，たとえ自分をていねいに扱ってくれると分かっている白人が相手の場合であっても，つねに降伏よりも死を選ぶ。その他の状況にあっても，かれはより慎重に死に立ち向かい，また，われわれの社会における宗教的熱狂にもほとんど見られないほどの固い決意をもって拷問に耐えるのである。インディアンは子どもを愛し，大切にし，そして極端なほど子供に甘い。……(中略)……インディアンの友情は，もっとも遠い友人に対しても強く忠実である。インディアンの感受性は鋭敏で，戦士でさえ子供を失ったときにははげしく泣く。ただし一般にかれらは人事を超越しているかのようにみせようと努力するが。インディアンの精神の活発さや活動は，同一の状況下ではわれわれと異るものではない」。

ジェファソンは先住民をこのようにスパルタの戦士のイメージで，あるいは猛々しい気品をひめた「高貴なる野蛮人〔ノーブル・サヴェッジ〕」のイメージで描くかたわら，黒人に関してはこれを感覚と本能のうちに日々を過ごす愚鈍な生きものとして，つぎのような見下した描き方をしている。

「黒人は少なくともわれわれと同じ位には勇敢であり，われわれ以上に大胆である。しかし多分このことは，彼らが先のことを考えない点に由来するものであろうし，そのために危険がさし迫るまでそれに気がつかずにいるのだ。ひとたび危険が現われると，彼らは白人よりも冷静沈着にそれを切りぬけるわけではない。彼らは白人よりも熱烈に女性を追い求めるが，彼らの場合愛情とは，情操と感動がやさしく微妙に混りあったものというよりは，強い欲望であるようにみえる。また彼らの悲しみはすぐに消えてしまう。神がわれわれに生命を与えたのは慈悲によるのか，それとも激怒によるのかを疑わせるような数えきれない不幸も，黒人の場合には白人ほどに感じもせず，忘れるのも早いのである。一般的にいえば，黒人たちの存在は，熟慮よりも感覚という性格をよけいにもつように見える。このことが，娯楽をやめたり仕事についていないときにはすぐ寝てしまうという彼らの性癖の原因であるにちがいない」。

こうした対比を繰り返した上で，ジェファソンは「わたしはインディアンは肉体と精神において白人と同じであると信じている」，「かれらは

肉体的にも精神的にも『ヨーロッパ人(ホモ・サピエンス・オイロペウス)』と同じ尺度につくられている」(71)と述べて，白人と先住民の同質性を結論づける。

この先住民論をベースにして，ジェファソンは先住民政策を構想している。その基調は一言でいえば文明化政策と称すべきものである。かれは先住民に対して「われわれの生活様式」，「新しい生活様式」(72)を採用してくださいと繰り返し呼びかけた。それは具体的には先住民に狩猟生活をやめさせて，土地所有の観念を身につけさせ，農業，家畜飼育，家内工業（紡績，織布）を習得させようとするものであった。ジェファソンはチョクトー，マンダム，シャワニー族などのもとに，農業，鍛冶，紡績などの技術指導員を派遣して，農業の重要性をつぎのように訴えかけている。「充分な家畜のいる改善された小さな土地があれば，家畜のいない未開の広大な土地よりももっと多くのものが産出できるでありましょう」(73)。「土地を耕作すれば労せずして，あなたがたがいま行なっている狩猟がもっとも首尾よくいった場合よりも，もっと多くの食糧が手に入るようになるでしょう」(74)。「トウモロコシと綿花の栽培できる少しの土地があれば，もっとも広大な土地が狩猟によって提供することのできるものよりも多くの食物と衣類を提供することでありましょう」(75)。

ジェファソンはまた先住民に代議制民主主義を採用するよううながした。かれはチェロキー・ネーションの指導者に対して，個々人が土地と財産をもつようになれば，争いを調停するために，法律が必要になるであろうし，「理性とあなたがたの作りもうけるルールにしたがって，人と人との争いに決着をつけるには，善良な人びとを裁判官に任命しなければならないことがおわかりでしょう」(76)と語りかけている。またチェロキーのアパー・タウンの代表に対しては，投票によって代表を選び，それらの代表が犯罪者を裁いたり財産を守ったりする法律をつくることの必要性を説き，投票によって選ばれた代表が行政にあたることのできるシステムを採用することの重要性を説いている。(77)

ジェファソンは混血によって先住民をアメリカ市民のなかに組み込むことも考えていた。黒人との混血は自然の秩序を乱すものとして嫌悪したのであったが，先住民に対してはむしろ白人との一体化を積極的におしすすめようとしているわけである。

「節酒と平和と農業は,あなたがたの人口を祖先がそうであった時のように増大させ,あなたがたが財産を所有し,整った法律のもとで暮らすことをうながし,われわれと一緒になってわれわれの政府に参加し,われわれと社会的に合流する道を整えることでありましょう。そして,合体したあ̇な̇た̇が̇た̇の̇血̇と̇わ̇れ̇わ̇れ̇の̇血̇は̇,偉̇大̇な̇島̇の̇上̇で̇ふ̇た̇た̇び̇広̇ま̇っ̇て̇い̇く̇こ̇と̇で̇あ̇り̇ま̇し̇ょ̇う̇」(傍点,清水)。

「われわれはあなたがたが財産を所有し,その財産を整った法律によって守るようになるのを望んでいます。やがてあなたがたは,われわれと同じようになるでしょう。あなたがたはわれわれと一緒に一国民を形成するにいたるでありましょう。あ̇な̇た̇が̇た̇の̇血̇は̇わ̇れ̇わ̇れ̇と̇混̇ざ̇り̇あ̇う̇こ̇と̇で̇し̇ょ̇う̇。そ̇し̇て̇わ̇れ̇わ̇れ̇の̇血̇と̇一̇緒̇に̇な̇っ̇て̇,こ̇の̇偉̇大̇な̇島̇の̇上̇に̇広̇ま̇っ̇て̇い̇く̇こ̇と̇で̇あ̇り̇ま̇し̇ょ̇う̇」(傍点,清水)。

ジェファソンの先住民政策はこのように,先住民に農耕と代議制民主主義の採用をうながし,混血による同化を構想するものであって,これは先住民を理性的存在とみなし,白人と同質視する思想を根底にすえてはじめて出てくるものであった。混血の防止と共和国からの除去を主眼としたかれの黒人政策と,その意味でみごとな対照をなしているといわねばならない。

(1) Carter G. Woodson, ed., *The Mind of the Negro as Reflected in Letters Written During the Crisis 1800-1860* (New York; Russell & Russell, 1969), pp.xxiv-xxvii.
(2) 1791年8月30日付の手紙。Merrill D. Peterson, ed., *Thomas Jefferson. Writings* (New York: Literary Classics of the United States, Inc., 1984), p.982. 以下 Peterson, ed., *Jefferson* と略。
(3) 1809年2月25日付の手紙。*Ibid.*, p.1202.
(4) 1809年10月8日付の手紙。Louis Ruchames, ed., *Racial Thought in America* (Amherst, Massachusetts: The University of Massachusetts Press, 1969), I, 257.
(5) T・ジェファソン(中屋健一訳)『ヴァージニア覚書』(岩波文庫,昭和47年),249-250頁。訳は一部変更。
(6) 同上,249-250頁。

第Ⅰ章　ジェファソンの人間本性論，黒人奴隷制論，政治制度論　*81*

(7) ベーコン（服部英次郎，多田英次訳）『学問の進歩』（岩波文庫，昭和49年），126頁。
(8) 先述したようにジェファソンは書物を分類する際もこのベーコンの区分法を採用し，歴史学，哲学，芸術という三つの分野に分けている。Saul K. Padover, ed., *The Complete Jefferson.Containing His Major Writings, Published and Unpublished, Except His Letters* (New York: Duell, Sloan & Pearce, Inc., 1943), pp.1091-1093.
(9) 『ヴァージニア覚書』，252頁。
(10) 同上，253頁。
(11) 同上，254頁。
(12) 同上，254頁。
(13) 同上，256頁。
(14) 同上，258頁。
(15) 同上，257頁。訳は一部変更。
(16) Saul K. Padover, ed., *Thomas Jefferson on Democracy* (New York: The New American Library, 1939), p.100.
(17) 『ヴァージニア覚書』，259頁。
(18) 同上，259頁。
(19) 1814年8月25日付の手紙。Peterson, ed., *Jefferson*, p.1345.
(20) *Ibid.*, p.,44.
(21) 神はセムをアジアに，ヤペテをヨーロッパに送って住まわせたとあり，セムが黄色人種の祖先，ハムが黒人の祖先，ヤペテが白人の祖先であると考えられていた。Fred A. Ross, *Slavery Ordained of God* (J.B. Lippincott & Co., 1859. Reprinted 1969 by Negro Universities Press), p.50.
(22) 『ヴァージニア覚書』，254頁。訳は一部変更。
(23) 同上，256頁。訳は一部変更。
(24) ジェファソンは人祖の問題だけではなく，『旧約聖書』の「大洪水」やノアの方舟の話に関しても，それらが実際にあったかどうかを疑問視していたが，公然と異を唱えることはしなかった。同上，56-58，126-128頁。
(25) 同上，258-259頁。
(26) 同上，259頁。
(27) Quoted in Winthrop D. Jordan, *White Over Black: American Attitudes Toward the Negro, 1550-1812* (Williamsburg, Virginia: The

University of North Carolina Press, 1968), p.287.
(28) 『ヴァージニア覚書』, 292-294頁。訳は一部変更。
(29) 同上, 294-295頁。訳は一部変更。
(30) ジョン・ホームズ宛の手紙 (1820年4月22日付)。Peterson, ed., *Jefferson*, p.1434.
(31) 『ヴァージニア覚書』, 163, 292頁。訳語は一部変更。
(32) 同上, 259-260頁。
(33) 同上, 248-249頁。
(34) 1824年2月4日付の手紙。Peterson, ed., *Jefferson*, pp.1484-1487.
(35) *Ibid.*, p.,44.
(36) Ruchames, ed., *op. cit.*, I, 140-141.
(37) *Ibid.*, I, 174, 175, 178. イムレイはジェファソンの陶酔した口調の白人賛歌は、中年男が口にするには甘すぎるとしかいいようのないものであるとして冷笑を浴びせている。ジェファソンは『ヴァージニア覚書』でビュフォンの先住民論を「イソップの寓話」(中屋訳『ヴァージニア覚書』, 103頁) 程度の信憑性しかもたないものとして一蹴したのであったが、これとまったく同じ手厳しい批判を自分自身の黒人論に対して浴びせられているわけである。
(38) Samuel Stanhope Smith, *An Essay on the Causes of the Variety of Complexion and Figure in the Human Species*, ed. Winthrop D. Jordan (Cambridge, Mass.: The Belknap Press of Harvard University Press, 1965). 本書の初版本は1787年にフィラデルフィアで出ており、1810年には倍加したかたちで出版されている。ここではこの増補版を用いている。スミスは本書 pp.161, 163-164 で、ジェファソンを名指しで批判している。
(39) *Ibid.*, p.3.
(40) *Ibid.*, p.3.
(41) *Ibid.*, pp.23, 27, 109, 149-150.
(42) "its peculiar flexibility" あるいは "the pliant nature of man" という表現を使っている。*Ibid.*, pp.8, 125.
(43) *Ibid.*, p.198.
(44) *Ibid.*, pp.29, 80-81, 112-114.
(45) *Ibid.*, p.125.
(46) *Ibid.*, pp.97-98.
(47) *Ibid.*, pp.57, 71-72, 105, 152-153.

(48) *Ibid.*, pp.58-59, 107.
(49) *Ibid.*, pp.41, 67, 69, 89, 121.
(50) *Ibid.*, pp.100-104. スミスのように徹底した環境決定論の立場をとる場合,人種という概念自体が成立しにくくなるといわねばならない。自然景観までもが容貌に投影されるというのであれば,人種概念は流動的になってしまって,黒人と白人のあいだに境界線を引くことなど不可能になろう。事実スミスは人種のあいだに厳密な境界線を引くのは困難であり,人種の数を正確に列挙するのは無理であると述べている。
(51) *Ibid.*, pp.3, 21.
(52) *Ibid.*, p.186.
(53) *Ibid.*, pp.149.
(54) *Ibid.*, p.7.
(55) ジョン・アダムズ宛の手紙(1812年6月11日付)。Peterson, ed., *Jefferson*, p.1263.
(56) 『ヴァージニア覚書』,102頁。
(57) 同上,112頁。
(58) 同上,101-103頁。訳は一部変更。
(59) 同上,103頁。
(60) 同上,107頁。
(61) 同上,105頁。訳は一部変更。
(62) 同上,107頁。
(63) *Complete Jefferson*, pp.496-497.
(64) *Ibid.*, p.465; Peterson, ed., *Jefferson*, p.561 も参照。
(65) Peterson, ed., *Jefferson*, p.520.
(66) 『ヴァージニア覚書』,253頁。
(67) 同上,108-109頁。
(68) 同上,104-105頁。
(69) 同上,251頁。
(70) シャートリュー宛の手紙(1785年6月7日付)。Peterson, ed., *Jefferson*, p.801.
(71) 『ヴァージニア覚書』,108頁。
(72) *Complete Jefferson*, pp.474, 489.
(73) *Ibid.*, pp.472, 483, 489.
(74) ブラザー・ハンサム・レイクあての呼びかけ(1802年11月3日付)。Peterson, ed., *Jefferson*, p.556.

(75) チカソー・ネーション, ミンゲイ, マタハ, ティショホタナの指導者たちへの呼びかけ（1805年3月7日付）。*Complete Jefferson*, p.471.
(76) マッキントッシュとクリーク・ネーションの指導者たちへの呼びかけ（1805年11月2日付）。*Complete Jefferson*, p.474.
(77) 1806年1月10日の呼びかけ。Peterson, ed., *Jefferson*, p.561.
(78) 1809年1月9日付の呼びかけ。*Complete Jefferson*, pp.505-506.
(79) マイアミ, ポウテワタミ, デラウェア, チピウェイへの呼びかけ（1808年12月21日付）。*Complete Jefferson*, p.497.
(80) ワイアンドット, オタワ, チピワ, ポウテワタミ, シャワニーズの指導者への呼びかけ（1809年1月10日付）。*Complete Jefferson*, p.509. この同化の発想は, ジェファソン固有のものではなかった。ヴァージニア州には当時ポウハタンの血を引いていることを自慢にしている白人が数多くいた。またパトリック・ヘンリーは1784年にヴァージニア州議会の下院で, 州政府は先住民と結婚する者の税金を軽減し, 生まれてくる子供の教育・養育に補助金を出すべきであるとする法案を提出している。先住民政策に関しては, ジェファソンの構想は時代の雰囲気の一端を代弁したものであったとみてよい。Robert McColley, *Slavery and Jeffersonian Virginia* (Chicago, Illinois: The University of Illinois Press, Second Edition, 1973), p.138. 混血の提唱の裏には, イギリスへの軍事的な対抗上, 先住民の友好をつなぎ止めておきたいという思惑もあったであろう。しかしたとえそうした打算があったにせよ, もし同質性という考えが根底になかったならば, 混血という発想は絶対に出てこなかったはずである。
(81) ここでは黒人との対比に焦点を絞って論じたが, ジェファソンの先住民政策についてはもう少し補足しておく必要がある。
　ジェファソンの先住民政策には白人文明を至上のものとみなし, それに近づくことをもって進歩とみなす白人本位の発想があるといわねばならない。またジェファソンは先住民の文明化政策は白人が土地を入手する上でも好都合であると考えており, その意味で打算的な考え方をしていたといえる。もし先住民が農耕と家畜飼育を習得するなら, かれらは従来よりも狭い土地で生計を立てることができるようになり, 先住民の所有する広大な土地に余剰が生じることになるであろう。そうなれば, その余った土地を白人に譲渡させることができるという打算である。ちなみにかれはデラウェア族, モヒカン族, マンリー族の指導者ヘンドリックに対して,「穀物栽培と家畜飼育をすれば, 鹿やバッファローを追う

土地の百分の一の土地で充分うまくやっていけるようになるでしょう」(*Complete Jefferson*, p.504)と語っている。先住民の方でもさまざまな生活物資を白人から入手したがっていたので,そうした物資と土地との交換は双方にとっての善であるとジェファソンは考えていた。ベンジャミン・ホーキンスに宛てた手紙のなかで,かれはこの点をつぎのように述べている。

「わたしは狩猟を営むだけではもはやインディアンに衣類と食糧を供給するのに充分ではないと思っています。それゆえ農業と家内工業をうながすことが,かれらの生存を維持していく上で本質的に重要なのでありまして,わたしはこれに惜しみない援助をあたえ奨励する所存であります。こうしますとかれらはずっと狭い土地でも生活することができ,じつにかれらの広大な森林は家畜の放牧のためにいる以外は不要になってしまいます。しかもかれらが立派な農夫になるにつれて,放牧場としてすら不要となり,不都合なものとなってしまいます。かれらが狭い土地で立派に生計を立てていくすべを学んでいるうちに,われわれの増大しつつある人口はよりいっそう広大な土地を必要とするようになるでありましょう。こうして,手放すことのできる土地をもち,土地以外の必需品をほしがっている人びとと,そうした必需品は余分にもっているが,土地はもっていない人びととのあいだに利害の一致が生じることになります。したがってこの取引は双方にとって善をもたらすのでありまして,双方のためを思うものはこれを促進すべきであります」(1803年2月18日付の手紙)。Peterson, ed., *Jefferson*, p.1115.

ただしかし,すべての先住民が文明化政策を受け入れたわけではなかった。たとえばチェロキー族の場合は,文明化路線に与するグループと,狩猟生活に固執するグループの二派に分裂している。ジェファソンにとっては,この狩猟派をどうするかが大きな問題であった。その解決策としてかれが案出したのが西方移住の構想であった。

狩猟派先住民を西方に移住させるという構想は,ジェファソンが大統領在職中に行なったルイジアナ購入(1803年)によって,一挙に現実味を帯びることになった。これによって,狩猟派の移住場所が確保されたからである。1805年3月,ジェファソンはチカソー・ネーション,ミンゲイ,マタハ,ティショホタナの指導者に対して,つぎのように伝えている。

「われわれは最近,フランス人とスペイン人からルイジアナと呼

ばれるミシシッピ川以西のすべての土地を入手いたしました。そこには赤い肌をした人びとが住んでいない広大な土地があります。しかし,そこはあまりにも遠隔地ですので,われわれはあなたがたが手放す意向のあるミシシッピ川以東の土地と引き換えに,そこの土地を提供したいと思っています。あるいはお金とあなたがたのもっとも望む品物とを提供したいと思っています。この問題に関して,現在あるいは将来なにか考えがありましたら,われわれはいつでもあなたがたに耳を傾ける所存であります」(*Complete Jefferson*, p. 472)。

　この西方移住の構想は白人のエゴイズムを示すもの以外のなにものでもなく,本人にその自覚すらないことも事実であるが,しかしジェファソンを土地収奪にのみ専念する策略家として描くのは,単純化のしすぎというものであろう。北西部条例(1787年)の第3条でジェファソンは,「インディアンに対してはつねに最高の信義が守られなくてはならない」と述べて,先住民の財産,権利,自由を侵害することを強く戒めたのであり,かれには土地の譲渡や移住を強制するという発想はなかった。ジェファソンはルイジアナ購入以後も,先住民に対して次のような呼びかけを繰り返し行なっている。

　　「ある特定の場所で土地が足りなくなったので,われわれがあなたがたに土地を売ってほしいと頼むようなときでも,あなたがたはいつでも率直に『ノー』ということができます。そういったからといって,あなたがたに対するわれわれの友情がそこなわれることはありません。われわれは他人が自分自身の利益であると信じるところにしたがって,自分自身の権利を行使したからといって,怒ったりはいたしません。……われわれはあなたがたの自由意志を支配するつもりはありませんでしたし,今後もそういうつもりは決してありません」(オタワ,チピワ,ポウテワタミ,ワイアンドット,サンダスキのセネカの指導者たちへの呼びかけ。1808年4月22日付。*Complete Jefferson*, pp.491-492. このほか, *Complete Jefferson*, pp. 464, 474 に出てくるチョクトー・ネーションへの呼びかけとマッキントッシュとクリーク・ネーションの指導者たちへの呼びかけも参照)。

　ジャクソン大統領は文明化路線を受容して久しい南部の開化五部族を問答無用のかたちでミシシッピ川以西の地に強制移住させたのであったが,ジェファソンは開化派先住民に対してはルイジアナ購入後も一貫し

て農耕と代議制の採用を呼びかけている。もし先住民の撲滅や土地収奪だけが目的であったのならば，混血の提唱など最初からする必要はなかったはずであり，移住政策一本槍でいけばよかった（すなわち，開化派にも移住政策を適用すればよかった）はずである。ジェファソンとジャクソンを同日に論じるのは，論じ方として大ざっぱすぎるというものであろう。

4節　政治論と道徳感覚

直接民主制論

　ジェファソンはアメリカ・デモクラシーの確立を思想的に準備した人物であり，黒人奴隷制の闘わされた政治的フレームを準備した人物でもある。そこで，ここではかれがどのような政治制度を構想したか，かれの政治論が人間本性論によってどのように根拠づけられているかといった点について見ておくことにしたい。

　建国期の政治家のなかでも，ジェファソンはもっとも民主的な考え方の持ち主であった。かれ以外のいわゆる建国の父祖たちは一方で国王を否定して人民主権を唱えつつも，他方では人民に正しい政治的判断などくだせるはずがないと考えており，権力の一点への集中（国王の専制）を拒みつつも，無政府状態（あるいは暴民政治）の到来を恐れて，心理的なディレンマに陥っていた。「人民は狂暴でうつろいやすく，かれらがものごとを正しく判断したり，決定したりすることは稀である。それゆえ前者の階層（富裕で生まれの良い階層——清水）に，政府における確固とした恒久的な役割を与えよ」(1)というアレクサンダー・ハミルトンの愚民観からは普通選挙制の理念は出てきにくい。また「あらゆる種類の経験によれば，大多数の個々人は他の大多数の個々人を抑圧し，党派はつねにではないにせよ，しばしば他の党派を抑圧し，多数派はほとんどつねに少数派を抑圧するものである」(2)というジョン・アダムズの発言や，政府の「政策があまりにもしばしば正義の原則と少数派の権利を擁護する方向にではなく，私的利害に関心づけられた圧倒的な多数派の力の優位によって決定される」(3)ことを憂慮するジェームズ・マディソンの

発言には，多数派の権利よりも少数派のそれを擁護しようとする色彩の方が強く感じられる。

ジェファソンはこれらの政治家とは対照的に，一貫して多数派人民を信頼し，人民の自治に信頼を置く政治論を展開した人物であった。「いかなる政府も人民の統制下に置かれないかぎり，うまくいくことはありえません」「人民自身こそ，政治を安心して託しうる唯一の受託者」であります。「多数派の決定には絶対に服従することであります。これは，共和制の基本原理であり，これを抜きにしては暴力以外に訴える手段がなくなりますが，暴力こそは専制主義の基本原理であり，その直接の母胎であります」。「多数決の法則が承認されなくなるところでは，政治はおわり，最強者の法則がそれにとってかわります。そして生命と財産はそれを手にすることのできる者のものです」。ジェファソンはこのように説いて，政治を民意に基礎づけ，多数派の決定を尊重すべきことを繰り返しとなえた。

ジェファソンは全住民が政治に参加する直接民主制があるべき政治の姿であると考えていた。ヴァージニア州憲法の改正をうながした手紙のなかでかれは，憲法改正の目的は「わが憲法を共和主義的にすることによって，自治を確保すること」にあると述べ，共和主義的あるいは共和制という言葉をつぎのように説明している。

「共和制という言葉が各国語で非常に曖昧な使われ方をしていることは事実です。……(中略)……この言葉に正確で明確な観念をあたえるとしますと，端的にいってこうなります。それは多数派の確立した規則にしたがって，直接的にみずから行動する市民集団による政治のことであり，他のすべての政府はその政府がその機構のうちに，市民の直接行動というこの要素をどの程度もっているかに比例して共和主義的になるということになります。そのような政府は空間と人口の非常に限られた狭い範囲のものに限定されることは明らかです。わたしは，これがニューイングランドのタウンシップの範囲以上の地域で実践することができるかどうか疑問に思っております。……(中略)……市民による直接的で絶え間のない統制という状態から離れれば離れるほど，その政府は共和主義の要素をより少ししかもちあわせていないということになります」(傍点，清水)。

ジェファソンはこう述べた上で,「政府の諸機関に対する人民の統制力がその政府の共和主義の度合をはかる指標」になると述べ,「わたしはこれ以外の指標を知りません」と言い切っている。要するに,直接民主制が「純粋の共和制」であり,これこそがあるべき政治の姿だというわけである。ただしかし,それは限られた狭い範囲でしか実践できないので,より広い行政区域では代議制民主主義を採用せざるをえない。したがって代議制という代替物がどこまで共和主義的であるかどうかは,民意がどれほど正確に政治に反映されているかどうかで決まるということになる。

 ジェファソンは直接民主制を実施するには,ヴァージニアの行政区画をもっと狭めて小さくする必要がある,すなわち現行のカウンティを「五ないし六平方マイルのウォード」という単位に分割し,ニューイングランドのタウンシップと同程度の広さのものに細分化する必要があると考えていた。「市民が召集された際,どの市民もが直接に参加でき行動できるようなサイズ」に改めるならば,もしなにか重要な問題が生じた場合,各ウォードの長は全住民に召集をかけて,イエスかノーかで賛否を問い,ウォード住民全員の声を徴することができる。各ウォードの声を集計すれば,州内すべての住民の声を集めることができ,「全人民の声が公平,十分かつ平和裡に表明され論議されて,社会の共有理性によって決定されることになる」というわけである。

 ウォードの構想は政治的な営みを「各自の農場経営に行き着く」まで深く浸透させ,政治を住民の日常利害に深く根づかせ,住民が政治に対してつねに監視の目を光らせているような体制をつくりあげようとするものであった。それは住民一人ひとりに地域行政の一翼を担わせ,政治の主体的担い手をつくりあげようとするものであったといえる。ウォードの仕事としてジェファソンは,「貧民の世話,道路管理,警察,選挙,陪審員の任命,身近な問題の裁判,民兵の基礎訓練」などを挙げている。こうした身近な役割を全住民に割り当てておけば,「ことごとくの市民を政府の活動的な一員にし,最も身近で最も関心をひく官職にかれを就けることによって,市民を国の独立と共和主義的憲法にこの上なく強力な感情で結びつける」ことができる。このようにして住民を毎日,政治

にかかわらせるようにしておけば，権力の簒奪者など現れようにも現れようがない。「各自がウォード共和国あるいはより上層の共和国の方向づけに参与し，自分は一年のうちの投票日だけではなく毎日政務に参与しているのだと感じているようなところでは，……(中略)……人はシーザーやボナパルトのような人物によって自分の手から権力がもぎ取られるぐらいなら，身体から心臓を引きちぎらせた方がまだましだと思うでありましょう(17)」。

ウォードを構想する際，ジェファソンが参考にしたのはニューイングランドのタウンシップであった。かれはタウンシップを「自治を完全に実践し，かつ維持していくにあたって，人間の英知がかつて案出したなかで，最も賢明な考案物である」と考えていた(18)。タウンシップに対するこの高い評価は，ジェファソンが大統領在職中経験したある苦い思い出に由来していた。その思い出をかれはつぎのように語っている。

「エンバーゴウの際，われわれはこの組織（タウンシップ——清水）のもつエネルギーをいかに強力に感じさせられたことでありましょう。わたしはニューイングランドのタウンシップによって，連邦政府の基盤が足もとから揺るがされるような気分になりました。かれらの諸州には，全力を傾けてからだごと行動に突き進んでいかなかったような者は一人もいませんでした。そして他の諸州はすべてあの政策（ジェファソンのエンバーゴウ政策——清水）に賛成だということはわかっていたのですが，にもかかわらず，この小さな利己的少数派はその組織力にものをいわせて連邦を支配することができたのです。中部や南部や西部のウドの大木のようなカウンティに一体なにができるでしょうか。カウンティ・ミーティングを開いてごらんなさい。コート・ハウスやその周辺にたむろしている酔っぱらいの閑人なら集まるかも知れませんが，善良で勤勉な人びとが参加するには距離があまりにもありすぎます(19)」。

ジェファソンは国家のゆくすえも考えず，ローカルな利益に立って連邦政府に楯突くニューイングランド人を「この小さな利己的少数派」と呼んで憤ったのであったが，他方ではかれらの一致団結した行動に舌を巻き，羨望の念すら抱いたのであった。タウンシップでは住民が政治をあなた任せにせず，自分の日常利害に直結させて受け止めていることを

かれは痛感させられた。ジェファソンは上の手紙のなかで,「カトーが『カルタゴは滅ぼすべきである』という言葉をすべての演説の終わりにもってきたように,わたしも『カウンティをウォードに分割せよ』という勧告で,すべての意見を締めくくることにしております」と述べている。直接民主制を浸透させて,地元ヴァージニア州にも自立した判断のくだせる住民を育成しようとしたわけである。

代議制論

　ジェファソンは,代議制民主主義は近代になって初めて発見された政治形態であり,近代社会の利点は人間の平等権と幸福を守ることのできる「唯一の考案物(代議制──清水)を発見した」点にあると考えていた。[21]古代のギリシア人は直接民主制と「貴族制」ないし「僭主制」という両極端のものしか知らなかった。これらの「中間物」である「民主的であるが,代議制的でもあるという政治」形態は知らなかった。合衆国のように広大な国家でも民主政治が可能になったのは,「代議制民主主義というこの新しい原理」が発見されたことによるとかれは考えていた。[22]ウォードでは直接民主制を採用するが,上層のカウンティ,州,連邦レヴェルでは代議制民主主義を採用するというのがジェファソンの構想であった。[23]

　ジェファソンは代議制を採用し,民意を正確に政治に反映させるには,最低三つの条件が満たされねばならないと考えていた。まず第一は,白人男子普通選挙制の実施である。1812年戦争終結直後に書いたある手紙のなかでジェファソンは,ヴァージニア州の現行の政治制度には立法,行政,司法のあらゆる部門で共和主義に反する遺物が残存しているとして,つぎのように述べている。

> 「戦闘に従事し,税金を納めているわが同胞の半数は,あたかも社会というものがそこに住んでいる人間のためにではなく,土地のためにつくられているかのように,農奴(ヘロット)のごとく参政権から排除されております。つまり半数の者たちが,他の半数の者たちの権利と意思とを合意もとりつけずに代行しているのです」。[24]

　こうした事態の改善をはかるためにジェファソンは1776年に起草した

ヴァージニア州憲法草案のなかに、「町に4分の1エーカーの土地をもつか、あるいは田舎に25エーカーの土地をもつ健全な精神をしたすべての成年男子と過去二年間政府に税金を納めているすべての住民は、かれらの代表の選出に際して一票を投じる権利をもつ」という規定を設けた。(25) この規定は土地所有という資格要件を定めているので、かたちの上では制限選挙の考え方になっているが、同じこの憲法草案の別の箇所に、「50エーカーの土地を所有しておらず、かつて所有したことのない成年はことごとく50エーカーの土地を専有する資格を与えられる」という規定があり、ジェファソンは州内の未専有地や没収した土地をこれにあてるつもりであった。(26) したがって内容的には白人男子普通選挙制の提案になっているといえる。この州憲法草案は採択されなかったが、ジェファソンがきわめて早い時期にこうした民主的な見解を表明していることは注目に値する。

　ジェファソンは住民の意見を正確に政治に反映させるには、人口比例の原則にもとづいて議員を配分することも必須の要件であると考えていた。州議会の下院議員を各カウンティに配分する際、議員数を各カウンティの住民人口に正確に比例させる。そして実物を同じ比率で縮小することによって、議員集団を民意全体の正確なミニアチュアにすべきであると考えていた。ジェファソンはこの点をヴァージニア州憲法草案のなかで、「各カウンティの州下院議員の数は、下院議員総数を300未満、125以上とした上で、そのカウンティの有権者数に比例して割り当てるものとする」と謳っている。(27)「政府はそれが民意を体現し、民意を実践しているのに比例して、そのぶんだけ共和主義的になる」という立場からすれば、この「公平な代表」の原則（人口比例の原則）は当然の要請であった。(28)

　白人男子普通選挙制、人口比例の原則による議員配分とならんでジェファソンが重視したのは、政府の役職に民選制の原則を適用することであった。かれはヴァージニア州憲法の欠陥の一つとして、州知事や上級裁判所の裁判官が人民によって選出されていない点を挙げている。(29) ジェファソンはまた人民の代理人（すなわち知事、州議会議員、裁判官、シェリフなどの地方官吏）を選挙民の意向にしたがわせるには、その任期

をできるだけ短くし、選挙の洗礼をたえまなく浴びさせる必要があると考えていた。すなわち、「かれら（選挙民——清水）自身が直接任命し、忠実でない振舞い方をした場合には、かれら自身の手でただちに罷免できるような代理人」に政務をゆだねるべきである。[30]「もしわが市民の精神的身体的な状態が、政務にたずさわるべき有能で善良な人びとを選出することができるような水準にあるといたしますと、短い間隔でくりかえし選挙をおこなって、忠実でない下僕がいたとしても、そうした人物のたくらむ悪事が手の打ちようのない事態に立ちいたる前にかれを罷免することができるようにしておけば、十分であります」[31]。

ヴァージニア州憲法改正の骨子をジェファソンはつぎの七点に要約しているが、これはかれの政治制度論の要約にもなっている。すなわち、

(1) 普通選挙制
(2) 州議会における公平な代表
(3) 人民による知事の選出
(4) 人民の選挙によって選ばれる裁判官
(5) 人民の選挙によって選ばれる治安判事、陪審員、シェリフ
(6) ウォードの区画
(7) 州憲法の定期的な改正[32]

最後に挙げられている(7)は第Ⅰ章1節で見たように、ジェファソンの徹底した現世主義の世界観を示すものであり、(6)はかれの政治制度論の基礎をなす直接民主制に関する提案であり、これらをベースにして(1)から(5)までの代議制民主主義に関する提案がなされているといえる。

ジェファソンの政治制度論は、建国期アメリカの名望家政治の理念を否定するものであった。ジェファソンはエンバーゴウのときにニューイングランド人を「利己的少数派」と呼んで非難したのであったが、かれが育成しようとしたのはむしろそうしたタイプの住民、すなわち連邦レヴェルの視野に立って大所高所から判断するというよりも、身近な地方政治に強い関心をもち、政治を自分の営利活動に直接引きよせて考えることのできるような自治の精神に富んだ選挙民であった。またジェファソンが養成しようとしたのは民意からそれた振舞いをしない政治家、地元選挙民の意向に忠実にしたがって行動するタイプの政治家であった。

ジェファソンはこの両者の関係を，選挙民の「議員たちに訓令する権利と，議員たちのこれにしたがうべき義務」⁽³³⁾と表現している。

政治家が依拠すべきは地元選挙民の多数派の意向であるとするジェファソンの代議制論は，同時代のイギリス人の考え方とも決定的に異なったものであった。ちなみにエドマンド・バークは「ブリストル選挙民への演説」のなかで，政治家は自分の判断が正しいかどうかの確信を地元選挙民の歓心が買えるかどうかといった点から引き出すのではないとして，大衆迎合的な姿勢を斥けた。そして議員が地元住民の訓令に縛られるなどということは論外であるとして，つぎのように論じたのであった。

「・権・威・主・義・的・な・訓・令・。すなわち，命・令・が発せられ，議員がこの命令に盲目的にかつ黙々としたがって投票し，その命令が，自分の判断力と良心がこの上もなく明析に確信せしめるところと反するものであるにもかかわらず，その命令のために論陣を張らなくてはならないというようなことは，この国の法律のまったくあずかり知らぬところであり，それはわが憲法の全秩序と基調を根本的に誤解していることに起因するものであります」⁽³⁴⁾(傍点，原文イタリック)。

ジェファソンの構想はいわゆる「ジャクソニアン・デモクラシー」の時代にひろく定着することになる。1812年戦争のころまでは，名望家政治がなお余韻をとどめており，人民が名望家に敬意をはらい指導をあおぐことはあっても，人民が議員に訓令を与えるというような雰囲気はなかった。政治上の役職は有力な名望家の家系によって代々受け継がれており，名望家は公共への奉仕を当然の義務と心得ていた。役職は無報酬であったが，名望家は収入の道を他にもっていたので，人民にへつらう必要はなく，自分の信念にしたがって行動することができた。政治に携わる者は党派心や私的利害をはなれて，大所高所から判断すべきであるという考え方がひろく行き渡っていた。しかしジャクソン時代になると，白人男子普通選挙制や人口比例の原則による議員配分のシステムが浸透し，名望家政治は背景へと退いてしまう。そして民意に対して忠実に振舞うことを身上とする政治家，多数派世論の意向を追求することを本領とする職業政治家が大量に輩出することになる。

道徳感覚と心情倫理

　ジェファソンの政治論（多数派論）はかれの人間本性論によってどのように根拠づけられているであろうか。またその根拠づけの仕方によって，かれの政治論はどのような色彩を帯びることになるであろうか。これらの点について見ておこう。

　最底辺から民意を汲み上げ，政治を深く民意に基礎づけようとするジェファソンの構想は，その根底に人間本性に対する絶対的な信頼をすえていた。その際，ジェファソンが政治論の根底にすえたのは，かれがより普遍的な資質であると見なした道徳感覚であった。そしてこの根拠づけの方法はかれの政治論に心情倫理の色彩を賦与することになった。

　ジェファソンは人間本性にやどる道徳感覚を，社会的善を目指す感覚ととらえていた。かれは個人の善意はそのまま社会全体の善を志向するのであり，各自が自分の良心にしたがって行動することがとりもなおさず普遍的善への道，社会に尽くす道であると考えていた。この立場はその一つの帰結として，行為者の動機の純粋性を重視する心情倫理の発想を生むことになる。ちなみにジェファソンはピーター・カーに対して，「あなたは決断の正しさに対してではなく，決断の誠実さに対して責任をとらなくてはなりません」（傍点，清水）と述べている[35]。動機が誠実であれば，くだされた判断はまちがっていてもいいといっているわけであるが，むしろこの言葉の根底には，もし決断が誠実にくだされるならば，それはおのずと正しい判断になるはずだという楽観が潜んでいる。内面的な誠実さ如何の問題を社会的な帰結へと直結しているわけである。

　ジェファソンは個人的な振舞いのレヴェルで心情倫理を説いただけではなく，これを政治の領域にももちこんで，為政者に対しても誠実さや動機の純粋性を説いている。独立宣言の2年前に書いた「イギリス領アメリカの諸権利に関する概要」（1774年8月）のなかで，かれはイギリス国王に向かってつぎのように進言している。「正邪に関する大原則はどんな読者にも容易に理解できるものです。この原則を追求するのに，数多くの助言者の手助けなどいりません。政治の要諦はいつにかかって誠実さにあります。ただあなたの義務を尽くすよう心がけてください。そうすれば，たとえあなたに失政があっても人類はあなたを信頼するであ

りましょう」(傍点,清水)。政治家の功罪を問題とするとき,かれの施策がどういう社会的帰結をもたらしたかという結果責任の次元で問うのではなく,動機の善し悪しや内面的な誠実さ如何を問題にしようとしているわけであり,マキャベリ以前の道学者的な発想をとっていることがわかる。

　この心情倫理は,ジェファソン自身が政治家(大統領)として振舞った際にも発揮されることになる。ジェファソンはルイジアナ購入に際して「行政部が国民の利益を大きく増進させる機会をつかまえるために憲法を踏み越える行為をした」ことを認めつつも,この購入はいってみれば後見人が幼い被後見人の将来のために隣接地を購入してやったようなものであり,「わたしはおまえのためを思ってよかれと思ってこうしたのだ。……(中略)……わたしはおまえのために自分の身命を賭するのが自分の義務だと思ってやったのだ」というに等しいという言い訳をしている。善良かつ誠実な動機でやったことなのだから,形式的な手続きや憲法論にとらわれる必要はないではないかといっているわけであり,個人の善意を社会全体の善に直結させる立場では,結局,憲法違反の言い訳をするときですら,主観的な善意や誠実さがもちだされることになるわけである。

　ジェファソンの心情倫理は,1806年に起こったアーロン・バーの陰謀事件に際しても遺憾なく発揮されることになった。バーの片腕であったジェームズ・ウィルキンソンがバーの陰謀を密告し,陰謀の容疑者をニューオーリンズで逮捕拘禁したとき,ジェファソンはウィルキンソンの行為を弁護して,つぎのように述べている。

　　「緊急時には良き役人というものはすべて,国民の防衛がかかっているときには,法の厳密な解釈を踏み越えてでも,捨身でことにあたる覚悟がなくてはなりません。超法規的な振舞いであっても,それが思慮分別から出たものであって,私情に発するものでないかぎり,かれの動機が正当性の根拠となるでありましょう」(傍点,清水)。

　超法規的な振舞いを弁護するときにも,その拠り所は内面的な善意にもとめられているわけであり,ジェファソンの姿勢には行為者の具体的動機への配慮によって,そのつど法律や憲法を踏み破っていく傾向が潜

第Ⅰ章　ジェファソンの人間本性論，黒人奴隷制論，政治制度論　　97

んでいるといわねばならない。

　ジェファソンは連邦議会に宛てた特別教書でも，バーの陰謀事件に関する裁判所の判決がまだおりていなかったにもかかわらず，バーの有罪は「疑問の余地がない」として，断定的なものの言い方をしている。大統領の地位にある人間が司法部の判断を飛び越して勝手に判決をくだしているわけであり，ジョン・アダムズが「たとえかれ（バー——清水）の有罪が白日の太陽のように明白であろうとも，陪審がかれを裁きもしないうちから，大統領がそうしたことを口にすべきではなかった」と述べたのは当然であった。

　ジェファソンはバーとその一味が無罪放免になったときには，つぎのように憤りを露わにしている。

　　「わたしはこの連中がそれ相応の罪を言い渡されるのを期待していました。戦時下では法は沈黙するという原則に照らしてみて，すなわち強力な敵の攻撃に常時さらされている野営地では，自己保存はどんな法にも優先するという原則に照らしてみて，わたしは反逆者を対象とする法律を形式的に適用するのではなく，善良な市民ならすべて反逆者を監禁すべきであるという点で見解の一致をみるものと思っておりました。もしわれわれが革命闘争の開始期のみならず，闘争のあいだ中，法律という手枷でもってわれわれの手を縛っていたならば，われわれは革命に勝利を収めることができたでありましょうか。法律だけでは自己保存を達成するのに不十分な場合があります。つまり最終的な手段は独裁や戒厳令であるような極端な場合があるのであります」(傍点，原文イタリック)。

　　「成文法を厳密に遵守することは，申すまでもなく善良な市民に課せられた重要な義務の一つであります。しかしながら，それはもっとも重要なものというわけではありません。緊急時の必要性，自己保存，危険にさらされた国家の救済といった原則を守ることの方がもっと重要な義務であります」(傍点，原文イタリック)。

　法律を形式的に適用するよりも，もっと実質的にものごとを考えるべきであり，目的が善ければ独裁も辞さない，目的が手段を正当化するという発想がよくあらわれている。政治家がこのような発想で行動する場合，かれは自分の主観的，心情的な善意を拠り所にして，ありとあらゆ

る抑圧的な措置を講じかねないといわねばならないが、事実すぐあとで見るようにジェファソン自身、そのように無軌道に振舞ったのであった。

道徳感覚と多数派

　道徳感覚を政治論の根底にすえることから出てくるもう一つの帰結は、少数派への不寛容を生むという点である。この点について見るためには、まず道徳感覚が人間の集団行動に対してどのように働きかけるのか、道徳感覚と集団行動の関係をジェファソンがどのように考えていたのかという点を見ておかなくてはならない。

　ジェームズ・マディソンに宛てた手紙のなかで、ジェファソンは「感謝の念（すなわち道徳感覚の発現——清水）が国家の行動の動機となることはありえない」という見解を斥けて、つぎのように述べている。

> 「一人で行動するにせよ集団で行動するにせよ、わたしは人間には一つの道徳律しかないと思います。……（中略）……もしある人間の道徳性が、個人として行動するかれに正しい振舞い方をうながすのだといたしますと、なぜ百人の人間の道徳性が集団で行動するかれらに正しい振舞い方をうながさないということがありましょうか」。[43]

　個々人に植えつけられた道徳感覚は、集団行動（国家の行動）に際してもそのまま発現するのであり、集団の場合も個人の場合と同様、道徳感覚という善性にみちびかれて善良かつ良心的に行動すると考えていることがわかる。道徳感覚は個人と集団の両者をつらぬいて発現する。個人道徳と国家の行動原理は同じ性格のものであり、集団の善意もまた信頼に値すると考えているわけである。すでに見たように、ジェファソンのいう道徳感覚は社会規範の感覚として想定されているわけであるから、こうしたとらえ方がなされるのは当然であった。

　ジェームズ・マディソンはしかし、ジェファソンのように平板なとらえ方はしなかった。マディソンは『ザ・フェデラリスト』の第55篇で、人間の集団行動をつぎのように論じている。議事を委ねる場合、6、7人の者に委ねるよりも、60人あるいは70人の者に委ねた方が無難であろう。しかしこれが600人ないし700人、あるいは6000人ないし7000人となると話は別で、これほど多くなると混乱と放縦を避けることはできなく

第Ⅰ章　ジェファソンの人間本性論，黒人奴隷制論，政治制度論　99

なる。「非常に多くの人数からなる議会では，それがどのような性格の人びとから構成されていようとも，すべて情念が理性から王杖を奪い取ってしまうものである。たとえアテネ市民がことごとくソクラテスのような人物であったとしても，アテネ議会は依然として暴徒のようになりえていたことであろう」、と。集団行動は個人行動とちがって，それ独自の力学をもっている。個々人はたとえソクラテスのように思慮深く誠実であろうとも，これらが集団行動をするとなると，暴徒と化すこともありうるという認識を示しているわけである。

　ジェファソンのとらえ方の特徴を理解するために，もう一人別の人物，道徳感覚学派の祖シャフツベリを批判したバーナード・マンデヴィルの見解を取り上げておこう。マンデヴィルは主著『蜂の寓話　私悪すなわち公益』のなかで，人間には「社会的愛」，「社交性」，「自然の情愛」がそなわっていて，これが社会秩序の形成原理をなしているとするシャフツベリの見解を批判した。そして，むしろ「人間ほど社会をつくるのにふさわしくない動物はこの世にいない」，人間は強制力なしに集団生活を営むことなどできはしないと述べて，個人と社会の関係をつぎのように描いている。

　　「かように各部分は悪徳に満ちていたが
　　全部そろえばまさに天国であった。
　　……（中略）……
　　その国への天恵はじつに大きくて
　　罪も偉大な国民をつくるのに手をかした」。

　道徳感覚の内在を説くシャフツベリやジェファソンの立場では，個々人の善良な行為の積み重ねがそのまま社会全体の善を形成するのであり，悪の集積は悪以外になりようがない。そこでは個人と社会は同質のものとして直結して把握されている。しかしマンデヴィルの場合は，たとえ個々人は利己的かつ邪悪であっても，それら個々人の振舞いの集積体（社会）は善意に満ちた天国と見なされている。個々人の行動と，その総和がもたらす全体的な帰結とは截然と区別して把握されているわけである。ジェファソンの道学者的な立場では，利己主義は生来の善性を曇らせる邪悪なものでしかないが，マンデヴィルの立場では利己主義も人間本性

の一面として容認され，立論の前提に組み込まれているわけである。
　ジェファソンのように道徳感覚が個人と集団を貫いて発現するという見方をする場合，道徳感覚は多数派世論の中に現れる，すなわち多数派が道徳的善の担い手であるという考え方にならざるをえない。ちなみにジェファソンは，「世論が道徳に反するかたちで，あるいは賢明ならざるかたちでものごとを決するのは稀なことであります。ですから，世論と意見を異にする個人は，自分自身の意見に信を置かず，自分自身の意見の方を十分検討すべきであります」(48)と述べて，多数派世論への服従を勧めている。多数派はただ単に頭数が多い，数的に勝っているというだけではなく，多数派のくだす判断は内容的に見てもまた正しい，それは人間本性を映しているという発想になるわけである。ジェームズ・マディソンは「いかなる原理に依拠して多数派の声は少数派を縛ることができるのでありましょうか。思うにそれは自然法に由来するものではなく，便宜性にもとづいた契約に由来するものであります」(49)と述べたのであったが，ジェファソンは多数派の正当性を人間本性に関連づけて，内在的な根拠づけをしているわけである。この立場からすれば，少数派の主張は多数派の場合とは逆に，単に数的に劣っているというだけでなく，内容的にもまちがっているということにならざるをえない。

少数派の異端視
　ジェファソンの多数派論が少数派への不寛容を生むという点をもう少し掘り下げて見ておこう。「道徳本能の普遍的存在を心から信じています」というジェファソンの立場は，人間のくだす判断には普遍的なものがあるとする立場であり，善悪の評価をめぐって個々人のあいだで意見が分かれるということはありえない，またあってはならないとする立場である。すべての人間が道徳感覚を先天的に賦与されているということは，どの人間も同じ道徳律，同じ判断能力を植えつけられているということであり，ある者にとって善と思えることがらが，他の者にとっては悪と映るというようなことは起こりえない。一元的な価値基準を想定するこの立場では，人間のなかに根本的に対立するさまざまな価値観や評価基準が存在するという認識はない。相争う「派閥を生む潜在的な原因

は，人間本性のなかに蒔かれている」とするジェームズ・マディソンの把握とは正面から対立するものといえる。

　ジェファソンの立場は，共同体的な発想につながるものでもある。人間は道徳感覚を賦与された社会的動物であり，社会から孤立した個人の営みというものはありえない。個々人には社会規範の感覚（道徳感覚）が宿っているのであるから，個人にとっての善と共同体にとっての善が正面から衝突するということもありえない。ある人間が自分の良心（道徳感覚）に依拠して多数派に反旗をひるがえしたり，社会全体を敵にまわしたりするというようなことは起こりえないし，そういう反社会的な行動に走る個人はあってはならないと考えられている。個人道徳を貫けば，国法を犯すことになるというアンティゴネー的な葛藤は想定されてはいないわけである。

　ジェファソンは「道徳本能は人間本性にちりばめられたもっとも輝かしい宝石であり，これの欠如はこの上なく恐ろしい身体上の奇形よりももっと見苦しいことであると考えています」と述べているが，これは裏からいえば，道徳感覚の欠如した人間は精神上の奇形児であり，社会の不適合分子であるといっているに等しい。マディソンの立場では，対立抗争する党派の存在が肯定され，党派の多様性が増せばますだけ，どれか一つの党派が他の党派を抑圧する弊害も防止されるとして，党派の多様性自体に積極的な価値が置かれている。マディソンの立場では諸党派は相対化されて，どれか一つの党派が道義的に正当化されるということにはなりようがない。しかしジェファソンの立場では，多数派が普遍的善の担い手として道義的に正当化されることになり，そのぶんだけ少数派は社会規範からはずれた異端分子としてマイナス方向に価値づけされることになる。多数派世論に盾突く少数派を擁護する論理はここからは出てきようがないといわねばならない。

　ジェファソンの多数派論の不寛容性を示す具体例を一つ見ておこう。かれはある手紙のなかで，つぎのような注目すべき発言をしている。

　　「社会はその人物の存在そのものが他者の生存と相容れないような者を成員名簿から抹消する権利があるということに，誰ひとり疑いをさしはさみませんでした。また，そうした者から法の保護を取り去り，市民のあい

だからかれを流罪によって，あるいは必要とあれば，死刑によって除去してしまう権利があるということに誰ひとり疑いをさしはさみませんでした」(傍点，清水)。⁽⁵²⁾

異端分子は社会の成員名簿から除去，抹殺されてもしかたがないといっているわけであり，アウトサイダーに対するジェファソンの嫌悪感が露骨に表明されたものとなっている。この手紙の書かれた背景を理解するには，ジェファソンが中心になって制定された私権剝奪法と呼ばれる法律について見ておく必要がある。

1778年5月初頭，ヴァージニア州で独立反対派のジョサイア・フィリップスとその一派が暴動を起こしたという情報がながれた際，当時州議会の指導者であったジェファソンは5月末に私権剝奪法を制定して，フィリップス一派の弾圧に乗り出した。この法律はフィリップス一派がプリンセス・アン・カウンティとノーフォーク・カウンティで殺人を犯し，家屋を焼き払い，農場を荒廃させるなど，ヴァージニアの善良な住民に多大な危害を加えつつあることを指摘し，もし裁判所の通常の手続きをとるなら，住民にいっそうの被害をもたらすことになるであろうとして，フィリップス一派が1カ月以内に総督のもとに出頭して身柄をゆだねないようなら，人はかれらを見つけ次第殺害しても罪には問われないとするものであった。⁽⁵³⁾

私権剝奪法は独立戦争のさなかに制定されたものであったが，戦時下の緊急事態という点を考慮にいれても，なおこの法律には常軌を逸したものがあるといわねばならない。当時ヴァージニア州のアトーニー・ジェネラルの地位にあったエドマンド・ランドルフは，ジェファソンが「漠たる報告以上の証拠はまったくないままに」フィリップス一派の挙動に過敏な反応を示し，フィリップスが「告訴人や証人と対決させられることなく，自分のための証人を呼ぶ権利すら行使できないまま，死刑を宣告され，その後実際に処刑されることになった」⁽⁵⁴⁾経緯に深い憤りの念を示した。またジョン・マーシャルも「議会の制定した法律によって，人が陪審の裁判にかけられることもなく，尋問もなされず，告訴人や証人と対決させられることもなく，国の法律の恩恵に浴すこともなしに生命を抹消されてしまうということを聞かされるとき，われわれは果して政

治的な自由や安全を享受しているということができるのであろうか」と述べて，三権分立の精神を根本から否定するこの法律に不快の念を示した。
(55)

しかし，ジェファソン自身はその後も反省の弁を口にすることはなかった。事件から40年近くたった後も，ジェファソンは「この私権剝奪法がイギリスで敗者に対する勝者の復讐の手段として悪用されてきたことはたしかであります。しかし悪人の手に委ねられたなら，果してどんな制度が悪用を免れることができるでしょうか」と述べて，自分が善人であることを自明の前提にして，往時を回顧している。私権剝奪法の制定はジェファソンの政治的信条からの逸脱行為や勇み足などではなく，確固とした信念にもとづいたものであったと解さざるをえない。道徳感覚を根底にすえた政治論では，多数派が道徳的善の担い手とみなされるのと逆比例して少数派を異端視する不寛容な態度が出てくるわけであり，そこでは善性の内在が想定されているだけに，かえって自分の善意を絶対化し，確信犯的な冷酷さでもって少数派の弾圧をおこなうことになりかねない。人間の「生命，自由，幸福の追求」を謳った独立宣言（1776年）の起草とこの私権剝奪法（1778年）の制定とは，ジェファソンの政治思想に潜むパラドックスを端的に示すものといってよい。

政敵を異端視するジェファソンの独善性は，1812年戦争以後は北部に対して向けられることになる。銀行，紙幣，投機に対して不信感をもち，南部の牧歌的な生活様式のみを唯一の健全な営みであると考えていたジェファソンは，北部産業主義の興隆に対して不信感を募らせていった。独立革命以来の南北の歩みを回顧したある手紙のなかでかれは，南部のヴァージニア州は「共和主義の基線から髪の毛ひとすじも脇道へそれることはありませんでした」と述べて南部を正当化し，北部（とりわけマサチューセッツ州）の「変節」ぶりを嘆いている。ジェファソンはウィリアム・H・クローフォードに宛てた手紙では，国民を幸福にする道は商工業地域を利する政策にあるのではなく，農業立国の道を追求することにあると説き，北部の賭博者的な投機熱に感染した少数派を利するのではなく，誠実な営みに従事している多数派の利益を第一に考慮すべきであるとして，つぎのように論じている。

「どの社会も、その人間関係に関して、根本的な原則を定める権利をもっています。そしてすべての個人に対して、つぎのようにいう権利をもっています。すなわち、もし人びとがこれらの原則の枠組みを超えた振舞いをして、社会が避けなくてはならない危険をもたらすようなことを考えているのならば、かれらはどこか他の場所に行って振舞うべきであります。われわれはそうした間柄の市民など望んではいませんし、一時的な似而非市民などなおさらのこと望んではいません、と。わ・れ・わ・れ・は・か・れ・ら・を・、ち・ょ・う・ど・病・気・に・感・染・し・た・人・間・を・そ・う・す・る・の・と・同・じ・よ・う・に・、わ・れ・わ・れ・の・領・土・か・ら・排・除・す・る・こ・と・が・で・き・ま・す・。……(中略)……あなたはフィスクに宛てた手紙のなかで、われわれの選択肢を、(1)多数派に永遠の戦争を仕掛けてでも、少数派のための不道徳な商業と賭博者的な投機の道を追求すべきか、それとも、(2)抑制された商業と平和とすべての人びとにとっての堅実ななりわいの道を追求すべきか、と巧みに提示されました。もし連邦内のある州が第一の選択肢をえらんで、この選択肢を欠いた連邦にとどまるよりは分離の方を選ぶというのであれば、わたしは躊躇なく『分離しましょう』といいます。わたしは無制限な商業と戦争を好む州には脱退してもらって、平和と農業を好む州とだけ連合することを望んでおります」(傍点、清水)。[58]

自分を多数派の側に位置づけ、政敵を不道徳で賭博者的な少数派と呼んで、その排除を唱えているわけであり、20世紀の赤狩りを連想させるこの不寛容な言いまわしは、「社会はその人物の存在そのものが他者の生存と相容れないような者を成員名簿から抹消する権利がある……必要とあれば、死刑によって除去してしまう権利がある」として私権剥奪法を弁護したときの表現を想起させる。

ジェファソンの思想的な不寛容さは、ヴァージニア大学の教育政策においても発揮されることになった。1825年に開校したヴァージニア大学は、ジェファソンが自分の墓碑銘に独立宣言、ヴァージニア信教自由法と並べて刻むことを希望したものであり、かれの誇りとする業績の一つであった。[59]ジェファソンはこの大学が「人間精神の無限の自由」に基礎を置くものであることを誇りとし、「ここではわれわれは、真理がどこに導いて行こうとも、真理にしたがっていくことを恐れてはいません」[60]と述べて、そのリベラルな精神を強調したのであった。

しかしヴァージニア大学の実際の運営は，ジェファソンの言葉を大きく裏切るものであった。かれがヴァージニア大学を創設した動機の一つは，南部の子弟の教育は南部の大学でおこなうべきであり，ハーヴァード，プリンストン，イェールなど，有害な思想をふりまく北部の大学に委ねるべきではないという危機意識に発していた。ジェームズ・ブレッキンリッジに宛てた手紙のなかでジェファソンは，われわれは500人もの青年の教育をわれわれとは立場を異にする北部の大学の手にゆだね，南部の原理とは相容れないものを植えつけさせていると述べ，「病根はわれわれの存在の根幹を蝕みつつあります。もし早急に食い止めなければ，手の施しようがなくなるでありましょう」(61)と述べて，焦燥感を露わにしている。堕落した北部の商業主義的な価値の浸透を食い止め，南部の子弟がこれに感染するのを防ぐには，南部に健全な大学をつくり，南部的な価値観で教育をほどこす必要があるとジェファソンは考えていた。

ヴァージニア大学の創設時にジェファソンがもっとも重視したのは教授人事，とくに法学の教授をだれにするか，どのような政治的，党派的信条の人物を選ぶかということであった。かれはジェームズ・マディソンにつぎのように書き送っている。

　　「法学の教授を選ぶ際，われわれはその人物の政治上の原理に徹底して注意を払わねばなりません。……(中略)……もしわれわれが，われわれに託された義務に対して忠実で，警戒を怠らなければ，10年か20年のうちに，われわれの州議会の多数派は一つの学校（すなわちヴァージニア大学――清水）の出身者によって占められることになるでありましょう。また多くの門下生がその学校の思想を自分たちの州（南部諸州――清水）へと持ち帰り，すべての大衆に影響をおよぼすことになるでありましょう」(62)。

さまざまな原理や主義主張が平等な条件下で，轡を並べて自由に競うことのできる学問の場を設けようというのではなく，特定のイデオロギー教育をほどこした卒業生を南部諸州に送りこみ，諸州議会の多数派にしようというのがジェファソンのねらいであったことがわかる。

ジェファソンが政治学と法学をとくに重視したのは，この分野では「われわれが最善の裁判官であり，この分野ではわれわれが異端を教化してやらねばならない」，この分野で「教えるべき原理を設定すること

は，われわれに課せられた義務である」と考えていたことによる。した⁽⁶³⁾がってヴァージニア大学の政治学の教科書は他の学問分野の教科書とちがって，教授の自由な選択にはゆだねられず，ジェファソンを中心とする監察委員会が選ぶことになっていた。ジェファソン起草の監察委員会の決議文は同委員会が容認する政治的原理のみを教えるべきことをつぎのように謳っている。

　「本大学で教えこまれる政治の諸原理に対して特別の注意を払うのは，そしてこの州および合衆国の憲法が全幅の基礎を置いている諸原理と相容れないと思われるものを教えてはならないということを定めるのは，本委員会がそのもとで運営されている州政府に対する義務である。とくに本大学の直接の生みの親である州政府に対する本委員会の義務である(64)」。

要するに，教えていいことと教えてはならないことがあるとして思想統制の必要性を説いているわけであり，この決議文はさらに続けて，法学部で使用さるべきテキストまでも具体的に定めている。史家ハッチンズはこの監察委員会の決議文に言及して，大学外の委員会がわざわざテキストを指定し，そのテキストから導き出されるべき意味まで前もって指定していることに驚きの念を表明し，このような文書は他のいかなる国でもかつて書かれたことのなかったものであると断定している(66)。ジェファソンはヴァージニア大学を共和主義的な思想への忠誠心を鼓舞するための一機関として考えていたのであり，なにをもって共和主義的とみなすかは，ジェファソンを中心とする監察委員会がその判定権を握っていたわけである。その意味で，かれはまさに「教育に党派的立場をもちこむ代表的人物であった(67)」といわねばならない。一方で「人間精神の無限の自由」という高邁な教育理念を掲げつつも，他方ではまったく裏腹な教育政策を実施していたというこのみごとな乖離の中に，ジェファソンの自由の限界が端的に示されているといえよう。

　ジェファソンは「人間精神に対するあらゆる形態の専制に永遠の敵意を燃やすことを神の祭壇に誓いました(68)」という意味のことを繰り返し口にし，また歴史家たちも「自由こそが独立革命におけるかれの動機であっただけでなく，かれの全生涯を理解する上での唯一の最善の手がかりを提供するものである」などと述べて，ジェファソンを「自由の使徒」

第Ⅰ章　ジェファソンの人間本性論，黒人奴隷制論，政治制度論　*107*

に祭り上げてきた。しかし，こうした過大な評価は修正されるべきであろう。政治的自由の領域で示されたジェファソンの限界は，かれの思想の本筋からの逸脱や勇み足ではなく，かれの思想の本質そのものに根ざすものであったと解さねばならない。

　ジェファソンの性善説の立場は，人間がもし天使であるというのなら，政府など最初から不要であるとするジェームズ・マディソンの人間観や，「国家を建て，それを治める法律を制定しようとする者は，誰しも人はすべて本性上邪悪であると想定してかからねばならない」(傍点，清水)とするジョン・アダムズの人間不信の立場とは本質的に異なるものであった。しかし道徳感覚に基礎を置く政治論は一見，楽観的で善意にみちた世界を描くかに思えるが，実際はその逆で，それは他者への不寛容と独善を生み出す傾向を秘めている。その政治論は多数派に信頼をよせ，多数派を尊重しようとするそのぶんだけ，少数派に対しては過酷な雰囲気をつくりだすことになる。章を改めてまたのちに見ることになるが，ジェファソンの政治制度論の実現した民主制の興隆期(いわゆる「ジャクソニアン・デモクラシー」の時代)に，北部社会の奴隷制即時廃止論者と連邦議会の南部議員は，それぞれの所属する集団のなかで「多数派の専制」に直面し，頭数の横暴にさらされることになる。ジェファソンの政治理論がアメリカ民主政治の源流であるとするならば，その弊害の一端もまたかれに帰せられねばならない。

(1)　Henry Cabot Lodge, ed., *The Works of Alexander Hamilton* (New York: Haskell House Publishers Ltd., 1971), I, 401.

(2)　Charles Francis Adams, ed., *The Works of John Adams. Second President of the United States* (Boston: Charles C. Little and James Brown, 1851), VI, 7.

(3)　Alexander Hamilton, John Jay, James Madison, *The Federalist*, ed. Edward Mead Earle (New York: The Modern Library, 1941), p.54.

(4)　Saul K. Padover, ed., *Thomas Jefferson on Democracy* (New York: The New American Library, 1939), p.23. 以下 Padover, ed., *Jefferson* と略；T・ジェファソン (中屋健一訳)『ヴァージニア覚書』(岩波文庫，昭和47年)，267頁。

(5) Padover, ed., *Jefferson*, p.32.
(6) ジョン・ギャサウェイ宛の手紙（1809年2月17日付）。Andrew A. Lipscom and Albert Ellery Bergh, eds., *The Writings of Thomas Jefferson* (Washington, D.C.: The Thomas Jefferson Memorial Association, 1903-1904, 20 vols.), XVI, 337.
(7) サミュエル・カーチヴァル宛の手紙（1816年7月12日付）。Merrill D. Peterson, ed., *Thomas Jefferson. Writings* (New York, N.Y.: Literary Classics of the United States, Inc., 1984), p.1400. 以下 Peterson, ed., *Jefferson* と略。
(8) ジョン・テイラー宛の手紙（1816年5月28日付）。*Ibid.*, pp.1392-1393.
(9) *Ibid.*, p.1394.
(10) アイザック・H・ティファニー宛の手紙（1819年4月4日付）。Edward Dumbauld, ed., *The Political Writings of Thomas Jefferson. Representative Selections* (New York: The Library Arts Press, 1955), p.55.
(11) ジョン・アダムズ宛の手紙（1813年10月28日付）。Peterson, ed., *Jefferson*, p.1308. このウォードに関する構想をジェファソンはアダムズ宛の手紙のほか、ジョゼフ・C・カベル宛の手紙（1816年2月2日付）（*Ibid.*, pp.1377-1381）、カーチヴァル宛の手紙（1816年7月12日付）（*Ibid.*, pp.1395-1403）でも詳論している。以下の論述もこの三通の手紙による。
(12) カーチヴァル宛の手紙。*Ibid.*, p.1399.
(13) *Ibid.*, p.1403.
(14) *Ibid.*, p.1380.
(15) アダムズ宛の手紙。*Ibid.*, p.1308. カーチヴァル宛の手紙では、このウォード住民の担うべき役割をさらに詳論している。*Ibid.*, p.1399.
(16) カーチヴァル宛の手紙。*Ibid.*, p.1399.
(17) カベル宛の手紙。*Ibid.*, p.1380.
(18) *Ibid.*, p.1399.
(19) カベル宛の手紙。*Ibid.*, p.1381.
(20) *Ibid.*, p.1381.
(21) A・コーライ宛の手紙（1823年10月31日付）。Adrienne Koch and William Peden, eds., *The Life and Selected Writings of Thomas Jefferson* (New York: Random House, 1944), p.711.
(22) ティファニー宛の手紙（1816年）。Padover, ed., *Jefferson*, p.22.

第Ⅰ章　ジェファソンの人間本性論，黒人奴隷制論，政治制度論　109

(23) カベル宛の手紙。この重層的なシステムのなかで，連邦政府には国防や対外問題をゆだね，州政府には市民権，州法，警察をゆだね，カウンティとウォードにはそれぞれのレヴェルでのローカルな仕事をゆだねるというふうに考えていた。Peterson, ed., *Jefferson*, p.1380.
(24) ジョン・テイラー宛の手紙（1816年5月28日付）。*Ibid.*, p.1393.
(25) *Ibid.*, p.338.
(26) *Ibid.*, p.343.
(27) *Ibid.*, p.339.
(28) カーチヴァル宛の手紙（1816年7月12日付）。*Ibid.*, pp.1395-1396；ジェファソンはここに引いた箇所のすぐあとで，つぎのように述べている。「政府は，これを構成する各成員が，成員みずからの手で選び，成員に対して責任をもつべき短い任期の代表を通じて（つまり成員自身が行動するのではありません。市や小さなタウンシップの領域を超えたところでは，それは不可能です），政務の方向づけに平等な発言権をもつ度合に比例して共和主義的になります」。*Ibid.*, p.1396；なおジョン・アダムズも，「代議制議会は人民全体を縮小したその正確な肖像画でなくてはならない」，「肖像画の完全さは，その類似性にある」という主張を繰り返している。C.F. Adams, ed., *op. cit.*, IV, 205, 284.
(29) Peterson, ed., *Jefferson*, p.1397.
(30) デュポン・ド・ヌムール宛の手紙（1816年4月24日付）。*Ibid.*, p.1385.
(31) ジョン・アダムズ宛の手紙（1813年10月28日付）。*Ibid.*, p.1310.
(32) カーチヴァル宛の手紙。*Ibid.*, p.1400.
(33) これはジョン・テイラーから『政治の諸原理の研究』という書物を贈られた際に書いた礼状（1816年5月28日付）に出てくる表現である。ジェファソンはテイラーの著書が選挙民の権利と議員の義務についてじつに明快に論じているとして，手放しの称賛を送っている。*Ibid.*, p.1392.
(34) Edmund Burke, "Speech to the Electors of Bristol," (1774) in Burke, *Speeches and Letters on American Affairs* (Everyman's Library edition, 1956), pp.68-75.
(35) 1787年8月10日付の手紙。Peterson, ed., *Jefferson*, p.904.
(36) *Ibid.*, p.121.
(37) ジョン・C・ブレッキンリッジ宛の手紙（1803年8月12日付）。*Ibid.*, p.1138-1139.
(38) ウィリアム・C・C・クレイバン宛の手紙（1807年2月3日付）。Peterson, ed., *Jefferson*, p.1172.

(39) *Ibid.*, p.532.
(40) Quoted in Leonard W. Levy, *Jefferson and Civil Liberties. The Darker Side* (New York: The New York Times Book Co., 1973), p.71. ジェファソンはケンタッキー決議の草案（1798年10月）では、大統領もしくは一人の人間に大きな権限が与えられるならば、「その者は自分自身が訴追者、弁護士、裁判官、陪審員を兼務し、かれの疑惑が証拠となり、かれの命令が判決の言い渡しとなり、かれの役人がその執行者となり、かれの胸中が業務の唯一の記録となるかも知れない」(Peterson, ed., *Jefferson*, p.454)と述べて憤ったのであったが、自分が大統領の地位にあるときには、これと裏腹なことを疑問も感じずにやっているわけである。
(41) ジェームズ・ブラウン宛の手紙（1808年10月27日付）。Lipscom and Bergh, eds., *op. cit.*, XII, 183.
(42) ジョン・B・コルヴィン宛の手紙(1810年9月20日付)。Peterson, ed., *Jefferson*, p.1231.
(43) 1789年8月28日付の手紙。Padover, ed., *Jefferson*, p.37.
(44) *The Federalist*, p.361.
(45) バーナード・マンデヴィル（泉谷治訳）『蜂の寓話 私悪すなわち公益』（法政大学出版局、1985年）、297頁。
(46) 同上、39, 319頁。
(47) 同上、19-20頁。
(48) ウィリアム・フィンドレー宛の手紙（1801年3月24日付）。Paul Leicester Ford, ed., *The Works of Thomas Jefferson* (New York: Knickerbocker Press, 1904, 12 vols.), IX, 225.
(49) マディソンの1790年2月4日付の手紙を参照。Julian P. Boyd, et al., eds., *The Papers of Thomas Jefferson* (Princeton, N.J.: Princeton University Press, 1990), XVI, 149.
(50) *The Federalist*, p.55.
(51) ロー宛の手紙（1814年6月13日付）。Peterson, ed., *Jefferson*, p.1338.
(52) ジラーダン宛の手紙(1815年3月12日付)。Lipscom and Bergh, eds., *op. cit.*, XIV, 277.
(53) Boyd, et al., eds., *op. cit.*, II, 190, 193.
(54) *Ibid.*, II, 191. 史家レナード・レヴィによれば、実際にはフィリップスらは私権剝奪法が発効するまえに捕らえられたので、通常の方法で起訴され、裁判にかけられた後、処刑されたようである。罪状は反逆罪ではなく、謀殺あるいは放火ですらなく、28人分のフェルト帽と5ポンド

の撚糸を略奪したというもので，価格にしてわずか45シリングにすぎなかった。フィリップスらの罪状に対するジェファソンの思い込みがいかに一方的で，いかに過剰反応であったかがうかがえる。ただ強盗も死刑を科しうる重罪の一つであったので，罪人たちは結局は処刑された。しかしランドルフの発言からもうかがえるように，当時の人びとはフィリップスらの処刑は私権剥奪法のもとでなされたと思い込んでいた。Levy, *op. cit.*, pp.36-37.

(55) *Ibid.*, p.38.
(56) 先ほどのジラーダン宛の手紙に出てくる言葉。Boyd, et al., eds., *op. cit.*, II, 192.
(57) ジョシュア・ドッジ宛の手紙（1823年8月3日付）。*The Jefferson Papers* (Collections of the Massachusetts Historical Society, Seventh Series, Boston, 1900), I, 327; ヘンリー・ディアボーン宛の手紙（1815年3月17日付）。Lipscom and Bergh, eds., *op. cit.*, XIV, 288.
(58) 1816年6月20日付の手紙。Ford, ed., *op. cit.*, XI, 538.
(59) ヴァージニア大学は法学部や医学部など八つの学部を設けていたが，神学部や神学教授のポストは設けられていなかった。教科書の選択が担当教授の自由裁量にゆだねられていたという点でもまた寛大であった。R・ホフスタッター（井門富二夫，藤田文子訳）『学問の自由の歴史 I』（東京大学出版会，1980年），312-315頁。メツガーによれば，当時の州立大学は「聖書研究会，毎日の祈禱，強制的礼拝出席，伝道集会」なども行なっていたようであるが，ヴァージニア大学はこうしたものも斥けた。メツガー（新川健三郎，岩野一郎訳）『学問の自由の歴史 II』（東京大学出版会，1980年），395-396頁。
(60) ロスコウ宛の手紙（1820年12月27日付）。H.A. Washington, ed., *The Writings of Thomas Jefferson* (Washington, D.C.: Taylor & Maury, 1854), VII, 196.
(61) 1821年2月15日付の手紙。Peterson, ed., *Jefferson*, p.1452.
(62) *Ibid.*, pp.1513-1514.
(63) Washington, ed., *op. cit.*, VII, 397.
(64) Quoted in Robert M. Hutchins, *The University of Utopia* (Chicago, Illinois: The University of Chicago Press, 1953), pp.78-79.
(65) ロックの『市民政府論』，シドニーの『政府論』，独立宣言，『ザ・フェデラリスト』，1799年のヴァージニア議会の決議文，ワシントン大統領の「告別演説」を具体的に指定している。*Ibid.*, p.79.

(66) *Ibid.*, pp.78, 80.

(67) ホフスタッター『学問の自由の歴史 I』, 315頁。

(68) ベンジャミン・ラッシュ宛の手紙（1800年9月23日付）。Peterson, ed., *Jefferson*, p.1082.

(69) Dumas Malone, *Jefferson and His Time* (Boston: Little, Brown and Company, 1948-1981), I, 179.「自由の使徒」という表現は1943年4月13日にフランクリン・D・ローズヴェルトがトマス・ジェファソン記念館の開館式でおこなった演説に出てくるものである。Francis Coleman Rosenberger, ed., *Jefferson Reader: A Treasury of Writings about Thomas Jefferson* (New York: E.P. Dutton & Company, Inc. 1953), p.246.

(70) *The Federalist*, p.337; Quoted in Clinton Rossiter, *Conservatism in America:The Thankless Persuasion* (New York, 1955), p.114.

第II章
アメリカ植民協会

1節　協会創設とリベリア植民の背景

植民協会の創設

　トマス・ジェファソンの黒人奴隷制論は奴隷を解放し，これを国外の地に移住させるべしとする黒人植民論へと収斂していった。黒人奴隷制を消滅させるには，奴隷制の撤廃と人種問題の解消という二重の課題に取り組む必要がある。ジェファソンはこの二つの課題を同時に解決し，合衆国を白人共和国にするための一石二鳥の方策として，黒人植民を構想した。これを実践するためにつくられたのがアメリカ植民協会（American Colonization Society）（以後，植民協会と略）と呼ばれる組織であった。本章ではジェファソンの黒人植民の理念がどのようなかたちで実施され，どのような経緯と困難を経てリベリア共和国の誕生に行き着くことになるかをあとづけることにしたい。

　植民協会が創設されたのは，1812年戦争（1812−1815年）直後のことであった。1816年12月21日に最初の会合がもたれ，同月28日に開かれた二度目の会合で協会の正式名称が「合衆国の自由黒人を植民するためのアメリカ協会」と定められた。翌年1月1日には，会長，副会長，書記，会計係など主要役員の選出がおこなわれ，組織のかたちが整えられた。そして1821年12月，モンロー大統領の支援のもとにアフリカ西海岸にリベリア植民地が確保されて，黒人（解放奴隷・自由黒人）のアフリカ送

還事業が開始された。

　植民協会の役員リストには，当時の政界，法曹界を代表する錚々たる人物が名を連ねていた。ジェファソン自身はすでに政界から退いていたので，植民協会の役員にはならなかったが，かれはこの協会の第1次年次集会で読み上げられた手紙のなかで，「かれら（アフリカに送還されるアメリカ黒人——清水）は，あらゆる有益な技術を擁する国から渡っていくわけですから，アフリカ原住民のあいだにそれを移植する媒介者となることができます。かれらは自分の祖国に文明の種子を持ち帰ることになり，かれらのわが国における逗留を最終的にはアフリカにとっての祝福に転ずることになるでありましょう。……（中略）……合衆国がアフリカ沿岸にそうした施設を設けることを国として手がけることほど望ましいことはありません」と述べて，植民協会の発足を祝福した。植民協会もこれ以後ことあるごとに黒人植民の権威づけのためにジェファソンの名前をもちだした。植民協会の初代会長には，国父ジョージ・ワシントンの甥にあたる連邦最高裁判所判事ブッシュロッド・ワシントン（会長在職期間1817-29年）が選出され，第2代会長には独立宣言の署名者の一人であったチャールズ・キャロル（在職1830-32年）が選出された。以後，第3代会長には元大統領のジェームズ・マディソン（在職1833-35年），第4代会長にはヘンリー・クレイ（在職1836-52年）があいついで就任することになる。

　草創期の植民協会には，党派やイデオロギーを異にするさまざまな人びとがその傘下に馳せ参じた。協会創設時の副会長のポストには，のちに対立政党の指導者として正面から敵対することになるアンドルー・ジャクソンとヘンリー・クレイがともに名前を連ねていた。1830年代に奴隷制即時廃止論者として名を馳せることになるウィリアム・ロイド・ガリソンやアーサー・タッパンのような北部の過激派も，50年代に連邦最高裁判所首席判事としてドレッド・スコット事件で反動的な判決をくだすことになるロジャー・B・トーニーのような筋金入りの南部人も，20年代にはともに熱心な植民協会の会員であった。植民協会は超党派的な支援体制のもとに発足したといってよい。

　植民協会創設の背景としては，二つのものを考えることができる。一

自由黒人と黒人奴隷の人口増加(4)

年	自　由　黒　人	黒　人　奴　隷	全黒人人口
1790	59,557(7.9%)	697,624	757,181
1800	108,435(10.8%)[82.2%]	893,602[6.1%]	1,002,037
1810	186,446(13.5%)[71.9%]	1,191,362[33.3%]	1,377,808
1820	233,634(13.2%)[25.3%]	1,583,022[29.9%]	1,771,656
1830	319,599(13.7%)[36.8%]	2,009,043[30.6%]	2,328,642
1840	386,293(13.4%)[20.9%]	2,487,355[23.8%]	2,873,648

（ ）内の数字は，全黒人人口に占める自由黒人の割合。
［ ］内の数字は，自由黒人と黒人奴隷それぞれの10年ごとの増加率。

つは南部諸州の煙草栽培がゆきづまって黒人奴隷制が衰退し，大量の自由黒人が生まれて社会不安が増大したこと，もう一つは1812年戦争直後のナショナリズムの高揚が南北相協力して奴隷制問題に対処しなくてはならないという雰囲気を盛り上げたことである。

　まず第一の点であるが，19世紀初頭は自由黒人が急増して，その対策が真剣に考慮されるようになった時期であった。かつて煙草栽培で栄えたヴァージニア州に代表される古い南部諸州では，奴隷の所有は経済的に割りにあわないものとなり，奴隷主の相次いで行なう奴隷解放は自由黒人を急増させた。1790年の合衆国の自由黒人総数は5万9557人であったが，このうち1万2866人はヴァージニア州が抱えていた。(5) 上の表は自由黒人と奴隷の人口増加を示したものであるが，1790年から1820年にかけての時期，自由黒人が異常に高い増加率を示していることがわかる。

　急増した自由黒人は，社会の厄介者であると同時に危険な存在でもあった。植民協会の第1次年次集会の席でヴァージニア州のチャールズ・F・マーサーは，野盗と化した自由黒人が夜陰にまぎれて横行する物騒な世相をつぎのように語っている。

　　「議長，あなたもよくご存じのように，わが州ではあなたもわたしもそうですが，何千もの人びとが人道主義精神の勧めるところに耳を貸すならば，国に害悪をおよぼすこと明らかであるという憂鬱な確信ゆえに，自分の奴隷を解放するのを思いとどまっております。

　　自由黒人の数は合衆国の最新の国勢調査に先立つ過去10年間に（ヴァー

ジニア州では——清水）1万5000人から3万人へと増加しましたが，自由黒人のこの急激な増加は，たとえそれがわれわれの平和を危険にさらすとまではいかないにせよ，わが国の広範な地域で，ことごとくの私有財産の価値を台無しにしてしまいました。わが低地地帯はあたかも呪いがかけられたかのようであります。父祖たちの住んでいた家屋は廃虚と化して崩壊し，父祖たちの耕した耕地は荒野となっております。二つの大河の流域にはさまれた台地がそうであります。見捨てられた開墾地のあとには，それに代わって人のほとんど入りこめないような茂みが新たにでき，この茂みがこの堕落した怠惰で悪質な連中からなる盗賊どもの隠れ家となっております。そして盗賊たちは夜陰にまぎれて隠れ家から打って出，川の流域の資産家から物を掠めるわけです。かれらは町や都市の近郊を荒しまわり，そうした近郊で盗品の保管者となり，必要に迫られて巧みに身を処す術を身につけ，不備な警察の警戒の目を掠めます」。[6]

自由黒人は単に狼藉を働いただけではなく，奴隷を反抗的にし，奴隷反乱を誘発するという意味でも危険であった。『アメリカ植民協会第1次年次報告』に掲載された手紙のなかでロバート・G・ハーパーは，「奴隷は自由黒人が怠惰な日々を送り，ときおり仕事に就くことによって，いかに貧しく心もとないとはいえ，とにもかくにも糊口をしのいでいるのを見て，自分自身の身の上に不満を覚えるようになり，自分に労働を強制する権力というものを専制かつ不正とみなすようになります。かくしてかれは自分の仕事をできるだけ怠ることによってこの権力から逃れ，逃亡することによってそこから完全に脱出しようとし，ときには直接的な反抗に訴えたいという強い誘惑に駆られるのであります」[7]と述べて，自由黒人の悪影響を憂慮している。

急増する自由黒人に対して，早急になんらかの対策を講じるべきであるとする認識が南部人のあいだに高まっていった。[8]南部諸州がまず行なったのは自由黒人の州外への排除であった。ヴァージニア州は1793年12月，自由黒人の州内への立入りを禁止し，1806年1月には今後解放される奴隷は1年以内に州外に立ち去るべし，違反者は奴隷として売却するという法律を制定した。これ以後，他州もあいついで自由黒人の立入り禁止措置をうちだし，不法滞在者には罰金，鞭打ち，投獄，奴隷として

の売却等の罰則を定めるにいたった。しかしこの措置は、各州がお互いに厄介者を他州に押しつけ合うようになったことを意味したにすぎず、自由黒人の排除は最終的には国外除去のかたちで行なわれる必要があった。

　植民協会創設のもう一つの背景としては、1812年戦争がナショナリズムを高揚させて、南北間の協調気運を盛りあげたことが挙げられる。黒人奴隷制は南部人だけが責任を負うべきものではない。奴隷をアフリカから運んできたのはむしろ北部の船舶であり、北部商人の富は奴隷貿易によって築かれたものである。ローカルな偏見を捨てて、南北相協力して国家的な巨悪を除去するために努力すべきであるという認識の高まりは、つぎのような呼びかけを促すにいたった。

　　「もしニューイングランド人が奴隷制の罪について語るとき、ニューイングランドも荷担者なのだということを認めるならば、もしニューイングランド人がアフリカ人を鎖につないで大西洋を横断したのはかれらの船舶であり水夫なのだということに思いをいたし、かれらの間にはいまなお『血の代価』を食い物にして暮しをたてている者たちがいる、つまりその富を『売買した肉体』で『稼いだ』者たちがいるのだということを想起するならば、……(中略)……かれらはすべての州の慈善家たちが団結することのできる原理と事業計画（すなわち黒人植民事業——清水）の存在に思いいたるでありましょう。この国の国家的害悪（黒人奴隷制——清水）を除去するための全国民的な努力は、ローカルな偏見を消滅させ、より緊密な国民的感情の絆でもって連邦の異なる地域を団結させないでありましょうか」。[9]

　　「この北部の土地にあってわれわれは、奴隷制と奴隷貿易の責をもっぱら遠隔地諸州の同胞たち（南部人——清水）のせいにしようとしているわけでありますが、これにまつわるあの極悪非道の罪悪から、われわれといえど免れているわけではないのだということを、ゆめ忘れてはなりません。また勝手に手が洗えるなどと思う資格はないのであります。この非人道的な貿易で汚された船舶と水夫たちは、ほかならぬここニューイングランドから出帆したのでありますし、無力なアフリカ人にはめられた足枷、手枷を鍛えた鍛冶場もほかならぬここニューイングランドのものであります。

……(中略)……ニューイングランドには巨万の富と宮殿を想わせる建物が偉容を誇っておりますが、それらは畢竟すべてこの不幸な者たちの血糊と苦悩の上に打ち立てられたのであります。罪は文字どおり国民全体のものといわねばなりません。……(中略)……また罪のあがないも国民全体で行なわなくてはなりません。虐げられたアフリカ人の子供たちをその卑屈な境遇から立ち上がらせようではありませんか。……(中略)……かれらをその母国へ送り返そうではありませんか」。(10)

リベリア植民の背景

　植民協会は発足直後の1817年11月、植民地獲得のために、サミュエル・J・ミルズとエベネザー・バージェスの二人をアフリカ西海岸に派遣して、適地の調査にあたらせた。かれらの報告書にもとづいてギニア湾沿岸のシエラレオーネの南東約100マイルのところにあるシャーブロ島が選ばれた。1820年1月、最初の植民者の一行86人がニューヨーク港を出航し、同年春シャーブロ島に到着した。しかし入植してみると、島は地味が瘦せており、沼地も多く、飲料水にも事欠く始末であった。上陸後、植民者の健康はたちまちむしばまれ、数カ月間で死者の続出をみた。惨状を伝え聞いたジェームズ・モンロー大統領は急遽ロバート・F・ストックトン海軍大尉を現地に派遣して、新しい土地の確保にあたらせた。1821年12月15日、ストックトンは現地の国王ピーターと交渉して、シエラレオーネの南東約250マイルのところにあるモンセラード川河口の岬を獲得することに成功した。この土地と引き換えに、価格にして300ドル足らずのマスケット銃、鍋、ビーズ、煙草、粗布、石鹼、ラム酒などが国王に贈られた。ロバート・G・ハーパーの発案で、獲得した土地はラテン語のリベル（liber　自由人）にちなんでリベリアと命名された。また建設された町は、モンロー大統領の後援に謝意を表してモンロヴィアと名づけられた。(12)

　話がすこし前後するが、リベリア植民地をつくるきっかけを提供したのは、1819年3月に連邦議会で制定された奴隷貿易禁止法であった。この法律の提案者は植民協会の中心人物の一人チャールズ・F・マーサーであった。この法律がなぜリベリア植民地の建設をもたらすことになっ

たのか，その理由はつぎのとおりである。

　1819年の奴隷貿易禁止法は，従来の奴隷貿易禁止法（1807年制定）の欠陥をおぎなうことを謳っていた。マーサーによれば，従来の法律には大きな欠陥があった。その一つは密輸奴隷の処分権を州にゆだねており，連邦法よりも州法を優先させている点である。このためジョージア州議会などは押収した密輸奴隷をすべて国内で売却して，これを州政府の財源にしていたほどであった。つまり，この法律のもとでは密輸奴隷を合衆国外に排除することはできなかった。マーサー提案の奴隷貿易禁止法は，押収した密輸奴隷を国外に除去する権限を大統領に与えることを謳っており，大統領は奴隷貿易の犠牲者たちのアフリカ再定住をうながすために，合衆国の出先機関をアフリカ沿岸に設けることができた。そして，この出先機関の名目で建設されたのがリベリアであった。マーサー自身のねらいは密輸奴隷の再定住よりも，合衆国内の自由黒人を除去するための植民場所の確保にあったが，かれの法案は奴隷船から救出されたアフリカ人の再定住をうながすことのみ力説していて，植民地獲得を匂わすようなことはなに一つ述べてはいなかった。もしマーサーが文言の上ではっきりと海外植民地の獲得を謳っていたなら，憲法の拡大解釈に反対する人びとの抵抗に直面して，法律は日の目を見るにはいたらなかったかも知れない。

　黒人植民事業を軌道に乗せる上で指導的な役割を演じたのは，ジェファソンを領袖とあおぐヴァージニア州の政治家たちであった。リベリア獲得のきっかけを作った奴隷貿易禁止法を提案したのは上に見たように，ヴァージニア州選出の連邦下院議員チャールズ・F・マーサーであったし，アメリカ海軍をアフリカ西海岸に派遣してリベリア獲得にあたらせたのはジェファソン子飼いの政治家ジェームズ・モンロー大統領であった。また地域利害対立（セクショナリズム）の進展によって植民協会への批判が高まるなか，第3代会長に就任して植民協会に重みと威厳を与えたのは元大統領のジェームズ・マディソンであった。「ヴァージニア王朝」の政治家たちの強力な肩入れがなかったなら，黒人植民事業が軌道に乗ることはなかったといってよい。

　植民地はアフリカ大陸の一隅に確保されることになったわけであるが，

実は当時アフリカ以外にも、いくつかの候補地が検討されていた。ちなみに1825年3月2日、ヴァージニア州選出のタッカーは連邦議会で、当時まだ合衆国の領土になっていなかったロッキー山脈以西の土地を黒人植民の適地として推奨している。そしてこれを先住民から買い取るにはどれぐらいの資金が要るか、ロッキー山脈越えの最善のルートはどこか、植民地と合衆国をむすぶ道路建設にはどれぐらいの費用がかかるかを調査すべしとする決議案を提出している。(15)ロッキー山脈以西のほか、カナダや西インド諸島も候補地として検討されていた。

　黒人の植民場所が最終的にアフリカ大陸に絞られることになった背景には、いくつかの動機や理由が作用していた。黒人たちを奪ってきた場所にもどせ(「罪の償いは、盗んできた人びとの子孫を、かれらの父祖の地に送り返すことによってなされるべきである」)(16)という主張は大きな説得力をもった。またゲブリエルの反乱計画（1800年）とハイチの黒人革命（1804年）が搔き立てた人種戦争の恐怖は、混血の生じない遠隔の地、それも黒人が二度と戻ってこれないような海の彼方の土地を要望させた。カナダ、テキサス、西インド諸島では近すぎる。大西洋の彼方のアフリカなら、われわれとのあいだに「幸福な距離」(17)があるというわけである。ジョージ・W・P・カスティスは植民協会の第13次年次集会の席で、「植民は、正確にいえば海の彼方でなくてはなりません。解放奴隷を大西洋のこちら側にとどめおくような解放は、狂気の沙汰としかいいようがありません」(18)と述べている。カスティスは第14次年次集会では、混血への嫌悪感をこめてアフリカ植民をつぎのように推奨している。

　　「大西洋の大波を、かれらの国とわれわれの国のあいだに立ちはだかる高い永遠の障害物にしようではありませんか。白人が騎士道精神でもって勝ちとり、洗練された生活の技と優雅さでもって飾りたてたこの美しい国を、奴隷の足跡で汚されぬよう、白人の子孫のために神聖なままに保とうではありませんか」(19)。

　リベリア植民の背景には、通商上の打算もあった。当時、欧米列強はニジェール川の探検に乗り出し、アフリカ内陸部に目を注ぎはじめていた。ニジェール川の河川交通を利用して内陸部に工業製品を送りこみ、流域諸部族との交易をおしすすめる。そして染料木、胡椒、象牙、鼈甲

などの熱帯産の商品を入手する。奴隷貿易に代えて，こうした合法的な貿易を推進するならば，アフリカを経済的に富ませることにもなるというわけである。『アメリカ植民協会第 1 次年次報告』には植民事業を推奨する二人の大物政治家ジェファソンとハーパーの手紙が掲載されたが，この手紙のなかでジェファソンはアフリカ植民の「人道主義的な動機は抜きにするとしましても，そこからあがる商業上の利益はそれに要する全費用をまかなうことになるでありましょう[21]」と述べて，その経済的な利点に着目している。またハーパーもこの手紙のなかでアフリカ内陸部との通商に言及し，植民場所はニジェール川の水運の便のいいところを選ぶべきであると説いている[22]。

　合衆国の高度な文明を身につけた黒人を父祖の地アフリカに送還して，暗黒大陸を文明化せよ。そうすることによって積年の「道徳上の借り(モラル・デット)」を返し，奴隷貿易の罪滅ぼしをせよという主張も大きな説得力をもった。「アフリカに光を施せ」[23]。「虐げられたものたちに償いを施せ！」[24]。無知，迷信，偶像崇拝のはびこる「暗愚の大陸」を啓蒙せよ[25]。「無知と罪悪の黒い帝国」にキリスト教と文明を伝えて，「アフリカの道徳的，知的刷新」をはかれ[26]。植民協会の年次報告には，こうした博愛主義的な大義名分が繰り返し出てくるが，白人本位のこうした発想は，当時もっとも受けたものの一つであった。『アメリカ植民協会第16次年次報告』（1833年）には，植民事業は「わが国をその最大の害悪から救い，かつ地球上の一地域に文明，自由，キリスト教精神をほどこす運動」[27]であるという表現が出てくる。合衆国にとっての厄介者や堕落者をアフリカに送還して，彼の地の啓蒙活動に役立てよという独善的な発想がよくあらわれている。トマス・ジェファソンもジャレッド・スパークスに宛てた手紙のなかで，アフリカに植民地をつくって原住民に文明と学芸の恩恵をほどこし与えるならば，白人が犯してきた積年の不正の罪滅ぼしになるであろうと述べ，植民協会は「伝道協会」であると言い切っている[28]。植民協会の第10次年次集会で行なわれたヘンリー・クレイの演説は，こうした見解を典型的なかたちで表明したものといえる。すなわち，

　　「アフリカの子供たちは，その祖先が詐欺と暴力という無慈悲な手段によってアフリカから引き裂かれてきたのでありまして，かれらをアフリカ

に送り返すという考え方には、道徳にかなったものがあります。異国の地に連れてこられたがゆえに、かれらはその祖国に宗教、文明、法律、自由という豊かな果実を持ち帰ることになるでありましょう。かくして本来罪であったところのものを、地球上のあのもっとも不幸な地域にとってのすばらしい祝福に変えうるというのは、宇宙の支配者である神（その御業は近視眼的な人間にはしばしば見通すことのできないものなのでありますが）の偉大な意図の一つというべきではないでしょうか。……（中略）……アフリカに渡る移住者はことごとく文明、宗教、自由な制度を広めるための聖なる運動の信任状をたずさえた宣教師にほかなりません」。[29]

　リベリア建設の背後にはこのように人種的偏見、通商上の打算、偽善的な博愛主義などさまざまな動機と思惑が働いていたわけであるが、これらとは別に、なぜ北米大陸（当時合衆国領に含まれていなかったロッキー山脈以西の太平洋岸やメキシコ、カナダなど）が植民場所からはずされたのかという理由も、これらに劣らず重要である。それは一言でいえば領土膨張主義の思想と白人共和国の理念に立脚したものであった。南北両アメリカ大陸、少なくとも北米大陸はいずれ合衆国がすべて領有することになるであろうから、これは白人開拓者のためにとっておかなくてはならない。北米大陸に黒人を置いておくのはよろしくないとする考え方である。[30]

　この見解を最初に表明したのは、他ならぬトマス・ジェファソンであった。1800年にヴァージニア州で奴隷ゲブリエル・プロッサーの反乱計画が発覚し、南部白人を震撼させた際、ヴァージニア州知事であったモンローはジェファソン大統領に手紙を書いて、黒人を州外に除去する場合、どこがいいでしょうかと尋ねている。このときジェファソンは、こう答えた。黒人の植民場所を合衆国内のオハイオ川以北（北西部）につくることも考えられるが、隣接諸州がこれを嫌がるであろう。北米大陸の合衆国外の場所に土地を買いもとめるという方法もあるが、北方の場合、イギリスや先住民がこれに応じないであろうし、西方や南方の場合も、スペインや先住民がやはり応じないであろう。ジェファソンはこう述べたあと、北米大陸に黒人をとどめ置くべきでないもう一つの重要な理由があるとして、つぎのように述べている。

「たとえ現時点でのわれわれの利害関心がわれわれを現在の境界内にひきとめておくことがありましょうとも,われわれの急速な人口増加がやがてその境界線を突き破って膨張し,南米大陸はともかくとして,北米大陸全体を同じ言葉をはなし,同じ政治制度や法律で統治された人びとでもって覆い尽くすであろうような遠い将来を想定しないわけにはいきません」[31]。建国後まだ日も浅い1786年にジェファソンが「わが連邦は巣のごときもの,すなわちそこから南北両アメリカ大陸を植民していく巣のごときものと見なされねばならない」[32]と述べたのは有名であるが,かれは黒人の植民場所もこの領土膨張主義の視野のもとで考えていたことがわかる。

(1) *The First Annual Report of the American Society for Colonizing the Free People of Colour of the United States* (Washington, D.C., 1818; rpt. New York: Negro Universities Press, 1969), pp.6-7. 植民協会が毎年発行した『アメリカ植民協会年次報告』(注では以下 *AR* と略)は,この協会の活動を記録した貴重な第一次史料である。本章では主にこれによって,リベリア共和国誕生にいたるまでの経過を概観する。その際,たとえば『アメリカ植民協会第7次年次報告』の場合には *AR7*(1824) として,年次集会の開かれた年も添えて引用する。年次集会は大体1月に,ときに2月に,そしてまれに3月に開かれたが,第18次年次集会が1835年1月19日に開かれたあと,第19次年次集会は同じ1835年の12月15日に,第20次年次集会は1836年12月13日に,第21次年次集会は1837年12月13日に,第22次年次集会は1838年12月11日にそれぞれ開かれており,このあと第23次年次集会が1840年1月21日に開かれて以後,ふたたび1月にもどっている。したがって,たとえば第18次年次報告と第19次年次報告の場合は *AR18*(1835), *AR19*(1835) となり,年次を示す数字は同一となる。また第22次年次報告と第23次年次報告は *AR22*(1838), *AR23*(1840) となって,ギャップが生じることになる。したがって,年次集会が12月に開かれている場合のみ *AR19*(1835.12)として,月も添えることにする。
(2) *AR14*(1831), pp.22, 23; *AR26*(1843), Appendix, pp.1-2, 12; *AR 32*(1849), p.40.
(3) *AR15*(1832), pp.53-56; *AR11*(1828), p.97.
(4) U.S. Bureau of the Census, *Negro Population in the United States,*

1790-1915 (Washington, 1918; rpt. New York: Arno Press and The New York Times, 1968), p.53.
(5)　*Ibid.*, p.57.
(6)　*AR1*(1818), p.8.
(7)　*AR1*(1818), p.16.
(8)　自由黒人は人種戦争をつちかう温床であり,「奴隷の内乱」を誘発するものであるとする発言は, アンテベラム期（1840年代から南北戦争勃発にいたるまでの時期）の南部史に一貫して出てくるものである。ちなみに, 植民協会の第34次年次集会（1851年）でテネシー州選出の連邦下院議員F・P・スタントンは連邦政府は「反乱を誘発する最大の危険」を黙視し, 内乱が勃発するまで手をこまねいているべきではないとして, 自由黒人の除去を唱えている。E.N. Elliott, ed., *Cotton Is King, and Pro-Slavery Arguments* (Augusta: Pritchard, Abbott & Loomis, 1860; rpt. New York: Johnson Reprint Corporation, 1968), p.v; *AR34*(1851), p.65.
(9)　*AR7*(1824), p.94.
(10)　*The African Repository and Colonial Journal* (Washington City: Way & Gideon, Printers, 1826), II, 146.
(11)　*AR5*(1822), pp.64-65.
(12)　これらの名称が正式に決まったのは, 植民協会の第7次年次集会においてである。*AR7*(1824), pp.5-6.
(13)　植民協会も連邦下院に送った請願書のなかで, この欠陥を指摘している。*AR2*(1819), pp.12-16. 押収した奴隷は州の最善の利益になるように売りさばくことができるというジョージア州法については, *AR3*(1820), pp.42-43 を参照。
(14)　*AR3*(1820), pp.43-46 を参照。
(15)　*AR8*(1825), pp.42-43.
(16)　Quoted in William Lloyd Garrison, *Thoughts on African Colonization: or An Impartial Exhibition of the Doctrines, Principles, and Purposes of the American Colonization Society* (Boston: Garrison and Knapp, 1832; rpt. New York: Arno Press and The New York Times, 1968), Part I, p.102.
(17)　*AR13*(1830), p.viii.
(18)　*AR14*(1831), p.xxi.
(19)　*AR26*(1843), Appendix, pp.9-11.

(20) *AR1*(1818), p.7.
(21) *AR1*(1818), pp.25-28.
(22) *AR16*(1833), p.x.
(23) *AR13*(1830), p.xiii.
(24) *AR13*(1830), p.xi; *AR14*(1831), p.iv.
(25) *AR14*(1831), p.x.
(26) *AR26*(1843), Appendix, p.18; *AR14*(1831), p.xxi.
(27) *AR16*(1833), p.20.
(28) 1824年2月4日付の手紙。Merrill D. Peterson, ed., *Thomas Jefferson. Writings* (New York, N.Y.: Literary Classics of the United States, Inc., 1984), p.1484.
(29) *AR10*(1827), pp.21-22. クレイの指導のもとに政治経歴を開始した政治家リンカーンもクレイの植民思想を引き継ぐことになる。リンカーンはここに引用した言葉をクレイの追悼演説で引用している。Roy P. Basler, ed., *The Collected Works of Abraham Lincoln* (New Brunswick, New Jersey: Rutgers University Press, 1953), II, 132.
(30) この見解は，植民協会の年次集会でも繰り返し表明された。ちなみに先述したカスティスは第16次年次集会で，つぎのように述べている。「極西部に自由黒人の植民地をつくれという声もあります。しかし，わたしは反対であります。われわれは全西部をわれわれ自身のためにとっておきたいと思います。『帝国の星は西方へと向かって進んでいる』。まもなくわれわれ白人市民が太平洋岸を闊歩することになるでありましょう」。*AR16*(1833), p.xvii.
(31) 1801年11月24日付の手紙。Peterson, ed., *op. cit.*, p.1097.
(32) アーチボルド・スチュアート宛の手紙（1786年1月25日付）。*Ibid.*, p. 844.

2節　地域利害対立の進展

植民理念の修正

植民協会は地域利害対立（セクショナリズム）の進展するなか，いくつもの課題に直面することになった。とくに奴隷制論争の表面化は，植民協会に難問を突きつけるものとなった。協会創設時には南北を問わず，すべての国民が奴隷

制の消滅をねがう雰囲気があったが,南部ではやがて奴隷制を擁護する声が日増しに高まり,北部では逆に奴隷制反対をとなえる声があらわれた。奴隷制論争の浮上と南北協調気運の衰退は,植民協会の立脚する本来の理念が通用しなくなったことを意味していた。

　草創期の植民協会の理念について見ておこう。リベリアの名づけ親であるロバート・G・ハーパーは『アメリカ植民協会第1次年次報告』(1818年)に掲載され,ひろく流布されることになった手紙のなかで,黒人植民の必要性を論じているが,それはかつてジェファソンが『ヴァージニア覚書』で示した見解を詳論したものであり,草創期植民協会の見解を代表するものであった。このなかでハーパーは奴隷制が「巨大な道徳的政治的悪」であり,奴隷制ゆえに南部諸州がさまざまな面で立ち遅れていることをつぎのように論じている。

　　「奴隷所有州と奴隷制の存在しない州とを観察して,両者の状況を少しでも比較したことのある者なら,後者の州の優越性を示す巨大な落差のあることに心を打たれざるをえません。もっとも富裕で,最高の教育を受けた人びとの人格やマナーはどこでもほぼ同じですので,これは別といたしますと,この落差はありとあらゆる点でいえます。すなわち人口において,富と娯楽の一般的な普及度において,公私両面での生活の改善度において,中産階級と労働者階級の教育,マナー,生活様式において,田園地方の景観において,道路,橋,宿泊所において,学校,教会において,生活改善と繁栄の一般的な進展度において,比べものにならない落差が見られるのであります。このちがいは,奴隷のいる地域と奴隷のいない地域とを分かつ境界線を越えるやいなや目にとまるものであります。同じ州のなかですら,これはいえるのでありまして,奴隷が大勢いる地域はどこでもいちばん耕作が行き届かず,もっとも貧しく,かつ人口のもっとも少ない地域であります。他方,富と生活改善の度合は,その土地の奴隷の数が減少するにつれて,一律に増大していくのであります」。

　ハーパーはジェファソンと同じように,合衆国の奴隷制は主人と奴隷が別個の人種からなっているという点に着目し,奴隷はたとえ奴隷制から解放されても,そのあと今度は皮膚の色によるまた別の差別(人種差別)につきまとわれざるをえないという点を強調する。すなわち,

「奴隷と自由な階層とのあいだの皮膚の色および血統のちがいに由来するこの事情が，アメリカの奴隷制と，古代あるいは近代のことごとくの他の国の奴隷制とを区別するものとなっています。奴隷制はほとんどすべての古代国家に存在しました。それは現在でもアジア，アフリカ，アメリカに，またヨーロッパのロシアおよびトルコ領のあらゆる地域に，つまり世界の4分の3以上の地域に存在しております。しかし南北両アメリカを除くあらゆる地域の奴隷は，その大部分が人種，血統，皮膚の色，一般的特性の点で自由人と同じであり，古代諸国家の場合もまたそうでした。したがって奴隷は解放されることによって従属状態から解き放たれ，解放後生じる結果（人種差別――清水）に心を煩わされることなく，自由の恩恵を存分に享受しうる道を開かれました。かれは自由な階層と対等な地位へと引き上げられ，家族ごとその階層のなかへと組み込まれたのでありまして，幸運に恵まれその振舞いが立派でありさえすれば，かつて卑賤な身分にあったという汚名をそそぎ，その思い出を抹消することができたのでした。

しかし合衆国では，こうしたことは不可能であります。人は奴隷を解放することはできるかも知れませんが，かれが依然として黒人あるいは混血児であるということに変わりはありません。かれの血統と以前の身分を示す痕跡と思い出が執拗にかれについてまわるのでありまして，あの従属状態がかれ自身の心に，あるいは白人の心のなかに刻みつけた感情は，その後も依然尾を引くことになります。かれは皮膚の色によって，あるいはそうした思い出や感情によって，奴隷身分と結びつけて考えられるわけであります。このようにしてかれと白人，つまりかれと自由な階層とのあいだには障壁が設けられることになりますが，この障壁たるや，乗り越えることのできないものであります。前途に希望を見失うにつれて，かれは願望までも見失っていくことになります。最初は無理強いされてそうなった堕落の状態が，いまや習慣化し，みずから好んで求めるものとなってしまいます。人を善良な振舞いや努力へと向かわせる誘因は，自分や家族の地位を社会で高めたいという希望があってこそ生まれるものでありますが，そうした誘因はかれの胸中には無縁なものとなってしまいます。かれは名声を望んだり，他人に優越したりすることを目指さなくなり，日々の必要物を得る以上の努力はしなくなります。抑制するという性格が欠けています

ので，かれは将来のことなど考えもせず，いま現在いちばん安易にやれる方法でその必要物を手に入れようといたします。主人の権威が取り除かれてしまっている上，その空白を道徳的な抑制心や誘因が埋めているわけではありませんので，かれは怠惰のうちに，いや多分悪習のなかで日々を送り，物乞いや窃盗をして，心もとない生計を立てるのであります」。⁽³⁾

合衆国における人種的偏見と差別の根強さをこのように指摘し，自由黒人が堕落せざるをえない状況に置かれていることを指摘した上でハーパーは，かつてジェファソンが『ヴァージニア覚書』で唱えたのと同じように，「全面的な植民計画」の実施を提唱する。そして合衆国から「すべての奴隷の働き手を徐々にかつ少しずつ耕地から取り除いていき，これを自由な白人労働者でもって置き換える」ことによって，合衆国を白人共和国にすべきであると説いたのであった。⁽⁴⁾

ハーパーの見解は奴隷制が南北双方で罪悪視され，全国民のあいだに奴隷制の消滅をねがうコンセンサスがあった時期の見解を代表するものであった。当時，煙草栽培はすでに行き詰まりを見せており，南部人自身が奴隷制を罪悪視していた。奴隷貿易禁止法（1807年制定）以後，新しい奴隷の流入も止まっていた。植民協会の初代会長に就任したブッシュロッド・ワシントンも会長就任演説のなかで，もし植民協会の事業が「奴隷制を緩やかではあるが漸進的な廃止の方向へと導くものであるならば，それはわれわれの政治制度を汚している唯一の汚点をぬぐい去ることになるでありましょう」と述べていた。⁽⁵⁾また他の協会役員たちも繰り返し奴隷制を「わが国民の名誉を汚す最大の汚点」，「わが共和政体の第一原理に反するもの」⁽⁶⁾と呼んでこれを否定し，植民協会の目的が奴隷制の消滅にあることを公言して憚らなかった。

しかし，南部で煙草に代わって綿花栽培がはじまり，綿花が南部の主力商品として脚光を浴びるようになると，奴隷制の消滅をねがう全国民的なコンセンサスは崩れていった。最初大西洋岸のサウスカロライナとジョージア2州に限られていた綿作地は，イギリス産業革命の進展と歩調をあわせて，メキシコ湾岸のアラバマ，ミシシッピ，ルイジアナ諸州にも拡大していった。綿花栽培が利潤をあげるにつれて，南部人は奴隷制の拡大発展を望むようになり，奴隷制擁護の雰囲気が南部を包むにい

たった。他方，北部では逆に南部の非人道的な制度を攻撃する声が高まっていった。

　奴隷制をめぐる評価の両極化は，植民協会に対する南北双方からの十字砲火を呼び起こすことになった。南部の奴隷主は，植民協会は奴隷の解放をうながし，奴隷財産への侵害を企てようとするものであるとして，協会を攻撃した。他方，北部の奴隷制反対派は，植民協会は自由黒人という不穏分子を取り除くことによって，南部奴隷制の強化，安泰をはかろうとするものであるとして，植民協会を論難しはじめた。

　植民協会は奴隷制をどう評価するかに関して，南部と北部の両陣営から難問を突きつけられることになった。植民協会は奴隷制に反対なのか，賛成なのか。植民協会は奴隷の解放をうながし，奴隷制の消滅を意図しているのか，それとも逆に奴隷制の強化，安泰をはかろうとしているのかという問いかけである。この問いは一方を満足させようとすれば，他方を遠ざけることになるというもので，返答の難しいものであった。

　植民協会は両陣営をともに満足させることのできるような解答を模索した。そして1820年代なかばから30年代初頭にかけて，二通りの解答方法を編み出した。

　一つは奴隷制が道徳的政治的な悪であることを認めつつも，この悪を導入した責任をイギリスに帰して，南部人の道義的責任を不問に付すというものである。奴隷制という害悪は，合衆国がまだ植民地であったころ，イギリス本国が植民地人の反対を押し切って導入したものである。最初に悪を持ちこんだのはイギリス本国なのであって，現世代の南部奴隷主に責任はない。南部人はだた単に過去の世代からこの悪を継承しきたったにすぎないとするものである。この論法は奴隷制を害悪視する立場をとっているので，奴隷制反対派の支持をとりつけることができるであろうし，悪の責任をイギリスに転嫁して，南部奴隷主を免責しようとしているのであるから，南部人の支持もつなぎ止めることができるであろうというものであった。『アメリカ植民協会年次報告』には，このイギリス原罪論とでも名づくべきレトリックが1820年代なかばから30年前後にかけて，つぎのように繰り返し出てくる。

　「われわれは奴隷制という人を戦慄させる悪事を否定するとともに，わ

が国は本来その罪悪からは潔白なのであって，この罪悪は植民地政府のもとにあった際，グレート・ブリテンによって法制化され，商業的貪欲によって完成の域へと導かれたものであって，当時われわれの無力な議会は，その性格においてかくも邪悪かつその結果においてかくも恐怖に満ちた貿易を撤廃するよう母国に嘆願したのであったが聞きいれられなかったのであるということに思いをいたすのは慰めではある」(7)。

「わが国の歴史を汚す最大の汚点，神がわが国を悩まさんとして与え給うた最大の，いや唯一のといってもよい災厄の種は，われわれが植民地の依存状態にあったころ，われわれの上に施された政治のせいである」(8)。

「われわれは，昔の支配者によってわれわれに課せられた悪のもとで呻吟している。われわれの『数知れぬ苦悩』が生じたのは，イギリスがその商業上の独占という貪欲で飽くことのない胃を，あの極悪な雑草の奢侈品（煙草——清水）を取り引きすることによって満たそうとしたからであった。有害な植物がわれわれの土壌で急成長を遂げないうちにしおれてしまっていたらと思ってやまない。なぜならこの植物が過去，現在，未来にわたって引き起こしてきた害悪は，その有害性の点で，『人類を不幸に運命づけた林檎』を除けば，他のなにものをも凌駕しているからである」(9)。

植民協会はこのイギリス原罪論と並んで，もう一つ別の論法を編み出した。奴隷制の評価は一切さしひかえ，奴隷制の存廃問題にはまったく触れないでおいて，植民協会の目的はただ「自由黒人」を除去することにのみあるという点を強調するものである。植民協会はあらたな奴隷の解放をうながし，この解放奴隷の植民を企てようとしているのではない。そうではなく，「自由黒人」（親の代からすでに自由な身にある黒人）の除去のみを目指しているのだという点を強調するものである。植民協会の目的は奴隷制社会の不協和音ともいうべき自由黒人の除去にあるといえば，南部奴隷主を納得させることができるであろうし，植民協会は奴隷制の存廃問題にはなんの関心も持っていないと言い張れば，奴隷制反対派の批判をかわすこともできるという魂胆である。植民協会がこの論法をはじめて明確に打ち出したのは，1825年のことである。この年『アメリカ植民協会第8次年次報告』は規約を掲げて，その第2条で協会の目的をつぎのように謳った。

「(植民協会の——清水)関心が唯一向けられている目的は、わが国に居住する自由黒人を(かれらの合意をえた上で)アフリカか、あるいは連邦議会がもっとも適切であるとみなす土地に植民する計画を推進，実践することである。協会はこの目的の実施にあたって，連邦政府およびこの問題に関して条例を設けるであろう州政府と協力してことをはこぶ所存である」。⁽¹⁰⁾

この文言の特徴は，植民協会が奴隷制に対してどのような態度をとろうとしているのかには一切触れないで——すなわち奴隷制を害悪視した上で，この制度の廃止を企てようとしているのか，それとも逆に奴隷制を有益視した上で，その擁護を目論もうとしているのかについては一切触れないで——，協会の目的はただただ「自由黒人」の除去のみにあるという点を力説している点にある。奴隷制の存廃問題は植民協会の関知するところではないという立場を前面に打ち出したわけである。

植民協会はこれら二つの論法を併用して状況に対処していったが，1830年前後になると奴隷制論争はさらに激化し，植民協会をとりまく状況はいっそう険悪さを増すにいたった。ちなみに，ヘンリー・クレイは植民協会の第12次年次集会(1829年)の席で，「二つの対極的な人びとが，すなわち奴隷制の恒久化をはかろうとする人びと(南部の奴隷制擁護論者——清水)と，無条件の即時全面解放を主張する人びと(北部の奴隷制即時廃止論者——清水)とが一致団結してわれわれに敵対」していると述べて，事態の憂慮すべきことを説いている。⁽¹¹⁾

1832年には植民協会に対する十字砲火が本格化したことを告げる二つの画期的な事件がおこっている。一つは『リベレイター』紙を創刊して，奴隷制即時廃止主義の旗を掲げた北部過激派の指導者ウィリアム・ロイド・ガリソンが，『アフリカ植民に関する考察』(1832年)を著して奴隷の国内解放を主張し，黒人植民への攻撃に本腰を入れはじめたことである。もう一つは，南部の奴隷制擁護論者トマス・デューが『1831年および32年のヴァージニア州議会における討論の論評』(1832年)を著して，黒人植民の企てを正面から否定し，体系立ったかたちの奴隷制擁護論を展開しはじめたことである。

この南部と北部の論客(奴隷制擁護論者と奴隷制即時廃止論者)の主

張については，つづく諸章でそれぞれ見ていくことにするが，植民協会はこの両極からなされる十字砲火のなか，従来併用してきた二つの論法のうち，イギリス原罪論の論法を捨て去って，自由黒人の除去のみを強調する方向へと軸足を移すにいたった。イギリス原罪論の論法では，いくら原罪をイギリスのせいにするにしても，奴隷制を害悪と規定する以上，どうしても南部奴隷主の道徳的な非をせめることにならざるをえない。南北からの攻撃をかわすには，奴隷制の評価づけは一切行なわず，植民協会の任務はただ自由黒人の除去のみにあると言い張り，これ以外のことは関知するところではないという姿勢でいくのが最善であると思われた。第17次年次集会（1834年）の席でなされたゲリット・スミスの演説は，この軌道修正をみごとに打ち出したものであった。スミスはこの演説で「植民協会がその規約で公言しているニュートラルな立場」をもちだし，植民協会が奴隷制反対協会でもなければ奴隷制擁護協会でもないのは，あたかも聖書協会や禁酒協会が奴隷制問題に関知しないのと同じことであるといい，植民協会のなかに奴隷所有者がいてもかまわないし，奴隷制反対協会員がいてもかまわないと述べて，「奴隷制問題に対するわが協会の中立性」を強調した。

この中立性を植民協会の公式見解として表明したのは，第4代会長のヘンリー・クレイであった。クレイは1820年代には奴隷制を「誰もがあまねく認める呪い」，「わが国の特性にもっとも深く刻みこまれたこの汚点」と呼んで公然非難していたのであったが，植民協会の第21次年次集会（1837年）では，つぎのように表明するにいたった。

「植民協会は何人をも，またどんな結社をも攻撃するものではありません。植民協会は奴隷制が祝福であると信じているような人びとを攻撃するものでもなければ，またこれが巨大な災厄であると信じて，その即時根絶を求めている人びとを攻撃するものでもありません。……(中略)……植民の道と奴隷制廃止の道とは相異なる方向を目指しているのでありまして，両者は決して交わることはありません。われわれはただ自由な黒人のみを扱おうとしているのであり，奴隷制廃止論者の努力は奴隷に向けられているのであります。われわれは自由黒人の境遇改善を意図しているのでありますが，かれらは奴隷の境遇改善を意図しているのであります。……(中略)

……われわれは決して奴隷制を永続的なものにしたり，これを撤廃したりすることを目指しているのではありません。われわれの目的はそのいずれとも徹頭徹尾異なっているのでありまして，この点は協会の創設以来今日にいたるまで，終始表明されつづけてきたことであります」(傍点，清水)。

建国期のジェファソンやハーパーをはじめとする草創期植民協会の指導者たちは奴隷制の有害性を説き，奴隷制の廃止を前提にして黒人植民を唱えたのであったが，クレイの演説は植民協会の理念が草創期のそれから大幅に後退したことを告げるものであった。

植民協会の役員たちは，個人的には奴隷制反対の意見を抱いていた。しかしかれらは黒人植民の問題を白熱化する奴隷制問題と抱きあわせのかたちで提示するのは得策ではないと考えるにいたった。「好感情の時代」が終わり，地域利害対立が激化していくなか，植民協会の指導者たちはあくまで中立を装い，全国民的な支持をとりつけようとしたわけであるが，その裏には一つの意図，すなわち連邦議会から財政援助を引き出したいとする意図が働いていた。植民事業を推進するには，巨大な財源が必要であり，連邦政府の支援をとりつけることがどうしても必要であった。植民協会は資金調達の観点からいって，南北いずれかのセクションや陣営を敵にまわすことはできなかった。

資金調達の問題

チャールズ・F・マーサーは植民協会の第1次年次集会 (1818年) の席で，協会の直面するであろう最大の課題が資金面にあることをつぎのように指摘している。

「克服されねばならない巨大な障害は，(奴隷を解放をしようとしない――清水) 奴隷所有者の強欲さによって生み出されるのではなく，むしろわれわれの慈善に身を委ねようとしている多数の移住者たち，あるいは現在の奴隷主からわれわれに委ねられようとしている多数の移住者たちを輸送し，かれらを当座のあいだ養うのに必要な資金が不十分で思うにまかせないという点にあります」。

植民協会は植民地の維持・運営と輸送費に巨額の資金を要することを

予想してはいたが、有効な資金源はなかなか見つからなかった。協会が当初たよった主な財源は、個々人から寄せられる寄付であった。植民協会の年次報告には1835年以後、具体的な収支の内訳が掲載されるようになるが、これによると寄付と遺贈が収入のなかで終始中心的な位置を占めていることがわかる。とくに7月4日の独立記念日に、全国津々浦々の教会で集められる寄付は大きな財源となっていた[17]。植民協会に奴隷と土地を贈与して、奴隷はリベリア送りとし、土地はその輸送費にあててほしいと申し出る奴隷主もいた。リベリア向けの医薬品、靴、鋤、馬鍬などを現物で提供してくれる慈善家もいた[18]。

植民協会はしかし、こうした個々人の善意にたよるのではなく、もっと巨大な資金源を見つけたいと考えていた。協会がもっとも大きな期待を寄せていたのは連邦政府の財政援助、より具体的には、西部公有地の販売収益をまわしてもらうことであった。ジェファソンがスパークスに宛てた手紙のなかで、公有地収益を黒人植民にあてるべしとする見解を示していることはすでに見たとおりであるが、古い世代の政治家たちはこれが最善の策であると考えていた。

この見解を公の場ではじめて表明したのは、ニューヨーク州選出の連邦上院議員ルーファス・キングであった。1825年2月18日、キングはつぎのような決議案を連邦上院に提出した。

「公有地がその支払いにあてられている合衆国の現在の長期借入金の返済が終わりしだい、合衆国の公有地売却からあがる純益は今後すべて一基金として蓄えおくこと。その基金は各州の法律によってその解放が認可され、アメリカ合衆国外の土地に除去されることが認められている奴隷の解放を支援し、かかる解放奴隷と国内に居住する自由黒人の除去をうながすことに鋭意充当さるべきである[19]」。

キングの決議案は自由黒人の除去をうながすのみならず、奴隷の新たなる解放をもうながす内容のものであったので、綿花栽培を梃子にして繁栄に向かいつつあった南部諸州の反発を買うことになった。新しい世代の南部議員たちは、もし公有地収益を黒人植民にあてることが認められるなら、やがて連邦政府は南部諸州の奴隷制にも干渉し、その存廃問題にまで介入してくることになるのではないかと考えて、危機感を募ら

せていた。

　キング案攻撃の急先鋒に立ったのは，サウスカロライナ州選出の上院議員ロバート・Y・ヘインであった。ヘインはキング案に対する反対決議案を上程して，つぎのように述べた。連邦議会は奴隷の解放をうながしたり，解放奴隷の国外除去に公有地収益をあてたりする権限はもってはおらない。連邦議会がそうした措置をとることは諸州間の契約のありかたと精神から逸脱するものであり，このような決議案は奴隷所有州の安全を脅かし，連邦の平和と調和を乱そうとするものにほかならない，と。ヘインに賛同する南部議員の反対を受けて，結局キング案は否決されるところとなった。

　しかし，キングが連邦上院で公にした見解は，その後も植民論者のあいだで根強い支持を博しつづけた。ちなみに，1831年8月にヴァージニア州でナット・ターナーの奴隷反乱が勃発した際，元大統領のジェームズ・マディソンと連邦最高裁判所首席判事のジョン・マーシャルは植民協会の書記ラルフ・R・ガーリーに手紙を書いて，黒人植民の資金は公有地の販売収益から捻出するのが最善の策であるという見解を伝えている。

　この手紙の中でマディソンはナット・ターナーの乱によって黒人植民熱が一気に盛り上がったことに触れ，これを機に「多くの人びとの心を絶望の念で満たしてきた恐るべき災厄（奴隷制──清水）」が廃止の方向に向かうことになれば，実に歓迎すべきことであると述べ，植民事業に公有地の販売収益をあてるというやり方は「憲法上の障害」に直面する（すなわち州権論者の反対にあう）かも知れないがと前置きしつつ，つぎのように述べている。

　　「非常な遠隔の地にかくも多くの者たちを移住させる財源を考えるに際しまして，わたしは以前から国の西方領土という豊かな資金──これは現在，別の目的のための抵当となっておりますが，それはまもなく完済することでありましょう──に思いをいたし，これに希望を抱いてきました。問題になっている偉大な目的（黒人植民──清水）は，じつに全国民的な性格のものでありまして，立派な愛国者ならば，たとえ奴隷所有州に住んでいなくても，この目的をそうした見地からとらえ，国家の領土をその遂

行のための財源にあてることに賛意を表すであろうことは周知のとおりであります」。[20]

マディソンと同様マーシャルもガーリーに宛てた手紙のなかで植民資金の捻出方法に言及して、「この問題に関して、わたしは連邦上院でキング氏が行なった提案がもっとも非の打ちどころのない、かつ考えられうるもっとも効果的なものであると常々思っていましたし、また現在もそう思っております」[21]と述べ、連邦は黒人の除去によってより強化され、計り知れない危険から救われることになるであろうと論じた。

こうした意見を背景にして、公有地収益を黒人植民にあてるべしとする法案を再度、連邦議会に上程したのは、当時植民協会の副会長の地位にあったヘンリー・クレイであった。1832年にクレイの提案した公有地収益配分法案は、つぎのような内容を盛りこんでいた。まず公有地の売却からあがる収益のうち、12.5％を公有地を所有する州（すなわちオハイオ、インディアナ、イリノイ、アラバマ、ミズーリ、ミシシッピ、ルイジアナの7州）に配分して、内陸開発と教育振興にあてさせる。収益の残りは連邦の全24州に、州人口に比例して配分し、自由黒人の植民などにあてさせるというものであった。[22]

クレイの法案は、連邦議会の上下両院を首尾よく通過した。しかし州権論の見地に立つジャクソン大統領の拒否にあって潰され、日の目を見るにはいたらなかった。ナショナリズムの高揚期には、連邦政府が中央銀行（第二合衆国銀行）を創設したり、内陸開発に肩入れしたりすることに対して反対意見は出なかった。しかし、潮の流れはすでに変わっていた。クレイは黒人植民を保護関税、内陸開発、第二合衆国銀行の存続とならぶ重要課題として、かれの「アメリカン・システム」のなかに位置づけていた。しかし地域利害対立（セクショナリズム）の進展するなか、かれの政策は容れられるところとはならなかった。クレイが同じ時期に提案したメイスヴィル道路法案や第二合衆国銀行の特許更新法案があいついでジャクソン大統領の拒否によって潰されたように、公有地収益配分法案も同じ運命をたどったわけである。

十分な財源を確保しえなかった植民協会は、黒人送還事業を満足のいくかたちで遂行することはできなかった。最初の植民者がアフリカに送

り込まれた1820年から，南北戦争直後の1867年まで（すなわち合衆国憲法の修正第14条が確定して黒人に市民権が賦与されることになる年の前年まで）の期間に，植民協会は合計１万2545人の黒人をリベリアに送還した。しかしこれとほぼ同じ時期，合衆国の黒人人口は1820年の177万人（自由黒人23万人，奴隷154万人）から，1860年の449万人（自由黒人49万人，奴隷400万人）に増加しているので，国内に抱えこむこの膨大な黒人人口に照らしてみて，リベリアへの送還事業が大きな成果をあげえたとはいいがたい。

　輸送費や植民地経営に多額の資金をまわさなくてはならなかった植民協会は，言論戦において苦戦を強いられることになった。植民協会は宣伝活動に資金を割くゆとりはなかったし，反対陣営の批判に反論を加えるゆとりもなかった。ちなみに北部の奴隷制即時廃止論者たちは1835年の春，パンフレット戦術，郵送戦術と称する新戦術をうちだして，黒人奴隷制と植民事業を非難するパンフレットを洪水のようにまき散らしはじめ，その出版物を1834年の12万2000部から，翌35年の110万部へと一挙に膨れ上がらせた。しかし植民協会の年次報告の発行部数は1832年の５万部が最大で，植民協会の機関紙『アフリカン・レポジトリ』も5000部を超えることはなかった。植民協会は北部の奴隷制即時廃止論者や南部の奴隷制擁護論者のように，プロパガンダ戦や言論戦のみに専念するわけにはいかなかった。歴史家たちは従来，声高に言論戦を展開した奴隷制即時廃止論者と奴隷制擁護論者の主張のみに注目して，植民協会の存在に十分な注意を払うことがなかったが，19世紀前半の黒人奴隷制論をあつかうに際して，植民協会を抜きにして語るのは片手落ち以外のなにものでもない。

（１）　*AR1*(1818), p.17.
（２）　*AR1*(1818), p.18.
（３）　*AR1*(1818), p.15.
（４）　*AR1*(1818), pp.17, 19-20.
（５）　*AR1*(1818), p.2.
（６）　*AR7*(1824), pp.90, 105.

(7) 1820年代初頭に出てくるこの主張は，イギリス原罪論のはしりというべきものである。*AR4*(1821), p.58.
(8) *AR7*(1824), p.75.
(9) *AR13*(1830), p.ix. この他 *AR7*(1824), p.13, *AR11*(1828), p.23, *AR14*(1831), p.xxi も参照。
(10) *AR8*(1825), p.35.
(11) *AR12*(1829), p.x.
(12) *AR17*(1834), p.viii.
(13) *AR10*(1827), pp.19, 21.
(14) *AR21*(1837.12), p.23.
(15) つぎの一文は植民協会の一支部が南部人に対して訴えかけたものであるが，南北間のコンセンサスが崩れたにもかかわらず，支持のみをとりつけようとする植民協会の八方美人的な態度がよくあらわれている。

「南部の紳士諸君，われわれは奴隷制は，その廃止がもし諸君の便宜にかなうようでしたら，いつか将来廃止さるべき悪であると考えておりまして，わが協会はその価値ある目標を達成する上でこの上もなく貢献しうるものと考えております。しかしもしそうお考えにならないにせよ，われわれはわが協会は奴隷制を『防衛し』かつ『存続せしめる』一助たりうるものと信じております。奴隷制廃止の促進，妨害いずれにおとりになろうと結構でありまして，協会は魅力的な方向に作用し，決して害悪をおよぼしたりはいたしません。いずれにせよ，諸君，われわれに援助をお与えいただきたい。われわれはご覧のとおり，非常に融通のきく立場に立っております」。

Quoted in G.B. Stebbins, *Facts and Opinions Touching the Real Origin, Character, and Influence of the American Colonization Society* (Boston: John P. Jewett & Co., 1853, reprinted in New York, Negro Universities Press, 1969), p.54.
(16) *AR1*(1818), p.8.
(17) *AR12*(1829), p.22; *AR15*(1832), p.20.
(18) *AR13*(1830), p.55.
(19) *AR8*(1825), pp.41-42; *AR10*(1827), p.63.
(20) *AR15*(1832), p.vi；植民協会のプットナムカウンティ支部（ジョージア州）は公有地収益の額について，つぎのように述べている。「合衆国は3億エーカーから4億エーカーにのぼる未売却の土地をもっている。この財源から少なくとも3億ドルの，いや多分その二倍にものぼる歳入

が純益として引き出せることであろう。国家が取り組みうる最大の慈善事業の一つ（すなわち黒人植民——清水）を支援するために，せめてそこから1000万ドルを割くことができないものであろうか」。*AR14*(1831), p.25.
(21) *AR15*(1832), p.vii.
(22) この法案の中に「合衆国の全公有地からあがる純益の残りは……（中略）……連邦の24州に，前回の国勢調査によって確認された各州の州人口に比例して配分し，諸州の州議会がそれぞれ決定し認可する諸目的に，すなわち教育，内陸開発，自由黒人の植民あるいは内陸開発のためにつくられた負債の返済にあてられるべきである」という言葉が出てくる。*AR16*(1833), pp.37-39.
(23) つぎの表は植民協会が1820-67年のあいだにリベリアに送りこんだ全植民者1万2545人を，10年ごとの内訳で示したものである。*AR69*(1886), pp.24-25.

植民協会がリベリアに送還した黒人の数

年	10年間の送還数
(1) 1820-29	1,162人
(2) 1830-39	2,547
(3) 1840-49	1,893
(4) 1850-59	4,677
(5) 1860-67	2,266
合　計	12,545

3節　課題の克服とリベリア共和国の誕生

アフリカ植民の課題

　黒人植民事業が軌道に乗るかどうかについては，当初から数多くの疑問の声が寄せられていた。植民協会はそうした批判者たちの声をみずからつぎのように要約している。
　（1）　自由黒人はアフリカ行きを嫌がるであろう。

（2）アフリカの地味は痩せており，気候は不健全なので，植民者
　　　たちは死滅してしまうであろう。
　　（3）アフリカ原住民はリベリア植民地を容認しないであろうし，
　　　リベリアは原住民の攻撃を防ぎきれないであろう。
　　（4）輸送その他に膨大な資金を要するので，植民事業は財政的に
　　　破綻するであろう。[1]

　これらはいずれも植民協会の直面することになる課題を的確に予測したものであった。当事者の自由黒人は自分たちを国外追放しようとする企てに対して繰り返し反対の意向を表明し，リベリア植民の勧めに応じようとはしなかった。植民協会創設直後の1817年 1 月末，フィラデルフィアの自由黒人はジェームズ・フォーテンの呼びかけに応えて反対集会を開き，つぎのような声明文を公にした。

　　「(自由意思によらずしてここに連れてこられた) われわれの父祖たちはアメリカの荒野を耕すうえで最初に貢献した耕作者であったのだから，その子孫たるわれわれはその肥沃な土壌の恩恵に浴する権利があると思う。なぜなら，それはわれわれの父祖たちの血と汗が富ませたものなのだから。われわれを，そのふところから追い出そうとする手段や方策はいかなるものといえど，単に残酷であるばかりでなく，この共和国が誇りとしてきた諸原則を正面から踏みにじるものに他ならない」。[2]

　同じ年の 8 月10日，フィラデルフィアの自由黒人は再度フォーテンを議長に選んで抗議集会を開き，アメリカを立ち去る意向のないことをあらためて表明した。

　　「われわれは現在の家からはなれる意向は全然もちあわせてはおらない。われわれは現在の状況と境遇に満足しているのであって，誠実に努力すること以外の方法によって，また憲法と法律がすべての人間に保障している境遇改善の機会を利用すること以外の方法によって，繁栄を増進することなど望んではいない。……(中略)……もしも植民計画がわれわれのためを思って意図されているのだとしたら，そして現在これを推進している人びとが，われわれを害しようという意図でそうしているのではないのだとしたら，われわれは植民計画というものは，われわれの方からお願いしたものではないし，現在もまた今後も，どういう状況になろうとも，そうした

ことをお願いするつもりはないのだということを謹んで申し上げたい」(3)。

黒人植民の企ては白人が勝手に企画したものであって,もし出て行きたくなったら,われわれ黒人の方からそう告げるであろうから,放っておいてほしいというのがこの声明文の趣旨であり,善意の押しつけを痛烈に皮肉ったものといってよい。以後,これに類する声明文が自由黒人によって繰り返し表明されることになる。植民協会はアフリカ送還を希望する自由黒人を集めること自体に苦労しなくてはならなかった。

アフリカの熱病・風土病対策もまた大きな課題の一つであった。アフリカ大陸は「白人の墓場」であっただけでなく,アメリカ黒人にとってもまた墓場であった。アフリカに渡った白人引率者や黒人植民者は現地の病気に対して免疫性をもっていなかったので,リベリアの死亡率は異常に高かった。白人の監督官,医者,牧師のほとんどは現地で命をおとすか,数カ月で病をえて早々に帰国した。しかし黒人植民者は帰国するわけにはいかなかった。かれらはリベリア到着後まず10日から6週間のあいだ悪寒と発熱に襲われて「シーズニング(順化)」を経験し,これをくぐり抜けた者のみが生き残った。1841年の『アメリカ植民協会第24次年次報告』(4)は,サルーダ号で運ばれた移住者の中,3分の1にあたる41人がリベリア上陸後まもなく死亡したと報告しているし,翌42年にはリベリア総督のジョゼフ・ロバーツが,ここ10年間で死亡率は33％にまで下がったと報告している(5)。リベリア建設から20年を経ても,なお惨憺たる状況にあったことがわかる。

当時の医学はアフリカの病気の原因を,いわゆる「ミアズマ説」で説明していた。ミアズマ(miasma)すなわち「毒気」ないし「不吉な空気」が死を呼ぶという考え方である。ロバート・T・スペンス海軍大佐はその報告書のなかで,「アフリカ沿岸に特有なものとして知られている病気」は,「植物の腐敗と有害な大気から立ち昇る毒気と有害な発散物によって生み出され,年一度の洪水がおさまったあと淀んで腐敗し,悪疫を発散させる水によってまき散らされる」と記している(6)。またリベリア獲得の功労者ストックトン海軍大尉は世間に流布されているアフリカ・イメージを打ち消そうとして,「熱病は激烈なものではありません。風は悪疫で充満しているというわけでもありません。アフリカの沿岸において

も，酸素は空気の一構成要素をなしているのでありまして，これを吸いこんだからといって，必ずしも確実に死にいたるというわけではありません」と述べているが，こうした弁明の仕方自体，アフリカの空気に対する人びとの恐怖心がいかに大きなものであったかを物語っている。

　熱病を媒介するのが蚊であるということは，当時まだ知られてはいなかった。しかし，蚊の追ってこない海上は安全だということは経験的にはわかっていたようである。スペンス海軍大佐は，リベリア停泊中熱病が発生したので，船を急遽沖合いに出したと述べているし，監督官代理のE・エアズも植民協会に宛てた手紙のなかで，「もし病気になったら，陸地から1マイルほど離れて，良くなるまで滞在したいと思います」と書いている。1824年にリベリアで反乱が勃発した際，モンロー大統領はラルフ・R・ガーリーを反乱鎮圧のためアフリカに派遣したが，その際ガーリーは植民協会から一夜たりともアフリカの陸地で過ごしてはならないという指令を受けとっていた。ガーリーはこの指令を守って1週間のアフリカ滞在中，毎夜軍艦ポーパス号にもどって夜を過ごし，無事帰国の途についている。アフリカの空気の恐ろしさを誰よりも知っていたのは植民協会であった。

　アフリカ原住民はリベリア植民地を容認しないであろうという批判者たちの予測もまた現実のものとなった。草創期の植民地は周辺諸部族からの度重なる攻撃によって，幾度となく崩壊寸前の淵へと追いこまれた。スペンス海軍大佐は海軍長官に宛てた手紙のなかで，われわれが獲得したモンセラード岬は原住民にとっては神々を祭る神聖な場所であったらしく，現地の国王ピーターはわれわれに土地を売るつもりはなかった，契約の内容を十分知らされていなかったといって攻撃を仕掛けてきましたと報告している。また土地を譲渡した国王ピーターはそのことで首長たちから非難され，かれ自身の身が危険にさらされることになったらしく，必死になって土地を奪回しようとした。土地譲渡からほぼ1年後の1822年11月，原住民による最初の大規模な攻撃が仕掛けられ，これ以後リベリアは度重なる攻撃にさらされることになった。リベリアの貯蔵庫には合衆国から運びこまれた数々の物資が貯えられていたので，これも原住民の襲撃をさそう一因となったようである。リベリア植民地はのち

には周辺諸部族とバーター取引を行なうようになるが，そのときには今度は詐欺的な取引が「報復戦」を引き起こす引き金となった(12)。争いの種はいつまでたっても尽きることがなかった。

リベリアは外敵だけではなく，内部にも難題を抱えていた。その一つは，送りこまれる植民者の質が低いことである。「解放奴隷とその他の黒人たちは，大部分が自分の必要とするものをみずから手に入れ，労働を自分自身で上手に管理することに慣れていないので，新しい土地の開拓者につきものの失意落胆を確たる忍耐力でもって耐えることは期しがたいし，純然たる義務感や責任感で身を制することも期しがたい(13)」。「リベリアに送り込まれてくる者たちの過半数はまったく読み書きができず，その大部分は解放奴隷であって，自活する習慣を身につけることのなかった者たちである。かれらのなかには，自由という権利の意味がわかっていない者がいる(14)」。植民協会の年次報告には，植民者の「活力，勤勉，忍耐力の欠如」を嘆く声が繰り返し出てくる(15)。ラム酒の横行は，植民地の状況を悪化させる上で一役買った。もともとラム酒は原住民との交易品として運びこまれたものであり，物々交換を行なう上での必需品であったが，これがそのままリベリア植民者のあいだにも横流しされ，かれらの勤労意欲をむしばんで，多くの貧民，浮浪者を生むにいたった(16)。

問題はそれだけではなかった。リベリアに送り込まれた黒人たちは植民協会のリベリア経営に関して，ことあるごとに反抗的な態度をとった。かれらは白人の監督官をいただくことを快しとせず，自治を要求した(17)。また土地の配分に際して古参の植民者はしばしば特権を要求し，土地の公平な配分に反対した(18)。1824年には植民地の兵器庫が乗っ取られ，最初の大規模な内乱が勃発した。リベリアは，内部崩壊の危機にもさらされていた。

リベリアを維持していくことは，植民協会にとっては大きな経済的負担でもあった。リベリアは生活物資を自給自足することができなかったので，ほとんどのものを合衆国からの輸送と近隣諸部族からの購入にたよらざるをえなかった。1822年にリベリアの監督官が植民協会に対して，次回の船で運んできてほしいと頼んでいる物資の一覧表をみると，農具（斧，鍬，鋤，鎌，つるはし）や麻，綿布，革のほか，紅茶，糖密，砂

糖，ワイン，酢などが挙がっている。しかもこのリストの一番最初に挙がっているのは，新参の植民者を6カ月間養うための食糧であって，米ですら自給できていなかった。植民者は長年合衆国の食生活に馴染んできたので，キャッサバ，ヤムイモなどのアフリカ産の作物は口にあわなかった。植民協会は小麦粉，トウモロコシ，豚肉などの食糧を調達するだけで何千万ドルもの出費を迫られた。

　農業不振の原因の一つは，原住民の襲撃にそなえることに手一杯で，農業にまで手がまわせなかったことにある。植民者は一方の手に土地を切り拓くための斧を，他方の手に防衛戦のための銃をという状況に置かれていた。また都市に住んでいた自由黒人は農業のやり方などは知らなかったし，地道な農業にたずさわるよりも，煙草・ラム酒を象牙・砂金・椰子油・染料木などと物々交換するほうが手っとり早く儲かることを知っていた。植民協会は農業不振の原因をみずからつぎのように要約している。

　　「最初期の開拓者たちの置かれていた困難な状況，岬の土地の不慣れな土壌，最初に移住した者たちの多くが長年大都市に住んでいたために身につけてしまった生活習慣，あらゆることに関する無知，とりわけアフリカの気候と産物にいちばん適した耕作方法に関して無知であったこと，家屋や要塞建設に時間を割かなくてはならなかったこと，そしてとりわけこの国の非常に利益の大きい交易に従事したいという強い誘惑が存在したことである」。

課題の克服とリベリア共和国の誕生

　植民協会は山積する課題を前にして，一つひとつ解決策を模索していった。原住民の襲撃に対しては，合衆国海軍省から武器弾薬の補給をえて，植民者に軍事訓練をほどこし，恒常的な戦闘体制を敷くにいたった。石造りの堅固な建物が増築されて，リベリアは一大要塞へと造り替えられた。熱病に対しては，当時の医学上の知識自体が原始的なものであったので，根本的な対策は望むべくもなかったが，夜気に身をさらすことに対しては繰り返し警告が発せられた。『アメリカ植民協会第15次年次報告』にはアフリカ沿岸で健康を維持する方法という箇条書が出てくる

が，そのなかには夜の見張りは煙草を喫うべしという項目がある。蚊遣りの効果があることを経験的に知っていたのであろう。

労働意欲のない者を取り締まる対策も講じられた。1820年代前半から二人の風紀係が置かれて，植民者を監視する体制がとられ，怠惰な者，品行方正でない者からは土地を取り上げて，道路建設などの公共事業に就かせることになった。1830年には公営の熱帯農園が開設されて，貧民を強制労働（サトウキビ栽培）に従事させるようになった。女性や子供にはこの農園で紡ぎ車，織機をあたえて綿布製造にあたらせた。アルコール類を植民地から根絶する措置も講じられた。植民協会は1834年の第17次年次集会で，今後リベリアに送りこまれる植民者はすべて禁酒協会に加入させ，新しくつくられる開拓地はすべて禁酒地区にするべきであるとする決議案を全会一致で採択している。翌年にはリベリア禁酒協会も創設された。

植民者には従来リベリア到着後6カ月間は無料で食糧・衣類が支給されることになっていたが，この制度も全面的に廃止されることになった。植民協会は移住者を募るために，リベリアではすべてが無料であるかのように吹聴していたところがあった。リベリア総督のブキャナンは1839年に植民協会に宛てた手紙のなかで，今回やってきた移住者たちは異口同音に，合衆国を立つ際「ここではなにもかもが無料で支給されると聞かされていたと言い張りました」（傍点，原文イタリック）と告げている。また『アメリカ植民協会第15次年次報告』も，植民者たちは「漠然とアフリカではほとんどあるいは全然働かなくても暮らしていけると考えている」と嘆いている。半年間の無料給付の打ち切りは，無料給付が植民者の怠惰癖を助長し，「ひろく依存心を根づかせ，勤勉の精神を弛緩させ，怠惰を増進する」ことを認識した結果であった。

植民協会は農業振興策を打ち出して，食糧の自給自足と商品作物の栽培にも乗り出した。植民協会の第18次年次集会（1835年）は犁，馬鍬，荷車が使用できるようにとの配慮から，熱帯の気候にあった家畜の輸入を満場一致で決議し，ヴェルデ岬諸島からロバとラバの導入を試みている。また商品作物の奨励策として，砂糖・綿花・コーヒー栽培を行なう者には最大500エーカーの土地を賦与する，あるいは奨励金を出すとい

う措置を打ち出し，農業技術の指導員をリベリアに送り込むなどした。(33)

　食糧の自給自足は期待したほどの成果を挙げることはできなかったが，商品作物の栽培は1840年代には軌道に乗った。1840年にリベリアでは約３万本のコーヒーの木が栽培されていたが，これに関して海軍長官は大統領に宛てた手紙のなかで，「コーヒー栽培も急速な成長をとげつつあり，すでにわが国に送った見本からもおわかりのように，アフリカ産コーヒーは現在輸入されている最高級の品種と競争する見込みです」と報告している。(34) 原住民から物々交換のかたちで入手したアフリカの特産物を欧米に輸出する事業も，1840年代には大きな利益をあげるようになった。(35) リベリアの輸出品は従来はゴム，蠟，胡椒，獣皮，象牙，黄金であったが，40年代には染料木と椰子油が二大輸出品目として脚光を浴びるようになった。連邦議会に送られた報告書（1843年）はこの点について，(36)「わが国への西アフリカからの年間の輸入額はたぶん100万ドルを超えており，大英帝国へのそれは約400万ドルにのぼるであろう。現在非常に価値をもつにいたった椰子油貿易は，12年前には存在しないも同然であったが，急速な増大を遂げつつあり，際限を知らぬまでに増大する可能性がある」と論じている。(37)

　植民協会は山積する課題と危機を切り抜けて，1840年代には植民地経営を軌道に乗せることに成功した。そして1847年にはリベリアはアメリカ合衆国から独立して共和国となり，ジョゼフ・J・ロバーツを初代大統領に選んで，近代国家としての第一歩を踏み出すにいたった。これはハイチにつぐ世界史上第二番目の黒人共和国の誕生であった。植民協会はこれ以後，黒人の送還事業にのみ専念することになる。

　植民協会の批判者たちが予想していたように，もしリベリア経営が失敗し，植民地が崩壊の憂き目を見ていたなら，黒人植民論は机上の空論として一蹴され，合衆国の奴隷制論争に大きな影響をおよぼすこともなかったであろう。しかし，植民協会が数多くの試練と危機を乗り越えて，リベリア共和国の発足にまで漕ぎ着けたことは，黒人植民批判に対する最大の反論となった。プロパガンダ戦に多大な資金をまわすことができなかったので，植民協会の声は華々しい論敵（奴隷制即時廃止論者と奴隷制擁護論者）の声ほど言論界をにぎわすことはなかった。また巨大プ

ロジェクトの遂行に必要な資金源を確保しえなかったので，植民協会は送還数の上で思ったほどの成果を挙げることもできなかった。しかし，送還数の多寡をそのまま黒人植民理念の影響力の大小と同一視してはならない。北部過激派（奴隷制即時廃止論者）はともかく，北部多数派のあいだでは，黒人植民論は19世紀初頭から南北戦争にいたるまでの時期を通じて終始根強い支持を博したのであって，後の章でまたあらためて取り上げるように，リベリア共和国の誕生以後，黒人植民論はふたたび注目を浴びることになる。

(1)　*AR1*(1818), p.4; *AR5*(1822), p.25; *AR7*(1824), p.96.
(2)　Quoted in William Lloyd Garrison, *Thoughts on African Colonization: or An Impartial Exhibition of the Doctrines, Principles, and Purposes of the American Colonization Society* (Boston: Garrison and Knapp, 1832, rept. New York: Arno Press and The New York Times, 1968), Part II, p.9.
(3)　*Ibid.*, pp.10-11.
(4)　*AR13*(1830), pp.43-44, 51.
(5)　*AR24*(1841), pp.17-18; *AR26*(1843), p.14.
(6)　海軍長官宛の報告書（1823年6月27日付）。*AR7*(1824), p.61.
(7)　植民協会の書記に宛てた手紙（1821年7月25日付）。*AR5*(1822), pp.52-53.
(8)　*AR7*(1824), p.61; *AR5*(1822), p.64.
(9)　1823年6月27日付の手紙。*AR7*(1824), p.58.
(10)　*AR6*(1823), p.9.
(11)　*AR7*(1824), pp.52-53.
(12)　Garrison, *op. cit.*, Part I, pp.27, 29, 31.
(13)　*AR23*(1840), p.34.
(14)　*AR29*(1846), p.21.
(15)　*AR15*(1832), p.5；*AR17*(1834), p.39.
(16)　*AR20*(1836.12), p.40.
(17)　*AR7*(1824), p.115.
(18)　*AR8*(1825), p.8.
(19)　*AR6*(1823), p.40.

(20) *AR7*(1824), pp.43, 74, 115；*AR17*(1834), p.39.
(21) *AR17*(1834), p.39.
(22) *AR11*(1828), pp.36-37.
(23) *AR21*(1837.12), p.4；*AR24*(1841), p.13.
(24) *AR15*(1832), p.51.
(25) *AR15*(1832), p.37; *AR17*(1834), p.21.
(26) *AR17*(1834), p.42; *AR18*(1835), p.31; *AR21*(1837.12), p.7.
(27) *AR17*(1834), p.iv.
(28) *AR18*(1835), pp.10, 23.
(29) *AR23*(1840), p.31.
(30) *AR15*(1832), p.5.
(31) *AR24*(1841), p.8.
(32) *AR18*(1835), p.4; *AR19*(1835.12), pp.19-20; *AR23*(1840), p.23.
(33) *AR17*(1834), p.42; *AR23*(1840), p.23; *AR26*(1843), p.12；『植民協会第26次年次報告』によると，砂糖とコーヒーの指導員はいずれもほどなくして死亡している。また総督のブキャナンは報告書のなかで,「昨年わたし自身が運んできた牡のロバはすべて死んでしまった」と書いている。人間のみならず家畜も気候にあわなかったことがわかる。*AR24*(1841), p.42.
(34) *AR24*(1841), pp.36-37; *AR26*(1843), p.29.
(35) ちなみに『アメリカ植民協会第24次年次報告』(1841年)は，この1年間にアフリカ貿易は100%以上も伸びたと報告しており，これ以後『アメリカ植民協会年次報告』の収入欄にはリベリアの熱帯産商品の売上高が記載されるようになる。*AR24*(1841), p.32 に Receipts from Colonial Store: Nett sales of Camwood and Palm-Oil という項目がはじめて出てくる。
(36) *AR26*(1843), p.32.
(37) *AR26*(1843), Appendix, p.4.

第III章
南部奴隷制擁護論と少数派擁護論

1節　トマス・デューの『論評』

黒人植民批判

　『ハックルベリ・フィンの冒険』を書いた作家のマーク・トウェインは『自伝』のなかで，ミシシッピ河畔のハンニバルで過ごした少年時代を回顧して，アンテベラム期（1840年代から南北戦争勃発にいたるまでの時期）の南部の雰囲気をつぎのように描いている。

　　「小学校時代にわたしは奴隷制を嫌だとは思っていなかった。奴隷制が悪いものだということに気づいてはいなかった。誰かがそれを非難するのを聞いたこともなかったし，地元の新聞は奴隷制に反対するようなことはなにもいわなかった。地元の説教壇では，神様が奴隷制を是認しておられるのであり，それは神聖なものなのである，疑問に思う者がいて，もし確信が持ちたいようなら，聖書をひもといてみればいいと教えられた。そして念を押すかのように聖書の数節が声高に読み上げられたものだった」[1]。

これは1840年代のミズーリ州の田舎町の光景を描いたものであるが，ハンニバルにかぎらず，南部奴隷州の町や村ではどこでも一般的に見られた光景であった。ジェファソンの黒人植民の考え方や独立宣言で表明された自由・平等思想は奴隷制の否定に通じるものとして，南部では人気を失っていった。本章ではジャクソン時代以後，南部のイデオローグがジェファソンの思想をどのように受け止め，どのような奴隷制擁護論

を展開することになるかという点をあとづけることにしたい。

「好感情の時代」までは南部人も奴隷制を「巨大な政治的道徳的悪」と見なしていた。しかし綿花栽培が軌道に乗った1820年代後半になると，奴隷制を「必要悪」と見なすようになり，綿花栽培が利潤をあげるようになった30年代後半には，奴隷制は「積極的善」であると主張するにいたる。ジョージ・フィッツヒューは『南部のための社会学』(1854年)の中で，この雰囲気の変化をつぎのように語っている。

　「15年前まで，われわれはまったく誤ったことに，北部の習慣，慣習，制度を模倣しようとしていた。われわれをとりまく環境は北部人のそれとは正反対であるため，北部人に合うようなものはほとんどすべて必ずといってよいほど，われわれには合わない。あの当時までわれわれは実のところ，われわれの社会制度に信頼を置いていなかった。われわれは奴隷制を道徳的に間違っていると考え，永続しないものとみなし，経済的にも不利益なものであると考えていた。奴隷制廃止論者たちがわれわれに攻撃を加えてきた。われわれはみずからの環境をより子細に検討した。その結果，奴隷制が道徳的に正しいものであり末永く存続するであろうこと，またそれは人道的であると同時に経済的にも有益であることを知って，満足するにいたった。このことが自信と独立独行の念を生み出した。そのとき以来，われわれの回復は早かった。いまやわれわれはこういって差しつかえあるまい。われわれこそ，この地上で最も幸福で最も満足し，かつ繁栄を謳歌している人民である，と」。
(2)

奴隷制擁護論を展開するにあたって，南部のイデオローグは次章でとりあげる北部の奴隷制即時廃止論者(アボリショニスト)よりも困難な課題を背負わされていた。アボリショニストは自己の倫理的な正当性を自明のものとして語りかつ振舞うことができたのであって，かれらは奴隷制が道徳的な悪であることをわざわざ論証する必要はなかった。しかし奴隷制擁護論者は，そうはいかなかった。南部人の心の奥底には「大ネプテューンの大洋の水を皆使ったらこの血をばきれいに洗い落せるだろうか」という罪悪感が潜んでいたのであり，奴隷制擁護論者はこの罪悪感をまず払拭してかからねばならなかった。かれらは常識的な道徳観を斥け，奴隷制が悪であるよりも善，それも「積極的善」であり，「共和主義的建造物の要石」
(3)
(4)

第III章 南部奴隷制擁護論と少数派擁護論

であることを論証してみせる必要があった。

奴隷制擁護論が呱々の声を挙げたのは，皮肉なことにジェファソンの生誕地ヴァージニア州においてであった。ウィリアム・アンド・メアリー大学の経済学教授トマス・R・デューは1832年に『1831年および32年のヴァージニア州議会における討論の論評』(以後，『論評』と略)と題する書物を著したが，これは南部奴隷制擁護論の嚆矢ともいうべきものであり，ここにはその後の南部に出まわることになる主要な論理が出尽くしているといっても過言ではない。

『論評』の執筆をデューにうながしたのは，ナット・ターナーの奴隷反乱が誘発した州議会の論戦であった。1831年8月，ヴァージニア州のサウサンプトン郡で勃発したナット・ターナーの乱は60人ちかい白人を男女子供の別なく惨殺して，南部人を恐怖の淵へと叩きこんだ。その興奮のさめやらぬなか，1831年から32年の冬にかけてヴァージニア州議会では，黒人奴隷制存廃の是非をめぐって白熱の議論が交わされることになった。デューの『論評』はこの州議会の論戦に論評を加えたものである。

デューは奴隷制擁護論を展開するに先立って，きわめて詳細な奴隷解放・植民論批判を行なっている。経済学者のデューは奴隷解放と黒人植民の企てが経済的な見地からいって，実践不可能であることをつぎのように論じていく。

われわれは奴隷所有者の財産権を尊重しなくてはならない。したがって州政府は奴隷を解放する者に対して賠償をする必要があるが，それはどれくらいの額にのぼるであろうか。1830年の国勢調査によれば，ヴァージニア州の奴隷の総数は約47万人である。奴隷一人の平均的な価格は200ドルであるから，奴隷価格の総額は9400万ドルとなり，現時点(1832年)ではだいたい1億ドルと見積もってよい。これだけでもじつに驚くべき額といわねばならないが，これはしかしヴァージニア州が失うものの半分でしかない。われわれはヴァージニア州の土地・家屋を価値あらしめているのは奴隷労働なのであり，すべての奴隷を除去するということは建物全体を支えている主柱を取り除くに等しいのだということを念頭に置くべきである。
(5)

奴隷全員を解放するのではなく，毎年の増加分だけを州政府が買い上げて，奴隷制を徐々に消滅させていくという方法も考えられる。しかし，この方法ですらやはり「非現実的で夢想的」というべきであろう。ヴァージニア州の奴隷の毎年の増加数は，約6000人と見積られている。この場合，一人200ドルとすると，6000人の購入価格は120万ドルになる。黒人の輸送費を一人30ドルと少なめに見積っても，6000人では18万ドルであり，奴隷の購入費と輸送費は合計138万ドルとなる。ヴァージニアの黒人人口を現状維持の状態にとどめおくのにすら，毎年これだけの出費を覚悟しなくてはならないわけだが，このさき25年も50年ものあいだ，わが州はこの巨額の出費に耐えることができるであろうか。[6]

しかもこの増加分の植民に関しては，もう一つ別の側面も考慮に入れる必要がある。わがヴァージニア州は毎年6000人以上もの奴隷を他の南部諸州に売却しているという事実，すなわちわが州は「他州のための黒人飼育州」になっているという事実である。[7] もしヴァージニア州政府が市場に介入して奴隷を買い上げ，奴隷数を毎年減少させていくならば，奴隷価格は本来の価格よりも引き上げられることになるであろう。そしてもし奴隷価格が急騰することになれば，奴隷主は女奴隷には労働を免除してでも出産と育児に専念させるようになり，奴隷飼育を州全体で活気づけることになるであろう。そうなれば，繁殖力の旺盛なアフリカ人は15年で人口を倍加させることになり，結局，奴隷解放・植民論はその意図するところとは逆に黒人の繁殖力を刺激して，窒息死させようとしていた怪物を活気づけることになるのではないか。それは希望と落胆を永遠にくりかえす「あの美しくはあるが陰鬱なシジフォスの神話」を再現するだけの話である。[8] しかも，帰結は以上に尽きるものではない。奴隷の購入と輸送に要する138万ドルの出費はヴァージニア州民の上に巨額の税金となってのしかかってくるであろうが，もしそうなれば多数の白人住民は重税に耐えきれなくなって州外へと逃げだし，白人人口の減少をもたらすことになるであろう。西部に安価で肥沃な土地があるのに，わざわざ疲弊した土地にしがみつく者など誰もいないからである。[9]

デューはこのように述べて，すべての奴隷を解放することはもちろん，毎年の増加分の解放・植民ですら，実践不可能であるという。しかもデ

ューによれば，これは奴隷解放・植民論の難点の半分にすぎないのであって，もう一つ別の問題，すなわちアフリカ植民にまつわる困難も考慮されねばならないという。デューが『論評』を執筆しつつあった1830年代初頭といえば，アメリカ植民協会がリベリア経営を軌道に乗せるべく悪戦苦闘していた時期にあたっているが，デューは植民協会のそうした苦闘を横目で眺めながら，植民事業の難しさをつぎのように指摘する。第一は物理的な困難，すなわちアフリカの不健康な気候と土壌に関する無知。第二は精神的な困難，すなわち植民者の不節制，逃亡，仲間内での争い，内乱。そして第三は植民者と周辺原住民とのあいだの紛争である。この最後の点に関しては，デューは敗北し犠牲者となるのは植民者のほうであり，かれらは再び奴隷として西インド諸島に売り払われることになるであろうと暗い予想をする。そしてその上で「すでに蹂躙しているアフリカに宗教，知識，産業，芸術を伝えるというあの偉大にして輝かしい理念」なるものがいかに虚偽に満ちたものであるかを衝き，黒人植民は「単なる幻想というよりも一層悪い結果をもたらすにすぎない」と断定する。

　このあとデューは再び経済的な見地にもどって，植民事業の実践不可能性をさらにきめ細かく論じなおしていく。われわれは植民に関して，先にアフリカへの輸送費を30ドルと見積もった。しかし費用に関していえば，実はこの輸送費のほかにヴァージニア各地から解放奴隷を出港地まで移動させる費用，食費，アフリカでの防衛費なども考慮に入れる必要があるのであって，これらは最低200ドルにはなるであろう。とすると，毎年6000人の増加分のみを除去するにしても，購入費（120万ドル）以外にさらに120万ドル要ることになり，総額は先述した138万ドルどころか，じつに240万ドルへと膨れ上がってしまう。この場合，もし植民事業がヴァージニア州の州財政で賄えないようなら，連邦政府に支援を仰げばよいではないかという意見もあるかも知れないが，それはまったくの妄想である。なぜなら南部諸州全体ということになれば，奴隷は200万人あまりもいるのであって，奴隷一人200ドルとしても，購入費の総額は4億ドルにはなる。たとえ毎年の増加分だけを除去するにしても，連邦政府は6万人の奴隷を1200万ドル支払って毎年購入し，これを1200万ド

ルないし1500万ドルかけて輸送しなくてはならないが，連邦政府がこうした途方もない出費に耐えることが果たしてできるであろうか。しかも問題は，これで終わりなのではない。もし連邦政府が市場に介入し，奴隷の毎年の増加分をすべて買い上げるとすれば，南部全域で奴隷価格は急騰し，黒人人口の増加を活気づけることになるであろう。そして奴隷の毎年の増加数も6万人ではなくて9万人へと急上昇し，奴隷一人あたりの価格も300ドルへと高騰するに相違ない。そうなれば，毎年の増加分の購入費だけでも2700万ドルという驚異的な額になってしまうではないか。[12]

　このように論じてデューは，奴隷解放・植民論が経費の面からいって実践不可能であることを示し，「現下の重大問題において，とるべき現実的な方策は黒人の除去をともなわない奴隷制の廃止か，それとも既存の制度の堅持かのいずれかしかない」[13]と断定する。黒人植民はジェファソン以来，奴隷制と人種問題を同時に消滅させる最善の方策として南部でも根強い支持を博してきたのであったが，デューはこの伝統的な構想を斥けて，南部人の選択肢は奴隷の国内解放か奴隷制の堅持かの二者択一しかないと主張する。そして奴隷の国内解放は実践可能ではあるが，社会を危険に陥れるものであるとしてこれを斥け，最終的な選択肢は奴隷制の堅持以外にないと結論づけたのであった[14]。デューはこの結論を踏まえた上で，奴隷制擁護論へと筆を進める。

奴隷制擁護論

　デューは三つの論拠を持ち出して，奴隷制の擁護論を展開している。まず第一は宗教的擁護論とでも称すべきものであり，聖書の字句を引きあいに出して，奴隷制は神によって是認された制度であると主張するものである。『旧約聖書』によればイスラエルの族長たちはすべて奴隷の所有者であり，アブラハムが300人以上もの奴隷の所有者であったように，奴隷制はかれらの生活に深く根を下ろしていた。イスラエル人がカナーンの土地を征服したとき，かれらは一部族すべてを「たきぎを切り，水をくむもの」（「ヨシュア記」第9章21節）にしたのであった。また古代ローマ世界の奴隷制は合衆国南部のそれよりもはるかに過酷なものであ

ったが,『新約聖書』はキリストとその使徒たちが奴隷制を否定したとはどこにも記していない。むしろ使徒たちは奴隷の不満を煽るよりも,主人への忠誠と黙従を繰り返し説き勧めたのであった。デューはこのように述べて,聖書の字句をつぎのように立て続けに引用する。

　「各自は,召されたままの状態にとどまっているべきである。召されたとき奴隷であっても,それを気にしないがよい。しかし,もし自由の身になりうるなら,むしろ自由になりなさい」(「コリント人への第一の手紙」第7章20－21節)。

　「僕たる者よ。キリストに従うように,恐れおののきつつ,真心をこめて,肉による主人に従いなさい」(「エペソ人への手紙」第6章5節)。

　「くびきの下にある奴隷はすべて,自分の主人を,真に尊敬すべき者として仰ぐべきである。それは,神の御名と教えとが,そしりを受けないためである」(「テモテへの第一の手紙」第6章1節)。

　「奴隷には,万事につけその主人に服従して,喜ばれるようになり,反抗せず,盗みをせず,どこまでも心をこめた真実を示すようにと,勧めなさい」(「テトスへの手紙」第2章9－10節)。

　「僕たる者よ。心からのおそれをもって,主人に仕えなさい。善良で寛容な主人だけにでなく,気むずかしい主人にも,そうしなさい」[15](「ペテロの第一の手紙」第2章18節)。

デューは宗教的擁護論と並んで,奴隷制のたたえる温情主義の美風にも着目し,南部には北部とちがって主人と奴隷のあいだに情愛に満ちたうるわしい人間関係が存在することを指摘する。かつてジェファソンは『ヴァージニア覚書』のなかで奴隷制の有害性と危険性,主従のあいだの険悪な人間関係を問題にした。そして奴隷制が白人を専制君主に仕立て上げて,白人の道徳と勤労精神を破壊すると同時に,他方では黒人を白人の敵にし,かれらの愛国心を奪い去ってしまうことになる事態を憂えたのであった。[16]しかしデューはこのジェファソンの見解は事実に大きく反するものであるとして,これに反論を加えていく。奴隷制が育むのは,北部でよく見かけられるあの冷酷で打算的なタイプの人間ではなく,慈悲と気品と寛大さを兼ね備えた主人であり,見知らぬよそ者に対する旺盛な歓待の精神である。南部にも残忍な主人はいることはいるが,そ

れは幼少時から奴隷制に馴染んでこなかった者，南部女性と結婚してこちらにやってきた北部人の場合にすぎない。奴隷はジェファソンのいうように主人を憎んだり，敵意を抱いたりはしていない。むしろ，かれらは地球上でもっとも恵まれた幸福な者たちである。奴隷は主人がもっとも心を許せる献身的な友であり，かれらは主人を自分の扶養者，監督者，庇護者としてつねに尊敬している。若主人が南部社交界に華々しくデビューするのを誰よりも嬉しく思うのは，幼少時から若主人と一緒に育った奴隷たちであり，若主人を見守り育ててきた老齢の奴隷たちである。主従関係を維持することの重要性は，農奴制の場合を見ればよい。中世ヨーロッパにおいて，農奴が領主に対してもっとも忠実，従順かつ主人思いであったのは農奴制が厳格に実施されていた時代であった。領主に対する農奴の感謝の念が薄くなり，親身な人間関係が影をひそめていったのは主従の絆の緩んでいった時期にあたっている。黒人奴隷制の場合にも，これと同じことがいえる。もし奴隷制の絆が解体するなら，黒人は反抗的になり，白人は不寛容で残虐になることであろう。デューはこのように述べて，奴隷制は「無慈悲な暴君と恩知らずの従者」を生み出すというジェファソンの見解を一蹴する。

　デューはさらに奴隷制擁護の三つめの論拠として，黒人の生物学的な劣等性を持ち出す。デューは北部人よりも南部人（白人）の方が自由・平等の観念を旺盛にもちあわせていることを指摘し，なぜ黒人奴隷制が南部白人のあいだに自由・平等の精神を育むことになるのかをつぎのように説明する。

　　「アイルランドの改革者ジャック・ケイドは，全人類がまったく平等な状態に置かれることを希求した。われわれは，合衆国の奴隷制は期待されうる，あるいは望みうる可能なかぎりの範囲内で，この状態を白人のあいだに実現していると確信している。（南部では――清水）卑しい下賤の仕事はすべて黒人たちがしてくれるので，社会の身分差や分裂を引きおこす最大の原因はすっかり取り除かれてしまっている。北部の人間は自分の召使と親しく握手したり会話を交わしたり談笑したり食事をしたりするといったことは，たとえその召使がどんなに誠実で立派な人間であろうと，しないであろう。しかし南部に来てみたまえ。ここではどんな白人といえど，

自分の周囲の人びとと交際する資格がないなどと，身分上の劣等感を抱いているような者はいないことに気づくであろう。南部では皮膚の色のちがいだけが区別を示す標識なのであり，貴族であることを示す真の目印なのであって，白人はすべて職業のいかんを問わず平等なのである」(傍点，清水)。

　南部には黒人という生来の劣等人種が存在し，自然（本性）に根ざした区分線が引かれているので，白人のあいだに人為的な区分線（身分や階級）が引かれることはなかった。黒人奴隷制あるがゆえに，南部では白人平等の観念がより深く浸透するにいたった。黒人奴隷制はそうした意味で，南部白人のあいだに共和主義精神を鼓舞することになった，というわけである。

『論評』の意義と限界

　『論評』でデューが試みたのは奴隷解放・植民論批判と奴隷制擁護論の提示の二点であった。このうち前者はデューが「数学者の論証と同じように，抗しがたい確実さをもった事実と推論によって支えられて」いると豪語したように，逐一具体的な数字をあげて所論が展開されており，きわめて周到な論じ方がなされている。その意味で『論評』の登場は厳密で実証的な論議が従来の素人談義に取って代わったことを告げるものであった。

　『論評』はまた後年開花をとげることになる南部奴隷制擁護論の三つの類型を先取りするかたちで示している。聖書の記述を引きあいに出す宗教的擁護論は，その後南部の聖職者たちのあいだで精緻化されていくことになるし，奴隷制下の主人と奴隷の温情主義的な関係を美化して描く手法（フィッツヒューの書名にちなんで，これを社会学的擁護論と呼ぶことにする）は，ジョージ・フィッツヒューの『南部のための社会学』，『人みな食人種』の二著によって理論的に集大成されることになる。また南部には黒人という生物学的な劣等人種が存在しているがゆえに，白人平等の観念がより深く浸透することになったという論法（以後，科学的擁護論と呼ぶ）は，アメリカ人種学派と呼ばれる科学者グループに受け継がれて，実証的な肉づけを施されることになる。要するに，その

後の南部のイデオローグはデューが『論評』で提示した三つの原理——宗教，社会科学（社会学），自然科学（人種学）——に依拠して，三通りの方向に理論を発展させていくわけであり，『論評』はその意味からいって奴隷制擁護論の扇の要の位置を占めているといってよい。

『論評』はしかし，奴隷制擁護論の書として見るばあい，きわめて不徹底であり，十全の意味での奴隷制擁護論を展開しているとはいい難い。デューが『論評』でとりあつかった二つの論点のうち，主力が注がれているのは奴隷解放・植民論批判であって，これに奴隷制擁護論の二倍以上もの紙幅が割かれている。つまり『論評』は第一義的には植民論批判の書というべき性格のものである。また『論評』の奴隷制擁護論は理論面からいっても限界をもっており，その論理は奴隷制の理念的な正当性（いわゆる「積極的善」の主張）を打ち出すものにはなっていない。言い換えれば，及び腰の擁護論にしかなっていないといってよい。

ちなみに，ヴァージニア州議会の論戦で奴隷制廃止を唱えた人びとはしばしば普遍的理念をもちだして，「すべての人間は生まれながらにして平等である」，「奴隷制は抽象的原理に照らして間違っている」，「奴隷は自由をとりもどすべき自然権をもっている」といった主張を掲げたのであったが，これに対してデューはそうした理念の正しさを認めた上で，しかし具体的状況を考慮するならば，奴隷制廃止は不可能であると説いて，奴隷制の理念的な正当性を主張するよりも，むしろ奴隷制廃止の実践面での難しさを論証することの方に主力を注いだのであった。ちなみにデューは宗教的擁護論を説いたくだりで，つぎのような論じ方をしている。

> 「奴隷制は抽象的原理に照らしてみたばあい悪であり，キリスト教の精神に反するものであるといわれている。こういう見解に対してわれわれは，以前答えたのと同様，こう答えておこう。いかなる問題といえども具体的状況に照らして決定されねばならないのであって，もしも（というより実際上そうなのであるが）われわれが奴隷制を除去するなら，主人と奴隷双方に以前よりもいっそう悪い害悪がもたらされるようなら，われわれを非難しうるような良心の掟だとか神の啓示された律法などというものは存在しないのである，と。……(中略)……奴隷制がキリスト教の精神に反する

ものであるという主張についていえば，われわれはこの一般的主張を認めるのにやぶさかではない」(傍点，清水)。[23]

その後の南部の論客たちはこうした及び腰の姿勢を克服し，奴隷制は普遍的理念に照らしてみても「積極的善」なのであるという主張を打ち出す必要があった。かれらはデューのように論敵の掲げる理念を承認し，論敵の土俵にあがりこんで不徹底な論理を展開するのではなく，人間の自由・平等という理念自体を否定し，奴隷制がキリスト教の精神に合致した倫理的に正しい制度であることを主張する必要があった。その後の南部の論客たちは，デューが素描のかたちで提示した三つの類型(宗教的擁護論，社会学的擁護論，科学的擁護論)をどのように理論化し発展させて，十全の意味での奴隷制擁護論へと仕上げていくことになるのか。奴隷制の原理的な正当性をどのようにして打ち出すことになるのか。次節以下ではこうした点を具体的にとりあげなくてはならない。

(1) Charles Neider, ed., *The Autobiography of Mark Twain* (London: Chatto & Windus, 1960), p.6.
(2) George Fitzhugh, *Sociology for the South, or the Failure of A Free Society* (Richmond, Va.: A. Morris, 1854), pp.256-257.
(3) 1859年にイギリスのジョン・ラッセル卿はアメリカの政治形態の欠点に言及した際，最大の欠点として奴隷制の存在を指摘し，『マクベス』第2幕第2場に出てくるこの言葉を引いた。アラン・ネヴィンズ(坂下昇訳)『リンカーンの時代』(講談社，昭和56年)，11頁。シェイクスピア(野上豊一郎訳)『マクベス』(岩波文庫，1989年)，84-85頁。
(4) 知事ジョージ・マックダフィーの1835年の発言。Quoted in Wendell P. Garrison and Francis J. Garrison, *William Lloyd Garrison 1805-1879. The Story of His Life Told by His Children* (New York: The Century Co., 1885; rpt. New York: Arno Press and The New York Times, 1969), II, 62.
(5) Thomas R. Dew, *Review of the Debate in the Virginia Legislature of 1831 and 1832* (Richmond, Virginia: T.W. White, 1832; rpt. Westport, Connecticut: Negro Universities Press, 1970), pp.47-48. 以下 *Review* と略。
(6) *Review*, pp.48-49.

(7)　*Review*, p.49.
(8)　*Review*, p.54.
(9)　*Review*, p.58.
(10)　*Review*, pp.69, 79.
(11)　*Review*, pp.79-81.
(12)　*Review*, pp.81-83.
(13)　*Review*, p.87.
(14)　*Review*, p.87.
(15)　*Review*, pp.106-107.
(16)　T・ジェファソン（中屋健一訳）『ヴァージニア覚書』（岩波文庫，昭和47年），202-203頁。
(17)　*Review*, pp.108-109.
(18)　*Review*, pp.109-110.
(19)　*Review*, pp.111-112.
(20)　*Review*, pp.112-113.
(21)　「数学者の論証とほとんど同じくらい明確な推論によって裏打ち」されているという表現も使っている。統計的な資料を駆使する方法の新しさを，従来のものとはちがうとして自負していたことがわかる。*Review*, pp.8, 130.
(22)　奴隷制廃止論者の主張に関しては *Review*, p.46 を参照。
(23)　*Review*, p.106.

　　　デューはまた別の箇所では奴隷制廃止論を批判して，つぎのように述べている。奴隷制廃止論者の掲げる目的がいかに善なるものであろうとも，「偶然的な状況や諸関係をまったく度外視して，ただ単に抽象的真理のみを表明する」だけではだめである。目的や理念がいかに立派であろうとも，その目的を達成する手段が現実の具体的状況のなかで見つからなければ，その企ては断念されねばならない。奴隷制廃止という美辞麗句を口にするのはたやすい。しかしこれが実施できるかどうかはまったくの別問題であって，それは所与の状況のなかで子細に検討されねばならない。「いかなる議員集団といえども，具体的状況をまったく無視して，純粋に抽象的原理のみにもとづいて法律を制定することなどできはしない」のであって，単に理念や目的の善し悪しだけで，ことを論じるべきではない。その目指すところが「あたかも形而上学的な抽象性そのままのかたちで，あらゆる関係から切り離されて，それ単独で存在する」かのように考察するのではなく，それが実際問題として実施できるかど

うかを具体的状況のなかで検討すべきである(*Review*, p.46)、と。 こういう論じ方も一つの論じ方ではあるが、この論法からは奴隷制の理念自体を正当化する論理はいつまでたっても出てこない。

2節　聖職者の宗教的擁護論

宗教的擁護論の基礎づけ

　先ほど見たマーク・トウェインの『自伝』でも描かれていたように、南北戦争前の南部の町や村では、牧師たちがしばしば説教壇で奴隷制を擁護する光景が見られた。南部社会では聖職者は精神的な指導者であっただけでなく、社会的文化的なエリートでもあり、聖書は庶民にとっては生活の糧であった。説教壇を支配する者は世論を支配するという命題はまだ生きていた。また聖書の字句を引きあいに出して行なわれる宗教的擁護論は、一般庶民もその内容を容易に理解することができたので、広範な影響力をもつことができた。

　聖書のなかから奴隷制を是認していると思われる箇所をもちだして、奴隷制を正当化しようとする場合、この手法が説得力と重みをもつためには、その前提条件として、神が森羅万象の創造者であり、聖書の字句が絶対的な真理であることが根拠づけられていなくてはならない。したがって南部の聖職者は宗教的擁護論を展開するに先立って、まず神の作為の根源性と聖書の真理性を強調する作業から着手しなくてはならなかった。

　南部と北部が奴隷制をめぐって最初の論争を戦わせたミズーリ論争のさなか、南部の『エンクワイアラー』紙（1820年2月15日）の社説は、つぎのような一文を掲載した。

　　「神の権威を否定するような命題は存在しないのであるから、聖書のどこかで適法あるいは違法と宣言されていることは、その宣言がその時代時代の人間の通念からみていかに受け容れがたいものに思えようとも、本性上そのとおりなのだとみなされなくてはならない。至高の立法の授与者であり人間の審判者でもある神はことごとくの決断において測り知れず正しくかつ賢明なのであって、この世を道徳的に統治されるに際して、振舞い

の理由を説明する義務など全然課せられてはおらない。したがってわれわれ人間が神の決断の正しさに関して疑問をさしはさむなどということは，不届き千万というべきである。われわれは，神の英知と正義の深遠な原理を理解することなどできはしないからである」(1)(傍点，原文イタリック。以下同様)。

　奴隷制という制度が人間の感覚からすれば一見，道徳的に間違っているかのように思えようとも，聖書がこれを是認しているなら，道徳的な真理として受け容れるべきである。卑小な人間のこざかしい感覚に照らして神意をあげつらったり，疑問をさしはさんだりするべきではない。神の律法が奴隷制を是認しておられるのなら，これを善なるものとして受容すべきである，というわけである。

　神の権威の絶対性をこうした方向で打ち出そうとする場合，なによりも排撃されねばならなかったのはジェファソンの現世主義の思想，とくにかれの人間本性論の考え方であった。ジェファソンは人間には善悪を判断する規範感覚（道徳感覚）が内在しているとして，道徳の基礎を人間の善性の上にすえようとしたのであったが，こうした見解は人間を道徳的に自立した存在，神の律法を抜きにして正しく振舞うことのできる存在とみなすものであり，無神論の見本ともいうべきものであった。聖職者はまたジェファソンが『ヴァージニア覚書』の中で「私の隣人が神の数は20もあるといっても，あるいは神は存在しないのだといっても，私には少しも害を及ぼすことはない。それは，私の財布を奪うこともないし，私の脚を折るようなこともない」という冒瀆的な発言をしていることを忘れてはいなかった。(2)かれらは奴隷制擁護論を展開するに先立って，超越的な神の絶対性をあらためて説き起こす必要があった。

　宗教的擁護論の基礎固めの作業を集大成した著作の一つに，フレッド・A・ロスの『神の定めたもうた奴隷制』(1859年)がある。ロスはこのなかで「善悪に関する二つの理論」(3)について説明している。一つは「善悪は永遠の昔から定まっていた事実であり，それはことがらの本性の中に，それ自体として内在する(4)」と見る立場である。この立場では，善悪はことがらそれ自体に本来的にそなわっている特性であるから，神が人間に律法を与える以前からすでに定まっていたということになる。

したがって「善悪は神を超越した究極的な真理」であるということになり，善悪は神の律法を抜きにして論じられることになってしまう。また人間は神の言葉ではなく，自己の内面(良心)に耳を傾ければよいということになって，「人間の理性あるいは人間の心が至高のものになってしまう」。

悪をことがらそれ自体の中に内在していると考え，それを行なうことが罪であるとするこの考え方を，ロスは「それ自体罪説」(the sin per se doctrine)と呼ぶ。そしてこれを無神論の見解として，きっぱり斥ける。なぜなら，もし善悪が神の律法以前に存在し，神意を抜きにして永遠の昔から定まっていたのであれば，神の存在意義は半減してしまうからである。もし神の律法以前に，あるいは神の存在する前から，ことがらの善悪なるものが定まっていたとするならば，神がすべてのものの創造者であるということにはならなくなってしまう。もし神の律法以前に正邪の区別が存在し，神はそのすでに存在していた正義という普遍概念を体現しているがゆえに存在価値があるというのであれば，神はみずからの存在意義を自分の背後の普遍概念に仰いでいることになり，神の根源性は主張できなくなってしまう。

「それ自体罪説」の考え方を否定するためには，神以前にはすべてが無であり，神によって万物が創造され，善悪の区別がなされるにいたったという論理立てにする必要がある。そこでロスは「善悪はことがらの本性の中に内在しているのではない」，善悪の区別は神がそのように定められた結果，はじめてそうなったのであり，神の律法以前には善悪の区別など存在しなかったという見解を打ち出す。すなわち，

「ことがらは，それ自体として以前から正しかったがゆえに正しいのではなく，神がそれを正しくされてはじめて正しくなるのである。ことがらが悪であるのは，そのことがらの本性において悪であるからではなく，神がそれを悪とされるがゆえにそうなるのである」。

ロスはこのように述べて，「それ自体罪説」の見地をしりぞけ，善悪の判断は人間の内面感情(ジェファソンのいう道徳感覚や良心)に照らしてではなく，神の律法に照らしてなされるべきであり，律法以外に善悪を判断する基準など存在しないと主張する。

ロスはここから奴隷制問題に話題を切り替えて，つぎのようにいう。あることがらがわれわれの良心に照らして間違っている，納得がいかないと思うようなことがあっても，神の律法がそれを是認されているのであれば，善として受けとめるべきである。神の正義を人間の尺度や道徳感情で測るべきではない。南部人のなかには奴隷制を口では支持しつつも，内心，罪悪感を感じているような人びとがいる。「奴隷制は罪ではないといい，かつそのように信じようとしている者，とくに冷静に判断している時にはそのように信じている者も，かれの感情では知識に足を引っ張られて，奴隷制は罪であると感じている者がいることをわたしは知っている」。しかし，たとえそのように躊躇する心があろうとも，神の律法が奴隷制を是認しておられるのであれば，卑小な人間の感情に照らして，こざかしい詮索などするべきではない。「神の言葉がいかに人間の理性の範囲を超え，人間の感情を驚かせ，人間の良心を不安にする」ものであろうとも，人は絶対的な信仰をもって神の言葉を信じるべきである。道徳の基礎は律法以外のどこにも存在しないのである，と。

　このように善悪の区別は神の律法以前には存在しなかったということは，律法以前には罪もまた存在しなかったということに他ならず，律法に背かなければ，罪にはならない（逆に言えば，聖書に記されている神の律法を遵守することがとりもなおさず善の実践なのだ）ということを意味している。そこでロスはこの見地に立って，つぎのようにいう。「北部の人道主義者（奴隷制即時廃止論者――清水）は，神は奴隷制が罪であるとはどこにも述べておられないことを知るべきである。罪とは律法を犯すことであり，律法の存在しないところには，罪もまた存在しないのだということを知るべきである」，と。

　奴隷制即時廃止論者はしばしば，奴隷制は「キリスト教の精神」に反するものであると主張したのであったが，これに対してロスはつぎのように反論する。そうした漠然とした主観的解釈でもってキリスト教の精神を忖度するのは不遜なことである。もしキリスト教の精神なるものが存在するとすれば，それは聖書に具体的な言葉で語られているものがそうなのであって，聖書の記述以外のどこか他のところに，そうした精神が存在しているわけではない。聖書の字句が奴隷制を是認しているなら

ば，とりもなおさずキリスト教の精神が奴隷制を是認しているということなのである，と。

ロスの著作は聖書の字句（律法）のみが善悪をはかる唯一の基準であるという見解を集大成的に打ち出したものであった。宗教的擁護論を展開するためには，デューのような手法でただ単に聖書のなかから奴隷制を是認しているとおぼしき箇所をやみくもに拾い集めてくるのではなく，論理的な手順としては，まずそれに先立って神の作為と創造の根源性を前面におしだす必要があったわけである。宗教的擁護論の積極的な展開はこの論理を確立してはじめて可能になったといえる。

宗教的擁護論の実際

アンテベラム期に簡潔ながらきわめて整ったかたちの宗教的擁護論を展開したものの一つに，バプティスト派の牧師ソーントン・ストリングフェローのあらわした論文「奴隷制に関する聖書の証言の簡潔な検討」（1841年）というのがある。

このなかでストリングフェローは本題に入るに先立って，罪とはなにか，善悪は何によって判断さるべきかについて，つぎのように述べている。「神の目からみた場合の罪とは，神がその御言葉によって悪であるとされていることがら」のことである。神が「人間の振舞いを非難する律法」を定めておられなければ，「罪もまた存在しない」。善悪はすべて神の御言葉に照らして判断されるべきである。「キリスト教徒は罪深いこととして非難する際も，律法にかなったこととして是認する際も，『主はこう述べておられる』ということを示すべきである」，と。ストリングフェローはこの前提を確認した上で本題に入っていく。

ストリングフェローは人間の歴史をつぎのような三つの時代に区分して，神がそれぞれの時代の奴隷制を是認しておられるかどうかを順次検討していく。

(1) 「族長の時代」（ノアの時代からシナイ山でモーセが律法を授与されるまでの時代）

(2) 「律法の時代」（律法の授与からキリスト出現までの時代）

(3) 「福音の時代」（キリスト以後の時代）

まず「族長の時代」に関してストリングフェローは「創世記」に出てくるノアの呪いの言葉を引く。そしてこの言葉は聖書が奴隷制に言及した最初のものであり、神はこれによって奴隷制の登場を予告されたのであるという。ノアは「葡萄酒を飲んで酔い、天幕の中で裸になっていた」。カナンの父ハムはノアの裸を見る。酔いからさめたノアは言う。

「『カナンはのろわれよ。
　　彼は僕の僕となって、
　　その兄弟たちに仕える』。

また言った。

　　『セムの神、主はほむべきかな、
　　カナンはその僕となれ。
　　神はヤペテを大いならしめ、
　　セムの天幕に彼を住まわせられるように。
　　カナンはその僕となれ』。」（「創世記」第9章25-27節）

ストリングフェローは、この記述は奴隷制の出現に先立って、神がこの制度の創出をお命じになったものであるという。ノアの三人の息子セム、ハム、ヤペテは人種の系譜でいえば、それぞれ黄色人種、黒人、白人の祖先であると考えられていた。したがってノアの呪いの言葉はハムとカナンの子孫である黒人がその道徳的堕落ゆえに、他の人種の奴隷となるよう宣告されたものであるとストリングフェローはいう。[16]

このあとアブラハム、イサク、ヤコブらのイスラエルの族長たちが奴隷の所有者であり、かれらの財産のなかに多数の奴隷が含まれていたことが指摘される。エジプトのパロから「アブラハムは多くの羊、牛、雌雄の驢馬、男女の奴隷および、駱駝を得た」（「創世記」第12章16節）。またゲラルの王「アビメレクは羊、牛および男女の奴隷を取ってアブラハムに与え」（「創世記」第20章14節）た。そしてアブラハムは「羊、牛、銀、金、男女の奴隷、駱駝、驢馬」（「創世記」第24章35節）をえて、豊かな財産を所有するにいたった。またアブラハムの息子イサクもこれらの財産を父から相続し、「羊の群れ、牛の群れ及び多くの僕」（「創世記」第26章14節）の所有者となった。これはさらにイサクの息子ヤコブへと譲渡された。また「創世記」第17章には神がアブラハムと結んだ契約に

関する記述が出てくるが，そこには「異邦人から銀で買い取った，あなたの子孫でない者も，生まれて8日目に割礼を受けなければならない」（「創世記」第17章12節）とある。つまり神は奴隷の存在を自明とし，奴隷財産を認めた上で，このように命じておられるわけである。族長の時代にアブラハムの一族やその周辺の人びとのあいだでは奴隷の所有と相続が行なわれていたが，神は500年間にわたって，こうした慣習を否定する言葉を口にされることはなかった。⁽¹⁷⁾

つぎに「律法の時代」はどうか。神はこの時代にアブラハムの子孫に律法を与えて，キリスト出現までのあいだ，これに従わせようとされたのであった。この時代には，奴隷制は事実上存在していた。したがってここで検討さるべきは，奴隷制が「神の承認」を得たものなのか，それとも「神意を侵害するもの」なのか，律法は奴隷制を是認しているかどうかという点である。この場合，もしこの「律法の時代」に「奴隷制が罪深いものになったというのならば，それはことがらの本性上そうなったのではなく，その禁止が神の至上の御心にかなうがゆえであったからでなくてはならない」⁽¹⁸⁾。ストリングフェローはこのように述べた上で，神はこの時代に奴隷制を律法によって改めて是認されたのであり，この制度を正当化されたのであるという。すなわち奴隷制は「族長の時代」のように単に既成事実として実施されていたのではなく，律法によって積極的な是認を与えられたのであるという。これを証するものとして，かれは奴隷の所有，売買，遺贈に言及した「レビ記」のつぎの言葉を引く。⁽¹⁹⁾

「あなたがもつ奴隷は男女ともにあなたの周囲の異邦人のうちから買わなければならない。すなわち，彼らのうちから男女の奴隷を買うべきである。また，あなたがたのうちに宿っている旅びとの子供のうちからも買うことができる。また彼らのうちあなたがたの国で生まれて，あなたがたと共におる人々の家族からも買うことができる。そして彼らはあなたがたの所有となるであろう。あなたがたは彼らを獲て，あなたがたの後の子孫に所有として継がせることができる。すなわち，彼らは長くあなたがたの奴隷となるであろう」（「レビ記」第25章44－46節）。

ストリングフェローはさらに付言して，この「律法の時代」に神は人間に二つの重要な道徳原理をお教えになったという。すなわち「あなた

は心をつくし，精神をつくし，力をつくして，あなたの神，主を愛さなければならない」(「申命記」第6章5節)と「あなた自身のようにあなたの隣人を愛さなければならない」(「レビ記」第19章18節)という二つの愛の教えである。したがって，神は「律法の時代」に奴隷制に対して積極的な是認をあたえられると同時に，人間を最高の道徳的な高みに導くために，神への愛と隣人への愛をお教えになったのであり，奴隷制の是認と愛の教えとは決して矛盾するものではないという。[20]

ついでストリングフェローはイエス・キリスト出現以後の「福音の時代」を取り上げて，キリストは奴隷制を是認されたのかどうかを検討する。この点に関して北部の奴隷制即時廃止論者たちは，キリストは奴隷制をはっきり否定する言葉こそ口にされなかったが，奴隷制の否認を意味する新しい道徳原理を打ち出されたのだと主張していた。そしてかれらはこれを示すものとして，「何事でも人々からしてほしいと望むことは，人々にもそのとおりにせよ」(「マタイによる福音書」第7章12節)という「山上の垂訓」の言葉を持ち出した。しかしストリングフェローはこれに対して，こう反論する。「山上の垂訓」の言葉は，すでに見た『旧約聖書』の「あなた自身のようにあなたの隣人を愛さなければならない」と同じ思想を表明したものであり，キリストは決して新しい道徳原理を打ち出されたわけではない。すでに見たように，神への愛，隣人への愛を説かれたその同じ神が異邦人を奴隷にせよとおっしゃっているのであるから，奴隷制の実践と愛の教えとは十分両立するものと受け取るべきである，と。[21]

ストリングフェローはまたキリストは明確な禁止命令を出して奴隷制を否定したわけではないという点を強調する。『新約聖書』はたしかに『旧約聖書』ほどはっきりしたかたちで奴隷制を肯定しているわけではない。しかし，キリストが奴隷制を積極的に否定する言葉を口にしていないこともまた事実なのであって，キリストが明示的に否定しなかった制度や人間関係は黙認されたも同然であると受けとめるべきではないかと主張する。[22]

ストリングフェローはこのあとキリストの使徒の言葉を引いて，かれらが人びとに現在の地位にとどまるよう促していること，奴隷制の存在

を前提としてその教えを説いていることを，つぎのように示す。[23]

「ただ，各自は，主から賜わった分に応じ，また神に召されたままの状態にしたがって，歩むべきである」（「コリント人への第一の手紙」第7章17節）

「各自は，召されたままの状態にとどまっているべきである」（「コリント人への第一の手紙」第7章20節）

「兄弟たちよ。各自は，その召されたままの状態で，神のみまえにいるべきである」（「コリント人への第一の手紙」第7章24節）

「僕たる者よ。心からのおそれをもって，主人に仕えなさい。善良で寛容な主人だけにでなく，気むずかしい主人にも，そうしなさい」（「ペテロの第一の手紙」第2章18節）

ストリングフェローはこのように罪とは神の律法を犯すことであるという点を立論の前提にすえ，それを踏まえた上で神が人間の歴史の全時代にわたって奴隷制を是認していることを示し，簡潔ながら秩序立ったかたちの宗教的擁護論を展開したのであった。

(1) Quoted in Larry Robert Morrison, *The Proslavery Argument in the Early Republic, 1790-1830* (Ann Arbor: Univ. Microfilms International, 1981), pp.30-31.
(2) T・ジェファソン（中屋健一訳）『ヴァージニア覚書』（岩波文庫，昭和47年），286頁。訳は一部変更；Fred A. Ross, *Slavery Ordained of God* (J.B. Lippincott & Co., 1859. Reprinted 1969 by Negro Universities Press, New York), p.117. 以下 Ross と略。
(3) Ross, p.43.
(4) Ross, p.39.
(5) Ross, p.39.
(6) Ross, p.86.
(7) Ross, pp.39, 70. ロスは70頁で「それ自体罪説」という表現を二度も使用している。"*malum in se*——a sin itself" といった表現も当時使われた。
(8) Ross, pp.41-42, 46.
(9) Ross, p.144.

(10) Ross, p.70.
(11) Ross, pp.84-85.
(12) Ross, pp.29, 41-42.
(13) Morrison, *op. cit.*, pp.30, 49, 50, 56.
(14) E.N. Elliott, ed., *Cotton is King, and Pro-Slavery Arguments: Comprising the Writings of Hammond, Harper, Christy, Stringfellow, Hodge, Bledsoe, and Cartwright, on This Important Subject* (Augusta, GA: Pritchard, Abbott & Loomis, 1860; Johnson Reprint Corporaton, 1968), p.461. ストリングフェローの論文は1841年にリッチモンドの『レリジャス・ヘラルド』誌に掲載され、その後パンフレットのかたちでリプリントされ広く流布された。1860年にはここで引用したエリオット編の奴隷制擁護論のアンソロジー『綿花は王者 奴隷制擁護論』に集録されている。以下の引用もこのエリオット編のものによる。
(15) この時代区分に関しては，Elliott, ed., *Cotton is King*, pp.462, 473 を参照。
(16) *Ibid.*, p.463.
(17) *Ibid.*, pp.464, 465, 467, 473.
(18) *Ibid.*, p.473.
(19) *Ibid.*, pp.475-478.
(20) *Ibid.*, pp.474, 478.
(21) *Ibid.*, pp.478-479.
(22) *Ibid.*, p.480.
(23) *Ibid.*, p.482.

3節　ジョージ・フィッツヒューの社会学的擁護論

自由社会批判

　1830年代初頭にデューが素描のかたちで示した奴隷制擁護論の三類型のうち，奴隷制下における温情主義的な人間関係を美化して描く手法（社会学的擁護論）を完成させたのはジョージ・フィッツヒューの『南部のための社会学——自由社会の失敗』（1854年）と『人みな食人種——主人を持たざる奴隷』（1857年）であった。この二著においてフィッツヒューは南部奴隷制の擁護論を展開すると同時に，中世農奴制社会の崩壊以

後あらわれた自由社会の矛盾を指摘して，自由社会がなぜ失敗であるかという点についても詳論した。かれは古代の哲学者アリストテレスの人間本性論に依拠してジェファソンの人間本性論を批判した。それと同時にマルクス，フーリエなどヨーロッパ社会主義者の思想を援用して自由社会批判を展開し，ウォーラーステインばりのグローバルな視野に立って，自由貿易の弊害をも批判した。最先端の思想を駆使する斬新な手法といい，世界史的なパースペクティヴといい，先に見た宗教的擁護論者とはまさに対照的な姿勢を示しているといえる。

　フィッツヒューの自由社会批判の手法から見ていこう。かれは自由社会と奴隷制（農奴制を含む）社会を対置し，中世農奴制の崩壊以後あらわれた自由社会がどのような構造的矛盾と欠陥を内包しているかを指摘して，自由社会の失敗を宣告する。農奴制社会では，主人（領主）と奴隷（農奴）は自由と保護をめぐって，相互補完的な関係に立っていた。奴隷は自由を持たないが，そのかわりに主人から親身な保護を加えられ，日々の生活を思いわずらう必要がなかった。他方，主人はノブレス・オブリージュの観念を体現して，自由は享受するが，奴隷の保護や監視など数々の義務に心を砕かねばならなかった。両者の温情主義的な結びつきは，自由社会の冷酷なキャッシュ・ネクサスとはおよそ無縁なものであった。[1]

　しかし農奴解放によって自由・保護の関係が断ち切られた結果，不自然で悲惨な人間関係が生み出されるにいたった。農奴解放は「奴隷労働」よりも「自由労働」のほうが安価であるがゆえに実現したとされているが，これは裏からいえば，解放された農奴の労働が以前にもまして苛酷になったということを意味している。しかもかつての農奴たちは「権利の上では，およそありとあらゆるものを手放してしまった。なぜなら農奴解放の結果，領主は負担や心配ごとや責任からすっかり解放されたのであるが，解放された農奴たちの仕事の量と心配の種は以前にもまして増大したからである[2]」。農奴解放以後の惨憺たる事態は，イギリスの場合を見てみればよい。そこでは一方で国王，教会，貴族の権威がおおきく失墜し，他方では土地と資本を代表する下院の発言権の増大をみたが，こうしたなかにあって新たに誕生した労働者たちは往時の保護者を見失い，奴隷としての権利を完全に喪失するにいたった。この新しい状況は，

新しい主従関係を誕生させた。すなわち「主人の責務を持たざる主人」(資本家)と「奴隷の権利を持たざる奴隷」(労働者)である。自由社会では「資本が労働からひきだすその利潤が自由労働者を奴隷と化し、それも往時の奴隷が持っていた権利、特権、利点のいずれをも持ちあわせていないような奴隷と化し、逆に資本家をかれらの主人たらしめる。それも普通の奴隷所有者たちのもつ利点はことごとくこれを有しつつも、負担と義務からは一切免除されたような主人たらしめる」。主人と奴隷(領主と農奴)の間にあったかつての温情主義的な関係は、いまや資本家対労働者という敵対的な関係によって取って代わられ、「人間的主人への従属」にかわって非人格的な「資本への従属」が普遍化するにいたった。

　フィッツヒューは、アダム・スミスの経済学が自由社会を代表する哲学であると考えており、合衆国北部の行き着く先をイギリスに見ていた。そこでかれはレッセフェール、自由競争、自由貿易をとなえるスミスの哲学を俎上に載せて、これに批判を加えていく。

　フィッツヒューによれば、スミスの思想は各人が利己的利害をなにものにも制約されずに追求することが一般的善に貢献する、利己心の発揮が国家の繁栄、公共善、社会の福利、隣人の繁栄につながるとするものであり、それは要するに利己主義の勧めに他ならない。このレッセフェールと自由競争の原理は弱肉強食の社会戦争を生み落とし、社会機構のすべての重荷を無知な貧民の上へと投げかけて、弱者を破滅へと導いていく。「この金儲け主義の実用的で上っ面な時代」の趣味と価値観は、きわめて低俗でもある。封建制の崩壊以来、機械の発明と実用化は未曾有の進歩をとげたが、趣味や芸術は大幅に低下した。自由社会の価値観を代表するベンジャミン・フランクリンの哲学は金銭万能の世相を象徴する「低俗、利己的、無神論的で唯物的」な処世術にすぎない。

　フィッツヒューは、レッセフェールと自由競争は自由社会の内部に資本家と労働者の深刻な対立を生み落とすことになったと見る。資本家は労働者の生殺与奪の権をにぎっており、好きなときに貧乏人を雇い、好きなときに解雇して、かれらを路頭に迷わせる。自由社会の機構は労働者をだまして賃金をまきあげ、無学な百万長者のこれ見よがしの富を膨らませる。労働者は「ありとあらゆる必需品、娯楽品、奢侈品、この世

の華麗ではなやかなるものの作り手」であるにもかかわらず，それを享受するということは一切ない。むしろ賃金の切下げがかれらの日常生活をおびやかし，かれらを日々窮乏化へと追いやっている。

　「かれらはより高い賃金をもとめて上流階級とたえざる交戦状態にあるが，実際にはその賃金を切詰められつつある。なぜならかれらは職を手に入れようとして，お互い同士，抗争状態にあるからである。この賃金切下げの過程は雇主が利得を欲し，労働者が働き口をもとめているかぎり，決して止むことがない。それが止むとすれば，賃金があまりにも切下げられた結果，生存を維持するのが困難になり，救貧院，刑務所，墓地が満ちあふれるような事態に立ちいたったときである」。[10]

フィッツヒューはこうしたなかで労働者が自分の生活を守ろうとすれば，資本家と対決して社会的騒擾を引き起こすしかないが，そうした険悪な事態こそは奴隷制社会にはおよそ無縁のことがらであるとして，南部をつぎのように描く。

　「奴隷所有の南部では，すべてが平和で静穏で，豊かで満ちたりている。ここには暴徒もいなければ，労働組合もなく，高賃金をもとめるストライキもなければ，法律に対する武装した反抗もない。ただ金持ちに対する貧乏人のちょっとした嫉妬がみられるだけである。ここでは刑務所に入っている者の数はほんのわずかであり，救貧院で施しを受ける者の数はもっと少ない」。[11]

フィッツヒューの自由社会批判の手法，とくに大衆の窮乏化，資本の集中，階級闘争を論じる手法は社会主義者のそれを想わせるものがあるが，事実マルクス，エンゲルスの『共産党宣言』(1848年) はフィッツヒューの愛読書の一つであった。当時，労働者の貧困は本人の怠慢や倹約心・意欲の欠如といったものに帰せられるのが普通であったが，フィッツヒューは自由社会では機械が発明された結果，人間の労働はそれまでの半分に短縮されてしかるべきはずなのに，現実の労働者は以前に倍する過重な労苦を強いられ，しかもその果実たるや，社会機構に欺かれて百万長者の手にみすみす渡っていると述べて，制度的機構的な側面を衝いたのであった。こうした体制批判の手法は当時としてはきわめて斬新なものであったといわねばならない。

フィッツヒューが論陣を張ったのは、イギリスが中国を阿片戦争で屈服させて、これを半植民地化し、インドを直接統治下に置こうとしていた時期にあたっている。フィッツヒューはそうした世界情勢を見すえた上で、自由貿易の弊害を指摘し、農業地域(合衆国南部)に対する先進地域(イギリス、合衆国北部)の経済的脅威を指摘する。そして「自由貿易の引き起こす中央集中化の影響」、すなわち自由貿易が中心部イギリスへのグローバルな規模での従属化現象をひきおこしつつあることを憂慮する。コロンブスとヴァスコ・ダ・ガマの航海以後、ヨーロッパ人はアジア、アフリカに進出し、未開の国々と接触するにいたったが、先進国と接触した野蛮人はますます野蛮な状態に陥り、絶滅への道をたどっていった。イギリスの栄光と強大化の裏面には、イギリスよりも何百倍もひろい面積をもつ国々の弱体化と敗北が進展していったのであり、自由貿易は強国イギリスと弱小国の貧富の差をたえまなく押し広げていく傾向をもっている。遅れた農業国は高度な技術を必要とする商品の製造・供給を先進国に仰ぐようになり、本来もっていた乏しい技術さえも失って、先進国への依存の度合いを深めていく。

　フィッツヒューはこの事態の裏面には、さらにもう一つ別の事態が進展しているという。遅れた農業国が砂糖、煙草、藍、綿花などの単一作物の栽培地域に化していくという現象である。しかも単一作物の栽培がひとたび根をおろすと、その地域では都市や町は発達せず、経済の多様性は失われ、工業化への道も閉ざされて、ありとあらゆる物資を海外に依存するようになる。土壌は肥沃であるにもかかわらず、住民は不在地主制のもとで貧しく無知蒙昧な状態に置かれることになり、土壌もやがては枯渇していく。

　フィッツヒューは、単一作物の栽培地域は労働面でも不利な立場に置かれているという。人間は「手仕事」に携わるか、「頭脳労働」に携わるかのいずれかであるが、頭脳労働で生計をたてる者はつねに手仕事をする者の主人であり、手仕事に携わる者は頭脳労働者の奴隷である。単一作物地域の手仕事は重労働であるにもかかわらず、工業国の頭脳労働者の4分の1のものしか生み出さない。つまり合衆国南部の手仕事の4時間分の生産物は、工業国の頭脳労働者の生産物の1時間分のものと交換

されている。手仕事に携わるものは，その労働のせいぜい 4 分の 1 の代価しか支払われていないわけである。合衆国南部はヨーロッパと合衆国北部のために 3 時間働き，自分自身のために 1 時間働いていることになる。(15) 自由貿易のもたらすこうした弊害は，蒸気機関車と汽船の出現に象徴される近年の交通革命によっていっそう増幅されることになった。「われわれは危機的時代に生きている。なぜなら，中央集中化の傾向は以前よりもさらに強化されているからである。かつて征服がなしとげたことを，いまでは貿易がいとも簡単に行なっているのだ」(16)。

社会学的擁護論

フィッツヒューは自由社会批判と並行して，奴隷制社会の擁護論を展開する。その際かれは二つの思想を援用して，これを行なっている。一つは，古代の哲学者アリストテレスの人間本性論である(17)。アリストテレスが『政治学』のなかで，人間のなかにはその生来の資質ゆえに頭脳労働にたずさわる者（「生来の主人」）と肉体労働にたずさわる者（「生来の奴隷」）がいると述べたことは周知のとおりである。アリストテレスはこの両者のあいだの支配・服従関係の必然性と有用性をつぎのように論じている。

「さてまず第一に互いに他なくしてはあり得ないものは，一対となるのが必然である。たとえば男性と女性とが出産のために一対となるが如きである。……(中略)……また生来の支配者と被支配者とが両者の保全のために一対になるが如きである。何故なれば心の働きによって予見することの出来る者は生来の支配者，生来の主人であるが，肉体の労力によって他の人が予見したことをなすことの出来る者は被支配者であり，生来の奴隷であるからである。だからして主人と奴隷とには同一のことがためになるのである」(18)。

「しかし誰か自然によってこのようなものである人間がいるか，それともいないか，つまり，奴隷として仕えることが自分にとってより善いことであり，正しいことでもある人間がいるか，それともいないか，或はむしろ奴隷は如何なるものでも自然に反するものなのか，これらのことを次に考察しなければならない。しかしこれらのことを言論によって観察するの

も，また事実から学び知るのも，いずれも困難なことではない。何故なら支配することと支配されることとは，ただ必然なことどもに属するばかりでなく，また有用なことどもにも属するからである。そして生まれる早々から或る場合には相違があって，或るものは支配されるように出来ており，また或るものは支配するように出来ているからである。……(中略)……自然によって或る人々は自由人であり，或る人々は奴隷であるということ，そして後者にとっては奴隷であることが有益なことでもあり，正しいことでもあるということは明らかである」。[19]

フィッツヒューはこのアリストテレスの人間本性論に依拠して，ジェファソンの自由・平等思想を批判し，奴隷制こそは人間本性に則ったあるべき制度であると主張する。かれは「人はすべて自然にして不可譲の諸権利を持っているという点で，われわれはジェファソン氏と意見を同じくしている。そうした諸権利を侵害ないし無視することは，神の意図と計画に背くことに他ならず，『良い結果を生む』はずがない」と述べて，ジェファソンに同意するかのような口振りを示す。しかし，これにすぐ続けてつぎのようにいう。「自然，動物および人間界にみられる秩序と服従は，ある者はより高い地位につくべく，またある者はより低い地位につくべく，いいかえれば，少数者は命令すべく，多数者は服従すべくつくられているということを示している」。人間は肉体的，道徳的，知的にいって，決して平等に創られてはいない。人間20人を例にとっていえば，その中およそ19人は「奴隷となるべき自然にして不可譲の権利」を持っているのであり，残り1人のみ「支配と自由」を享受すべく生まれついている。しかも「かれらを支配者や主人にしないということは，多数者を奴隷にしないことと同様，自然権の由々しい冒瀆である」[20]。「生来の主人」と「生来の奴隷」はお互いに補完的な関係にあるのであり，「心身両面で弱い者は，導きと扶養と保護を必要としている。かれらは自分を保護し導いてくれる者に従い，その者のために働くべきである。……(中略)……自然はかれらを奴隷にしたのである。……(中略)……賢明，有徳，勇敢で，心身両面で強壮な者は本性上，人を支配し保護するように生まれついている」[21]。このように述べてフィッツヒューは独立宣言の思想が冗長，無意味で誤謬に満ちたものであることを指摘し，ジェ

ファソンが「背中に鞍を背負って生まれてきた者もいれば，その鞍に打ち跨がれるように長靴をはき拍車をつけて生まれてきた者もいる」という不平等な考え方は真理に反するものであると述べた言葉をわざわざ引いて，いやむしろそうした不平等こそが自然の真理なのだと説く。[22]

　フィッツヒューはまた時代の最先端をいく社会主義者の思想を持ち出して，奴隷制のたたえる温情主義の美風を賛美する議論を展開する。当時，ヨーロッパの社会主義者は自由社会に蔓延する個人主義とレッセフェールの風潮を批判して，協同の精神を提唱したのであったが，フィッツヒューはこの協同の精神こそは奴隷制社会の精神であり，南部奴隷制こそは協同的な人間本性にもっともよく合致した制度であると主張する。人間は本性上「協同的」な動物であり，利己主義と弱肉強食をうながす[23]自由社会はこの人間本性に馴染まないがゆえに失敗を運命づけられている。自由社会が成功しようと思えば，「人間本性の根本的な変革」を必要[24]としているといわねばならない。これに対して，南部奴隷制は協同をむねとする社会であり，協同的な人間本性の開花をめざすものである。奴隷は自分を見守ってくれ，世話をしてくれる主人を持っている。自分や家族が病気になっても，主人が薬を施してくれるし，たとえ自分が死んでも，残された家族は困らないであろうという安心感を持つことができる。奴隷は労働のすべてを主人に捧げ，主人は世話と心配事のすべてを引き受けてくれる。両者の間には調和のとれた協同関係がある。子供や病弱な奴隷，老齢の奴隷は主人にとっては使用価値がなく，たんなる重荷でしかないはずであるが，主人はかれらを養い保護して，主人としての義務を果たす。「欠乏，不幸，老齢，衰弱，病魔に襲われたとき，奴隷制は人間にとってなんと輝かしい制度であることか」。自由社会の競争[25]体制が敵意と利己主義と争いの体制であるとすれば，奴隷制社会は平和と兄弟愛の体制である。奴隷制は富者と貧者，主人と奴隷の利害を一体化させ，一方の側には愛情を，他方の側には忠誠心と敬意をはぐくむ。奴隷制は「あたかも平等があらゆる方面に反目と敵対を生み出すのと同じように，友好的で親切で愛情に満ちた関係を生み出す」。[26]

　フィッツヒューは，この世の中には二つの哲学があるという。一つは強者，富者，利発者の利益を促進しようとする自由貿易と自由競争の哲

学，もう一つは弱者，貧者，無学な者を保護しようとする社会主義の哲学である。アダム・スミスの経済学が自由社会の科学であるとすれば，「社会主義は奴隷制の科学」であり，「奴隷制は社会主義の一形態，それもその最善の形態に他ならない」。社会主義は自由競争をなくし，社会の弱者である労働者を保護し，協同労働をめざそうとしているが，これこそは奴隷制が完璧なかたちで実現しているところのものである。「立派に管理されている南部の農場は，フーリエも羨むであろう協同労働のお手本である」。フィッツヒューは奴隷制と社会主義を一体視して，つぎのように述べている。

「主要なそして最も重要な問題は，奴隷制が奴隷の状態にどのような影響を及ぼしているかということである。フランスの共産主義者たちのなかでも最も荒削りな一派は，ただ単に全財産の共有を提唱するのみならず，収益を各人の投入した労働量に応じてではなく，各人の欲望に応じて分配することを提唱している。これこそまさにわが奴隷制の実施しているところのことがらである。われわれはそれぞれの奴隷に対して高齢か若年かに応じて，病気か健康かに応じて，つまりかれの労働量に応じてではなく，欲望に応じて物を与えている。主人の欲望はより華美で洗練されているので，かれは収益のうちのより多くの分け前をとることになる。南部の農園は，共産主義の理想的形態である」。

フィッツヒューは奴隷制の温情主義的な側面を賛美するだけでなく，支配・服従関係は人間本性に根ざした必然のものであると説いて，奴隷制の原理を正面から正当化する作業をもおしすすめる。かれは独立宣言のうたう被治者の合意という考え方を批判して，つぎのようにいう。人間の社会生活が営まれるところでは，必ず「統治」が行なわれ，支配・服従関係が生じる。そして支配にはつねに「強制」がつきまとう。「統治の存在するところ，自由など存在しえない」のであって，被治者の合意などいらない。「われわれは，政府は『被治者の合意からその正当なる権限をひきだす』という独立宣言の起草者の見解には賛同しえない。……（中略）……政府というものは強制力に起源を発し，強制力によって存続せしめられてきた。政府というものはすべて強制力に起源を発し，強制力によって存続せしめられるに相違ない。統治という言葉自体，それが

被治者の合意に逆らって遂行されることを意味している」。フィッツヒューはこのように述べた上で，支配・服従関係に奴隷制という言葉を適用し，人間の社会生活にはすべてこの奴隷制の原理が含まれているのであるから，これを否定することは無政府状態を帰結することになるとして，奴隷制を原理的に正当化する。

　フィッツヒューがこのように奴隷制に一般的な意味を賦与しようとしたのは，すでに見たデューの及び腰の論法を克服するためであった。デューはキリスト教の精神や人間平等の理念に照らしていえば，奴隷制は間違っているとした上で，奴隷制の擁護を企てたのであったが，フィッツヒューはその歯切れの悪い論法を念頭に置いてつぎのようにいう。奴隷制を擁護するに際して，人は奇妙にも「一般的あるいは抽象的な意味での奴隷制は道徳的に間違っている」とし，奴隷制の悪を承認した上で，その弁護に詭弁を弄そうとしている。しかしそれは論理の進め方が逆なのであって，なによりもまず「われわれは抽象的な意味でのその制度をこそ弁護しなくてはならないのである」，と。要するに，奴隷制の原理を支配・服従の原理と一体視し，それは人類史に通底する普遍的な原理であると主張することによって，デューにつきまとっていた必要悪の論法を払拭しようとしたわけである。

　フィッツヒューは自分の論法を「新らしい擁護方法」と呼び，『南部のための社会学』以後，南部人は奴隷制を「異常視して，その言い訳や弁解をしたりするのではなく，正常かつ自然な制度として，その正当化をはかろうとしつつある。いまや奴隷制は必要悪としてではなく，積極的善としてあつかわれている」と述べて，自負の念を表明したのであったが，事実かれの論法はやがて南部一円で開花することになる。そして「奴隷制という制度が抽象的に間違っている，原理的に間違っているなどということは，いかに馬鹿げたことであろうか」，「奴隷制それ自体が正しいのである。すなわち奴隷制という偉大な抽象的原理は，それがほんらい社会的なあり方の基本原理である以上，正しいものなのである」，「それを抜きにした政府などというものは存在しないし，また存在しうるはずがない」（傍点，原文イタリック）といった主張がひろく南部に出まわることになる。

(1) George Fitzhugh, *Cannibals All! or, Slaves Without Masters*, ed. C.V. Woodward (Cambridge: Harvard University Press, 1960), p.78. 以下 *Cannibals* と略。
(2) *Cannibals*, p.73.
(3) *Cannibals*, pp.12, 73.
(4) *Cannibals*, p.13.
(5) *Cannibals*, p.8.
(6) George Fitzhugh, *Sociology for the South, or the Failure of A Free Society* (Richmond, Va.: A. Morris, 1854), pp.11, 20-21. 以下 *Sociology* と略。このタイトルにある「社会学」という英語は，1850年代に登場したばかりの最新の英語であった。
(7) *Sociology*, pp.10, 21, 24, 58, 201.
(8) *Sociology*, pp.90-92.
(9) *Sociology*, pp.22, 92.
(10) *Sociology*, pp.232-233.
(11) *Sociology*, p.253.
(12) *Sociology*, p.17.
(13) *Sociology*, pp.13-14, 17-19, 149-152.
(14) *Sociology*, pp.14-16, 136, 144.
(15) *Sociology*, pp.153, 173-174.
(16) *Sociology*, p.203.
(17) 『人みな食人種』のなかでフィッツヒューは人間生活の手引となるもっとも重要な哲学書として，第一に聖書，第二にアリストテレスの著作を挙げ，「奴隷制の真の擁護論は，人間の社会的本性に関するかれの理論に依拠しなくてはならない」と述べている。*Cannibals*, pp.13, 53.
(18) アリストテレス(山本光雄訳)『政治学』(岩波文庫，昭和36年)，32頁。
(19) 同上，40，43頁。
(20) *Cannibals*, p.69.
(21) *Sociology*, pp.177-178.
(22) *Sociology*, pp.179-180. フィッツヒューは自由・平等が弱肉強食の状況をもたらすことをつぎのように繰り返し指摘する。
　　　　「自由と平等は，社会の全重圧をもっとも脆弱な者たちの上へと

投げかける。自由と平等は，人びとのなかでも思いやりと援助と保護をもっとも必要としている者たちを抑圧すべく，他のすべての人びとを団結させる」(*Sociology*, p.232)。

「第一に，自由・平等はこれにともなう自由競争とともに，社会に一つの戦争を生み落とすが，その戦争たるや，あたかも不具の子供を遺棄する風習と同じくらいに破滅的な作用を，社会の弱者の上におよぼすものである。第二に，奴隷制は親・後見人・夫がそれぞれの弱者（子供・被保護者・妻──清水）を保護するのと同じように，社会の弱者を保護するものであり，奴隷制はこれらの関係と同じくらいに必要かつ自然で，普遍的なものでもある」(*Sociology*, pp. 257-258)。

フィッツヒューは「人びとに平等な権利を与えるということは，強者に対して弱者を抑圧する認可状を与えるに等しい」(*Sociology*, p.233)と述べて，平等思想にとりわけ嫌悪感を示した。もしもジェファソンのいうように，すべての人間が平等に創られているとするならば，まわりの人間はすべて競争相手となり敵となってしまうであろう。平等者のあいだには競争と利己主義の原理はあっても，愛など存在しないからである。すなわち，

「万人が平等ならば，誰もかれもが最高の名誉と最大限の所有物をえようと熱望して，善人も悪人もが『ひとを押しのけてでも出世せよ』という同じ教訓を子供たちに垂れることになる。このような社会においては美徳というものは──そういったものがあればの話であるが──その利己的目的に汚されて，その愛らしさをすっかり失ってしまう。そこでは利己的な美徳だけが奨励されることになるが，それは他のものをもってしては自由競争のレースにはなんら役立たないからである。善人も悪人も，すべて自己の栄達という同じ目標を心にいだき，この目標に向かって一路邁進する。善人とは世才にたけて用心深く，保身の術にたくみな人間のことである。かれは自分の幸運を追いもとめ，他人を足蹴にし，押しのける術──これを美徳と呼びたければ，そう呼べばよい──を心得ている。かれは時節をまって他人の愚行，無思慮，欠陥につけこみ，仲間の不幸を踏台にして自分の幸福をつかみとる。悪人とは軽率で性急で，要領の悪い人間のことである。かれもまた同じく利己的ではあるのだが，狡猾さというものをまったく欠いている」(*Sociology*, pp.24-25, 229)。

- (23) *Sociology*, pp.25, 32, 167.
- (24) *Sociology*, pp.73, 74.
- (25) *Sociology*, pp.68, 167.
- (26) *Sociology*, pp.26, 43, 96.
- (27) *Sociology*, p.80.
- (28) *Sociology*, pp.27-28, 61; *Sociology*, p.29 では,奴隷制を「共産主義の麗わしきお手本」と呼んでいる。
- (29) *Sociology*, pp.45, 48.
- (30) *Sociology*, p.245.
- (31) *Cannibals*, p.77.
- (32) *Cannibals*, p.243.
- (33) *Sociology*, p.199.
- (34) *Cannibals*, p.7.
- (35) William A. Smith, *Lectures on the Philosophy and Practice of Slavery, as Exhibited in the Institution of Domestic Slavery in the United States* (Stevenson and Evans, 1856. Reprinted 1969 by Negro Universities Press), pp.11-14, 29, 40, 47, 56, 69.

4節　アメリカ人種学派の科学的擁護論

人祖多元論のテーゼの復活

　宗教的擁護論,社会学的擁護論と並んでもう一つ,人祖多元論のテーゼを掲げて黒人奴隷制の正当化をはかろうとする科学的擁護論とでも称すべきものを取り上げなくてはならない。人祖多元論は第Ⅰ章で見たように,白人と黒人は人祖を異にする人種であり,黒人の生物学的劣等性は人類初発のものであると説くもので,建国期にトマス・ジェファソンが孤軍奮戦するかたちで唱えたものであった。この学説は,自然科学の興隆期であるジャクソン時代には人祖単元論を押しのけて隆盛を振るうようになっていた。「わたしは起源を異にし,知性はもちろん皮膚の色やその他の身体特徴もはっきり異なる二つの人種が共存している文明の現段階においては,南部奴隷州に現存する両人種のあいだの関係は悪であるどころか善,しかり積極的善であると考えます」というジョン・C・

カルフーンの連邦上院での演説（1837年）は，南部人が「積極的善」の主張を公の場で打ち出した最初のものとして注目に値するが，この発言はまた人祖多元論の見地から黒人奴隷制を正当化したものとしても注目に値する。ここではこの科学的擁護論を集大成したアメリカ人種学派（American School of Ethnology）と呼ばれた科学者グループを取り上げて，その手法について見ていくことにしたい。

アメリカ人種学派のなかでも指導的な役割を演じたのは，頭蓋骨収集で名を馳せたサミュエル・G・モートンである。ジェファソンのデータ主義の手法と人祖多元論のテーゼを継承し，これをジャクソン時代の科学界に復活させたのはかれであった。モートンの実証研究を素人向けにかみ砕いて紹介し，人種学の成果を流布する上で大きく貢献したのはジョン・H・ヴァンエヴリ，ジョサイア・C・ノット，ジョージ・R・グリドンらの科学者であった。かれらはモートンの研究成果を援用して奴隷制擁護論を展開したレイシスト・デマゴーグとでも称すべき人びとであった。

ジャクソン時代は専門の科学者が輩出して，学術雑誌や科学協会が数多く創刊，創設された時代であった。「科学者 scientist」という英語が登場するのもこの時代のことである。当時，科学者たちが方法論の上で範を仰いだのは，建国期にトマス・ジェファソンが私淑したフランシス・ベーコンの方法であった。ベーコンは旧来の哲学上の諸説を「架空のかつ舞台向けに作りあげられた世界を表わす芝居にすぎない」（「劇場のイドラ」）と呼んで一蹴し，空疎な観念論を斥けたのであったが，ジャクソン時代の科学者たちもベーコンにならって形而上学や観念論をしりぞけ，事実収集に情熱を注いだ。その結果「実証科学」，「厳密科学」，「近代科学」といった言葉が頻繁に交わされるようになり，詩人ウォルト・ホイットマンが『草の葉』のなかで「実証科学万歳！厳密なる論証に永遠に幸あれ！」と謳ったように，実証的手法が人びとの心をとらえるにいたった。この手法を典型的なかたちで駆使してみせたのがアメリカ人種学派の科学者たちであった。

アメリカ人種学派のメンバーは，自分たちの学問が「事実の学」であり，時代の最先端を行く学問であることを自負していた。モートンは「人

種学こそは本質的な意味での近代科学」であり，この学問が「明確な観察に委ねることのできないような事柄」や「証示しうる諸事実の明白かつ合理的帰結として導き出されたのではないような事柄」に信を置くものではないことを誇りとした。ノットも同じように，われわれは「独自の理論を立てようとしたのではなく，諸事実をその偽らざるかたちのままに提示しようとしたに過ぎない」と述べて，「一群の諸事実」(傍点，原文イタリック。以下同様)と「事実集積」の重要性を強調した。アメリカ人種学派の科学者たちは，論戦に際しては，しばしば事実という言葉をイタリック体で強調した。そして論敵の提示してくる事例に対しては「想定上の」といった形容詞をつけて，その事実としての信憑性，確実性に疑問符をつけ，自分の列挙する事例には「自明で現実に存在し，つね日ごろ触知しうる無視すべからざる自然科学的事実」，「触知しうる直接的な，証示可能で避けて通ることのできない事実」といった調子でおよそ煩瑣なまでの修飾語をつけて，その事実としての自明性，確実性を強調した。

アメリカ人種学派はまた事実収集に並はずれた意欲を燃やし，類例のない規模のデータ収集を行なったという点でも水際立っている。「アメリカのゴルゴタ」の異名をとったモートンの頭蓋骨コレクションは，その代表例である。モートンの頭蓋骨収集は最終的には900顆を数えたといわれており，これに匹敵するものは当時のヨーロッパの学界には存在しなかった。かれの二大著作『クラーニア・アメリカーナ』(1839年)と『クラーニア・エギュプティアカ』(1844年)は『ロンドン内科外科学誌』が評したように，「完璧な事実の宝庫」ともいうべきものであった。

アメリカ人種学派は建国期にジェファソンの打ち出した事実主義，データ主義の手法を復活させただけでなく，黒人の「頭脳の資質」の劣等性を実証することにかけてはジェファソンを上まわる成果を挙げた。ちなみに，モートンの『クラーニア・アメリカーナ』は諸人種の頭蓋容量に関して，次頁に掲げるような興味深い表を掲載している。

この表でとくに重要なのは，頭蓋骨の「平均容量」の欄に記されている数値である。この数値は諸人種の頭蓋容量には明確な落差が見られることを示しており，白人を頂点とし，黒人を最下位とする序列の存在す

五大人種の頭蓋容量

人種名	頭蓋骨の数	平均容量	最大値	最小値
コーカサス	52	87	109	75
モンゴル	10	83	93	69
マレー	18	81	89	64
アメリカ	147	80	100	60
エチオピア	29	78	94	65

（平均容量，最大値，最小値の単位は立方インチ。「人種名」の欄の「アメリカ」はアメリカ先住民，「エチオピア」は黒人のこと）

ることを物語るものであった。モートンの実証研究はジェファソン以来人びとのあいだで漠然と抱かれてきた黒人の「頭脳の資質」の劣等性を論証するものであったといえる。現在の科学ではモートンの研究は疑似科学として斥けられている（すなわち頭蓋容量に人種序列があることを示すような測定値は得られてはいない）[10]が，実証科学が緒についたばかりの当時にあっては，モートンの研究はデータ収集の徹底性という一点をとってみても，人びとを驚かせるにたるものがあった。もし人がモートンの測定値に異議を唱えようとすれば，かれはモートンのデータに匹敵する，あるいはそれを上まわるデータを提示しなくてはならなかったが，それは専門の研究者にとっても至難の業であった。

モートンは『クラーニア・アメリカーナ』のなかで諸人種の肉体的，精神的な特徴についても要約している。たとえば，白人の資質はつぎのとおりである。

「コーカサス人種は，あらゆる色合いに敏感に染まりやすい自然ほんらいの白色を特徴としている。頭髪は細く長くカールし，さまざまな色合いを呈している。頭骨は大きく長円形で，その前方は隆起している。顔は頭の大きさに比べて小さく長円形で，きわめて均整のとれた目鼻立ちをしている。鼻骨はアーチ形をえがき，顎は隆起し，歯は垂直にかみあっている。この人種は最高度の知的能力に容易に到達しうるという点で水際立っている」[11]。

これに対して，黒人の人種特徴はつぎのように描かれている。

「黒い皮膚と黒い羊毛状の頭髪によって特徴づけられる。目は大きくか

つ突出し，鼻は幅広く偏平，唇は厚く，口は大きい。頭は長頭で，前額部は低い。頬骨は出っぱっており，顎は前方へとつき出し，顎先は小さい。気質的にいって黒人は陽気で，従順で，怠惰である。この人種を構成する多数の部族のうちには知性の著しい多様性がみられるが，そのなかでもとくに極端なものは，人類の最下位のグレードを示している」。[12]

この最上位と最下位の中間に位置する諸人種の精神特徴はつぎのとおりである。「その知的特性においてモンゴル人種は器用かつ模倣的で，教化されうる素地を大いにそなえている」。マレー人種は「活動的かつ器用で，移動しつつ食物をあさる沿海種族のあらゆる習性をそなえている」。「その精神的性格において，アメリカ人種は耕作を嫌い，知識を習得するのに緩慢である。落ち着きがなく，絶えず動きまわっており，報復的，好戦的で海洋上の冒険能力を完全に欠いている」。[13] こうした特徴づけはジャクソン時代に巷間ひろく出まわっていたアメリカ白人の通俗的な人種イメージをそのまま投影したものでしかないが，モートンはこれを実証科学の名の下に語ることによって人種的偏見の補強と上塗りを行なったといえる。

アメリカ人種学派が人祖多元論のテーゼを打ち出すためには，現時点での人種差と人種序列の存在を実証するだけでなく，この差異が太古からのもの（もっと厳密にいえば，人類初発からのもの）であることを示す必要があった。人祖単元論（『旧約聖書』）の立場では，人類は最初メソポタミア周辺に住んでいたが，ノアの大洪水のあと地球上の各地に散在し，その過程で自然環境の影響を被って，いくつかの人種が誕生するにいたったと想定されていた。また天地創造の日時は聖書年代学の推定では，紀元前4004年10月26日（水）であるとされていた。天地創造と人祖の誕生以来まだ6000年の歳月しか経っていないと考えていたわけであり，人間の歴史を非常に短くとらえていたといえる。

アメリカ人種学派は，この単元論の考え方に二通りの方向から批判を加えた。一つは「人種を特徴づける肉体上の差異は外的原因とは無関係である」[14]，すなわち自然環境が人間の身体に影響を及ぼすことはないというものである。建国期を代表する単元論者サミュエル・スタンホープ・スミスは人種の皮膚の色に注目して論陣を張ったのであったが，アメリ

カ人種学派は骨格や頭蓋骨の形状に着目した。そして気候が骨格や頭蓋骨の形状にまで影響をおよぼすということはありえないことであるとしてスミスの環境決定論を否定し，「人類の原初からの多様性」をとなえた。[15]

　アメリカ人種学派の加えたもう一つの批判は，人種差が6000年の歳月のあいだに生じたという想定である。モートンは，もし単元論者のいうように人類の歴史がわずか6000年であるとするならば，今日見られるような著しい人種差はきわめて短い年月のあいだに生じたことになるが，それは物理的にいって不可能であると考えた。かれは古代エジプト文明に注目し，その絵画に今日見られるのと同じような人種差が描かれているのを知った。『クラーニア・アメリカーナ』の中で，モートンはつぎのように述べている。最近発見されたエジプトの絵画では，白人と黒人は3000年以上もの昔から今日と同じようにはっきり異なった姿で描かれている。もし自然環境のせいで白人が黒人から，あるいは逆に黒人が白人から派生したのだとすると，その変化はせいぜい1000年のあいだに起ったことになるが，奇蹟を想定するのならともかく，それは物理的にいって不可能である，と。[16] モートンはこの見解を「人類の多様性に関する簡潔な所見」（1842年）のなかでつぎのように要約している。

　　「われわれはまったく特徴を異にするいくつかの人種が今日と同じような姿ですでに3500年も前のエジプトに存在していたのだという興味深い事実を知っている。そこでは白人と黒人が今日われわれがつね日頃目にしているのと同じような身体特徴をして並んで描かれている。35世紀というこの巨大な時の流れは，いずれの人種にも少しの変化ももたらさなかったわけである。この明確な差異のうかがわれる時期と，古代ヘブライの年代記に出てくる大洪水の時期とのあいだには，たかだか700年たらずの歳月が介在しているにすぎない」。[17]

こうした点からモートンは，人類は初発から心身両面で人種差をそなえていたのであり，各々の人種にはそれ固有の人祖が存在していたのであると確信するにいたった。[18] すなわち，

　　「わたしは諸人種は最初から，つまり各地域に分散するに先立って，あい異なる精神的，身体的特徴——この相違あるがゆえに，かれらは地球上

のさまざまな地域に適応しえたのである——を賦与されていたのだと確信せざるをえない。これらの多様性を考慮すればするほど，それだけ一層わたしはこの多様性は決してほんらい同一であった体質が外的自然の働きかけによって生み出されたものではなく，むしろ逆に人間のあいだには原初的な差異が前もって存在していたのであるという結論に到達せざるをえない」。[19]

　人祖多元論の立場は，聖書の記述に異議を唱えるものであったので，宗教家たちを敵にまわすことになった。アメリカ人種学派はこの宗教界との争いをガリレオの地動説以来の争い，宗教と科学の最後の決戦であると位置づけ，自分たちの使命は科学的な探求を聖書への従属から解放しようとするものであると受け止めていた。アメリカ人種学派の論客ジョサイア・C・ノットは『人類の聖書的および自然科学的歴史の関連性についての二つの講演』(1849年)のなかで，「この書物の主要な目的は人類の博物学を聖書から解き放ち，この各々を衝突や妨害の生じないよう，それ自身の地盤の上にすえることである」[20]，「神の啓示を受けた記述者たちの使命は単に道徳的なものであるにすぎず，その啓示は科学の領域までも覆うものではなかった」[21]と宣言し，「道徳界の法則」と「自然界の法則」[22]を峻別して，聖書の字句の妥当範囲を前者の領域へと限定した。建国期の単元論者スミスは，聖書の言葉は自然界にも妥当すると確信していたのであったが，自然科学の発達はかれの楽観を裏切って聖書の権威を突き崩し，神の言葉の有効性をせまく道徳の領域のみに限定するにいたったわけである。

科学的擁護論の特徴

　モートンの実証研究を基礎にすえて，奴隷制の科学的擁護論を展開したのはJ・H・ヴァンエヴリ，ジョサイア・C・ノット，ジョージ・R・グリドンらの科学者たちであった。ここではヴァンエヴリの主著『黒人と黒人奴隷制——劣等人種とその正常な状態——』(1853年)，『白人の優位と黒人の従属』(1868年)[23]を例にとって，科学的擁護論の手法を見ていくことにしよう。

　ヴァンエヴリの著作は，結論を先取りしていえば，二つの対照的な主

張を表裏一体のかたちで盛りこんでいる。一つは黒人資質の劣等性という観点から繰り広げられる奴隷制擁護の論理，もう一つは白人平等の観点からなされる白人デモクラシーの要請である。このように奴隷制擁護と白人平等の主張を同時に打ち出してくるという点に，アメリカ人種学派の論理の特徴がある。

　まず奴隷制擁護の論理についてであるが，ヴァンエヴリは黒人の生物学的な劣等性，とりわけジェファソンのいう「頭脳の資質」の劣等性をつぎのように主張する。黒人は創造されたときから，白人とは異質な本性を賦与されているのであり，白人と黒人の差異は永遠不変のものである。黒人の脳は白人の脳とは対照的に，動物本能の中枢である小脳が知的機能をつかさどる大脳よりも顕著な発達をとげている。[24] 黒人はその劣等な資質ゆえに，奴隷の地位に置かれて当然の人種であり，奴隷制は黒人本性に則った制度である。「主人の優位と『奴隷』の従属というこの社会秩序は，永遠にながらえるであろう。なぜなら，それは全能の神の崇高な掟，人種のあいだの自然な関係，白人の資質的永久的な優越性と，黒人の資質的永久的な劣等性に基礎を置いているからである」。[25]『白人の優位と黒人の従属』は，黒人奴隷制が自然(本性)に則ったあるべき制度であることを，つぎのようにくどいまでに強調する。

　「800万の白人と400万の黒人が，並存状態に置かれている。黒人はその欲望，本能，能力すなわち神から賦与された本性にふさわしく，家庭内での従属と社会的な順応の状態にある。かれらは異質な従属的生き物であり，優秀人種に対するその自然の関係にしたがって，異なった従属的な社会的地位に置かれている。それゆえかれらはノーマルな状態にある。このことは厳密には自明とはいえないにせよ，避けてとおることのできない真理であって，いかなる詭弁，自己欺瞞，権威ある格言あるいは誤れる推理といえど，一瞬たりとも否定しえない真理である。なぜなら，それは造物主の御手によって永遠に定められた諸事実に依拠しているからである。黒人は白人とは異質であり，劣っている。かれは異質な劣った立場に置かれており，それゆえ当然のことながらノーマルな状態に置かれているというべきである。この主張は一般的な命題として，疑いもなく真理にかなうものである。なぜなら疑いをいれる余地が毫も存在しないのだから。すでに見た

ように神はかれを異質なものに，まったく異質なものに創り給うたのであった。その差異は，全能の神のどの製作品にもまして不変のものである。神はそれゆえ黒人を当然別個の目的へと，すなわち人種が並存状態にあるときにはいつでも，またそのような場所ではどこでも，異質の従属的な社会的地位へと意図し給うたのであった」。[26]

ヴァンエヴリは人種優劣の見地に立って黒人奴隷制を正当化するかたわら，白人に関しては「同じ能力，同じ欲望をもっている以上，かれらが同じ権利と同じ機会を与えられ，神から賦与された本性を存分に享受して生活すべき資格を持っているということは自明の真理である」[27]として，白人平等の実現を要請する。かれは白人の平等を「神の刻印し給うた生得的な永遠の平等性」[28]，「神がこの人種の身体に永遠の刻印をおし給うた確固たる自然にして不易の平等性」[29]と表現し，この平等を損なうことは人間（白人）本性を冒瀆するものであるという。

ヴァンエヴリはこのように白人平等を要求する点で，すでに見たジョージ・フィッツヒューの温情主義的な考え方とは決定的に異なった考え方をする。フィッツヒューは人間本性の優劣を論じたが，この優劣を人種に対応させて論じることはしなかった。「生来の主人」を白人に限定し，「生来の奴隷」を黒人に限定するということはしなかった。[30]フィッツヒューは中世農奴制を奴隷制の一形態としてよく引きあいに出したが，この例でもわかるように，かれは白人の大多数も「生来の奴隷」であると考えていた。ちなみにフィッツヒューは北部に向かって奴隷制の採用をうながすのであるが，それは黒人奴隷制ではなく，白人貧民の奴隷制である。すなわち黒人奴隷なら，現在一人あたり700ドル程度であろうが，白人奴隷の場合には1000ドルの値打があろう。したがって北部人のうち，1000ドルの資金をもつ者を貧民一人の（「主人」という言い方は北部では好まれないであろうから，これに代えて）「保護者」にしてはどうか。この制度のもとでは，人は負担と責任の大きい「保護者」よりも，「被保護者」すなわち奴隷の立場に身を置くことの方を好むであろうと述べている。[31]フィッツヒューはまたノットとグリドンの共著『人類の諸類型』に言及して，このような人種差別の書が「黒人への嫌悪，人種的な憎悪，黒人たちを国外に排除しようとする風潮」を煽ることを慨嘆し

て，つぎのように述べている。

　「われわれは『人類の諸類型』のドクトリンを嫌悪するものである。まず第一にそれは，全人類は共通の人祖に由来すると説く聖書の教えに反するからである。第二にそれは，残忍な主人が黒人たちを，弱くて無知で頼るべきものを必要とする同胞として扱うのではなく，邪悪な動物として，非人道主義的に扱うよう仕向けるからである。南部人は黒人の友であり，その唯一の友である。お節介な奴隷制即時廃止論者やお上品ぶった哲学にこの友人関係を解体させてはならない」。⁽³²⁾

ヴァンエヴリの立場は主人と奴隷の親密な一体化をはかろうとするこのフィッツヒューの温情主義の立場とは対照的に，人種間の溝を深めようとするものであり，白人に限定していえば，その内部に徹底した平等を実現しようとするものである。ヴァンエヴリは資質を等しくする支配者人種（白人）の内部に身分の上下や階級差を持ちこんではならないと主張し，同じ白人のなかに「虐待され抑圧されている幾百万もの人びと」がいるという現実，「同じ人種に属する無知蒙昧で悲惨な幾百万もの人びと」が下積みの状態に置かれているという現実を憂えて，白人下層民の救済を訴えかけた。かれはそれと同時に，北部の奴隷制反対運動に関しては，これを「妄想，愚行，欺瞞」として一蹴した。なぜなら，奴隷制即時廃止論者たちは「かれら自身と同じ人種に属する無知で堕落した大衆」の惨状に目を覆い，生来の劣等人種でしかない黒人の境遇改善という無益な作業に腐心しているからであった。⁽³⁴⁾

ヴァンエヴリの筆は黒人奴隷制に向けられるときには，その永遠不変性を賛美する反動的なものとなり，白人社会に向けられるときには，現実の不平等を告発する革新的な響きを帯びることになる。このように反動と革新を背中あわせのかたちで並存させている点に，アメリカ人種学派の論理の特徴がある。劣等人種である黒人には奴隷制を適用すべきである。しかし，同じ資質（本性）をもち，同じ能力を持っている白人のあいだではデモクラシーを実施するべきである。この二元的な論理を，ヴァンエヴリはつぎのように要約している。

　「優秀な支配者人種は自分自身のためにはデモクラシーの制度を採用する。本性上の同等者たちは（神の定めた——清水）掟によって平等である

ことを宣言されている。造物主によって同じ体質に創られ、同じ能力を賦与され、同じ目的のために創られている者たち、同じ権利を行使し、同じ義務を遂行するよう意図されている者たちは、これらの権利を享受すべく保護され、かつ義務を遂行するよう義務づけられている。劣った体質をもち、劣った能力を賦与されている劣等人種は、その皮膚の色を変えることができないのと同様、全能の造物主が優越した身体に割り当てた諸目的を遂行することはできないのであり、かれらにとってはその・特・異・な体質にかない、かつ白人への永遠の従属を終始確たるものとして定めているところの・独・特・な制度（奴隷制――清水）が人間の生存上、不可欠であるのみならず、また（この制度を維持することは――清水）優秀人種に課せられた・絶・対・的・な・義・務でもある[35]」。

ヴァンエヴリはこの主張をさらに一歩すすめて、黒人という劣等人種の存在が白人デモクラシーを促進する原動力になった、すなわちアメリカ白人社会の民主化がヨーロッパ以上に進んだのは劣等人種が存在していたからであると主張する。かれは「アメリカ民主制」と「イギリス寡頭制」の差異を生みだした原因を劣等人種の存在に求める。新大陸に渡ってきたイギリス貴族の子弟たちはヨーロッパの伝統や封建的な諸観念を捨て去って、白人デモクラシーの擁護者へと一変したのであったが、それは黒人という劣等人種と接触したからであった。これら貴族の子弟が庶民との身分のちがいを云々してみたところで、「黒人というこの・自・然の劣等者と比べるとき、卑しい白人同胞に対するかれらの架空のものでしかない（すなわち・本・性に基づかない――清水）優越性など、いったい何であったであろうか[36]」。黒人という本性上の劣等者が存在していたがゆえに、アメリカでは社会の成員をわかつ区分線として、自然（本性、人種資質）に根ざした区分線が引かれることになったのである。アメリカ白人は劣等人種と共存していたがゆえに、「神の御手になる永遠の区分線」をはっきり自覚させられることになり、道を踏み外すことがなかったのである。すなわち、

「もしヴァージニアに能力と欲望の大きく異なる黒人という異人種が存在しなかったなら、すなわち、もし自然の区分が存在しなかったなら、階級分裂を生み出すあの富、教育、家系の誇りといった偶然的で人為的なも

のが社会的政治的秩序の基礎として，他の地域におけると同様，ここにも残存することになっていたであろう。古い伝統と慣習をたずさえてやってきたイギリスの騎士の子孫たちは，その環境が父祖たちのそれとはいちじるしく異なっていたので，多分なにほどかはリベラルになっていたことであろう。しかし，もし黒人という自然の区分を示すものが存在せず，もし社会の依拠すべきあの神の御手になる永遠の区分線というものが存在していなかったなら，依然かれらといえど，アメリカにおけるもっとも貴族主義的な一団としての性格を失わなかったことであろう[37]」。

ヴァンエヴリはさらにアメリカ内部へと目を転じて，北部と南部の差異，「北部寡頭制」と「ヴァージニア民主主義思想」のちがいを生みだしたのも黒人人口の多寡であると主張する。「どの地域においても，この黒人人口の量と定着性に厳密に比例するかたちで，白人のあいだに自由・平等に関する明確な見解が生れた」のであり，白人のかたわらに多数の黒人人口が存在していたことが南部に民主主義思想を生みだす母胎になったのである[38]。北部には白人平等の理念を自覚させるに足るだけの劣等人種が存在しなかった。その結果，北部を拠点とする「フェデラリストたちの政策は，徹頭徹尾イギリスにおけるそれと同じものになった。その政府たるや，なにものをも生産しない少数者がそれを通じてありとあらゆるものを享受し，あらゆるものを作り出す多数者がなにものをも享受しないような機構ないし道具にほかならなかった[39]」。ヴァージニア対マサチューセッツ，ジェファソン対ハミルトン，「弱体な政府」対「強力な政府」という政府観のちがいは，その地域が白人平等の理念を自覚させるに足るだけの黒人人口を擁していたか否かのちがいによって生じたものである。北部は自然（資質）の劣等者を十分に持っていなかったので，自然（資質）の区分線がなおざりにされ，同等者であるべき白人のあいだに富や教育による人為的な区分線が引かれることになった。ヴァンエヴリはこのように述べて，北部寡頭制の生じるにいたった所以をつぎのように説明する。

「かれら（北部人——清水）は，社会の構成要素のうちに黒人という自然の下層民，すなわち社会を分かつ自然の区分線をもっていなかった。かれらは富と教育という人生における偶然のチャンスや出来事の結果にすぎ

ないものしか見たことがなかった。要するに，古い社会の屑でしかないあの階級区分——旧世界では，これが政治的社会的秩序の基礎をなしているわけであるが——以外，目のあたりにしたことがなかった。……(中略)……かれらはジェファソン氏の偉大な思想（独立宣言の平等思想——清水）を理解することができなかった。かれらが目のあたりにしたのは階級区分，金持ちと貧乏人，教育のある少数者と額に汗する多数者といったもの（すなわち人間本性に基礎を置いていない人為の区分——清水）でしかなかった。かれらは現状に基づいた政府を建てようとしたので，つねに大衆をその『支配者』へと従属させておけるような強力な政府を要求したのであった。……(中略)……これに反してヴァージニアはすでに述べたように，旧世界の精神的気質を投げ捨てて，その子孫たちは早くから父祖の伝統の枠にはまりきらないほどに成長していた。……(中略)……北部は前述したように，社会の下層民すなわち自然の区分をもっていなかったので，人為の区分に基づいた政府を望んだのであった。爵位をもった階層，国王，長子相続法といったものはもちろん存在しなかったが，イギリスの場合と実質的には同じような階級区分に基づいた政府を望んだのであった。なるほどどの州にも黒人はいたし，かれらがいわゆる奴隷制というノーマルな状態に置かれていたことは事実である。しかしその数はあまりにも取るにたらぬものであったので，北部人の社会に影響をおよぼしたり，その精神的気質に変化をもたらしたりする力とはなりえなかったのである」。[40]

　ヴァンエヴリの集大成したアメリカ人種学派の論理は要するに，一方で黒人資質の劣等性をとなえて奴隷制を擁護し，他方で白人の同質性をとなえて，白人デモクラシーの実現を要請するというものであり，黒人向けと白人向けにヴェクトルの異なる二元的論理を展開している点に大きな特徴があるが，この特徴はこの学派の自然（資質）の立場に由来するものであった。思想史の上からいって，一般に自然の立場は，それが具体的な社会に関連づけられる場合，二通りのしかも正反対の方向に機能するとされている。一つはそれが既存の社会体制（たとえば黒人奴隷制）をそのまま自然の秩序と見なして容認し，その永遠性を保障する保守反動的なイデオロギーとして機能する場合であり，もう一つはこれとは逆に，それが理想視する秩序の理念（たとえば白人デモクラシー）にあくま

で固執して，現実の社会関係を批判する現状変革のイデオロギーとして機能する場合である。アメリカ人種学派の論理は，この両方向のヴェクトルをともに内包していたという点にその特徴がある。

　アメリカ人種学派は自然(本性)に基礎を置くもののみが時代と場所を超えた人類普遍の法であると考えていた。その点でかれらは建国期のトマス・ジェファソンの自然の立場を継承していた。ジェファソンが富や出生といった偶然的なものに基礎を置く「人為の貴族」を斥けて「自然の貴族」を賛美したように，ヴァンエヴリも「富，教育，家系の誇りといった偶然的で人為的なもの」を排斥して，「人間本性に根ざした」制度，「自然の秩序」，「自然の諸関係」，「自然の区分」のみが「永遠不易の」ものであり，「神の御手によって永遠に定められた」ものであると唱えた。またジョサイア・C・ノットはジェファソンの「自然の貴族」という概念をそのまま援用して，「われわれは統治の才能というものをひとり教養階層の子弟にのみ望むべきではない。むしろ自然の貴族というものはそれとは逆に，よりしばしば粗野な辺境開拓者や頑強な体つきをした職人の家庭から現れるものである」と説いて，白人デモクラシーの理念を掲げた。この立場では，自然(資質)の原理が強調されればされるだけ，人種間の溝は押し広げられることにならざるをえない。そしてそれと同時に白人に関していえば，同一人種としての同質性と平等の原則がクローズアップされざるをえない。要するに，黒人差別の要請と並行して，強力な白人平等の理念が前面におしだされてくるわけである。奴隷制に対する態度を別とすれば，アメリカ人種学派はジェファソン思想の直系の後継者であったといってよい。

アメリカ人種学派の科学の限界

　アメリカ人種学派のモートンは実証精神を標榜する誠実な学究の徒であったにもかかわらず，かれの研究は当時の人種的偏見を克服するものではなかった。またヴァンエヴリやノットらは事実を尊重すべきことを声高に唱えつつも，モートンの研究成果をそのまま黒人奴隷制の擁護論へと横滑りさせていった。そこでは手堅い事実主義の標榜と露骨な人種主義の扇動とが並存していた観がある。ここではアメリカ人種学派の事

実主義のはらむ陥穽について見ておくことにしたい。

　アメリカ人種学派は机上論や観念的な思弁を斥けて，学問研究を実証的な基礎の上にすえようとしたという点では一定の意義をもっていた。しかしかれらは事実にこだわるのあまり，推理や抽象概念を非科学的なものとして排撃することにもなった。ヴァンエヴリは予定説や原罪などの神学上の観念や「国王の『神聖性』，僧侶の『無誤謬性』，その他いつわりに満ちた抽象物」（傍点，原文イタリック）を「自然科学的な証明や具体的な事実に照らしては吟味しえない」代物であるとして斥けただけでなく，さらに一歩進めて「自然科学的な諸事実」と「抽象的性質の事柄」とを対置し，後者を科学的ならざるものとして否定し去った。

　アメリカ人種学派は抽象概念のみならず，ものごとに原理的な省察を加える作業をも斥けるにいたった。かれらは抽象的思考を排撃し，原理的考察を斥けることがベーコン流のやり方であると思っていたかのようである。社会主義者のフリードリッヒ・エンゲルスは『自然の弁証法』のなかで19世紀欧米に台頭したベーコンのエピゴーネンに言及して，かれらは「単なる経験をのみ頼み，思考を絶対的な軽蔑をもって扱い，そして実際に無思想という点ではこれまた最大限にまで達してしまっている」と評したのであったが，この酷評はアメリカ人種学派の欠陥をみごとに衝いたものであった。

　事実収集はこれを行なう際に，収集者本人にその自覚があるかないかにかかわらず，すでに一定の観点なりフレームなりが前提とされており，特定のフレームに照らして収集はなされている。事実収集が無前提に行なわれるということは原理的にいってありえない。しかしアメリカ人種学派にはそうした自覚自体が希薄で，かれらは自分自身のうちに潜む偏見や社会通念を対象化しようとする意識はなかったし，自分の依拠する前提に原理的な省察を加えるということもしなかった。手で触れることのできる事実だけに信を置くという素朴な方法にこだわったその分だけ，かれらは自分自身の観点やフレームを点検する作業をなおざりにした。ジャクソン時代を風靡した事実主義は人種学だけでなく，ありとあらゆる学問領域を覆うものであったが，植物学，鉱物学，地質学，古生物学のような分野では，偏見が認識を曇らせる度合いははるかに少ない。も

しエンゲルスのいう「思考を絶対的な軽蔑をもって扱」う無思想な研究態度や原理的省察を欠いた研究態度が大きな弊害を生む分野があるとすれば，それは人間を直接の対象とする人種学のような分野であるが，アメリカ人種学派にはこうした点に関する深刻な自覚や自省はなかった。

エンゲルスはベーコンのエピゴーネンを痛罵し酷評したわけであるが，ベーコン自身はどうであったかといえば，かれは19世紀のエピゴーネンが標榜したような素朴な事実主義を唱えたのではなかった。ベーコンは「素朴な感覚的知覚からまず出発」すべきことを説いたが，感覚だけに固執すべきであるとはいわなかった。むしろ「人間の知性のこの上もない最大の障害と錯誤とは，感覚の鈍さと無能と虚偽とから生じ，その結果感覚を打つものは，たとい有力ではあっても感覚を直接動かさないものに比べて，より重きをなすようになる。それゆえに，思索は視覚［が止む］とともに停止し，その結果，眼に見えないものについては，ほんのわずかしか考察されないか，あるいは全くされないようになる」と述べて，アメリカ人種学派の陥った素朴な実感信仰や事実主義に警告を発していたのであった。
(46)

ベーコンは一方の極に理論や抽象化を嫌悪する素朴実証主義者（つまり19世紀の例でいえばアメリカ人種学派）を置き，他方の極に事実に無関心な観念論者を置いて，それぞれを「蟻」と「蜘蛛」にたとえている。そして，健全な学問研究というのは主観を押し殺して（もっと正確にいえば，押し殺したつもりになって）データ収集のみに没頭する「蟻」のような流儀（アメリカ人種学派流の事実主義）にあるのでもなければ，逆に客観的な諸事実に目をつぶって，自分一個の主観的頭脳から観念の糸を紡ぎ出して抽象理論を展開する「蜘蛛」のような流儀にあるのでもなく，両者を結合させた「蜜蜂」の流儀によらなくてはならないことを力説したのであった。すなわち，

「学を扱ってきた人びとは，経験派の人か合理派の人かのいずれかであった。経験派は蟻の流儀でただ集めては使用する。合理派は蜘蛛のやり方で，自らのうちから出して網を作る。しかるに蜜蜂のやり方は中間で，庭や野の花から材料を吸いあつめるが，それを自分の力で変形し消化する。哲学の真の仕事も，これと違っているわけではない。それはすなわち精神

の力だけにとか，主としてそれに基づくものでもなく，また自然誌および機械的実験から提供された材料を，そのまま記憶のうちに貯えるのでもなく，変えられ加工されたものを，知性のうちに貯えるのである。それゆえにこれら(すなわち経験的と理性的的の)能力の，密で揺ぎない結合(いまだ今までに作られていないような)から，明るい希望が持たるべきなのである」。[47]

　さきにアメリカ人種学派の事実主義は自分の依拠するフレームに対する無自覚を生むと述べたが，この学派が無意識的に浸っていた観念の一つを具体的に見ておこう。その典型は人間の身体と精神は密接に対応しあっており，両者は規定関係にあるという考え方である。これは骨相学が前提としていた考え方であり，当時骨相学はすでに学問として廃れつつあったが，アメリカ人種学派はこの対応(規定)関係を，その妥当性がなんら論証されていないにもかかわらず，自明のものとして受け容れていた。ちなみにモートンは，「この上なく著しい道徳上の差異は，方舟に由来する人類の子孫以来のものである。だからわれわれは，これと同じくらい著しい身体上の相違もすでにその当時から存在しており，今日の言葉でいうところの人種なるものもすでにできあがっていたのだと推定してよいであろう」[48]と述べている。ノットやヴァンエヴリらもしばしば「人間の知性は，その身体的な外形と不可分である。前者の特質の変化は，後者におけるそれ相応の変化なしには生じえない」，「林檎，梨，桃などはそれ自体の独自の外形的特徴をもち，その外形に対応する性質を内容的にそなえている」といった発言を繰り返した。[49]

　この場合，外形(頭蓋容量，顔面角，頭形などの身体特徴)と内容(精神)のあいだに，はたして対応関係や規定関係があるのかどうかということ自体検証されねばならないことがらであるにもかかわらず，アメリカ人種学派はむしろこれを自明のものとして受けとり，身体特徴は精神的営為の高低と密接に照応していると考えていた。その際かれらは白人の知的優越を自明とし，白人の身体特徴はこの優越性を写す外的徴表であると考えていたので，黒人やモンゴル人種などの精神的営為の高低は，これらの人種の身体特徴が白人のそれに近接しているかどうかの度合いによって測定できるとした。すなわち「黒人の知能と本能に見られる白

人との差異は，身体的な特徴面での相違から精密に測定しうる」，「(白人と黒人を両極とする——清水) モンゴル，マレー，インディアンなどの中間段階にある人種は，その身体上の外形にふさわしい半文明の状態にある」。

アメリカ人種学派の念頭にあっては，精神・身体両面の最高価値はすべて白人の独占するところとなっており，世界史上の優れた業績はすべて白人資質の生みだしたものであった。ヴァンエヴリはアジア史に登場する卓越した指導者を取り上げて，つぎのように論じている。「こんにち中国にその名を残している孔子およびその他の著名な人びとは，たぶん白人であった」。「アッティラは生粋の白人の血を引いており，その指揮官たちもまた明らかに白人あるいは白人資質の優勢な人びとであった。しかしながら，かれの恐るべき軍団の大部分をなしていたのがモンゴル人種であったということは，これまた等しく確実である」。ジンギスカンも白人の血が優勢なモンゴル系の混血であった。チムールも「生粋の白人の血を引いており，その将軍，指揮官もまた疑いもなくそうであった」。しかし「チムール麾下のほとんど無数ともいうべき軍団の大部分は，純然たるモンゴル人種であった。したがって，指導者自身は白人であったのだが，その征服事業の血なまぐさい破壊的な性格はモンゴル人種の残忍さと獰猛さによって刻印されたのである」，云々。残忍さや破壊性といったマイナス面はすべてモンゴル人種に帰せられ，偉大な知性や卓越したリーダーシップといったプラス面はすべて白人に帰せられているわけで，その恣意的論じ方にはおよそ歯止めがないといわねばならない。

モートンが先鞭をつけた人種差を数量化しようとする研究は南北戦争を機に人体測定学という学問を誕生させることになる。しかし，この新しい学問には人種差を把握することになにか本質的な意味があるのかどうかといったことを問いなおす姿勢はなく，ただ精巧な器具をもちいて身体特徴を正確に把握しようとするだけの学問であった。人種学は純技術的な領域では深化したが，この学問を根底から支えていた白人優位の価値観やイデオロギーが原理的に問いなおされるということはなかった。南北戦争は多数の兵士を動員することによって，未曾有の規模の人体測

定を可能にした。しかしそこから引き出された結論はモートンの研究成果を上まわるようなものはなに一つ含んではいなかった。むしろ膨大なデータは単に人種的偏見の固定化に拍車をかけただけであった。

(1) Richard K. Crallé, ed., *The Works of John C. Calhoun* (New York: Russell & Russell, 1968), II, 631.

(2) アメリカ人種学派のメンバーとカルフーンとは個人的にも面識があり、交流があった。カルフーンの「積極的善」の発言の数年後のことであるが、アメリカ人種学派の指導者のひとりジョージ・R・グリドンは1844年5月の初旬、首都ワシントンに滞在していた。かれの父は国務省勤務で、エジプト領事をしていたので、グリドンはエジプト学にも造詣が深かった。当時国務長官の要職にあったジョン・C・カルフーンは、首都滞在中のグリドンに来訪を乞うた。当時テキサス併合問題をめぐって英、仏と外交交渉にあたっていたカルフーンはグリドンに対して、英、仏がわが国の黒人奴隷制に干渉しようとしているが、黒人に関するなにかよい研究書はないかと尋ねた。グリドンはこれに答えて、アメリカ人種学派の中心人物サミュエル・G・モートンの著作をすすめた。以後カルフーンとモートンのあいだで手紙が交わされるようになり、モートンは主著『クラーニア・アメリカーナ』（1839年）と『クラーニア・エギュプティアカ』（1844年）をカルフーンに贈っている。前者はアメリカ先住民を中心とする人種研究の書であり、後者は奴隷制が古代エジプトの最初期の段階から存在していて、黒人の社会的地位は往時もいまも同じであることを論証したものであった。カルフーンはこの二著によってアメリカ先住民や黒人の人種特徴が4000年もの昔からなんら変わっていないことを知り、人祖多元論のテーゼの正しさを確信するにいたった。Josiah Clark Nott and George R. Gliddon, *Types of Mankind: or, Ethnological Researches, Based upon the Ancient Monuments, Paintings, Sculptures, and Crania of Races, and upon Their Natural, Geographical, Philological, and Biblical History* (Philadelphia: Lippincott, Grambo & Co. 1855, Seventh Edition), pp.50-51. 以下 *Types of Mankind* と略。

(3) フランシス・ベーコン（桂寿一訳）『ノヴム・オルガヌム』（岩波文庫、1978年）、85-86頁。訳は一部変更。

(4) Walt Whitman, *Leaves of Grass and Selected Proses*, ed. John Kouwenhouven (New York: The Modern Library, 1950), p.42.

(5) Samuel George Morton, *An Inquiry into the Distinctive Characteristics of the Aboriginal Race of America* (Philadelphia: John Penington, 1844), p.3; Gilbert Osofsky, ed., *The Burden of Race. A Documentary History of Negro-White Relations in America* (New York: Harper & Row, Publishers, 1967), p.110.
(6) Josiah C. Nott, *Two Lectures on the Connection Between the Biblical and Physical History of Man* (Bartlett and Welford, 1849, rept. New York: Negro Universities Press, 1969), pp.58, 67. 以下 *Two Lectures* と略; Eric L. McKitrick, ed., *Slavery Defended: The View of the Old South* (Englewood Cliffs, New Jersey: Prentice-Hall Inc., 1963), p.135.
(7) *Two Lectures*, pp.27, 33; John H. Van Evrie, *White Supremacy and Negro Subordination; or, Negroes A Subordinate Race and (so-called) Slavery Its Normal Condition* (Van Evrie, Horton & Co., 1868. Reprinted 1969 by Negro Universities Press, New York), pp.57, 59. 以下 *White Supremacy* と略。
(8) *Types of Mankind*, pp.xxx, xxxiv.
(9) Samuel George Morton, *Crania Americana; A Comparative View of the Skulls of Various Aboriginal Nations of North and South America*(Philadelphia: J.Dobson, 1839), p.260. 以下 *Crania Americana* と略。

　人種をこの表にあるように五つに分類し、ここにあるような名称を与えたのは人類学の祖とされるドイツのJ・F・ブルーメンバッハであった。モートンは分類方法と名称に関しては、先人のフレームをそのまま採用したわけである。「頭蓋骨の数」欄に示されているように、1830年代末にモートンが手元に集めていた頭蓋骨のなかではアメリカ先住民のものが圧倒的に多かったことがわかる。「クラーニア・アメリカーナ（アメリカ先住民の頭蓋骨）」と題されたゆえんである。
(10)　モートンは誠実な学究の徒であり、測定自体はきわめて慎重に行なっているが、測定以前の分類段階で誤りを犯しているのではないかと推測される。たとえば、マレー半島で発見されたとしてかれのもとに届けられた頭蓋骨の容量を測定した際、もしそれが大きな数値を示した場合、モートンはこれは現地人の頭蓋骨ではなく、アジアに派遣されていた白人宣教師のものであろうと勝手に判断して、白人の方に分類した可能性がある。そうとでもしなければ、この表にあるような見事なランクづけ

の数値が得られるはずはない。現在の科学では人種差よりも個人差のほうが大きいとされている。

(11) *Crania Americana*, p.5.

(12) *Crania Americana*, pp.6-7.

(13) *Crania Americana*, pp.5-6.

(14) Osofsky, ed., *op. cit.*, p.113; *Crania Americana*, p.3.

(15) *Types of Mankind*, p.xlix.

(16) *Crania Americana*, p.88.

(17) Osofsky, ed., *op. cit.*, p.113. この点をモートンは *An Inquiry into the Distinctive Characteristics of the Aboriginal Race of America*, p.36 でも繰り返している。当時の学界では古代エジプト文明を生み出したのはアフリカ人であると想定されていたが、モートンは古代文明を生みだしたのは黒人ではなくてヨーロッパ系の人種であり、黒人は古代エジプトにおいても召使や奴隷であった、すなわち黒人は肉体的特徴の上だけでなく社会的地位の面でも古代エジプト以来なんら変わっていないと主張した。*Types of Mankind*, pp.xl-xli; Samuel George Morton, *Crania Aegyptiaca; Observations on Egyptian Ethnography, Derived from Anatomy, History and the Monuments* (Philadelphia: John Penington, 1844), pp.65-66.

(18) モートンはバックマンに宛てた手紙（1850年3月30日付）のなかで、つぎのように回顧している。わたしが20年前に人種研究をはじめたころは、どの本も一様に人類は単一の祖先に由来する、現在みられる多様性は気候、地域差、食物、その他自然環境の影響によるものであると説いていました。人間は最初完全な美しい存在物として創造され、その後外的要因の作用によって肉体上の不平等が生じた。そして、もっとも高貴な白人の姿態から、堕落したオーストラリア人やホッテントットへといたる差異が生じたと考えていました。わたしはこの問題を非常に慎重に研究いたしました。その結果、人種差は後天的なものではなく、原初から存在していたのであると確信するにいたりました。これが『クラーニア・アメリカーナ』で表明した見解です、と。Quoted in *Types of Mankind*, p.xlix.

(19) Osofsky, ed., *op. cit.*, p.110; 人祖単元論は人類の歴史をあまりにも短く見積もっているという点で難点があるが、現在の科学は人祖は一つであったと考えており、人祖単元論の方が科学的に正しいとされている。

(20) *Two Lectures*, p.7.

(21) *Two Lectures*, p.17.
(22) *Two Lectures*, p.51.
(23) ヴァンエヴリがこの書物の序文で述べているように，本書はもとリンカーンの大統領選出時に公刊されたものである。*White Supremacy*, p.v.
(24) Osofsky, ed., *op. cit.*, pp.105-106. このオソフスキーの編んだものに収録されているのは Van Evrie, *Negroes and Negro Slavery: The First, An Inferior Race——The Latter, Its Normal Condition* (Baltimore, 1853) の一部である。
(25) *White Supremacy*, p.203.
(26) *White Supremacy*, p.188.
(27) *White Supremacy*, p.181.
(28) *White Supremacy*, p.202.
(29) *White Supremacy*, p.289; *White Supremacy*, p.186 にも the natural equality that God has stamped upon the race という似たような表現が出てくる。
(30) 『旧約聖書』に出てくるハムがセムとヤペテの奴隷となるよう命じられるくだりは黒人奴隷制を正当化するものとして当時しばしば引用されたのであったが，フィッツヒューはハムが黒人の祖先であるという説には与しなかった。そして，古代イスラエルの奴隷は黒人ではなかったし，古代には黒人奴隷制なるものも存在しなかったと主張して，「奴隷制の正当性をあの人種（黒人——清水）に限定する」ことの必要性を認めなかった。George Fitzhugh, *Sociology for the South, or the Failure of A Free Society* (Richmond, Va.:A.Morris, 1854), p.98. 以下 *Sociology* と略。
(31) George Fitzhugh, *Cannibals All! or, Slaves Without Masters*, ed. C.V. Woodward (Cambridge: Harvard University Press, 1960), p.223.
(32) *Sociology*, pp.95, 147.
(33) *Sociology*, pp.28, 31.
(34) *Sociology*, p.28.
(35) Osofsky, ed., *op. cit.*, p.107.
(36) *White Supremacy*, pp.277, 286.
(37) *White Supremacy*, pp.290-291. ヴァンエヴリはヨーロッパには自然(資質)の劣等者が存在しなかったがゆえに人為の区別がはびこることになったという主張をつぎのように展開している。ヨーロッパ白人は黒

人という劣等者を身近にもっていなかったので，真実の秩序，あるべき自然の秩序を知るにはいたらなかった。その結果，白人社会の内部に富や教育による人為の区別を設けることになった。イギリスが，そのよい例である。「イギリスは他のいかなるキリスト教国にもまして図抜けて豊かであり，その年間の生産高は途方もなく大きいのであるが，その富たるやごく一部の人びとによって独占されてしまっている」。しかも「その少数者は日々ますます裕福に肥えふとりつつある一方，他の多くの者たちはそれと同じくらい迅速かつ確実によりいっそう窮乏化し，無知，堕落，悲惨さに拍車をかけつつある」(*White Supremacy*, p.259)。この不合理な事態をもたらした原因は，人為的なものに求められねばならない。白人社会では万人の平等が本来の姿なのであり，もし不平等が存在するとすれば，それは人為がもたらしたものに相違ない。「これらの恐るべき結果をもたらしたのは政府，すなわち人間の案出したものあるいは政治機構であって，それが神が本来平等につくり決して政治上の区別など認めていなかった被造物のあいだに，この大きな溝をこしらえたのである」(*White Supremacy*, pp.300-301)。

(38) *White Supremacy*, pp.277, 280, 287.

(39) *White Supremacy*, p.302.

(40) *White Supremacy*, pp.281-283, 285; 引用文からは省いたが *White Supremacy*, p.282 には「ジェファソンによって独立宣言で表明された偉大な理念」という表現が出てくる。

(41) *White Supremacy*, pp.190, 202, 221, 275, 277, 290, 323, 339; "artificial distinctions" と "natural distinctions" の対比については，とくに *White Supremacy*, pp.283, 285, 290-291, 322-323 で詳細に論じられている。

(42) *Two Lectures*, p.45.

(43) ヴァンエヴリは「南部プランターと北部農民」を「自然の同盟者」と呼んで重視し，19世紀なかばに身を置きながらも，製造業，株式売買，投機はもちろん漁業までをも否定し，農業のみがあるべき人間の営みであるとして，ある意味ではジェファソン以上にジェファソン的な発想をしている。*White Supremacy*, pp.307, 336-337.

(44) *White Supremacy*, p.58.

(45) フリードリッヒ・エンゲルス（田辺振太郎訳）『自然の弁証法』（岩波文庫，1959年)，上，61頁。

(46) ベーコン『ノヴム・オルガヌム』，60, 91頁。[　]内は訳者の補っ

たもの。
- (47) 同上，154-155頁。
- (48) Osofsky, ed., *op. cit.*, p.111.
- (49) McKitrick, ed., *op. cit.*, p.128; *White Supremacy*, p.134.
- (50) *White Supremacy*, p.197; *Two Lectures*, p.22.
- (51) *White Supremacy*, pp.80-83.

5節　ジョン・C・カルフーンの少数派擁護論

　アンテベラム期の南部人は，北部に対して二通りの方向で思想的な防衛戦を展開した。一つはすでに見た奴隷制擁護論，もう一つは少数派擁護論である。南部人は一方で奴隷制社会の理念的な正当化をはかると同時に，他方では連邦議会で少数派化していく南部利益をいかにして守り抜くかという課題にも取り組まなくてはならなかった。ここではこの「自覚せる少数派」としての課題について取り上げることにしたい。

　建国期のトマス・ジェファソンは多数派支配に絶対的な信頼を置いており，デモクラシーのゆくすえを楽観視していた。しかし多数派を普遍的善の担い手とみなすかれの政治論からは，少数派の利益や権利を擁護しようという発想は出てきにくい。南部の論客はジェファソンとは正反対の問題意識から政治論にとりくみ，理論的な再検討をする必要に迫られた。この課題に取り組んだのがジョン・C・カルフーンであった。

　カルフーンは『政治論』（1849年）の劈頭で，「考察されるべき第一の課題は，……われわれ〔人間の〕性格の本性ないし法則が何であるかということ，これである」と述べて，政治論の基礎に人間本性論をすえる。しかし，かれの人間本性論はジェファソンのそれとはまったく性格を異にしたものであった。ジェファソンは人間を利他的志向をそなえ，社会的善をなそうとする存在としてとらえたのであったが，カルフーンは人間を「社会的感情」よりも「個人的愛情」をより多くもちあわせた存在としてとらえ，この「本性は，必然的に，個人間の対立を生ぜしめる」ことになると考えた。そして「各人は，他人の安全ないし幸福よりも自分自身の安全ないし幸福をより重視する」ものであり，「両者が相対立す

るときは，容易に，他人の利益を犠牲にして自分のそれを守る」もので
あるとした(1)。したがって，多数派の横暴によって少数派意見が圧殺され
るのを防ぐには，なんらかの政治的ルールを考案する必要があると考え
た。ジェファソンが防止しようとしたのは国王の専制や少数派の寡頭制
であったが，カルフーンが防止しようとしたのは「多数派の専制」であ
った。

　カルフーンの政治論を理解するには，19世紀前半に南部が連邦議会で
どのような状況に置かれていたかについて見ておく必要がある。連邦議
会議員の各州への配分方法は，合衆国憲法の第1条2節と3節で定めら
れている。連邦下院には各州は州人口の多寡に応じて（すなわち人口比
例の原則に則って）議員を送り込むことができる。他方，連邦上院には，
各州は一律に二人の上院議員を送り込むことができる。この憲法規定の
もとでは，州の数が連邦上院議員数に直接関係してくるわけであるから，
西部に新州がつくられ，地域利害対立が進展していくなか，北部は自由
州の数が増大することを期待し，逆に南部は奴隷州の数が増えることを
期待することになる。

　ちなみに1819年にミズーリの連邦編入が問題化した際，南部奴隷州と
北部自由州はともに11州で，同数であった。したがってミズーリをどち
らに加えるにせよ，南北の政治的バランスが崩れること必定であった。
この問題の解決方法として考案されたのはミズーリを奴隷州として編入
する代わりに，マサチューセッツ州からメインを切り離し，これを自由
州として連邦に編入するという苦肉の策であった。奴隷州と自由州の数
をそろえ，南北から送り込まれる連邦上院議員の数を同数にするために，
わざわざメインという州を人工的に作り出したわけである。ミズーリ論
争は，州の数のもつ意味を人びとに意識させるものとなった。原初13州
以後の新州の編入状況と南北の州の数を表で示すと，次頁の表のように
なる。

　この表の最後に挙がっているカリフォルニアのあと，ミネソタとオレ
ゴンも近い将来自由州として編入されることが予想されていたので，南
部人は安閑たる気分ではいられなかった。しかしこの表にも示されてい
るように，自由州と奴隷州を同数にしようとする努力が意識的になされ

新州の連邦編入状況[(2)]

（原初13州はマサチューセッツ，ニューヨークをはじめとする7つの自由州と，ヴァージニア，サウスカロライナをはじめとする6つの奴隷州から成り立っていた。下の表は，この13州をうけて第14番目に州となったヴァーモントから，第31番目に州となったカリフォルニアにいたるまでの編入状況を示したものである）

連邦編入年月	編入順位	自由州　（合計数）	奴隷州　（合計数）
1791年 3月	14	ヴァーモント　（ 8州）	
1792年 6月	15		ケンタッキー　（ 7州）
1796年 6月	16		テネシー　　　（ 8州）
1803年 3月	17	オハイオ　　　（ 9州）	
1812年 4月	18		ルイジアナ　　（ 9州）
1816年12月	19	インディアナ　（10州）	
1817年12月	20		ミシシッピ　　（10州）
1818年12月	21	イリノイ　　　（11州）	
1819年12月	22		アラバマ　　　（11州）
1820年 3月	23	メイン　　　　（12州）	
1821年 8月	24		ミズーリ　　　（12州）
1836年 6月	25		アーカンソー　（13州）
1837年 1月	26	ミシガン　　　（13州）	
1845年 3月	27		フロリダ　　　（14州）
1845年12月	28		テキサス　　　（15州）
1846年12月	29	アイオワ　　　（14州）	
1848年 5月	30	ウィスコンシン（15州）	
1850年 9月	31	カリフォルニア（16州）	

てきたので，連邦上院では極度に偏った事態は生じていなかった。

　南部人が危機感をもったのは，連邦下院の状況であった。人口比例の原則が適用される連邦下院では，南部人は数的劣勢を痛感せざるをえなかった。建国期以降，南部諸州の人口増加は北部と比べてはかばかしくなく，1790年に最初の国勢調査が行なわれて以後，北部との差は開く一方であった。この押しとどめようのない人口面での劣勢は，次頁の表が示すように，連邦下院における南部議員の割合を年を追って減少させていった。

自由州と奴隷州の連邦下院議員数の比較 (1790-1860年)[3]

年	自由州（北部・西部）	奴隷州（南部）	南部下院議員の割合
1790	59人（ 1,968,040）	47人（ 1,961,174）	44(%)
1800	77 （ 2,686,582）	65 （ 2,607,808）	46
1810	105 （ 3,758,999）	81 （ 3,456,859）	43
1820	123 （ 5,152,635）	90 （ 4,452,779）	42
1830	142 （ 7,012,399）	100 （ 5,808,469）	41
1840	141 （ 9,728,922）	91 （ 7,290,719）	39
1850	147 （13,527,220）	90 （ 9,612,929）	38
1860	163 （19,051,291）	85 （12,237,997）	35

（カッコ内の数字は黒人人口をも含めたそれぞれの地域の総人口）

　カルフーンは連邦議会におけるこの状況を前にして、「合衆国政府は数のみに基礎を置いた政府である。数がその唯一の要素であり、数の上での多数派がその唯一の支配勢力である」[4]という政治システムのあり方に強い疑問を抱くにいたった。カルフーンの危機感は、かれが連邦上院で行なった二つの演説で表明されることになる。一つは1850年3月4日に行なわれたカルフーン最後の議会演説である。このなかでかれは連邦を危機に追い込んだのはいったい何であったのかと尋ね、その原因を南北両セクション間の「均衡」が崩れたことに、すなわち一方のセクション（北部自由州）が連邦政府の支配権を独占して、他方のセクション（南部奴隷州）を「侵害と抑圧から身をまもる十分な手段をもたない」状況に追い込んだことに求めた。カルフーンは国勢調査の数字をもちだして、この点をつぎのように説明している。1840年の国勢調査では、合衆国の総人口は1706万3357人であり、このうち北部は972万8920人、南部は733万4437人で、南北の人口差は約240万である。他方、州の数は26であるが、このうちデラウェア州は奴隷州とも自由州ともいいがたい状態にあるので、これを中立と見なすと、北部は13州、南部は12州となる。この南北間の州の数の差は、連邦上院で北部を2人分だけ有利にしている。1840年の国勢調査にもとづいた議員配分では、連邦下院議員の総数223人のうち、北部議員は135人、南部議員は87人であるから、北部は南部を48人も上まわっている。カルフーンはこう論じたあと、「全体の結果は、連邦政治の

どの分野でも北部に優位を与えるものとなっており,連邦政治を構成する二つの要素,すなわち州の過半数と人口の過半数をともに北部に集中させるものとなっております。この二つをみずからの掌中におさめるセクションは,どのセクションであろうと,連邦政治全体の支配権を握ることになります」(傍点,清水)と述べて,連邦政治のあり方に疑問を投げかけた。

1850年の議会演説の前年,カルフーンは「南部国会議員の選挙民への呼びかけ」と題するもう一つの注目すべき演説を行なっている。かれはこのなかで連邦議会における南部の数的劣勢が将来どのような事態をもたらすことになるか,北部多数派が南部の黒人奴隷制をどのように取り扱うにいたるであろうかを予測して,つぎのように論じている。メキシコ戦争によって合衆国はニューメキシコとカリフォルニアを獲得した。この新しい領土は南部を含めたすべての州の努力と犠牲によって得られたものであるにもかかわらず,北部はこの領土への奴隷制導入に反対し,南部人が新しい領土の恩恵に浴する権利を奪い去ろうとしている。もしも北部が新しい領土を独り占めして,南部をそこから排除することに成功するなら,北部は今後連邦に編入されることになる多数の新州を味方に加えて,全体の4分の3の州を支配下に置き,合衆国憲法を改正して,南部諸州の奴隷を解放するにいたるであろう。もしそうなったら,歴史上類例のない事態が生じることになろう。奴隷の解放は南部白人と北部人のあいだに苦々しい敵対感情を生み出すであろうし,南部黒人と北部人とのあいだには逆の事態を生み出すであろう。南部黒人は,自分たちの解放は北部人のおかげだと思っているので,北部人を味方であり保護者であると見なして,感謝の念を注ぐであろう。北部人もまたこれに応えて,黒人たちに好意的に接するであろう。北部人は奴隷の解放だけではなく,さらにつぎのステップへと進むはずである。すなわち黒人たちに選挙権を与え,官職につく資格を与えることによって,黒人をかつてかれらの所有者であった南部白人と対等の地位へと引き上げることになるであろう。もしそうなれば,優遇されるにいたった南部黒人は北部人の政治的同盟者となって,ありとあらゆる問題に関して北部人と行動をともにし,北部人の好むとおりに投票するにいたるであろう。北部人は

この同盟関係を利用して，旧敵南部白人を完全な支配下に置くことに成功するであろう。南部黒人と北部からやってきた白人たちが南部の官職を独占して，南部白人の上に君臨することになるであろう。このカルフーンの暗い予測は南北戦争敗退後の南部で実際に生じることになるものであり，かれの危機感は決して杞憂ではなかった。

　カルフーンが少数派擁護論として構想したのは，無効宣言の理論と競合的多数の理論と呼ばれるものであった。カルフーンをこの理論化の課題に取り組ませるきっかけとなったのは，1828年の保護関税法の成立であった。アンドルー・ジャクソンの大統領選出時に制定されたこの関税法は，平均税率40％という建国期以来の最高税率を課すもので，南部人が「唾棄すべき関税」と呼んだものであった。

　1828年関税法の成立直後，カルフーンは「サウスカロライナ解釈」と題する文書を著して，南部の犠牲の上に北部を富ませるこの不平等で抑圧的な法律を口をきわめて論難した。合衆国の総輸出額は年平均5300万ドルであるが，このうち南部諸州の生産する綿花，米，煙草の輸出額は3700万ドル，他の諸州の生産品の輸出額は1600万ドルであり，南部諸州と他の諸州の輸出額の比は2対1である。ところが人口で比較すると，これが逆になるのであり，この人口面での劣勢を反映して「南部は連邦議会にわずか76人の代表しか送り込んでいない。他方，他の諸州は137人も送り込んでいる」。したがって頭数の原理でいくかぎり，経済的な貢献度の高い南部が連邦議会で敗退することになり，今後も不利益を被りつづける可能性が高い。「多数派が支配すべきだという赤裸々な原理に基づいた政府はいかなる政府も……その自由を一世代たりとも維持することはできない」と確信するカルフーンにとって，連邦議会におけるこの「多数派の抑圧」はなんとしてでも阻止されねばならなかった。

　「サウスカロライナ解釈」においてカルフーンが提示したのが，無効宣言の理論と呼ばれるものである。それは「連邦政府の侵害」から州政府の権利を防衛するために，連邦政府と州政府の関係をとらえなおそうとする一つの試みであった。すなわち，連邦政府の樹立と合衆国憲法の制定は，各州を当事者とする契約である。独立した主権団体を構成するのは個々の州(州民)であって，一全体としてのアメリカ人といった概念

は成立しえない。連邦政府の政策が違憲であるかどうかを判断する最終判定権は連邦政府にではなく，契約の当事者であり主権者である州の側にある。したがって，もしもある州が連邦議会で制定された法律によって憲法上の権利を侵害されたと判断する場合には，その州はその法律に対して異議申し立てを行ない，その法律の無効を宣言して，自州内での実施を拒否することができる，というものである。(8)

　連邦議会はしかし「唾棄すべき関税」以後も，税率引き下げの努力を払わなかった。カルフーンの地元サウスカロライナ州は1832年にふたたび保護関税法が成立したのを機に特別議会を召集し，無効宣言条例を可決して，1828年および32年の関税法の施行を拒否するむね宣言した。そして，もしも連邦政府が武力的抑圧を加えてくるようなら，ただちに連邦から脱退すると宣言した。サウスカロライナ州の挑発的な態度はジャクソン大統領を激怒させ，両者のあいだに武力衝突が起きるかのような雲行きとなった。しかし天性の妥協家ヘンリー・クレイの努力によって連邦議会が税率を漸次引き下げていく妥協関税法を制定したので，危機はかろうじて回避された。

　1832年の危機のさなか，カルフーンは無効宣言の理論が南部諸州のあいだですら過激視されて，サウスカロライナ州と行動を共にしようとする州がないのを知った。そこでかれはこの理論とは別に，競合的多数の理論と称するより協調的な理論を構想するにいたった。1833年2月に連邦上院で行なった演説で，カルフーンはこの理論をつぎのように説明している。多数派の意思によって治められる24人の人間からなる社会があると想定していただきたい。これらの構成員が二つの利益グループ，すなわち13人対11人の多数派と少数派に分かれていると仮定しよう。「絶対的多数派の意思に基礎を置く政府」のもとでは，必ず敵対的な利益グループが生み出され，敵対的な立法がなされることになる。そこでは社会の全成員の忠誠心を集めるような共通の中心点は形成されにくい。すなわち，そこでは党派心が愛国心に取って代わり，愛国心が失われるとともに腐敗が生まれ，アナーキーが生じ，最後にはデスポティズムの台頭をゆるすことになる。こうした趨勢を正すには，ただ一つの対処策しかない。われわれは24人からなる社会を13人の多数派の意思によって統治

される単一の社会とみなすのではなく、13人のグループの意思と11人のグループの意思をそれぞれ別々に確かめ、13人のグループの多数派の意思と11人のグループの多数派の意思とが一致した場合にのみ、これを実施し、一致しない場合は施策を見合わせるという方法を採用すべきである。「これをわたしは、絶対的多数と区別する意味で、競合的多数と呼ぶことにする」。絶対的多数の場合も、競合的多数の場合も、多数派の数は同じである。13人のグループの過半数は7人であり、11人の過半数は6人である。両者を合わせると13人となり、これは24人の過半数でもある。ただしかし、数は同じであるとはいえ、カウントの仕方は本質的に異なっている。従来「絶対的多数派の政府」が「人民の政府」であるかのように思われてきたが、これ以上の誤りはない。それはむしろ「最強者の利益を代弁した政府」であるにすぎず、もし適切なチェックが施されないなら、「もっとも専制的で抑圧的な」政府になること必定である(9)。

　カルフーンがここで持ち出している24という数字は、ミズーリ論争時の合衆国24州にちなんだものである。もし24州全体で多数決をとるならば、関税・奴隷制問題をはじめとするすべての論点で北部13州の南部11州に対する搾取と抑圧が生じかねない。しかし南北両地域でそれぞれ別個に多数決をとり、北部多数派と南部多数派がともに合意に達した政策のみを連邦政府の政策として採用するならば、そうした弊害も回避されうるというわけである。(10)

　この競合的多数の理論には、一、二の基本的な点で難点がある。たとえばカルフーンは社会を相争う主要な利益集団の抗争としてとらえるというが、その場合、どの利益集団を主要なものと見なすのか、どの集団とどの集団の対立を基軸的なものと見なすのかは当のイデオローグがどのセクション、どの階級に属しているかによって根本的に異なってくるはずで、この判断レベルですでに議論百出するはずである。ちなみにカルフーン自身は南部プランターと北部資本家の抗争を最大の対立軸として想定していたわけであるが、同じ南部人でも自営農民の立場に立つヒントン・R・ヘルパーは打倒プランターを最大の課題と考えていたのであって、カルフーンとは正反対の認識をもっていた。政治認識の分野では、基軸的な対立図式をどう描くか自体、イデオローグによって根本的

にちがってくるはずであり，誰が見てもそうとしか見えないような客観的な図式などというものが存在しているわけではない。またカルフーンは主要な利益集団の合意をとりつけるというが，もしそれを鉄則とするならば，連邦政府の活動は大幅に制約されて身動きがとれず，しばしば無作為に陥ってしまうことになろう。ただこうした難点があるとはいえ，カルフーンの政治論がジェファソンの多数派論に代わるものを模索しようとする示唆に富んだ試みであり，頭数の横暴に対抗しようとする少数派南部の切実な思索の跡を示すものであったことは事実である。

(1) ジョン・C・カルフーン（中谷義和訳）『政治論』（未来社刊，1977年），9‐12頁。引用文中，〔　〕内は訳者の補ったもの。マディソンは『ザ・フェデリスト』第10篇で，広大な領域をもつ共和国では党派や利益群は多様化するので，多数派が少数派を抑圧するという事態は生じにくくなると説いたが，カルフーンはたとえ利益層が多様化しても，「その利害が最も似かよった利益層間で連合が形成され」，多数派の横暴が生じることになるのは変わらないとして，マディソンのとらえ方にも賛同しなかった。カルフーン『政治論』，24頁。
(2) Saul Sigelschiffer, *The American Conscience. The Drama of the Lincoln-Douglas Debates* (New York: Horizon Press, 1973), p.440.
(3) J. T. Carpenter, *The South as A Conscious Minority 1789-1861* (Peter Smith, 1963), pp.21-22.
(4) Richard K. Crallé, ed., *The Works of John C. Calhoun* (New York: Russell & Russell, 1968), I, 168-169. 以下 *Works of Calhoun* と略。
(5) *Congressional Globe*, 31st Congress, 1st Session, p.451.
(6) *Works of Calhoun*, VI, 301-304, 309, 310-311.
(7) *Works of Calhoun*, VI, 7, 8, 33, 42.
(8) *Works of Calhoun*, VI, 40-42.
(9) *Works of Calhoun*, II, 247-251.
(10) カルフーン『政治論』，33-34, 37頁も参照。

第IV章
北部の奴隷制即時廃止運動

1節　即時主義の意味

バーンの即時主義

　南部の奴隷制擁護論に対抗するかたちで，1830年代の北部では奴隷制反対世論が成長をとげていった。それは穏健なものと過激なものとの二通りのあらわれ方をした。一つは漸進主義の立場（すなわち奴隷制の拡大反対あるいは奴隷の漸進的解放と黒人植民を一体化させて打ち出す立場）であり，もう一つは奴隷の合衆国内での「即時無条件解放」をとなえる過激な立場である。30年代の北部で白熱の議論を呼んだのは，このうちの後者すなわち奴隷制即時廃止運動であった。

　南部奴隷制擁護論の出発点を画するデューの『論評』（1832年）と，北部アボリショニズムの発足を告げるガリソンの『リベレイター』紙創刊（1831年）は，南北それぞれに新しい過激な思想が呱々の声をあげたことを物語るものであった。北部の穏健な奴隷制反対の立場については次章にゆずることにして，ここでは北部の過激派，奴隷制即時廃止論者の思想と行動について見ていくことにしよう。

　奴隷の即時解放を唱えるいわゆる即時主義のスローガンは，普通ウィリアム・ロイド・ガリソンの『リベレイター』紙創刊号（1831年1月1日）に，その起源が求められる。オリヴァー・ジョンソンやアーチボルド・グリムケは19世紀後半に著した『ガリソン伝』のなかで，ガリソン

のことを「即時無条件解放の旗をかかげ,その原理の上に運動を組織した最初の人物」あるいは「『全面即時廃止』の化身」と表現している。こうした見方はアボリショニズムにたずさわった活動家自身の手で確立され,ガリソンを即時主義の化身とみなす見方は19世紀後半にはすでに定着していたといってよい。

　アメリカ奴隷制反対協会を創設し,運動を組織的なかたちで押し進めていく上でガリソンが大きな貢献をしたことは事実である。しかし,即時主義の思想を系譜的にあとづけようとする場合,ガリソンの『リベレイター』紙創刊号よりも十数年もまえに上梓されたジョージ・バーンの『聖書と奴隷制は両立せず』(1816年)を看過するわけにはいかない。バーンの著作は南北の地域対立が表面化する以前に刊行されたものであるにもかかわらず,すでに「即時全面廃止」のスローガンを打ち出しており,1830年代アボリショニストの思想の大半を先取りするかたちで示している。したがってここではまずバーンの即時主義をとりあげて検討し,ついで30年代のガリソンとその指導下のアボリショニストがこれをどのように継承,発展させていったかをあとづけることにしたい。

　バーンの『聖書と奴隷制は両立せず』が上梓されたのは,アメリカ社会が「好感情の時代」(1817－25年)にさしかかろうとしていた時期のことであった。バーンは南北の協調気運が高まりつつあるなか,時代の趨勢が奴隷制黙認の方向に動きつつあるのを敏感に感じとっていた。ヴァージニア州はすでに1804年の法律で黒人奴隷の夜の祈禱集会を厳禁とし,翌年には奴隷に読み,書きを教えることを禁止していた。南部の州議会は奴隷主が個人的に行なう奴隷解放に禁止令を出して,奴隷制引き締めの方向に向かっていた。バーンはこうした趨勢の一因を,建国の父祖たちが一方で自由・平等をかかげてイギリスの暴君を非難しつつも,他方で奴隷貿易と奴隷制を容認した偽善性のうちに見出している。

　奴隷制反対を打ち出す上で,バーンが拠り所としたのは聖書であった。バーンは南部の奴隷制擁護論者とはまた別の角度から聖書を読んだ。かれがとくに重視したのは『旧約聖書』「出エジプト記」の十戒であった。すなわち,

　　　「あなたは殺してはならない。しかるに奴隷制はそのもっとも穏和なも

のですら緩慢なる殺人と同じである。あなたは盗んではならない。この掟はイスラエル人の理解によれば，人間を永久的な軛の下におく人間泥棒を禁止したものに他ならない。あなたは隣人について偽証してはならない。しかるに何人といえど奴隷が所有できるのは，男女・子供を獣であると実質的に証言することによってである。あなたは隣人の家をむさぼってはならない。隣人の妻，僕，端女，牛，驢馬，またすべての隣人のものをむさぼってはならない。しかるに奴隷所有者はただ単にその隣人にこれらのものを所望するのみならず，実際上これらを盗んでいるのである」(傍点，原文イタリック。以下同様)。

これらの戒律のなかで，バーンがとくに重視したのは第八戒「あなたは盗んではならない」であった。かれはこれに依って奴隷主を「人間泥棒」「誘拐者」と呼び，「盗んできたアフリカ人の子孫」を解放するのに代償はいらないとして，奴隷の無償解放を唱えた。バーンはまた「神は，すべての人びとに命と息と万物とを与え，また，一人の人から，あらゆる民族をつくり出し，地の全面に住まわせ」たとする『新約聖書』「使徒行伝」(第17章25－26節)の言葉(人祖単元論の思想)に依って，奴隷制に反対し，皮膚の色で人間を差別する制度や思想を斥けた。

即時主義者バーンの特徴は，かれが奴隷制反対を唱えるときに持ち出すこうした論拠よりも，むしろかれの姿勢そのものに，すなわち「あれかこれか」「すべてか無か」でものごとを割り切ろうとする非妥協的な姿勢にあるといわねばならない。バーンは「山上の垂訓」の「あなたがたの言葉は，ただ，しかり，しかり，否，否，であるべきだ」(「マタイによる福音書」第5章37節)を地で行こうとした。そして，ありとあらゆる適度と中庸を排撃した。「罪に対して中くらいの反対をするなどというのは馬鹿げている。人は盗みと正直を結合させることなどできるであろうか」。「もしそれ(黒人奴隷制――清水)が一瞬たりとも正しいというのならば，それは永久に神聖である。もし不正であるというのならば，一日たりともながらえさせてはならない」。バーンの本領はこの非妥協的な姿勢にあったといってよい。

バーンが論陣を張った1810年代には，奴隷制を正面から擁護する「積極的善」の主張はまだあらわれてはいなかった。しかし，奴隷制を弁護

する心理と論理は広く出まわっていた。バーンはそれらをとりあげて，痛烈な批判の矢を放っている。ちなみに，かれは南部の奴隷制が奴隷狩りという極悪の犯罪のなされる現場(アフリカ西海岸)から遠く隔たっていることのうちに安心感を見いだそうとする姑息な心理(バーン自身の言葉で言えば，「コンゴでの黒人略奪に対する嫌悪感は，その悪業がなされる距離的隔たりによって和らげられる」⁽¹⁰⁾とでもいうべき心理)をとりあげて，つぎのように論じている。

　「赤道付近では極悪のことがらが，温帯では潔白無罪たりうるのであろうか。東経100度では不正の極みとでもいうべきものが，東経１度では公正となりうるのであろうか」⁽¹¹⁾。

　「盗みはアフリカでは極悪非道なことがらなのだが，アメリカでは潔白無罪なのである。誘拐はゴールド・コーストではこの上ない悪魔的な蛮行なのだが，アメリカでは人がこの大罪を犯すのを思いとどまらせようとすることの方が残忍だとされるのである」⁽¹²⁾。

　距離的な隔たりにもたれかかるこの心理と並んで，もう一つの論法，いわゆるイギリス原罪論も広く出まわっていた。奴隷制は遠い昔，外国の専制権力(イギリス)によって導入されたものであって，現世代の南部人は単にこの制度を過去の世代から相続しきたったに過ぎない。「アフリカで奴隷を捕獲し，ここに連れてきた原罪はイギリスにある」⁽¹³⁾というものである。これは現時点での奴隷所有を，その起源における犯罪性から切り離して弁護しようとするものであり，時間的な隔たりのうちに罪悪感を解消してしまおうとするものといってよい。バーンはこの論法に対して，つぎのように切り返している。いったん両親を盗めば，そこから生まれてくる息子と娘をすべての世代にわたって盗む権利が生じるとでもいうのであろうか。「自分のまわりにいる子供を生まれた瞬間からすべてわが物として所有する者は，コンゴを急襲して船の積荷を誘拐するのと原理的には同じことではないのか」⁽¹⁴⁾。人はホーキンスの一団が300年まえにアフリカ沿岸で黒人泥棒を働いたなどと厳粛な顔をしていうが，ここアメリカでも同じ悪業が幾世代にもわたって積み重ねられてきたのではないか⁽¹⁵⁾，と。

　バーンはイギリス原罪論の典型として，サミュエル・スタンホープ・

スミスの所論を挙げている。スミスは「アフリカ奴隷貿易はどの点をとってみても，いかなる時代，いかなる国民もかつて犯したことがなかったような，正義と人道に対する極悪非道の侵害であり，これを正当化しようとしてなされる偽善的ないいわけは，奴隷貿易の非人道性と同様，厚顔無知な振舞いである」と述べて，奴隷貿易を手厳しく批判する。ところが，スミスはこのあと「その起源において不正であった奴隷制は，その存続においても不正なのであろうか」と問いなおし，奴隷制の出発点は罪に染まっていたかも知れないが，奴隷制の維持，存続は不正ではないかのように説きはじめる。そしてたとえ正義，人道の見地に立つにせよ，罪もない現在の奴隷主から奴隷財産を奪いとるのは理不尽なことであり，現下の奴隷制の穏和な形態と奴隷にほどこされている優遇にかんがみて，この制度の維持，温存はやましいことではないと結論づけるにいたる。スミスの所論は19世紀初頭を覆っていた欺瞞的な雰囲気を象徴するものであった。

ガリソンの即時主義

　バーンのとなえる即時主義は，荒野のなかの孤独な叫びに終ったが，ウィリアム・ロイド・ガリソンの率いる1830年代の奴隷制即時廃止運動は北部世論に大きな波紋を呼び起こすことになった。『リベレイター』紙創刊号に掲載されたつぎの一文は，ガリソンの緊迫した心情と即時主義の精神をよくあらわしている。

　　「わたしは，自分の言葉の激烈さに多くの人びとが反対しているのを知っている。しかしこの激烈さに，理由がないとでもいうのであろうか。わたしは真理のように厳しく，正義のように非妥協的でありたい。この問題（奴隷制問題——清水）に関して，わたしは穏当に考え，話し，書こうなどとは思わない。断じて思わない。家屋が燃えている人に向かって，ほどほどの警告をしてやれというのもよいであろう。暴漢の手から妻を救うのに，ほどほどにしなさいと夫にいってやるのもよかろう。火中に落ちた赤ん坊を，その母親に向かって徐々に救いだしてやりなさいと言ってやるのもよかろう。しかし現下の問題に関して，わたしにほどほどにやれなどとは決していわないでほしい。わたしは真剣である。わたしは言葉を濁すような

ことはしない。わたしは容赦はしない。わたしは1インチたりとも後退しない。わたしの言葉は必ずや聞き届けられるであろう」。[18]

即時主義のスローガンに対して,ガリソンは二つの点で大きな貢献をした。一つは先駆者バーンのかかげた即時主義を1830年代に激情的な響きをこめてよみがえらせたこと,もう一つはアメリカ植民協会を批判して,奴隷の国内解放をとなえ,即時主義のスローガンに黒人植民反対の思想を盛りこんだことである。以下,この二点について見ておこう。

ガリソンが即時主義の立場をはじめて打ち出したのは(厳密にいえば『リベレイター』紙創刊号においてではなく),1829年9月の『ジーニアス』紙においてであった。それまでのかれは平凡な一漸進主義者に過ぎなかった。ちなみに,この年の独立記念日にボストンのパークストリート教会で7月4日講演を行なった際,ガリソンは典型的な漸進主義者の口調で,つぎのように聴衆に語りかけている。

「現在,アルプス山脈よりも高くそびえ立っている機構(奴隷制——清水)は,もしこれを転覆させるにしましても,国民をその廃虚に埋めてしまうことのないように,煉瓦を1個ずつ,1フィートずつ取り除いていかねばなりません。事業が成就するまでに幾年もの歳月が流れるかも知れません。幾世代にもわたって黒人たちが手枷をかけられ傷つけられたまま,子供たちに希望を託すこともなく死んでいくかも知れません」。[19]

これからわずか2カ月後の『ジーニアス』(1829年9月2日)紙上ではガリソンは態度を急転換させて,「利害得失の問題は,正義の問題とはなんの関係もないことである」,世俗の打算や妥協によって,正義と当為の原則をまげることがあってはならないと述べて,即時主義を標榜するにいたった。[20] これ以後かれは「即時完全解放」(あるいは「即時全面解放」[21])のスローガンを掲げて,30年代アボリショニズムを指導することになる。

ガリソンはバーンと同じように,聖書に行動の拠り所を見出した。[22] そしてバーンが「山上の垂訓」を地で行こうとしたのと同じように,ガリソンもまた「すべてか無か」の立場に立ってあらゆる妥協を排撃した。「悪の存続に一刻たりとももっともらしい弁解を許してはならない」。[23]「もし奴隷たちの中の何人かが売買を免ぜられるべきであるというのならば,なぜすべての奴隷が売買を免ぜられてはいけないのであろうか。

もし正義が少数の奴隷の解放を要求しているというのならば，なぜ多数の奴隷に関してそれがあてはまらないのであろうか」。ガリソンはこのように「すべてか無か」の立場から，奴隷の漸進的解放や部分解放を斥け，即時全面無条件解放の主張を打ち出した。

ガリソンはまたバーンと同じように，神は「一人の人から，あらゆる民族をつくり出し，地の全面に住まわせ」たという言葉に依って人種差別を否定し，さらに国境，地理的境界線，社会的地位の上下，カースト的差別，性の不平等など，ありとあらゆる区別と差別を否定するにいたった。そして「わが国は世界，わが国民は全人類」という標語をかかげて，愛国心すら否定した。その思考はつねに「すべてか無か」のかたちをとった。

ガリソンは漸進主義者(奴隷の漸進的解放論者)の欺瞞的発想に対しても手厳しい批判を加えている。漸進主義は奴隷解放の実践を，明日へ明日へと果てしなく先延ばしするものであり，奴隷の解放をつねに未来時制において語ろうとするものである。漸進主義者は奴隷制を人間の主体的責任とは無関係なもののように考えている。すなわち，かれらは奴隷制を「疫病や飢饉の流行と同様，われわれがその存在に対して責めを負ういわれのないこの国の相続しきたった悪」と考えている。そして奴隷制を「社会構造そのものに根ざしたものであり，その存続に対して主人は奴隷と同じくらい責任をもっていない」，奴隷主も奴隷と同様，「環境の所産，先祖の罪の犠牲者」なのであると考えている。漸進主義者は奴隷主の道義的責任を問おうとせず，むしろかれらを環境の犠牲者であるかのように考えている。

ガリソンは漸進主義者の常套手段であるイギリス原罪論の論法にも鋭い批判の矢を放っている。漸進主義者はたとえ奴隷制が道徳的な悪であることを認めるにしても，この悪を導入したイギリス人を非難するのみで，現世代の南部人は免責しようとしている。「わたしが不満に思うのは，かれらが奴隷制を過去の世代から相続しきたった害悪，不幸，災難ととらえて満足し，それが略奪，残虐，抑圧，海賊行為と同じ意味での個人的犯罪だと考えていないことである。かれらは犯罪者を特定しようとしていない」。ただしかし「どこかに責めを負わせなくてはならない

ことは誰にも否みようがない。……(中略)……かくして責任はつぎつぎと前の世代へとボールのように投げ渡され，ついにはアフリカ人の最初の導入者へといたる」。イギリス原罪論をこのように揶揄した上でガリソンは，「この国では毎年6万人もの子供たちが奴隷の両親から生まれ，救済不可能な軛の下に宿命づけられているが，これはアフリカ沿岸で同数の黒人を誘拐するのと同じくらい残忍な犯罪ではないのか」と問いかける。そして奴隷制の維持自体が犯罪の再生産なのであるとして，漸進主義者の免罪と免責の論理を一蹴する。こうした批判の手法といいエートスといい，ガリソンの姿勢はバーンのそれを彷彿とさせるものがある。ガリソンは先駆者バーンの即時主義に新たな生命を吹き込んで，1830年代に復活させたといってよい。

即時主義の思想におけるガリソンのもう一つの貢献は即時主義のスローガンのなかに黒人植民反対の主張を盛りこみ，奴隷の即時解放と黒人植民反対の主張を表裏一体のかたちで打ち出したことである。ガリソン麾下の30年代アボリショニズムは，奴隷の「即時・無条件・国内解放(EMANCIPATION ON THE SOIL)」を要求したのであって，それは単に漸進的解放を否定しただけではなく，アメリカ植民協会の路線を否定するものでもあった。

イギリスの奴隷制が海外植民地（西インド諸島）にあったのに対して，合衆国の場合は国内に奴隷制を抱えていたので，黒人植民をともなわない奴隷解放の実施に対しては，人びとの大きな反発があった。したがって，即時主義者必ずしも国内解放の主張者であるとはかぎらなかった。ちなみに先述したバーンは即時主義の先駆者ではあったが，黒人植民の批判者ではなかった。アメリカ植民協会の創設はバーンの『聖書と奴隷制は両立せず』が出たのと同じ年のことであるから，バーンに植民協会批判を期待するのは，それこそないものねだりになるであろう。しかし，もしバーンにその気があったら，当時すでにひろく出まわっていた植民思想を批判することは十分可能だったはずであるが，バーンはそれすら行なっていない。奴隷の即時解放と黒人植民反対の主張をリンクさせて，国内での即時解放を唱えたのはガリソンであった。30年代アボリショニズムはガリソンの方向づけのもとに，「アメリカ植民協会の撲滅こそが

奴隷制廃止の第一歩」である，黒人植民は奴隷制の「双子の姉妹」であるとして，徹底した黒人植民批判を展開していくことになる。[35]

　ガリソンの植民協会批判の視点は，かれの『アフリカ植民に関する考察』(1832年)に掲げられている10の章題にほぼ示されている。すなわち，

　Ⅰ．アメリカ植民協会は奴隷制に反対ではないと表明している。
　Ⅱ．アメリカ植民協会は奴隷制と奴隷所有者を弁護している。
　Ⅲ．アメリカ植民協会は奴隷財産を認めている。
　Ⅳ．アメリカ植民協会は奴隷価格を高騰させている。
　Ⅴ．アメリカ植民協会は即時廃止の敵である。
　Ⅵ．アメリカ植民協会は恐怖と利己主義を糧に育まれている。
　Ⅶ．アメリカ植民協会は黒人の完全除去を目指している。
　Ⅷ．アメリカ植民協会は自由黒人の蔑視者である。
　Ⅸ．アメリカ植民協会は国内での黒人向上の可能性を否定している。
　Ⅹ．アメリカ植民協会は国民を欺き，誤った方向に導くものである。

ガリソンは植民協会の理念だけではなく，植民協会の成果についてもつぎのような手厳しい批判をしている。

　「毎年150人足らずの人間がアフリカに移送されている。その数は15年間で高々2000人にすぎず，それはあたかも大西洋から一滴の水，アメリカから一粒の土を除去するに等しい。しかもその間，奴隷人口の増加は50万人以上にも達しているのであり，毎週1000人あまりの奴隷制の犠牲者が新たに誕生し，その数を膨らませているのである。船が150人の移住者を乗せて大西洋を往復するかしないかのうちに，1万人もの奴隷の幼児が誕生し，その数を膨らませているのである」。[36]

奴隷制擁護論者デューの『論評』と即時主義者ガリソンの『アフリカ植民に関する考察』は同じ年に上梓されているが，このことは決して偶然ではない。デューの著作がその紙幅の大半を黒人植民批判にあてていることは先に見たとおりであるが，ガリソンもまた1830年代北部における黒人植民批判の最大の立役者であった。両者ともに相手を攻撃するに先立って，まず徹底した黒人植民批判を行なっているわけであり，奴隷制擁護と即時廃止いずれの方向に論理展開するにせよ，まずもって黒人

植民というヌエ的思想を掃討し，この中間項を消去してかかる必要があったわけである。

即時主義の意味

アボリショニストは即時主義のスローガンをかかげた際，即時とはどのような意味なのかについて説明しなくてはならなかった。その場合，もし即時とは文字どおり「まばたきする一瞬のうちに，南部社会をその根底から覆す」（すなわち南部の奴隷全員を一瞬のうちに解放する）という意味だといえば，あまりにも非現実的で荒唐無稽な印象を与えることになる。(37) かといって，即時の旗を下ろして，漸進主義に逆戻りするというわけにもいかない。アボリショニストは即時解釈をめぐって頭を悩ませることになった。

この問題に一つの解答を与えたのは，ガリソン派アボリショニストのエイモス・A・フェルプスであった。ボストンのパインストリート教会の牧師であり，ニューイングランド奴隷制反対協会の一員でもあったフェルプスは，1833年4月に奴隷制の罪と即時悔改めをテーマにした一連の講演を行なっている。この講演は翌年ニューイングランド奴隷制反対協会の手で『奴隷制とその救済策に関する講演』と題して上梓された。フェルプスのこの著作には，これまで見てきた即時主義者の見解が総括的なかたちで盛りこまれているという点で興味深い。ちなみにフェルプスは，漸進主義の思想が義務不履行の隠れ蓑になっている点をこの中でつぎのように衝いている。

> 「それ（漸進主義の思想――清水）は現時点での解放は義務ではなく，現時点での奴隷所有こそが義務なのであり，奴隷所有は罪ではないと断言するものであります。それは今日はこういっておきながら，明日が来れば来たで，やはりまた同じことを繰り返すわけです。そして翌日になっても，依然同じことをいうのであります。数週間，数カ月，数年が経過しようと，そのドクトリンは相変わらず同じままで，現時点での解放は義務ではなく，現時点での奴隷所有は罪ではないというのであります。義務と罪はつねに明日へと押しやられ，事実上，消去されてしまいます。ですからわたしは，こういうドクトリンを偽りのドクトリンと呼ぶのであります。それはどこ

かに罪が存在することを多分認めてはいます。しかしつねに罪人の方をかばってしまうのであります。……(中略)……それは罪の責任を過去あるいは未来へと投げ返し、現世代の無実を訴えるのであります。こうした立場が、あらゆる真の悔改めと真実の改心にとって不可欠の前提条件である罪意識の覚醒をどうしてうながすことができましょうか。それは解放を遠い未来へとおしやり、解放をいつか将来なんらかの方法で達成されるであろう義務として語りはしますが、つねに明日から義務に着手する、それも明日から徐々に着手するというのであります[38]」。

フェルプスはまた「道徳的悪」と「自然災害」という対概念を設定して、奴隷制が明白な「道徳的悪」であるにもかかわらず、漸進主義者はこれを「自然災害」(道徳外的なもの)と見なそうとしている点をつぎのように指摘する。

「奴隷制を災害、不幸な制度等々として語ることは、まったく意味をなしません。そうしたやりかたは、奴隷制の性格を誤り伝えるものであります。奴隷制は神の目からみたその正真正銘の性格において、道徳的悪、罪、犯罪なのでありまして、単なる漠然とした害悪、災害、不幸などではありません。その制度になんらかの仕方でかかわりを持っている者は、誰しも罪にかかわっているのでありまして、単なる不幸や災害に巻きこまれているのではありません。……(中略)……奴隷制を単なる自然災害として語り、対処しようとするのは、そしてたとえそれが道徳的悪であることを認めるにしても、過去の世代にとってのみ罪であるかのように対処しようとするのは、まったく愚劣というべきであります。……(中略)……(黒人の——清水)除去や植民は、単に物理的な処方以外のなにものでもありません。奴隷制の単なる転移以外のなにものでもありません[39]」。

漸進的解放論と黒人植民の企てをこのように批判し去った上で、フェルプスは宗教上の「即時悔改め」と奴隷の即時解放を関連づける論議を展開する。そして、即時解放の即時とは奴隷主個々人が「即時悔改め」を行ない、それを機に奴隷の即時解放に踏み切ることであるという見解をつぎのように打ち出す。

「即時解放の教義の実際の経過は、社会全体としてみれば漸進的なものであるかも知れません。ちょうど即時悔改めの教義の場合と同じでありま

す。実のところ即時解放とは、この特定の罪（奴隷制──清水）に即時悔改めの教義を適用することに他なりません。ですからこの場合も、他の場合と同様、その社会的な実際上の経過は漸進的なものであるかも知れません。つまりここに一人、かしこに一人というように神の御力が働いて実際の悔改めがなされていくのでありまして、一挙に社会全体の悔改めがなされるわけではありません」。[40]

即時主義の即時とはあくまで個々の奴隷主の罪の悔改めによる個人レヴェルでの即時解放の実践を指しているのであって、このレヴェルでは奴隷解放は即時かつ全面解放のかたちで行なわれる。しかし南部社会全体に関していえば、これがあたかも一個の統一的人格であるかのように一挙に悔改めて、何十万もの奴隷主が同時に即時解放を行なうわけではないというわけである。フェルプスの即時解釈は要するに、奴隷解放が社会的な経過としては漸進的であることを認めつつも（そしてこのレヴェルでは譲歩して、過激と無謀のそしりをかわしつつも）、個人主体のレヴェルではあくまで即時であることを主張するものであった。即時を個人主体にのみ関連づけることによって解釈上のディレンマを切り抜けようとしたわけである。[41]

即時主義のスローガンは当時の思想状況のなかでどのような意味をもっていたであろうか。この点を見るために、奴隷主の道義的責任に関する漸進主義者の考え方についてもう一度要約しておこう。漸進主義者の考え方は、奴隷主の道義的責任を希薄化しようとする志向性の強弱によって三つのものに大別される。一つは奴隷制を「自然災害」ととらえて、奴隷主を百パーセント免責しようとするもの、もう一つはサミュエル・S・スミスのように、奴隷制の「起源」は道徳的悪であるが、この制度の「存続」は正当であるとするもの、これらに加えてもう一つ、第三の立場はストウ夫人の小説『アンクル・トムズ・ケビン』に代表されるもので、奴隷制はその起源においても存続においても非人道的であるが、この制度下の人間（南部人とりわけ奴隷主）に罪はないとするものである。奴隷制は極悪非道の制度であるが、その下で暮らす人間は善意に満ちており、かつ寛大であるというのが彼女の小説のメーン・テーマであった。逃亡奴隷法制定直後の南北の敵対感情がもっとも険悪化した時期に書か

れたこの小説においてすら，奴隷主の道義的責任は免除されているわけであり，漸進主義者の筆法では，その非難の矛先が個人主体にまで向けられることはなかったといってよい。

アボリショニストが告発しようとしたのは，なりゆきや状況の必然性をもちだして個人責任を極小化しようとする風潮，「因果の意識が増大するにつれて，道義の領域の外延は縮小していく」というアフォリズム(42)を地で行く当時の風潮であった。こうした風潮のなかでアボリショニストがおしすすめようとしたのは，奴隷制把握の倫理化ないし主体化作業であった。かれらは奴隷制が人間の意図を超えた道徳外的なもの(「自然災害」)ではなく，歴然たる「道徳的悪」であると主張して，南部人に「即時悔改め」と奴隷解放の決断をうながした。そしてこの道義性の先鋭化は，南部人の打ち出してきた「積極的善」の主張に対抗するものであった。

(1) Oliver Johnson, *William Lloyd Garrison and His Times; or, Sketches of the Anti-Slavery Movement in America, and of the Man Who was Its Founder and Moral Leader* (Boston: B.B. Russell & Co., 1879), p.vi; Archibald H. Grimke, *William Lloyd Garrison. The Abolitionist* (New York: Funk & Wagnals, 1891.Reprint edition 1969 by Negro Universities Press), p.109. ガリソンはわが国にも明治時代に紹介されている。東京評論社編『HEROES OF HUMANITY 人道之偉人』(中庸堂書店発行，明治34年5月)はトルストイ，ナイチンゲール，ゾラなど各国の人道主義者と並べてガリソンをとりあげ，かれを「米国奴隷廃止運動の率先者」という表題で論じている。
(2) バーンは「即時全面廃止」あるいは「全面即時廃止」という表現を使っている。George Bourne, *The Book and Slavery Irreconcilable. With Animadversions upon Dr. Smith's Philosophy* (Philadelphia: J.M. Sanderson & Co., 1816. Reprint edition by Arno Press & The New York Times, 1969), pp.19, 101, 120, 153. 以下 Bourne と略。
(3) Bourne, pp.37, 42, 46, 66, 133.
(4) Bourne, p.80.
(5) Bourne, pp.23, 70, 73, 80, 98.
(6) Bourne, pp.56, 132, 137.

(7) Bourne, pp.45, 93, 95.
(8) Bourne, p.4.
(9) Bourne, p.153.
(10) Bourne, p.76.
(11) Bourne, p.24. この言葉を，ガリソンは『アフリカ植民に関する考察』のなかで引用している。言葉の上でもバーンから大きな影響を受けていることがわかる。William Lloyd Garrison, *Thoughts on African Colonization: or An Impartial Exhibition of the Doctrines, Principles, and Purposes of the American Colonization Society* (Boston: Garrison and Knapp, 1832; reprint, New York: Arno Press and The New York Times, 1968), Part I, p.90. 以下 Garrison, *Thoughts* と略。
(12) Bourne, p.152.
(13) アボリショニストのステビンスの著作に引かれている植民主義者の言葉。G.B. Stebbins, *Facts and Opinions Touching the Real Origin, Character, and Influence of the American Colonization Society* (Boston: John P. Jewett & Co., 1853. Reprint edition 1969 by Negro Universities Press), pp.51-52.
(14) Bourne, p.25.
(15) Bourne, pp.70, 76.
(16) Quoted in Bourne, p.144. バーンの著作には141頁からなる本論の末尾に十数頁のスミス批判が添えられているが，この部分には頁数がうたれていない。したがって，以下引用する141頁以後の頁数は，筆者が便宜的にうった続きの通し番号である。
(17) Quoted in Bourne, pp.144-145.
(18) *The Liberator* (Boston), January 1, 1831.
(19) Wendell P. Garrison and Francis J. Garrison, *William Lloyd Garrison 1805-1879. The Story of His Life Told by His Children* (New York: The Century Co., 1885. Reprint edition 1969 by Arno Press, Inc.), I, 135. 以下 Garrisons, *W.L.G.* と略。
(20) Garrisons, *W.L.G.*, I, 143.
(21) ガリソンは即時主義のスローガンを『ジーニアス』紙では "immediate and complete emancipation"，『リベレイター』紙創刊号では "immediate enfranchisement of our slave population"，アメリカ奴隷制反対協会の「所信の宣言」(1833年12月6日) では "immediate and general emancipation" "immediate and total abolition" と表現してい

る。Garrisons, *W.L.G.*, I, 143, 225, 411.
(22) 「聖書を取り去ってみよ。そうすればわれわれの抑圧，不信心，不節制，不純，犯罪との戦いは，万事休すである。……(中略)……われわれは依って語るべき権威も，行動すべき勇気も失ってしまう」というガリソンの言葉は，聖書に対するかれの信頼をよくあらわしている。Johnson, *Garrison*, pp.67, 106.
(23) Garrisons, *W.L.G.*, I, 143.
(24) Garrison, *Thoughts*, Part I, p.79.
(25) Henry Steele Commager and Milton Cantor, eds., *Documents of American History* (Englewood Cliffs, New Jersey: Prentice Hall, 1988), I, 279.
(26) Garrisons, *W.L.G.*, II, 230.
(27) Garrison, *Thoughts*, Part I, p.53.
(28) この種の弁明の事例をガリソンは Garrison, *Thoughts*, Part I, pp. 62-63 で集中的にいくつも引用している。
(29) Garrison, *Thoughts*, Part I, p.118.
(30) Garrison, *Thoughts*, Part I, p.20.
(31) Garrison, *Thoughts*, Part I, p.90.
(32) Garrison, *Thoughts*, Part I, p.90.
(33) Wendell Phillips, *Speeches, Lectures, and Letters* (Lee and Shepard, 1884; reprint, New York: Negro Universities Press, 1968), p.153.
(34) 『聖書と奴隷制は両立せず』の中でわずか1カ所，それも注のなかでバーンは植民に言及している。しかしこれは批判というよりも，植民事業が"impracticable"であるというものであって，植民思想を原理的に否定したものとはいえない。Bourne, p.134, note 32.
(35) David M. Reese, *Letters to the Hon. William Jay, Being a Reply to His "Inquiry into the American Colonization and American Anti-Slavery Societies"* (New York: Leavitt, Lord & Co., 1835; reprint, New York: Negro Universities Press, 1970), pp.54, 92; Lydia Maria Child, *An Appeal in Favor of That Class of Americans Called Africans* (New York: John S. Taylor, 1836. Reprint edition 1968 by Arno Press and The New York Times), p.210.
(36) Garrison, *Thoughts*, Part I, p.150.

　ガリソンは1820年代にはアメリカ植民協会の会員であり，最初から黒人植民反対を唱えていたわけではなかった。かれが黒人植民論を批判す

るにいたるまでの経緯はつぎのとおりである。

1830年代に活躍したアボリショニストはそのほとんどがかつてアメリカ植民協会の支持者だった人びとであった。かれらは即時解放を声高に唱えるようになってからも、しばらくのあいだは黒人植民の思想を引きずっていた。かれらは即時解放論者であり同時に黒人植民の提唱者でもあって、即時解放と黒人植民を抱きあわせのかたちで唱道していた。たとえば、前述したように『ジーニアス』(1829年9月2日)紙上でガリソンは「即時完全解放」を初めて掲げたのであったが、この紙面にはつぎのような一文が掲載されており、黒人植民肯定論がまだ余韻をとどめていることがわかる。

「筆者ほど強い関心と心底からの満足感をこめてリベリア植民地を見守っている者はいないであろう。わたしは他の箇所でこの植民地のことを、豊かな呼吸と温かい血液をたたえたアフリカの肺と心臓と名づけたことがある。しかし植民活動の足どりは緩慢で心許なく、国を完全に救いうるものではない。それは毒の木から数枚の葉を取り去ることはできるかも知れないが、その木を根こぎにしたり、有害な特性を破壊し去ってしまうことはできない。補助物として見るならば、それは奨励するに値する。しかし救済策としては、まったく不十分である」(Garrisons, *W.L.G.*, I, 142)

この時点ではガリソンはリベリアと黒人植民をまだ完全には否定し切ってはおらず、かれの胸中にはアメリカ植民協会の黒人送還事業に期待を託す心理が残っていた。当時ガリソンはハイチに植民地をつくれば、植民事業もまだ有望であると考えており、黒人植民の遅々たる進展に大きな不満を抱きつつも、植民事業への愛着を捨てきれずにいた。そして、「わたしはわが人口中のこの部分の減少（すなわち解放奴隷の除去——清水）をうながすあらゆる実行可能なプランを激励するものであるが、それと同時にまた奴隷制を速やかに転覆させるために、永遠の正義の原則にもっぱら依拠するものでもある」(Garrisons, *W.L.G.*, I, 143) と述べて、黒人植民と即時解放を同時に唱えていた。

しかしこのときガリソンは、「わが黒人人口の大部分はアメリカの土壌で生を享けたのであるから、かれらはみずからの居住地を随意に選ぶべきであり、われわれには強制手段を使ってかれらを除去する権利などない」(Garrisons, *W.L.G.*, I, 144)とも述べており、植民の押しつけには反対であった。しかもかれの内面ではしだいに、黒人は「アメリカ市民として、すべての特権に参与する資格がある」、「かれらの子供たちは、

われわれと同じ生まれながらの不可譲の権利をもっている」(Garrisons, *W.L.G.*, I, 131)という思いが膨らんでいった。黒人もまたアメリカ市民であるというこの論理を徹底させていくかぎり，黒人植民に固執しつづけるのは不可能である。黒人植民が最終的に否定されることになる所以である。

(37) John L. Thomas, ed., *Slavery Attacked : The Abolitionist Crusade* (Englewood Cliffs, New Jersey: Prentice-Hall, Inc., 1965), p.16.

(38) William H. Pease and Jane H. Pease, eds., *The Antislavery Argument* (New York: The Bobbs-Merrill Company, Inc., 1965), pp.73-74.

(39) *Ibid.*, p.77.

(40) *Ibid.*, p.72.

(41) アボリショニストは概して宗教的心情で動いていたので，「悔改め」あるいは「即時悔改め」といった言葉をごく自然に口にした。すでにバーンも『聖書と奴隷制は両立せず』の中で，"repent"あるいは"repentance"という言葉を使っている（*Bourne*, pp.86-87, 136）。またガリソン起草のアメリカ奴隷制反対協会の「所信の宣言」にも「悔改めの精神による奴隷制の廃止」，「速やかな悔改め」といった表現が出てくる（Garrisons, *W.L.G.*, I, 409, 412）。しかしこれらはフェルプスのように即時主義のディレンマを解こうとする方法意識のもとで即時悔改めの概念を持ち出しているわけではない。

(42) Friedrich Nietzsche, *Sämtliche Werke* (Kritische Studienausgabe) München / Berlin, 1980. Band 3, S. 24.

2節　アボリショニストと「多数派の専制」

職業政治家と改革者

　即時主義という過激なスローガンをかかげる奴隷制即時廃止論者(アボリショニスト)の運動は，ジャクソン時代の北部社会で大きな摩擦を引き起こすことになった。かれらの運動の意義を社会的な脈絡のなかでとらえなおすために，ジャクソン期北部の状況を概観し，アボリショニストの直面した受難と迫害について見ておくことにしたい。

ジェファソンの構想した政治制度(白人男子普通選挙制,人口比例の原則にもとづいた議員配分,政府の役職を人民の選挙にゆだねる民選制の方式など)はいわゆる「ジャクソニアン・デモクラシー」を結実させた。しかし,民主的な政治制度の定着はジェファソンの予期していなかった問題を浮上させることにもなった。「現在は世論が国王と元老院から王位を奪い取り,尊大な絶対的暴君として君臨するにいたった時代である(1)」というウィリアム・ジェイの言葉が示すように,世論の強大化と大勢順応の風潮があらわれてきたことである。ジャクソン時代にアメリカを訪れたイギリスの急進派女性ハリエット・マーティノーは,アメリカ社会に蔓延するこの「世論への従属」,「世論に対する恐れ」,「周囲の人びととは異なっていると見られることへの恐れ」,「道徳的な臆病さ(2)」に驚きの念を表明して,つぎのように述べている。

「かれらは世界中を旅行してみても,これほど不断に注意を払い,他人の意見への配慮という抑制に身を委ねている社会は,かれら自身の社会を除いて他にはないことを知るであろう。かれらは世界中を旅行してみても,子供たちですら他人とのいさかいに気をつかい,自分の振舞いが周囲の人びととの心にどう映るかを云々するような国,社会に出た若者がどんな意見を述べたらいいのか決しかねて沈黙し,家族のあいだでのみ率直にものがいえるような国,こういう国はかれら自身の国を除いて他にはないことを知るであろう(3)」。

このジャクソン時代のデモクラシー隆盛と世論の強大化を背景として登場してきたのが,職業政治家と改革者という二つの対照的な志向をもったグループである。

この時代の職業政治家の典型としては,のちに第16代大統領になるエイブラハム・リンカーンを挙げることができるであろう。リンカーンはジャクソン民主政の最盛期ともいうべき1832年にイリノイ州議会の下院議員選挙に立候補しているが,そのときかれは「サンガモ・カウンティの人びとへ」と題するビラを配っている。この生涯で最初に書いた選挙ビラの末尾を,リンカーンはつぎのように結んでいる。

「若者はつねに控え目であるべきだということを考えますと,わたしはすでに分を越して生意気なことを申し上げたのかも知れません。しかし取

り扱った主題に関して，わたしは思うがままに述べてみました。その中のいずれかの点で，あるいはすべての点でわたしは間違っているかも知れません。しかし，いつも間違っているよりも，時には正しいこともいうほうがまだましだという生き方を健全な行動原理だと思っていますので，わ・た・し・は・自・分・の・見・解・が・間・違・っ・て・い・る・と・わ・か・り・次・第，・い・つ・で・も・そ・れ・を・撤・回・す・る・所・存・で・あ・り・ま・す」(傍点，清水)。

ここには選挙民に正否の判断を仰ぎ，自分の見解を正してもらおうとする謙虚な姿勢，もっといえば多数派世論に身をすり寄せていくかのような一種の迎合性がよく示されている。一昔まえの名望家なら，決してこういうものの言い方はしなかった。職業政治家は名望家のように一定の資産を持ち，政治に携わらなくても生活できるというタイプの人間ではない。自分の信念を曲げるぐらいなら，潔く政界から身を引くというタイプの人間でもない。むしろ大衆の好みを臨機応変にすくい上げ，自分の信念はどうかよりも，人民はどう考えているか，多数派はなにを望んでいるかを素早く把握することを本領としている。ジェファソンの政治制度論の実現は，こうしたタイプの政治家が多数輩出することになったことを意味していた。

ジャクソン時代は職業政治家と並んで，数多くの改革者が登場した時代でもあった。この時代は別名「改革の時代」とも呼ばれているように，理想郷建設，教育改革，禁酒運動，女権運動，平和運動，決闘の禁止をもとめる運動，安息日の遵守をもとめる運動，刑務所や刑罰の改善をもとめる運動，負債者の投獄撤廃を呼びかける運動，精神病者の待遇改善を要望する運動などが幅広く推進された時代であった。

これらの改革運動はいずれも多数派世論に異議をとなえ，世論変革を引き起こすことを目的とする少数派の運動であった。多数派の意見が職業政治家をとおしてスムーズに政治の世界に汲み上げられるようになったのに対して，少数派は世論変革にそのエネルギーを注ごうとしたわけである。

こうした改革運動のなかで，当時最大の波紋を投げかけることになったのが，奴隷制即時廃止運動であった。アボリショニストは「世論の全面変革」あるいは「世論の一大革命」を掲げた点で，まさに改革者のな

かの改革者であった。ガリソンはかれをとりかこむ大勢順応と他人志向の雰囲気をつぎのように告発している。

「極悪人の意見や行ないを非難するには，勇気などいらない。しかし立派で善良な人びとの行ないを非難し，かれらのものの考え方を弾劾するには，最高度の道徳的な勇気を必要とする。人民大衆は自分自身の労力と責任において意見を述べることを避けようとしている。かれらにとっての問題はなにが真実かではなく，なにが一般受けしているかであり，神はどう述べておられるかではなく，世論はどういっているかであり，私の意見はどうかではなくて，他人はどう考えているかである」(6)（傍点，清水）。

この言葉は先ほど引いたリンカーンの選挙ビラと同じ1832年のものであるが，同じ時代，同じ状況下に身を置きながらも，改革者と職業政治家の志向のちがいをみごとに示している。職業政治家は自分の意見が大衆のそれと食い違っているときには，自説を早々に撤回することも憚らない。他方，改革者は自説を撤回，修正するよりもむしろ逆に世論を変革し，世論を自説に近づけようとする。そして人民大衆がたとえ何といおうと自分はここに立つ，これ以外の立場はとりようがないという態度をとる。改革者の本領は多数派世論を代弁することではなく，それへの異議申し立てをすることにあったといってよい。

ガリソンは1829年7月4日の独立記念日にボストンのパークストリート教会で行なった講演のなかで，つぎのような興味深い発言をしている。

「多数派は間違ったことをしでかすはずがないと主張するのが共和主義なのでありましょうか。もしそうだとしましたら，わたしは共和主義者ではありません。人民はときおり恥ずべきことにも，かれらに託された厚い信頼を悪用することもありうるのだと主張するのが貴族主義なのでありましょうか。もしそうだとしましたら，わたしは貴族主義者であります」(7)。

ガリソンが公衆を前にして行なったこの最初の講演は，かれの志向と気質をよくあらわすものとなっている。1829年というジャクソン民主政のまさに開始期に，多数派世論と共和主義に異議を唱え，あえて時流に逆らう発言をしているわけであり，同じデビュー時の声明でも，多数派に身をすり寄せていくかのようなリンカーンの選挙ビラとはまさに雲泥の差を示すものとなっている。

アボリショニストはジャクソン時代の他人志向と大勢順応の風潮のなかで，ジェファソンの人間本性論と政治論を疑問視するようになった。ジェファソンはすでに見たように，「世論が道徳に反するかたちで，あるいは賢明ならざるかたちで（すなわち道徳感覚と理性に背くかたちで——清水）ものごとを決するのは稀なことであります。ですから，世論と意見を異にする個人は，自分自身の意見に信を置かず，自分自身の意見の方を十分検討すべきであります」と述べて，多数派世論に全幅の信頼を置いたのであった。ジェファソンは多数派世論はただ単に頭数が多いというだけではなく，それがくだす判断は内容的にみてもまた正しい，人間の善性を映していると考えたのであった。

しかし，多数派の正当性をこのように内在的に根拠づける場合，どうしても多数派の側に真理ありとする発想にならざるをえない。ちなみにジェファソン自身，合衆国憲法には大統領の選出回数を制限する規定がないという点を批判した際，「しかし11州のうち3州のみがこれに反対したわけですから，われわれはわれわれが服従しなくてはならない社会の基本法である多数決の法則にしたがうかぎり，われわれの方が間違っていると想定しなくてはなりません」と述べている。自分が少数派に属しているという事実を確認し，この事実から逆算して自分の誤りを自覚するという発想をしていることがわかる。言い換えれば，頭数の多寡に照らして，事後的に自分の見解の正邪を判断するという考え方をしていることがわかる。ジェファソンの多数派論にしたがうかぎり，こういう帰結にならざるをえない。

アボリショニストはしかし，こうした考え方を受け容れることはできなかった。ガリソンの片腕をつとめたウェンデル・フィリップスは「多数決と法律は知性や徳にではなく，人間の頭数に根拠を置くものであります。……(中略)……弊害はつぎの点，すなわち多数派の票が不正を正当化しうるものではないことは頭ではわかっているのですが，実際上は世論を，なにが正しくなにが間違っているかを測る試金石とみなしてしまうことにあります」(傍点，清水)と述べて，頭数の多寡によって善悪を判断する風潮を慨嘆している。デモクラシーの実現は政治を人民の手にゆだねることになった。しかし，人民はみずからの善性を十分に行使

できていない。むしろかれらの理性と道徳感覚は曇らされてしまっている。アメリカ国民は「知的，道徳的に臆病者の国民」になってしまった。「われわれは，他の国民と比べてみて，各人が自分自身の確信を周囲におもねらずに口にしうるような個々人の集団ではなしに，臆病者の集団と化してしまっている」というのが，アボリショニスト・フィリップスの実感であった。

暴徒の歳月

ジャクソン時代にアメリカを訪れたフランス人のトックヴィルは，アメリカでは「諸条件の平等」が目を見張るほど行き渡っていることに驚嘆すると同時に，アメリカでは大衆が多数派世論に迎合しがちであること，また多数派はスペインの異端審問以上の非情さで少数派意見を抑圧する傾向があることに注目し，「アメリカにおけるほど精神の独立と真の言論の自由の少ない国は他にはない」として，その状況を「多数派の専制」と呼んだのであった。

ガリソンはこの不寛容な雰囲気をトックヴィルよりも数年もまえに「専制」という言葉を使って，つぎのように告発している。

「人びとはわたしの名前が会話にでてくると，侮辱の入りまじった冷笑を浮かべるか，強い非難の言葉を口にするかである。わたしはこういった扱い方に対して不服をいう権利をもっている。わたしはこうした扱い方はキリスト教の精神に反するものであり，人を傷つける不寛容なものであるとして，強くこれに抗議したい。ある人間を，その人間の弁明に耳を傾けたり，論拠を検討したりすることもせず，出所もさだかでない漠たる噂にもとづいて予断をもって判断し非難するのは専制である。たぶんわたしの方が間違っているのであろう。──たぶんわたしは徹頭徹尾非難されてしかるべきなのであろう。しかしながら，少なくともわたしには極悪の犯罪者にすら認められている権利，公正な裁判をうける権利がある」。

トマス・ジェファソンが危惧したのは国王の専制であったが，ジャクソン時代に持ち上がってきたのは，多数派世論の専制という逆の問題状況であった。この専制にもっとも過酷なかたちでさらされることになったのが，奴隷制問題という南北対立の根幹にかかわる問題を取り上げて，

世論変革に挑んだアボリショニストたちであった。かれらは「狂信者」，「平和の侵害者」，「扇動家」呼ばわりされ，行く先々で迫害され，暴徒のリンチにさらされた。アボリショニストに対する暴力行為はとくに1834年から37年にかけての時期に多発しており，この4年間に100件以上もの事件が起こっている。それぞれの年を代表する事件としては，つぎのようなものがある。

  （1）　コネティカット州カンタベリに創られたプルーデンス・クランダルの黒人学校が開校早々閉校に追い込まれた事件（1834年）。
  （2）　ボストンで『リベレイター』紙を発行するウィリアム・ロイド・ガリソンが暴徒に襲われ，リンチ寸前にまで立ちいたった事件（1835年）。
  （3）　シンシナティで『フィランスロピスト』紙を発行するジェームズ・G・バーニーの事務所が襲撃された事件（1836年）。
  （4）　イリノイ州オールトンで『オブザーヴァー』紙を発行するエライジャー・P・ラヴジョイが殺害された事件（1837年）。

これら四つの事件の概要を，以下順を追って見ておこう。クエーカー教徒の若い女性プルーデンス・クランダルは，コネティカット州のカンタベリで学校を経営していたが，あるとき彼女は家で雇っていた自由黒人の少女を，自分の学校に入学させることにした。しかし白人の生徒や親たちは黒人と机を並べて勉強することに反対して騒ぎだし，退学者が続出した。そこでクランダルはこの学校を自由黒人の女生徒のみを対象とする寄宿学校に切り替えることを決意した。しかしそのためには20人以上の黒人生徒を募集する必要があり，自由黒人を他州からも募る必要があった。クランダルはこの計画をガリソンに打ち明けて，相談をもちかけた。やがてガリソンの『リベレイター』紙に，クランダルの寄宿学校の計画が公表された。学校では読み，書き，算数，英文法が教えられることになっていた。

しかし，自由黒人を他州から募ろうとするこの企てを知ったカンタベリの市民はタウン・ミーティングを開いて，満場一致の反対声明を出した。そしてクランダルには「どこか他の場所」で開校するよう勧告がなされた。彼女を待ち受けていたのは村八分の状況であった。町の商店主

たちはクランダルに商品を売ることを拒み,医者は診察を拒否し,彼女は駅馬車に乗ることも拒否された。彼女の井戸には汚物が放りこまれた。

　クランダルの黒人学校は予定どおり1833年4月に開校した。しかしカンタベリ市はその翌月,非居住黒人を対象とする私立学校の設立を禁止する法律を制定した。市民たちは,この法律の制定を教会の鐘を打ち鳴らして祝った。同年6月,クランダルはこの法律を破った咎で逮捕,投獄され,黒人学校の企ては頓挫した。1834年8月,クランダルは町を出て,西部のイリノイ州に移住していった。(15)

　1835年10月21日には,アボリショニズムの指導者ウィリアム・ロイド・ガリソンがボストンで暴徒に襲われる事件が起こっている。その経緯はつぎのとおりである。(16)

　ボストン女性奴隷制反対協会は1835年10月14日に,結成記念集会を開催する予定であった。集会にはイギリスの著名な奴隷制廃止論者ジョージ・トンプソンが講師として招かれることになっていた。しかしこの企画が公にされると,かねてからアボリショニズムに批判的であった『コマーシャル・ガゼット』紙は集会を阻止して,トンプソンをリンチにかけるようボストン市民に呼びかけはじめた。女性は「家に帰って,糸を紡げ」,「服従することによって,支配せよ」といった考え方が支配的な時代であった。保守的な人びとは従順であるべき女性が南北の地域対立を煽る運動にたずさわること自体に我慢がならなかった。またトンプソンの招待は内政干渉になると考える人びとも多くいた。(17)

　『コマーシャル・ガゼット』紙が集会反対の呼びかけを行なった後,ボストン女性奴隷制反対協会は集会の日時を一週間後の10月21日午後3時に変更した。また集会場所も当初予定していた会場の使用を断わられたので,急遽ワシントン街46番地の奴隷制反対協会事務所の隣のホールに変更した。

　集会の当日,町の雰囲気が険悪になったのに恐れをなしたのか,トンプソンは会場に姿を現わさなかった。しかし,この集会にはガリソンも講師として招かれていたので,暴徒の鉾先はガリソン一人に向けられることになった。このときの模様を,ガリソンはつぎのように回想している。

「『ガリソンがいるぞ！』という叫び声が起こった。『ガリソンだ！ガリソンだ！ガリソンを捕まえろ！奴を外に出せ！リンチにかけろ！』。……（中略）……わたしを見つけると、暴徒の中の三、四人が叫び声をあげながら、わたしを地面に放り投げようとして、荒々しくわたしを窓際まで引きずっていった。だがかれらの中の一人がわたしに同情して、『こいつをすぐに殺してしまうのはよそう』といった。かれらはわたしを引き戻し、わたしの身体にロープを巻きつけた。たぶん通りを引き立てて行くためなのだ」。
(18)

ガリソンはこのとき、自分はこのまま広場まで追い立てられていき、タールと羽毛の上着を着せられて、池に投げこまれるものと思って観念していた。しかしボストン市長のはからいで、急遽治安妨害者の咎で刑務所に入れられることになり、リンチは危うく免れることになった。思想上の異端者は、刑務所の中でのみ身の安全を得ることができた。

アボリショニストを襲った暴徒は決して烏合の衆ではなく、「財産と地位ある紳士たち」の集団と呼びうるものであった。ガリソンを襲ったボストン・モッブも、『コマーシャル・ガゼット』紙の主筆ジェームズ・L・H・ホマーが述べたように、「『財産と影響力のある多数の紳士たち』を含む6000ないし1万人の人びと」からなっていた。この事件を機にアボリショニズムに転向することになるウェンデル・フィリップスは、当日一傍観者として暴徒の荒れ狂うさまを路上で目撃していた。そして隣にいあわせた紳士に、市長はなぜ民兵隊を呼んで暴徒を鎮圧しないのかと尋ねたのであったが、後日わかったところでは、民兵隊員たちも暴徒に加わっていたのであった。
(21)

1836年夏には、のちに自由党の候補者として大統領選挙に打って出ることになるジェームズ・G・バーニーがオハイオ州シンシナティで暴徒に襲われている。バーニーはもと奴隷主であったが、1830年代初頭にアラバマの農園を売り、所有していた奴隷も解放して、奴隷制反対運動に身を投じた人物であった。かれは1834年に生まれ故郷のケンタッキー州ダンヴィルに戻って、ここで奴隷制反対の新聞を創刊しようとした。しかし35年7月12日、近隣の奴隷主たちはこの企てに反対して集会を開き、もし新聞が発行されるようなら、暴力に訴えることも辞さないと伝えて

きた。やむなくバーニーはオハイオ州シンシナティに移住し、そこで新聞を創刊しようとした。しかし、ここでも同じような反対に遭遇した。その後シンシナティから20マイルほど離れたニューリッチモンドに移り住み、ここで『フィランスロピスト』紙の創刊号を出すところまで漕ぎ着けた。その後バーニーは事務所をシンシナティへと移した。しかし、それからわずか3カ月後の36年7月12日深夜、暴徒の一団がかれの事務所を襲撃した。7月21日にはシンシナティの住民は集会を開いて、「この町における奴隷制廃止新聞の出版、配布を許可す」べきかどうかをめぐって討議をはじめた。そして町の名士からなる13人の委員会が結成され、バーニーに新聞の発行を見合わせるよう勧告してきた。そのなかには元連邦上院議員のジェイコブ・バーネットやオハイオ州最高裁判所の元判事など、錚々たる名士が含まれていた。委員会はバーニーに、もしも新聞の発行を即刻停止しないようなら、5000人もの暴徒が荒れ狂うことになるであろうと警告してきた。バーニーは耳を貸さなかった。8月1日夕刻、かれの事務所は再び暴徒に襲われた。そして24時間以内に町から出て行くよう勧告された。[22]

後年『アンクル・トムズ・ケビン』を執筆することになるストウ夫人は、当時バーニーと同じシンシナティ市に住んでいた。彼女は夫に宛てた手紙のなかで、このときの町の様子をつぎのように描いている。

「ビラがまかれて一つの集会が召集されました。それには、町の有力者が名指しで招かれ、バーニー氏にこの町で新聞を続けさせるかどうか話し合いました。……(中略)……奴隷制廃止を主張する新聞を許すかどうかについての会合が下町通りで開かれ、地位のある市民の大部分が名指しで召集されました。……(中略)……予期されたとおり、バーニーは立ち退きを拒否しましたので、その夜暴徒は彼の印刷機をこわし、活字を散らして全部川まで引きずっていって投げこみ、事務所に帰ってきてそこをこわしました。それから彼らはベイリー博士、ドナルドソン氏、バーニー氏等の家に行きました。しかし彼らの目ざす人々は留守でした。その人達は彼らのたくらみを知っていたからです。市長はこれらのことを黙ってみていて言ったそうです。『若い衆、よくやった、もう家に帰った方がよい、これ以上やるとお前達の方が悪者になる』と。けれどもその『若い衆』は、その夜

も又翌日(日曜日)も長い時間をかけて無抵抗で分別ある黒人の家々をこわしました」。

　暴徒の猛威は1837年11月7日，イリノイ州のオールトンで起こったエライジャ・P・ラヴジョイの殺害事件において頂点に達した。1836年春，ミズーリ州のセントルイスで逮捕を免れようとして役人を殺したマッキントッシュという黒人が，暴徒の手で刑務所から引きずり出され，鎖で木に縛りつけられた上，焼き殺されるという事件が起こった。このときラヴジョイは『オブザーヴァー』紙でそのやり方の残忍さを論難し，暴徒の行為を擁護した裁判官を非難する見解を表明した。しかしその直後ラヴジョイの印刷機は破壊され，かれは自由州イリノイのオールトンに移住する羽目になった。

　ラヴジョイの新聞は，オールトンでも危険にさらされた。1837年秋，オールトンの住民は集会を開いて，町の名士からなる委員会をつくり，ラヴジョイに町からの立ち退きを要求した。しかしラヴジョイは耳を貸さなかった。このころラヴジョイは友人に宛てて，孤立無援に陥った人間の戦々恐々とした心境をつぎのように書き送っている。

　「いま，火曜日の夜です。妻のベッドのかたわらで，これを書いています。妻の興奮と恐怖は，暗くなってまたよみがえってきたようです。妻はどんな物音にも絶えずびくっとしてしまいます。彼女の心は，つい最近経験したばかりのぞっとするような光景で一杯なのです。わたしのベッドのかたわらには，装填したマスケット銃が立てかけてあります。隣の部屋にいるわたしの兄弟2人も拳銃，カートリッジなどとともに，別に3丁の銃をもっています。われわれのオールトンでの生活はこういう具合なのです。こういう方法で身を守らなくてはならないのは，この上もなく気の進まないことです。しかし，高価な代価を払ってえた経験によりますと，現在のわたしには安全というものはないのでありまして，この土地には身を守ることのできるものはなにもありません。法律も世論の保護も期待できません。安心して通りを歩くこともできません。毎夜，身を横たえるとき，わたしの身辺に命を狙っている者のいる気配をはっきりと感じとるのです」。

　ラヴジョイの印刷機はオールトンに移って以後も暴徒の手で再三にわ

たって破壊された。そして1837年11月7日，ラヴジョイは新しく届いた四台目の印刷機を暴徒から守ろうとして，銃撃戦のすえ殺害された。デモクラシーの興隆期は言論の自由に対する弾圧の時代であり，「恐怖の時代」，「殉教者の時代」であった。多数派世論に楯突くことは文字どおり命がけの時代であった。

　ラヴジョイの殺害に際して，人びとのなかにはオールトンの暴徒を非難するどころか，むしろこれを独立革命期のボストン茶会事件の暴徒になぞらえて賛美する者たちもいた。ちなみにハバッド・ウィンスローという牧師は，この時期頻発した暴徒の行為を取り上げて，こう論じている。共和政体のもとでは，いかなる市民といえど，社会の多数派が是認しえないような思想やアボリショニストのような過激な意見を出版する権利などもちあわせてはいない。もしそのような出版物が暴力事件を引き起こすようなら，その罪は暴徒にではなく，被害者の側にあるというべきであろう。過激な意見をもつ者は，人びとがかれの意見に近づき，かれに合意するようになるまで時期を待つべきである。言論の自由とは，「多数派の声と同胞たちの意思が許すことがら，保護することがらのみを言いかつする自由」なのである，と。多数派支配の正当性に関するジェファソン的な基礎づけ方を前提とするかぎり，こうした考え方が出てきてもおかしくはない。トックヴィルがジャクソン時代の不寛容な精神状況を観察して，「アメリカでは，多数者は思想の周囲に恐るべき柵をめぐらしている。この限界内では著作者は自由であるが，その限界から外に出ようとすると彼に不幸がふりかかってくる」と述べた所以である。

　「多数派の専制」状況のなかで，アボリショニストに迫害を堪え忍ぶ力を与えたのは彼岸的なものに対する信念であった。アボリショニストが拠り所としたのはジェファソンの現世主義，人間中心主義の見地とはまったく逆のものであった。ジェファソンは現世代の人間の意向，それも多数派の意向を尊重しようとしたのであったが，アボリショニストは逆に「われわれの王国はこの世のものにあらず」，「この世の政府は神の意思を行なうこと以外の目的のために樹てられているのではない」と主張して，神意の尊重をすべてに優先させようとした。アボリショニストは正義と悪の判定者は人民大衆や多数派世論ではなく神であるとして，

他人志向の風潮に抗したのであった。⁽³⁰⁾

　この彼岸的な発想を，ラヴジョイを例にとって見ておこう。1837年秋，かれはオールトンの住民から立ち退きを要求された際，町の代表を前にして，なぜ自分は新聞の発行を中止することができないのか，なぜ奴隷制反対の立場を捨て去ることができないのかをつぎのように説明している。ここには迫害されればされるほど信仰を強め，神への帰依の念を深めていくアボリショニストの体質がみごとに示されている。

　「その理由は，わたしが人間を恐れるよりも，神をより多く恐れるからであります。……(中略)……わたしは周囲の人びとの好意を得るためなら，原理以外のものはなんでも放棄するでありましょう。しかしわたしに原理を放棄せよというのはできない相談であります。……(中略)……神の加護を得て，わたしは持ち場を守るでありましょう。多勢に無勢なのはわかっております。わたしの力では，あなた方すべてに逆らうことはできないでありましょう。あなた方は随意にわたしを押し潰すことができるでしょう。しかしわたしは自分の持ち場で死ぬつもりであります。わたしは自分の持ち場を放棄することはできませんし，放棄するわけにはいかないのです。……(中略)……セントルイスで暴徒に襲われましたので，わたしは自由と法の支配する土地を求めてここにやってきました。暴徒はここでもわたしを追い詰めてきます。なぜ，わたしが再び撤退しなくてはならないのでしょうか。もしここが安全でないとしますと，いったいどこにいったら身の安全が得られるというのでしょうか。わたしには法の保護を要求する権利はないのでしょうか。どこか別の場所に行けば，より多くの保護が期待できるとでもいうのでしょうか。撤退したら最後，暴徒をつけあがらせ，どこまで行こうと，追いかけてくるに相違ありません。義務の道を投げ捨てる以外に，暴徒から逃れる道はないのであります。神の加護がある以上，わたしにはそれはできないことであります。……(中略)……あなた方は，暴徒がヴィックスバーグでやったように，わたしを吊し首にすることができるでありましょう。暴徒がセントルイスでマッキントッシュにしたように，わたしを火あぶりにすることもできるでしょう。これまでしばしばわたしを脅してきたように，わたしの体にタールを塗って羽毛をまぶし，ミシシッピ川に放りこむこともできるでしょう。しかしわたしを辱めること

ができるとすれば，それはわたしであり，わたしだけであります。このよ
うな時代に最大の辱めがあるといたしますと，それはキリストの思想を捨
てて，キリストを否定することであります。……(中略)……わたしはオー
ルトンから逃げ出したりはいたしません。もし逃げようといたしますと，
主の天使がきらめく剣を振りかざして，どこまでもわたしを追いかけてく
るような気がするのです。わたしに反対しているこの町のすべての人びと
をわたしが恐れないのは，神を恐れるからであります。戦いはここで始ま
ったばかりであり，戦いはここで終わるに相違ありません。神とあなたが
たすべての前でわたしは戦いつづけることを，必要とあらば，死ぬまで戦
いつづけることを，この場で誓います。もし倒れたら，わたしの墓はオー
ルトンにつくっていただきたい」。(31)

(1) William Jay, *Inquiry into the Character and Tendency of the American Colonization, and American Anti-Slavery Societies* (R.G. Williams, 1838. reprint, New York: Negro Universities Press, 1969), p. 204.
(2) Harriet Martineau, *Society in America* (London: Saunners and Otley, 1837; reprint, New York: AMS Press, Inc., 1966), III, 14, 18, 21, 22.
(3) *Ibid.*, pp.14-15.
(4) Roy P. Basler, ed., *The Collected Works of Abraham Lincoln* (New Brunswick, New Jersey: Rutgers University Press, 1953), I, 8.
(5) William Lloyd Garrison, *Thoughts on African Colonization* (Boston: Garrison and Knapp, 1832. Reprint edition 1968 by Arno Press and The New York Times, 1968), Part I, p.80. 以下 Garrison, *Thoughts* と略；Wendell P. Garrison and Francis J. Garrison, *William Lloyd Garrison 1805-1879. The Story of His Life Told by His Children* (New York: The Century Co., 1885. Reprint edition 1969 by Arno Press, Inc.), I, 224. 以下 Garrisons, *W.L.G.* と略。
(6) Garrison, *Thoughts*, Part I, p.6.
(7) Garrisons, *W.L.G.*, I, 128.
(8) デーヴィッド・ハンフリーズに宛てた手紙 (1789年3月18付)。
Julian P. Boyd, et al., ed., *The Papers of Thomas Jefferson* (Princeton,

N.J.: Princeton University Press, 1990), XIV, 678-679.
(9) Wendell Phillips, *Speeches, Lectures, and Letters* (Lee and Shepard, 1884, reprint, New York: Negro Universities Press, 1968), p.321. 以下 Phillips, *Speeches* と略。
(10) Carlos Martyn, *Wendell Phillips: The Agitator* (New York: Funk & Wagnalls, 1890. Reprinted 1969 by Negro Universities Press, New York), p.592.「共和国の学者」と題する講演に出てくる言葉。この講演は本書の pp.570-594 に全文が収録されている。
(11) *Ibid.*, pp.557-558.「ダニエル・オコンネル」と題する講演に出てくる言葉。この講演の全文はこのマーティンの本の pp.548-569 に全文が収録されている。
(12) トクヴィル（井伊玄太郎訳）『アメリカの民主政治』（講談社文庫, 1972年), 中巻, 183, 179頁。ハリエット・マーティノーはジャクソン時代の他人志向の風潮,「騒擾と専制」の原因を封建遺制の中に求めている。そして, これは民主化が進めば解消されるものとしている。Harriet Martineau, *The Martyr Age of the United States* (Boston, 1839. rpt. New York: Arno Press, 1969), p.82. 以下 Martineau, *Martyr Age* と略。この見解は彼女のもう一つ別の著作 *Society in America*, vol.III, Chapter I. Idea of Honour でも繰り返されている。これに対して, トックヴィルはこの専制が逆に民主化の達成によって生み出されたものと考えるわけであり, 同じ現象に着目しつつも, 原因に関しては正反対のとらえかたをしているわけである。
(13) Garrison, *Thoughts*, Part I, pp.9-10.
(14) *Ibid.*, p.8.
(15) Garrisons, *W.L.G.*, I, 315-316, 318-321, 323; Martineau, *Martyr Age*, p.13; Oliver Johnson, *William Lloyd Garrison and His Times; or, Sketches of the Anti-Slavery Movement in America, and of the Man Who was Its Founder and Moral Leader* (Boston: B.B. Russell & Co., 1879), p.126. 以下 Johnson, *Garrison* と略。
(16) ボストン・モッブに関する以下の叙述は主としてガリソンの息子たちの書いたガリソン伝 (Garrisons, *W.L.G.*) によっている。本書2巻の11-30頁にはガリソン自身が後年ボストン・モッブを回想して書いた"20th Anniversary Boston Mob"が掲載されている。
(17) Martineau, *Martyr Age*, p.55; Garrisons, *W.L.G.*, I, 495.
(18) Garrisons, *W.L.G.*, II, 16, 20.

(19) Garrisons, *W.L.G.*, II, 30, 48.
(20) Quoted in Garrisons, *W.L.G.*, II, 11；ウェンデル・フィリップスは "Boston gentlemen" という表現をしている。Phillips, *Speeches*, p.324.
(21) Phillips, *Speeches*, pp.213-214.
(22) Johnson, *Garrison*, pp.221-222.
(23) チャールズ・エドワード・ストウ（鈴木茂々子訳）『ストウ夫人の肖像──その手記による伝記──』（ヨルダン社，1984年），90-95頁。
(24) Johnson, *Garrison*, p.223.
(25) Quoted in Peter Brock, *Pacifism in the United States: From the Colonial Era to the First World War* (Princeton, New Jersey: Princeton University Press, 1968), pp.536-537.
(26) 度重なる印刷機の破壊については，Johnson, *Garrison*, pp.222-227 に詳しい。
(27) Johnson, *Garrison*, p.179; Martineau, *Martyr Age*, p.77.
(28) アボリショニストのフィリップスはこのハバッド・ウィンスローの見解を "The Boston Mob" と題する講演と，"The Murder of Lovejoy"(1837) と題する講演とで，二度にわたって取り上げている。Phillips, *Speeches*, pp.1, 7, 216 を参照。
(29) トクヴィル『アメリカの民主政治』，中巻，180頁。
(30) George Bourne, *The Book and Slavery Irreconcilable. With Animadversions upon Dr.Smith's Philosophy* (Philadelphia: J.M. Sanderson & Co., 1816. Reprint edition by Arno Press & The New York Times, 1969), pp.13, 67, 68, 139-140, 143, 153.; Garrison, *Thoughts*, Part I, p.20.
(31) Quoted in Martineau, *Martyr Age*, pp.61-65.

3節　ガリソン派アボリショニズムの限界

ノンレジスタンスの意味

　奴隷制即時廃止論者(アボリショニスト)の運動は北部世論の覚醒をはかろうとしたという点では大きな意義を持っていた。かれらはその彼岸的志向によって「多数派の専制」と度重なる暴力行為を耐え忍ぶことができた。しかし，かれらの彼岸性はまた大きな思想的限界を生むことにもなった。ここでは

第IV章　北部の奴隷制即時廃止運動　247

アボリショニスト，とくにガリソン派アボリショニストの負の側面について見ておくことにしたい。

　1830年代の奴隷制即時廃止運動(アボリショニズム)はアメリカ奴隷制反対協会を全国組織としてもっており，その傘下に二つの中心勢力をもっていた。一つはボストンに拠点を置き，ニューイングランドを主たる勢力圏とするガリソン麾下のガリソン派，もう一つはタッパン兄弟，セオドア・ウェルドなどの率いる中部大西洋岸諸州と北西部を地盤とするニューヨーク派である。両派ともに奴隷の即時解放を唱えた点では同じであるが，ニューヨーク派の言動が地味であったのに対して，ガリソン派のそれはきわめて過激かつ挑発的で，人びとの耳目を集めることが多かった。

　ガリソン派の思想を見ていく上で重要なのは，かれらの信奉したノンレジスタンスの思想である。ガリソン派は奴隷制即時廃止運動だけではなく，女権運動や禁酒運動をはじめとするさまざまな改革運動にもたずさわったが，それらのなかでもとくに中心的な位置を占めていたのがノンレジスタンス運動であった。イギリスの急進派女性ハリエット・マーティノーはガリソンに初めて会った時のことを回顧した一文の中で，ガリソンは奴隷制問題よりも「平和の原理」（すなわちノンレジスタンス）についてより多くのことを語ったと記している。(1)ガリソン派の活動家は，かれらの隷制即時廃止運動(アボリショニズム)が絶頂期にあった1830年代なかばにおいてすら，アボリショニズムはノンレジスタンス運動の一部にすぎない，「奴隷制廃止の原理とノンレジスタンスとは，わたしには同一のもののように思える。……前者は後者の単なる一構成単位にすぎない」，「構成単位が集合体(すなわちノンレジスタンス運動——清水)以上の重要性をもつことはありえない」(2)と述べて，その第一義的な関心がノンレジスタンスにあることを表明したのであった。

　ところでこのガリソン派ノンレジスタンスの意味であるが，それはまず第一に物理的な力(強制力)に訴えないこと，すなわち非暴力・無抵抗の思想を意味していた。(3)ガリソンは「道徳的な力」と「物理的な力」を対置し，「奴隷制の足枷を断ち切るに際して，道徳的な力以外のいかなる強制力の行使も許容さるべきではない」と説いた。そして「強制的な手段」に訴えるのではなく，「温和，忍耐，祈り」に訴えるべきことを繰り

返し唱えた。
(4)

　ノンレジスタンスの思想は，戦争反対の思想でもあった。ガリソンは絶対的な平和主義者であり，侵略戦争と防衛戦争をともに否定し，戦争の準備をすることにも反対した。ガリソン麾下のニューイングランド・ノンレジスタンス協会は「所信の宣言」で「世界平和」を謳った。また(5)(6)ガリソン起草のアメリカ奴隷制反対協会の「所信の宣言」は，われわれは「あらゆる世俗の武器の使用」を拒否すると表明して，建国の父祖たちが独立戦争という「物理的抵抗」に訴えたことを批判した。そしてアボリショニストの企てようとしている事業は「その規模と尊厳さと世界の運命に及ぼすであろう結果において，道徳的真理が物理的力にまさるのと同様，かれら（建国の父祖たちの――清水）の事業をはるかに凌駕するものである」と豪語した。
(7)

　ガリソン派のノンレジスタンスはしかし，ただ単に非暴力・無抵抗や戦争反対の思想だけを意味するものではなかった。そのもっとも大きな特徴をあげるとすれば，「無政府」という点をあげなくてはならない。ちなみにガリソンはニューイングランド・ノンレジスタンス協会の「所信の宣言」で，協会の会員が政府の官職に就くことを禁止し，被選挙権や選挙権の行使を禁止し，人間による人間の裁判を否定した。そして，物理的強制力や国家権力に荷担する行為をすべて否定して，つぎのように宣言した。

　　「人間の政府はすべて物理的力によって支えられ，その法律は実質的には銃剣を突きつけて施行されているようなものであるから，われわれはいかなる官職にも就くことはできない。その在職者は投獄や死の苦痛を与えることによって，人びとに正しく振舞うよう強制する義務を課せられているからである。したがってわれわれはすべての立法部と司法部からわが身を進んで締め出し，人間の政治，世俗の名誉，権威ある地位をすべて拒否するものである。われわれは議会に席をもったり判事席に座ったりすることができないのと同様，選挙民として他人を選ぶこともできない」。
(8)

　ガリソンはこのニューイングランド・ノンレジスタンス協会の規約第2条では，「キリストの精神を公言する者は人を法律に訴えて傷害の賠償を求めたり，悪事を働く者を投獄したり，刑罰の執行を義務づけられ

る官職に就いたり，兵役に服したり，人間の政府に忠誠を誓ったり，財産，自由，生命，宗教を守るために人が戦うのを正当化したりすることはできない」と述べて，政府に関与するすべての試みを否定した。[9]

しかしガリソン派のノンレジスタンス思想は，実は無政府以上のものを意味していた。それは人間による人間の支配を拒み，現世の政府を拒むだけでなく，さらに進んで現世そのものを拒む彼岸的な志向を秘めた思想でもあった。上に見た無政府は実はこの現世拒否の単なる一端にすぎない。ニューイングランド・ノンレジスタンス協会の「所信の宣言」は，この点をつぎのように説明している。

「われわれはいかなる人間の政府にも忠誠を誓うことはできない。またこうした政府に対して，物理的力に訴えて反対することもできない。わ・れ・わ・れ・は唯一の王にして立法者，人類の唯一の審判者にして支配者（すなわち神——清水）以外のなにものをも容認するものではない。われわれはこの世のものならざる王国の律法に縛られているのである。その臣下は戦うことを禁じられている。……（中略）……その王国は他のことごとくの王国を粉砕し，消滅させるべく運命づけられている」（傍点，清水）。[10]

ガリソン派は，この世の王国がキリストの王国によってとってかわられ，キリストの統治する時代の到来することを待望していた。「神の政府以外の政府は認め難い」，神の王国のみが真実の王国であるとするこの立場からすれば，現世の政府，人間の政府はむしろ無秩序，無政府の同義語にほかならなかった。[11] ガリソン派が非暴力・無抵抗の立場をとり，「物理的な力」や「人間の法律」に訴えることを拒んだのも要するに，「主があなた方を治められる」（「士師記」第 8 章23節）と確信するがゆえであった。[12]「アボリショニストの忍耐」（1835年 8 月）と題する一文でガリソンは，アボリショニストが数々の迫害とリンチに対して「目には目を」式の報復をしないのはなぜかと問い，それは「『復讐はわたしのすることである。わたし自身が報復する』とおっしゃる方を恐れるからである」と答えている。[13] 復讐と処罰は現世の執行機関にではなく，神に属している。武力の行使は，とりもなおさず神への不信を意味している。神を信頼し，一切を神に委ねるべきであって，こざかしい手段を弄すべきではないというわけである。

このガリソン派のノンレジスタンス思想をより深く理解するには，ジャクソン時代の宗教，とくに完全主義という聖書解釈の新しい運動について見ておく必要がある。ガリソン派の思想と行動はこの宗教運動によって大きく規定されることになったからである。

フィニーとノイズの完全主義

ジャクソン時代に台頭した庶民たちは，昔ながらの教義解釈に不満を抱くようになっていた。とくにカルヴィニズムの予定説，すなわち救いは信徒の努力によって獲得されるものではなく，神から与えられるものであり，永遠の昔からある者は救いに，ある者は滅びに予定されていると説く教えは，人びとの不満の的であった。この運命論的なものの見方に正面から異論を唱えたのが，完全主義の提唱者チャールズ・グランディソン・フィニーとジョン・ハンフリー・ノイズであった。

フィニーとノイズは，救いの獲得は個々人の意思を超えた予定のことがらではなく，各自の意思と努力如何の問題であると主張した。かれらは信仰者の完全を説き勧める「マタイによる福音書」の言葉「あなたがたの天の父が完全であられるように，あなたがたも完全な者となりなさい」(第5章48節)に依って，完全の達成(すなわち罪からの解放)が可能であることを人びとに説いた。そして人間は原罪に汚された存在，本性上堕落した存在なのではなく，むしろ無限の道徳的な向上能力をそなえた存在であるとした。かれらの教えは神に予定された特定の少数者という考え方を否定し，救いの獲得と完全の達成をすべての信徒に開放しようとするものであった。それは信仰の領域に平等の原理を導入しようとするものであった。(14)

ところで，完全主義の教祖フィニーとノイズの教えには，ある決定的な点で相違点が横たわっていた。そしてこの違いがニューヨーク派とガリソン派のアボリショニズムの進展に決定的な差異を与えることになる。

フィニーの教えによれば，完全という状態はいわば無限遠の彼方に設定された単なる目標にすぎず，完全への到達は現実には不可能であるとされていた。一方の極に出発点としての救いがあり，他方の極に(到達不可能な)終着点としての完全がある。救いを獲得した人間は完全をめ

ざして無限の努力をするが，現世で完全の域に到達することはできない。完全というものはいわば水平線を追い求めるのに似て，どこまでいっても到達不可能であるとされていた。フィニーが重視したのは完全への到達ではなく，救いと完全という両極を結ぶ無限の過程で絶えざる努力を積み重ねることであり，完全をめざして現世内で苦闘するその前向きの姿勢であった。現実社会は自分を完全に近づける上での試練の場であり，日常生活のなかで慈善活動に励むことにはとりわけ大きな意義がある。人は社会に出て慈善活動にはげみ，新たな人生に乗り出すべきである。こうした思想をフィニーは説いた。そしてこの教えに大きな共感を示したのがニューヨーク派のアボリショニストたちであり，かれらの中の名だたる活動家はすべてフィニーの完全主義の熱烈なる信奉者であった。(15)

これに対して，ノイズの教えはフィニーのそれとは決定的に異なるものをもっていた。ノイズは完全を即時到達可能な目標とみなしており，ノイズ自身もかれの信徒たちも，自分がすでに完全な状態にあると思い込んでいた。かれらは現実の人間社会とそこに張りめぐらされた法律，制度，慣習等はすでに確保したみずからの完全に損傷を加えるマイナス要因でしかないと考えていた。したがってフィニーの場合とは逆に，現世内での努力の積み重ねに積極的な価値を置くことはなかった。むしろ神の律法を忠実に遵守しようとする者は教会，国家など身のまわりの小道具を早急に放擲すべきであるとノイズは考えていた。(16)

このノイズの完全主義をさらに一歩おしすすめて，汚濁した人間社会からの「離脱」の教えを説いたのが，離脱主義の提唱者ナサニエル・P・ロジャースであった。ロジャースはいかなる組織も権力の濫用に走るとみて，奴隷制反対集会ですら委員会，規約などを設けることなく運営されるべきであると説いた。奴隷制反対運動に会計や予算編成などあってはならず，改革者は東洋の托鉢僧のように日々，鉢を携えて自活すべきである。人は現世の腐敗した政治制度，宗教制度をすべて否定し，そこから離脱すべきであるというのがロジャースの教えであった。(17)

ガリソン派が深い共感をよせたのはこのノイズの完全主義であり，ロジャースの離脱主義の教えであった。現世のただなかで自己を完全に向けて鍛え上げていくというフィニーの立場からは，現世を拒んだり，現

世の外に離脱してしまおうとする志向は生じようがない。事実フィニーの傘下からは，ノンレジスタントや離脱主義者は一人も現れなかった。これに対してノイズ，ロジャースの感化を受けたガリソン派は現世の制度，法律，慣習を一切否定して，現世から離脱することに積極的な価値を置くことになった。

　1837年3月，ノイズはガリソンに宛てて，つぎのように書き送っている。合衆国市民であるということは，奴隷所有を認める政府の臣下であるということを意味している。したがって，合衆国政府に対する忠誠心は一切捨て去らねばならない。神はわれわれに「わが民よ，その罪と悪疫の荷担者とならぬよう，そこから離脱せよ」とうながしておられる。現存する諸国の政府は神の王国の到来を妨げるものであり，それらは早晩，神の王国がこの地上に実現する前に粉砕される運命にある。神はイエス・キリストを合衆国のみならず，全世界の大統領に指名することを望んでおられる。既存の国家の転覆したところから，われわれの至福千年の夢は始まるのである，と。[18]

　1837年末になると，ガリソンもノイズやロジャースの口調をまねて現世を罵倒し，汚れたものからの離脱を説きはじめた。この世の政府はすべてキリストの敵であり，それらは早晩キリストの王国によって取って代わられる運命にある。キリストのみが王のなかの王である。神の王国が地上に樹立されて，「他のすべての王国を粉砕し尽くす」ことになるであろう。奴隷制にかかわりをもつ者からは遠ざからねばならない。「彼らの間から出て行き，彼らと分離せよ，と主は言われる。そして，汚れたるものに触れてはならない。触れなければ，わたしはあなた方を受けいれよう」（「コリント人への第二の手紙」第6章17-18節），云々。ガリソンはこのように述べて，悪との関わりを即刻断つよう唱えはじめた。[19]

　こうした現世離脱の思想を前提とするかぎり，地道な社会変革の姿勢は出てきようがない。またこうした思想にもとづいて行動するかぎり，現実社会でさまざまな摩擦を引き起こすであろうことは想像にかたくない。事実ガリソン派の言動は当時「宗教的ファナティシズムの狂乱」，「正邪に関する単一の抽象理論」でもって現実を裁断しようとする「無謀なドグマティズム」などと呼ばれ，各方面から非難されることにな

った。ガリソン派の彼岸的志向が実際にどのような言動を生み出すことになるのか。この点について，以下，具体的に取り上げることにしよう。

ガリソン派の思想と行動

　ガリソン派の思考様式の特徴としてまず第一に挙げられるのは，結果に対する無関心，結果責任の観念の欠如である。ガリソン派が大きな関心を払ったのは神の意思にしたがい，神への義務を尽くすことであって，ことの成否(結果)は神に委ねればよいというのがかれらの考え方であった。「いかなる場合にも誠実な道はただ一つしかない。それは正義を実践し，結果は神に委ねることである。つまり『義務はわれわれのもの，出来事は神のものである』」。「結果を顧慮せず，義務を尽くせ」。「たとえ天が落ちきたろうとも，正義を貫け」。「義務の道はわれわれの前に平易に開けている。われわれは直ちにそこに足を踏み入れ，右顧左眄することなく歩めばよい。われわれの関心は神の意思に従うことによって生じるかも知れない結果にはなく，至上の関心はただその意思に従うことにのみある」。こういった発言をガリソン派は繰り返し口にした。人間に対して責任をとる，現実社会のただなかで結果責任をとるという発想は，かれらにはなかった。

　具体的プロセスへの無関心と手段に対する考察の欠如も，ガリソン派の特徴である。ガリソン派は目的達成のためにプランを立てたり，手段を検討したりするということはしなかった。人知に訴えたり，経験的な手段を検討したりするということは，とりもなおさず神への不信を意味するものであった。ちなみに，黒人植民を提唱したジョージ・タッカーは奴隷の解放を論じるに際しても，奴隷には20ドルの所持金，季節に見合った2着の服，帽子1箇，靴1足，毛布2枚をあたえ云々というように解放のプロセスをきめ細かく考察し，奴隷主には補償をすべきであるが，この資金を非奴隷所有者の税金から捻出するのはいかがなものであろうかと問うなど，現実の問題にさまざまな角度から検討を加えたのであったが，ガリソン派はただ即時解放という道徳的なスローガンを振りかざしただけで，手段のレヴェルでの論議を展開するということは一切しなかった。そして，論敵から具体的なプランのなさを指摘されても，

そうした批判を真摯に受けとめるどころか，むしろ奴隷制即時廃止運動は「人間の計画や深謀に依拠することをやめねばならない」，「プランのなさこそが奴隷制反対事業の真諦であり栄光である」[24]と居直って，建設的なプランのなさと具体的プロセスへの無関心を誇りとしたのであった。

　ガリソン派はまた経験命題と倫理的な規範命題とをしばしば混同するという誤りを犯した。そして倫理的に正しい道が経験的にも安全な道であることを保証する根拠はどこにもないにもかかわらず，倫理的な正しさを経験的な安全性へと安易に結びつけた。当時人びとは即時解放の安全性に対しては少なからず不安をいだいており，国内での奴隷解放はサンドマングで起こったような凄絶な人種戦争を引き起こし，いずれか一方の人種の根絶をもたらすのではないかと恐れていた。しかしガリソン派はそうした不安を解消するような説得的な議論を展開することはせず，むしろ「正しい道こそ安全な道」[25]，「唯一最高の適切な方策とは，至高の絶対的正義を遵守することである」[26]，神は「正義を設け給いしとき，つねにそれがもっとも安全かつ最善のものであるよう取り計らわれたのである。……（中略）……もしわれわれが正義を行なうなら，神は幸福な帰結を保証してくださるであろう」[27]などと述べて，奴隷解放の倫理的な正しさとその実施面での安全性を等式でつないだのであった。こうした安易な発想が世論を動かす力になりえなかったのは当然であった。

　問題関心の散漫さもまたガリソン派の特徴をなしている。『リベレイター』紙はその創刊号で「内容の多様化」につとめるむね公言したのであったが，これはその後の同紙の杜撰な編集方針を象徴する言葉となった。『リベレイター』の紙面は決闘，喫煙，飲酒，動物虐待の禁止をはじめとする種々雑多な改革運動にも惜しみなく割かれ，降神術の会，特許薬品，食餌療法の宣伝にも割かれた。論説はしばしば「さらに来週へ」という予告を残しては，未完のままに中断した。その模糊たる問題関心は，未整序のまま漏洩していた観がある。同紙の論調のこうした移ろいやすさを気づかって，ひとがガリソンに「もしもあなたがその熱狂にほんの少しでも方法性をもたせるならば」[28]と助言したのも当然であった。

　この問題関心の移ろいやすさを反映して，ガリソン派は奴隷制問題を追求するかたわら，女性の権利や安息日の厳守をめぐる問題にも深く首

を突っこみ，奴隷制問題以外の領域で数々の摩擦を引き起こした。そしてその挙げ句，目的と手段を転倒させるにいたった。ちなみにガリソンは安息日をめぐって教会勢力と敵対するようになると，教会は「奴隷制の廃止に先立って除去されねばならない」と主張しはじめた。かつてガリソンは安息日を破る者を「悪に染まった堕落者」と呼んでいたのであったが，宗教界と対立するようになって以後は，安息日の遵守を指して「有害な迷信に染まった観念」「愚劣な迷信」などと呼ぶようになり，聖職者たちを激怒させた。批判者たちがガリソニズムを指して「奴隷制問題はさておいて，……教会，牧師，安息日，政府への反対を包含する『イズム』」と呼び，マサチューセッツ奴隷制反対協会を指して「女性の権利・無政府・奴隷制反対」協会と呼ぶようになったのも無理はない。[29]

奴隷制問題以外の諸論点に深入りし，アボリショニズムのなかにさまざまな運動を持ち込んだことは，アボリショニズムの進展に好ましい影響をおよぼすはずがなかった。女権問題一つ取り上げてみても，アボリショニストたちのあいだにはさまざまな考え方があったのであって，奴隷制論議の場に奴隷制反対以外のイデオロギー基準を持ち込むことはアボリショニズムを混乱させることになった。そして事実，北部の奴隷制反対運動は女権問題をめぐる対立を機に1840年に分裂することになる。

1840年代にはいるとガリソン派は離脱思想へと大々的にのめりこみ，北部の連邦からの脱退をうながしはじめた。1842年5月，『リベレイター』紙は「北部の自由と南部の奴隷制とのあいだの連合の撤廃が，後者の廃止と前者の維持をはかる上で本質的に重要である」と宣言した。翌年1月には，マサチューセッツ奴隷制反対協会の年次集会はガリソンの提案した「北部と南部のあいだに存在する契約は，南北双方を極悪の犯罪にひきこむ『死との誓約，地獄との協定』であり，ただちに撤廃さるべきである」という決議案を圧倒的多数で可決した。1844年にはアメリカ奴隷制反対協会とマサチューセッツ奴隷制反対協会は，ガリソンの指導のもとに連邦脱退路線を驀進していた。「奴隷主をともなう連邦は存続すべからず！」というスローガンは，南北戦争勃発時まで『リベレイター』紙に掲げられることになる。[30] 汚れたものからは遠ざかるべしとする個人レヴェルでの離脱の勧めは，より大規模なかたちをとって北部全

体に適用されたわけである。

　フィニーの完全主義を信奉するニューヨーク派アボリショニストは，ガリソン派とはまったく別の道を歩んでいった。ガリソン派が投票権の行使を罪悪と規定して政治に背を向けたのとは対照的に，道徳的な説得活動の限界をさとるにいたったニューヨーク派は逆に政治化への傾斜を強めていった。そして1839年には，第三政党である自由党を発足させ，1848年には共和党の前身である自由土地党へと結集していった。ガリソン派とは対照的に，その後の政治動向を決定づける先駆者的な役割をはたしたわけである。

　エイブラハム・リンカーンが終生の師と仰いだヘンリー・クレイは天性の妥協家ともいうべき政治家で，その経歴と体質からいって「改革者」気質からはもっとも遠い人物であったが，クレイはあるときガリソン派アボリショニストの言動を評して，つぎのように述べたことがある。このクレイの言葉はガリソン派の彼岸的志向と現実遊離の体質をみごとに言いあてたものといってよい。すなわち，

　　「かれらにとっては財産権の問題，連邦政府の権限の範囲，諸州のもつ争う余地のない公認の権限，内乱と連邦瓦解の危機，文明世界の期待を一身ににない政府の転覆といった点への配慮は毫も念頭にありません。ある一つの理念がかれらの心を領するや，かれらはあらゆる障害を無視し，結果などには目もくれずに，それを追求していきます。……(中略)……かれらはあたかもアフリカやアジアに暮らしているかのごとく，当の主題の属する社会とはまったく別個の社会に住んでいるかのようであります」[31]（傍点，清水）。

　ガリソン派はその掲げたモットーの華々しさと過激さにもかかわらず，現実を変革する力にはなりえなかった。無政府思想といえば一見過激に聞こえる。しかし一歩踏みこんで，その意味内容を明確にしようとすると，このスローガンはありとあらゆる問いを噴出させ，具体的な行動の指針となりうるようなものではなかった。ちなみにガリソン派は政府の否定，政治参加の拒否をめぐって，つねに見解の相違をきたし，仲間うちで激論を闘わせている。税金の納入，通貨の使用はノンレジスタンスの原理と両立するのかどうか。法廷での証言，政府あて請願書への署名

行為は，果して許容されるのかどうか。州政府の設立特許状のもとで経営されている銀行や会社を利用することは，ノンレジスタンスの原理に抵触しないのか等々をめぐってである。もともとガリソン派の一致点は唯一の是認さるべき政府は神のそれでしかないという点だけであって，これは抽象的ドグマとして論じられる場合には，別段問題は生じない。しかし，ひとたび現実社会という実体的次元にまで降下して，この命題を個々の実践的状況に適用する段になると，一挙にさまざまな，しかも経験的には論証も反証もできないような問いを呼びおこさざるをえなかった。結局，ノンレジスタンス協会は個々の問題をその時どきの機会主義的裁断でもって無原則に切り抜けていくほかなかった。そこでは抽象的で現実離れした理念と，個々ばらばらな実際行動とが，媒介項をもたぬまま同居していた観がある。そしてこの場当り的な態度は，当然のことながらノンレジスタント個々人にもあてはまる。たとえば，ガリソンが当時の代表的な諸事件，すなわちナット・ターナーの奴隷反乱，メキシコ戦争におけるメキシコ側の防衛戦，ジョン・ブラウンによるハーパーズフェリーの襲撃に対して下した判断と態度がそうである。これらの事件は明らかにノンレジスタンスの原理にもとるものであったが，それにもかかわらず，ガリソンはこれらの武力の性質上ある種の好感をも禁じえず，結局その場しのぎの口実を設けては，つぎつぎと事後承認していった。それはいわば既成事実にたえず自分をあわせていく一種の状況追随の姿勢であった。[32]

ガリソン派アボリショニストの過激な思想と行動は，従来，左派的心情をもった歴史家たちから高く評価されてきた。しかしガリソン派の過激さや急進性というのはいってみれば，過激になればなるほど現実から足が浮き上がっていく性質のものでしかない。この一派の体質をより的確に表現する言葉があるとすれば，それは急進性ではなく彼岸性という言葉であろう。ガリソン派は現実それ自体に関する即物的な洞察力を欠いていたのであり，かれらはあらゆる事柄に対して現世内在的な姿勢をとることができなかった。そしてその思考は現世を素通りし，現実から果てしなく遊離していく性質のものでしかなかった。この一派が北部社会の異端児たらざるをえなかったのは当然であった。

(1) Wendell P. Garrison and Francis J. Garrison, *William Lloyd Garrison 1805-1879. The Story of His Life Told by His Children* (New York: The Century Co., 1885. Reprint edition 1969 by Arno Press, Inc.), II, 70. 以下 Garrisons, *W.L.G.* と略。本書 pp.69-71 に，マーティノーの "Retrospect of Western Travel" が掲載されている。

(2) Quoted in Peter Brock, *Pacifism in the United States: From the Colonial Era to the First World War* (Princeton, New Jersey: Princeton University Press, 1968), pp.560-561; Garrisons, *W.L.G.*, II, 230.

(3) この非暴力・無抵抗の思想はのちにトルストイとガンジーに影響を与えることになる。たとえば，V. Tchertkoff and F. Holah, *A Short Biography of William Lloyd Garrison* (London: The Free Age Press, 1904; Reprinted in 1970 by Negro Universities Press, Westport, Connecticut) にはトルストイのV. Tchertkoff に宛てた手紙が序文に掲載されているが，この手紙のなかでトルストイは，ガリソンは人間生活の組織のルールとしてノンレジスタンスの原理を掲げた最初の人であったと述べている。

(4) William Lloyd Garrison, *Thoughts on African Colonization* (Boston: Garrison and Knapp, 1832. Reprint edition 1968 by Arno Press and The New York Times, 1968), Preface. 以下 Garrison, *Thoughts* と略；Garrisons, *W.L.G.*, I, 133-134.

(5) Garrisons, *W.L.G.*, II, 231.

(6) Garrisons, *W.L.G.*, II, 231, 233.

(7) Garrisons, *W.L.G.*, I, 408-409.

(8) Garrisons, *W.L.G.*, II, 231-232.

(9) Brock, *Pacifism*, p.548.

　　南部の奴隷制擁護論者フィッツヒューが支配・服従（すなわちフィッツヒューのいう奴隷制の原理）はいかなる人間社会にも通底する普遍的要素であり，これを抜きにして人間社会は存続しえない，もし奴隷制の原理を否定するなら，無政府が帰結すると主張したことは第III章で見たとおりであるが，その際フィッツヒューは「われわれの提示するドクトリンとガリソン氏の提示するそれとのあいだには，中間的な立場などというものは絶対にありえない。もし万一，奴隷制なるものが原理的にあるいは実践的に間違っているとするならば，そのときにはガリソン氏の

方が正しいということになり，人間の政府なるものはすべて間違っているということになってしまう」と述べて，奴隷制擁護の立場とガリソンの無政府思想とを鋭く対置している。George Fitzhugh, *Cannibals All! or, Slaves Without Masters*, ed. C.V. Woodward (Cambridge: Harvard University Press, 1960), p.254.
(10) Garrisons, *W.L.G.*, II, 230.
(11) Garrisons, *W.L.G.*, II, 30, 233.
(12) Garrisons, *W.L.G.*, II, 52, 68.
(13) Garrisons, *W.L.G.*, I, 504. ガリソンの引用文はもとは「申命記」第32章35節に出てくるものであり，「ローマ人への手紙」第12章19節にも引用されている。
(14) Gilbert Hobbs Barnes, *The Antislavery Impulse, 1830-1844* (c. 1933. reprinted in Gloucester, 1957), pp.10-11.
(15) *Ibid.*, p.11.
(16) Brock, *Pacifism*, pp.533-534.
(17) John L. Thomas, *The Liberator: William Llyod Garrison. A Biography* (Boston: Little, Brown and Company, 1963), pp.319-320.
(18) Garrisons, *W.L.G.*, II, 146-147.
(19) Garrisons, *W.L.G.*, II, 202; Garrisons, *W.L.G.*, I, 480.
(20) G.B. Stebbins, *Facts and Opinions Touching the Real Origin, Character, and Influence of the American Colonization Society* (Boston: John P. Jewett & Co., 1853. Reprint edition 1969 by Negro Universities Press), p.73; David M. Reese, *Letters to the Hon. William Jay, Being a Reply to His "Inquiry into the American Colonization and American Anti-Slavery Societies"* (New York: Leavitt, Lord & Co., 1835. Reprinted 1970 by Negro Universities Press, New York), p. 90.
(21) Lydia Maria Child, *An Appeal in Favor of That Class of Americans Called Africans* (New York: John S. Taylor, 1836. Reprint edition 1968 by Arno Press and The New York Times), p.213.
(22) Garrison, *Thoughts*, Part I, pp.88, 147; 黒人植民の提唱者たちはしばしばガリソン派の行動様式を評して，かれらは「その行動の生み落とすいかなる破滅的な結果に関しても，これを自己のものとして責任をとることを峻拒する」と述べ，批判を繰り返している。Calvin Colton, *Colonization and Abolition Contrasted* (Philadelphia, 1839), pp.1, 11.

260

(23) St. George Tucker, *A Dissertation on Slavery: With A Proposal For the Gradual Abolition of It, In the State of Virginia* (Originally Printed for Mathew Carey in 1796, Philadelphia. Reprinted in 1970 by Negro Universities Press, Westport), pp.74-75, 79, 89.

(24) Wendell Phillips, *Speeches, Lectures, and Letters* (Lee and Shepard, 1884, reprint, New York: Negro Universities Press, 1968), pp.99, 102, 104；リチャード・ホーフスタッター（田口富久治・泉昌一共訳）『アメリカの政治的伝統 I』（岩波現代叢書，1962年），209頁。

(25) リディア・マリア・チャイルドの著作の表題である。L. Maria Child, *Right Way The Safe Way* (New York, 1862. Reprinted 1969 by Negro Universities Press, New York)

(26) Quoted in Aileen S. Kraditor, *Means and Ends in American Abolitionism. Garrison and His Critics on Strategy and Tactics, 1834-1850* (New York: Random House, Inc., 1969), p.184.

(27) Quoted in *ibid.*, p.213.

(28) Garrisons, *W.L.G.*, II, 66; Thomas, *The Liberator*, pp.311-312.

(29) Thomas, *The Liberator*, pp.88, 225.

(30) Garrisons, *W.L.G.*, III, 56, 88.

(31) Quoted in Early Lee Fox, "The American Colonization Society 1817-1840" *Johns Hopkins University Studies in Historical and Political Science* (Baltimore: The Johns Hopkins Press, 1919), XXXVII, No. 3, 147.

(32) 奴隷制反対論者のラヴジョイが暴徒に殺害された時，ノンレジスタントは，もしもラヴジョイが武器を手にしていなかったなら，あの惨事は回避されていたであろうと主張した。他方，独立戦争に関してはこれとは逆に，もしアメリカが武力に訴えていなかったなら，イギリスからの独立の達成は実際よりもより速やか，より名誉ある方法で実現していたであろうと主張した（Brock, *Pacifism*, pp.538, 548, 579, 607）。その論法は要するに，現実の結果が成否いずれに出ようとも，そのつど既成事実に辻褄を合わせて，自分の依拠する原理の正しさを論証しようとするものでしかない。

第V章
北部多数派の黒人奴隷制論

1節　プラス・イメージの黒人像

　アボリショニストの過激な主張は北部多数派の容れるところとはならなかった。とくに彼岸的発想に裏打ちされたガリソン派の言動は北部世論の共感を得るにはあまりにも現実離れした性格をもっていた。本章ではこの過激派に対して，北部多数派の発展させた黒人奴隷制論がどのようなものであったかについて見ていくことにしたい。それは一言でいえば，奴隷制反対と黒人反対(混血反対，人種平等反対)の主張を黒人植民論へと収斂させていったジェファソンの立場を継承するものであった。

　ジャクソン時代の北部社会には，二つのあい矛盾する現象がひろく見られた。黒人(自由黒人)に対する徹底した人種差別の横行と黒人資質を極度に美化して描く雰囲気の醸成である。

　北部の自由黒人は町の片隅にある「ニガー・ヒル」，「ニューギニア」，「リトル・アフリカ」などの黒人居住区(ゲットー)におしこめられ，白人社会から隔離されたかたちで生活していた。隔離と差別は駅馬車，鉄道，汽船などの乗り物や，ホテル，レストラン，劇場，病院，墓地など，ありとあらゆる領域にまで浸透していた。フランス人トックヴィルは「人種的偏見は，奴隷制がまだ存在している諸州においてよりも，奴隷制を廃止している諸州では一層強いようである」と述べて，つぎのように描いている。

「連邦の北部では，黒人と白人とは法律によって合法的結合を結ぶことが許されている。……(中略)……けれども世論は，黒人女と結婚する白人男性を破廉恥なやつだと宣言する。……(中略)……奴隷制が廃止されているほとんどすべての州では，黒人に選挙権が与えられている。けれども彼が投票しようとすると，彼の生命はあぶない。彼は圧迫されれば訴えることはできる。けれども彼には自分の裁判官としては白人ばかりしかいない。……(中略)……彼の息子はヨーロッパ人の子孫が教育されている学校から排除される。劇場では，彼は主人の席のそばに，金貨を支払っても席をとる権利を買うことはできないであろう。病院では別のところに隔離される。夜には白人と同じ神に祈ることは許されても，同じ聖壇で祈ることは認められない。……(中略)……黒人がこの世を去るとき，彼の骨は別のところに葬られ，地位の不平等は死の中にまで見出される(1)」。

この徹底した人種差別とは別に，ジャクソン時代の北部では黒人資質を賛美する見方が成長をとげていった。リディア・マリア・チャイルドの『アフリカ人と呼ばれているアメリカ人のための訴え』(1836年)をみると，黒人資質とくに（ジェファソンのいう）「心の資質」を好意的にみる見方が広まっていたことがわかる。チャイルドはこの本のなかで，「アフリカ人とその子孫に関してわれわれがどのような義務を負うべきかを決めようと思えば，まず最初かれらが人間であるのかないのか，かれらが他の人間と同じような改善能力を備えているのかどうかという点をはっきりさせなくてはならない(2)」と述べて黒人本性論の重要性を説き，「第6章　黒人の知性」，「第7章　黒人の道徳的性格」という二章を設けている。そして北部白人がジェファソンと同じように，黒人の「知性」（すなわちジェファソンのいう「頭脳の資質」）面での劣等性は認めつつも，「道徳的性格」（ジェファソンのいう「心の資質」）に関しては，きわめて好意的な評価を下していることをつぎのように指摘する。

「黒人は本性上，知性の点で劣っているという見解が，白人たちのあいだにあまねく広まっている。しかしながら，黒人が他の人種と比べて邪悪であるという考えは，そんなにひろく広まってはいないように思う。実のところわたしは，黒人の賛美者では全然ないような人びとが，黒人は親切な感情と強い愛情を顕著にもちあわせていると主張するのを耳にするので

ある」。
(3)

　人種差別の横行と共存するかたちで，黒人資質を好意的にみる見方，とくに黒人の「道徳的性格」(「心の資質」)を好意的にみる見方が広まっていたことがわかる。しかも，この見方は次第に成長をとげて，やがて理想化された黒人像を誕生させることになる。

　北部のこの好意的な黒人像に明確なかたちを与え，これを理想化されたものへと作りあげていく上で大きな貢献をしたのは，ウィリアム・E・チャニングとアレクサンダー・キンモントという二人の牧師であった。かれらは黒人資質を描くに際して，mild, gentle, kind, affectionate といった形容詞を多用し，黒人を子供のように純朴な心をもった人種，親切で正直で心根の優しい人種，穏和で情愛に富んだ人種，忍耐強く寛容な人種，奉仕の精神に富んだ自己犠牲的な人種として描き，黒人の道徳的，宗教的資質を手放しで賛美した。この作業を集大成して，理想化された黒人像を完成させたのが，ストウ夫人のベストセラー小説『アンクル・トムズ・ケビン』(1852年)である。

　アンクル・トム型とでも称すべきこの黒人像は，建国期以来の黒人像とは決定的に異なるものをもっていた。従来の黒人イメージはいわゆるサンボ型かナット・ターナー型かのいずれかであり，ともにマイナス・イメージのものでしかなかった。サンボ型は黒人を陽気で間抜けな人種，卑屈で無気力で怠惰な人種，迷信にとらわれやすい低能な人種，平気でうそをつき，盗みを働く不道徳な人種，模倣好きで臆病でお人好しの人種として描くものである。他方，ナット・ターナー型は黒人を恐怖の対象としてイメージするもので，白人に復讐をたくらむ残忍獰猛な人種，反乱を画策する血に飢えた人種として描くものである。これら二つの類型は一見正反対に見えるが，黒人を野蛮な劣等人種としてマイナス・イメージで描く点では共通している。
(4)

　チャニングとキンモントの所論について具体的に見ておこう。チャニングはボストン在住のユニテリアン派の牧師で，ストウ夫人の父親ライマン・ビーチャーと双璧をなす著名な宗教家であった。かれは『奴隷制』(1835年)のなかで，「あらゆる人種のなかでもアフリカ人は最も穏和で，最も愛情に心を動かされやすい人種である」，「かれを鎖につなぎ止

めておかねばならぬ理由」などないと述べて,南部奴隷制を批判した。(5)
チャニングはまた『奴隷解放』(1840年)では,西インド諸島で見聞した奴隷解放の実際をつぎのように描いている。西インドでは当初,奴隷の解放は復讐と虐殺と欲望のほとばしりを生み,大混乱を引き起こすと想定されていた。ところが実際に起こったのは,それとは逆の事態であった。解放は黒人たちから感謝の念をもって迎えられ,解放奴隷は教会へと集まって,祈りと賛美歌を口にした。喜びが鎮静化すると,黒人たちは再び労働へともどっていった。チャニングはこう述べたあと,黒人資質の「高貴な要素」,とくにその宗教的な資質へと言及する。すなわち,白人たちのあいだに「最も強力に根を張っている『決闘法』は,キリストの人格と言葉に正面から対立するもの」であり,白人の資質は「キリスト教の精神と敵対する資質を顕著にそなえている」。これに対して「アフリカ人は柔和で我慢強く,愛情深い美徳の素地をわれわれよりもはるかに豊富にもちあわせている」。わたしは西インド滞在中,解放奴隷の進歩向上するさまを目の当たりにして大きな感銘をうけたものである。西インドのいたるところで「人間本性のなかでも最も高貴な資質であるかれらの宗教的傾向について耳にした」ものである。「黒人は最も穏和で,最も心優しい人種である。……(中略)……黒人の資質は愛情に富んでおり,ものごとに容易に感動しやすい。したがって黒人は白人よりも宗教的な感受性が豊かである。ヨーロッパ人種はこれまで勇気,進取の気性,創意工夫の才といった点では優れたものを示してきた。しかしながらキリスト教がとりわけ愛でる気質に関していえば,ヨーロッパ人種はアフリカ人と比べてなんと劣っていることであろうか」。

チャニングはこのように述べて,ジェファソンのいう黒人の「心の資質」を称賛し,われわれは「人種のなかでも最も優秀な人種を軛につないでいるのである」,「このような人種を鎖に繋いでおかねばならないような理由などありはしない。かれらを無害にするのに,鎖など不要である」と述べて,奴隷制の非人道性を批判した。そして「わたしはアフリカ人種が文明化するならば,活力,勇気,知的独創性といった点ではわれわれ白人より劣るかも知れないが,しかし愛情,静穏,優しさ,満足といった点ではわれわれ以上のものを示すにちがいないと期待して

第V章　北部多数派の黒人奴隷制論　265

いる」と述べて，黒人が将来，理性に立脚した白人文明とは異質の，道徳的宗教的資質に彩られた文明を作り出すであろうことを予測した。

　チャニングが北東部のボストンで論陣を張っていたころ，北西部ではアレクサンダー・キンモントが同じような黒人論を展開していた。キンモントはオハイオ州シンシナティ在住のスウェーデンボルグ派の牧師で，1837年から38年にかけてシンシナティで一連の宗教講演を行なった。かれの講演は1839年には『人間の自然史に関する12の講話』と題して上梓されている。

　キンモントはこのなかで，白人資質と黒人資質を鋭く対置して描いている。白人は生まれつき闘争的で支配欲の旺盛な人種なので，真のキリスト者になることはできない。キリスト教の説く美徳が白人の心のなかに根を下ろすには無理がある。これに対して，黒人は謙虚で自己犠牲的な資質に富んだ人種であり，「ヨーロッパ人の場合よりも，子供のような資質，純真素朴な資質を豊富にもちあわせている」。黒人は生来キリスト教に向いた人種である。「キリスト教の甘美な優美さはあまりにも熱帯的で，か弱い植物なので，白人の精神という土壌の上に生育することはできない。それが植えつけられ，自然に美しく成長するにはある種の特定の人間本性が必要であるが，そうした本性をひとは黒人のうちに見いだすことができる」。黒人こそは生来のクリスチャンである，云々。

　キンモントはこのように述べて白人と黒人の異質性を強調し，黒人の道徳的宗教的資質を称揚した。そして理性に秀でた白人は科学文明，技術文明を発達させたが，黒人はそれとはちがったタイプの文明，「心の資質」に根を下ろした宗教的色彩の濃い文明を生み出すであろうとして，つぎのように論じる。

　　「もしも白人が，その早熟な才能と生来の迅速な活動と技術に対する適性に示されているように，神の英知の光り，いやもっと適切にいえば，神の科学を反映するべく運命づけられているとするならば，われわれは，遅咲きではあるが遥かにいっそう高貴な文明がその前途に待ち受けている黒人を羨むべきではなかろうか。より穏和でより優しい美徳を実践することによって，慈悲と慈愛という神の属性の光輝を反映している黒人を羨むべきではなかろうか」。

キンモントは黒人のもつこの優れた特性はアフリカで開花させるべきであり，アメリカ黒人はアフリカに送還されるべきであると考えていた。各々の人種はそれ固有の資質を，神の定め給うた本来の居住場所で開花させるべき運命を担っている。したがって黒人の美質も祖国アフリカで開花させるべきである。「アフリカ大陸は黒人の生家であり，かれの将来の栄光と文明を発展させるべく宿命づけられた最適の土地なのである[15]」。キンモントはこう述べて，一方で黒人資質を美化しつつも，他方では黒人植民の主張を打ち出す。そして将来アフリカに出現するであろう黒人文明を，白人の科学文明と対比させて，つぎのように描く。

「幾時代かが過ぎて黒人文明の時代がやってくるとき，かれらはその祖国に，われわれのような別個の人種には想像もつかないような，なにか非常に特殊で興味深い性格の特徴を開示することになるであろう。それは必ずや，独特なタイプの文明であることであろう。あえていえば，それは技術よりもある種の美質の顕著なもので，科学によって特色づけられ装飾されているというよりも，新しい慈愛に満ちた神学によって高められ洗練された文明，すなわち天国の光りを反映し，白人の知性がこれまで示してきたものよりももっと完璧で愛情のこもった文明であることであろう[16]」。

このようなプラス・イメージの黒人像（それが黒人植民という排他的主張で裏打ちされていたという点はここでは措く）が北部で醸成されていった背景には，南北の地域利害対立（セクショナリズム）の激化という現実が深く関与していた。アンクル・トム型の黒人像は一言でいえば，南部批判のための武器，奴隷主権力弾劾のための武器として作り出されたものであった。セクショナリズムの進展につれて，北部人は南部奴隷主権力への敵愾心を強めていったが，そのさい従来のマイナス・イメージの黒人像をもってしては南部を効果的に叩くことはできなかった。奴隷主の横暴や奴隷制の非人道性，残虐性を衝こうとすれば，奴隷制の犠牲者（黒人）が怠惰で卑屈な人種（サンボ型）であったり，謀反をたくらむ凶暴な人種（ナット・ターナー型）であったりしてはどうしても都合が悪いのであって，奴隷主が罪もない穏和な人種を虐げているという論理立てにするには，黒人は誠実で善良な人種でなくてはならなかった。圧制の犠牲者をそのように仕立て上げることによって，南部糾弾の論理もまたはじめて説得力

をもってくるわけである。ちなみに1856年5月，連邦上院でカンザス問題をとりあげて南部を非難したチャールズ・サムナーは，かれの演説に腹を立てた南部の下院議員プレストン・ブルックスにステッキで失神するまでに殴打され，三年間の療養生活を余儀なくされるにいたるが，上院議場内でおこったこの前代未聞の暴力事件は，南北間の敵対感情が行き着くところまで行き着いたことを示すものであった。北部世論がアンクル・トム型の黒人像を歓迎した裏には，こうした険悪化した雰囲気があった。プラス・イメージの黒人像は（黒人に対する好意が生み出したものではなく）奴隷主権力に対する敵対意識が生み出したものであった。人種差別の横行と並存するかたちでアンクル・トム型の黒人像が浮上してきた所以である。

(1)　A・トクヴィル（井伊玄太郎訳）『アメリカの民主政治』（講談社学術文庫，昭和62年），中巻，357-58頁。訳は一部変更。
(2)　Lydia Maria Child, *An Appeal in Favor of Americans Called Africans* (New York: John S.Taylor, 1836; rpt.New York: Arno Press and The New York Times, 1968), p.148.
(3)　*Ibid.*, p.177.
(4)　サンボ型は旅まわりの白人芸人が顔に墨を塗り，滑稽な仕草をこれみよがしに演じてみせたあのミンストレル・ショーに出てくる黒人に代表されるものである。マーク・トウェインは『自伝』の「第12章　愉快なミンストレル・ショー」でこの種の黒人像をヴィヴィッドに描いている。
(5)　William E. Channing, *Slavery* (Boston: James Munroe and Company, 1835. reprint, New York: Arno Press & The New York Times, 1969), p.111.
(6)　William E. Channing, *Emancipation* (Boston: E.P. Peabody, 1840. Reprint edition 1969 by Arno Press, Inc.), pp.59, 62.
(7)　*Ibid.*, p.62.
(8)　*Ibid.*, p.61.
(9)　*Ibid.*, pp.61, 63.
(10)　*Ibid.*, p.63.
(11)　Alexander Kinmont, *Twelve Lectures on the Natural History of Man* (Cincinnati, 1839) は入手できなかったが，チャニングの『奴隷解

放』の注に部分的にではあるが引用されているので，以下チャニングから引用する。
(12)　Quoted in Channing, *Emancipation*, p.111.
(13)　*Ibid*., p.111.
(14)　*Ibid*., p.111.
(15)　*Ibid*., p.111.
(16)　*Ibid*., pp.110-111.

2節　『アンクル・トムズ・ケビン』

　小説『アンクル・トムズ・ケビン』にはどのような意味がこめられていたのであろうか。この小説がなぜベストセラーになることができたのであろうか。こうした点について見ていくことにしたい。まず作者ストウ夫人の経歴であるが，彼女が生まれ育ったのはニューイングランドであり，父親のライマン・ビーチャーは全国的な知名度を誇る著名な牧師であった。1832年，彼女はビーチャーがオハイオ州シンシナティに新設されたレーン神学校の校長に招聘されたのを機に，父親についてシンシナティに移住した。その後，夫のカルヴィン・E・ストウ教授がボードイン大学に赴任することになったのを機に，1850年再びニューイングランドにもどっている。したがって20年たらずの歳月を西部のシンシナティで過ごしたことになる。

　もしこの西部での歳月がなかったなら，彼女のベストセラー小説は書かれなかったと考えてよい。シンシナティはオハイオ河畔の町で，当時オハイオ川は自由州と奴隷州の境界線をなしており，川ひとつ隔てて，向こう岸にはケンタッキー州という奴隷州が控えていた。彼女のシンシナティ在住中，逃亡奴隷がオハイオ川を渡って逃げこんでくることもあったであろうし，奴隷制を身近に感じる機会は多々あったはずである。ストウ夫人は1833年には父親の友人トマス・ケネディをたずねて，ケンタッキー州のペイントリックという田舎町に行っている。この小旅行は，奴隷制の実態を目の当たりにする貴重な機会を彼女に与えることになった。『アンクル・トムズ・ケビン』のなかでストウ夫人は，「南部を旅行

したことのある人なら」これこれのことをご存じであろうといった調子でいかにも南部通のような書き方をしているが,彼女が奴隷州に足を踏み入れたのは実はこの一度だけであった。小説の冒頭でアンクル・トムの小屋の所在地は「ケンタッキー州,P———町」として紹介されているが,要するに自分の知っている南部唯一の町ペイントリックに舞台を設定して,この作品を書いたわけである。

　シンシナティは当時「西部のアテネ」と呼ばれており,ストウ夫人の一族はこの町の知的文化的サークルの中心をなしていた。したがって,キンモントが1837年から38年にかけて行なった一連の宗教講演を,彼女はたぶん直に聴いたはずである。またたとえこれを聴きのがしたにしても,39年に出版された『人間の自然史に関する12の講話』はシンシナティの出版界におけるメーン・イベントであったから,これが彼女の目に止まらなかったはずはない。いずれにしても,キンモントが宗教講演のなかで描きだした黒人像は,後年ストウ夫人が執筆することになる『アンクル・トムズ・ケビン』に濃い影を落とすことになる。

　『アンクル・トムズ・ケビン』は首都ワシントンの奴隷制反対派の新聞『ナショナル・イラ』紙に連載小説として1851年6月から52年4月にかけて掲載され,連載がおわる直前の52年3月20日に2巻本として上梓された。初版5000冊のうち,3000冊が初日に売り切れ,残りは翌日に売り切れたという。1年間に120版を重ねたというから,じつに驚くべき売行きであったといわねばならない。

　『アンクル・トムズ・ケビン』は,つぎのような筋書きになっている。ケンタッキー州の善良な奴隷主シェルビィは負債を返すために,手持ちの奴隷のうちアンクル・トムとイライザをやむなく手放すことを決意する。しかし主人シェルビィと奴隷商人の話を立ち聞きし,自分が売られようとしていることを知った女奴隷のイライザは子供をつれて逃亡し,カナダへと向かう。またイライザの夫ジョージ・ハリスも彼女のあとを追う。しかしアンクル・トムは自分が逃亡すれば主人に迷惑がかかると思って踏みとどまり,奴隷商人におとなしく身をゆだねる。トムは転売されたあげく,ルイジアナ州のサイモン・レグリィという残忍な奴隷主の手に渡り,そこで苦難に満ちた生涯をおえる。他方,合衆国を脱出し,

カナダに渡ったイライザとジョージはそこからアフリカ大陸(独立をとげて当時話題を呼んでいたリベリア共和国)に向けて旅立つことになる。

　この物語は一方の極にアンクル・トム,他方の極にイライザとジョージという二組の黒人主人公を設定し,この両者の運命を縄をなうかのように交互に取り上げて描いている。しかも両者のたどる運命は,きわめて対照的である。当時ケンタッキー州のような高南部の奴隷たちは「川下に売られる」(すなわちルイジアナ州やミシシッピ州のような深南部の州に売り飛ばされる)ことを極度に恐れていた。牧歌的なケンタッキー州とちがって,深南部では過酷な労働と待遇が待ち受けていたからである。事実サイモン・レグレィの手に渡ったアンクル・トムはやがて仲間の奴隷の逃亡を手助けしたという疑いをかけられ,拷問にかけられた末,悲惨な死をとげる。他方,イライザとジョージはカナダに逃亡したのち,そこから輝かしいバラ色の夢を抱いてリベリア共和国へと旅立つことになる。はるか南の深南部に売られ,過酷な運命に翻弄されるトムと,北のカナダを目指して逃亡し,希望の地へと脱出していくイライザとジョージというかたちで,二組の黒人主人公はなにもかもが正反対に描かれている。

　『アンクル・トムズ・ケビン』には,二つの意図ないしメッセージがこめられていた。一つは黒人資質を極度に美化して描くことによって,南部奴隷主がいかに罪もない善良な人種を虐げているか,奴隷制がいかに非人道的な制度であるかを北部の読者層に訴えかけようとする意図,もう一つは黒人の優れた資質はアフリカで開花させるべきであるとして,黒人植民を正当化しようとする姿勢である。この小説は要するに一方で黒人資質を美化しつつも,他方で黒人植民(黒人排斥)を唱えているわけであり,あい矛盾する主張を並存させていたといわねばならない。

　この二点について,もう少し具体的に見ていくことにしたい。まず黒人資質の美化であるが,ストウ夫人は小説の「序文」において,黒人は「厳格で支配的なアングロ・サクソン民族とはあまりにも本質的に異なる性格」[3]を賦与されているがゆえに長いあいだ虐げられてきたとして,白人と黒人の異質性を強調している。白人は理性的で支配者的で進取の気性に富んだ人種であるが,黒人は「勇敢で冒険好きなのではなく,家

庭好きなやさしい性質の持主」であり，「生来忍耐強く臆病」ですらある。とくにかれらは「正直，親切，心の優しさなどの倫理的特性にかけては……(中略)……驚嘆に価いするほどのめざましい人々」である。道徳的資質の点でみるかぎり，黒人は白人よりもすぐれた資質をもっており，キリストの教えを白人よりも率直に受け入れる素地をもっている。「宣教師たちの語るところによれば，地球上のあらゆる民族のうちで，アフリカ人ほど熱心に率直に福音書を受け入れた民族はないそうである。福音の根底をなしているあの信頼と絶対的信仰の根本原理が他のいかなる民族にもましてこの種族の中には，生まれながらに授けられた要素となって入っているからなのである」。

主人公のアンクル・トムは，この黒人美質を一身に体現した人物である。作者は物語の最初の部分でトムをつぎのように紹介している。「顔は，いかにもアフリカ人らしい目鼻だちで，まじめで堅実な良識と，親切で情深い心とが結び合ったその表情が特に人目をひきつける。全体の様子からみて，彼にはどこか自尊と品位のある態度がうかがわれるが，しかもそれは人を信頼しきった謙譲な純朴さと結びついて見られるのである」。ここにはサンボ型やナット・ターナー型とはまったく別個の黒人類型が描き出されていることがわかる。

ストウ夫人はさらに言葉を続けて，トムの宗教的資質をつぎのように描いていく。

「アンクル・トムはこの付近では，宗教上の事柄にかけてのいわば家長的存在であった。生まれながらにして，道徳性がいちじるしく優位を占めている性格の持主であるうえに，ほかの者たちの間に見られるよりもはるかに大きな心の広さと修養とをそなえていたので，彼らの間ではいわば牧師さまのような人物として大きな尊敬の念をもって仰ぎ見られていた。それに彼の行う素朴で，誠実で，真摯な型の説教は，彼よりもはるかに教育のある人々をさえ教化するに十分なほどであった。しかし，彼がことに卓れていたのは，お祈りであった。彼の祈りの，あの人心を感動させずにはおかぬ素朴さと，あの子供にも似た熱心さとをしのぐことのできる者は，おそらく誰もいなかったであろう」。

かつてトマス・ジェファソンは，黒人は「心の資質」の点ではなまじ

っか学のある白人よりもいいものをもっていると述べたのであったが，トムはまさにそれを地で行く人物として描かれていることがわかる。ストウ夫人は物語を進展させていくなかで，トムをキリストの精神を日々実践している生来のクリスチャンとして描きだす。トムは「だれの重荷でも自分から進んで背負って」やり，「すべての者に道を譲り，一番後に来て，一番少なくとり，しかもそのわずかなものさえも，必要な者には誰にでも喜んで分け与えようとする」自己犠牲的な人物である。[9] かれの振舞い方は死の間際においてもキリスト的である。トムは仲間の奴隷の逃亡をかばったということで，サディスティックな奴隷主レグリィに拷問にかけられ，力つきる。そしてレグリィを見上げて，「哀れな気の毒な人よ！あなたにできることは，もうこれまでです！わしはあなたを心の底から許します！」[10] といって，気を失なってしまう。あらゆる冷酷な仕打ちをゆるすトムは宗教的美徳の化身のように描かれており，主人レグリィの獣的残忍さとまさに好対照をなしている。

　アンクル・トムは，チャニング，キンモントの準備した黒人像を集大成するものであり，それは卑屈で怠惰なサンボ型や凶暴で攻撃的なナット・ターナー型とはまったく異質の黒人類型であった。トムはただ単に従順で，おとなしいだけの黒人ではなく，毅然とした品位をそなえた黒人であり，自己犠牲的で最高級の倫理的気質をひめた黒人である。トムにはナット・ターナー的な残忍さは微塵もなく，また拷問にかけられればすぐに口を割り，目前の苦痛を避けるために反射的に嘘をついて逃げを打つサンボ的な卑屈さもない。ストウ夫人は奴隷制の犠牲者をこのように理想化して描くことによって，奴隷主の暴力性と残忍性，奴隷制の非人道性を巧みに浮かび上がらせることができたといえる。

　建国期のジェファソンは黒人の「頭脳の資質」の劣等性に力点を置いて論じたのであって，かれは黒人の「心の資質」を高く評価したとはいえ，それは主人に対して「忠実である」とか，主人から施された恩義に対して「感謝の念に厚い」といった点であり，いわば下僕としての美質，主人の側から見て都合のよい資質でしかなかった。これに対してストウ夫人のアンクル・トムは下僕としての優等生ではなく，「自尊と品位」をそなえた「黒いキリスト」あるいは「黒い聖パウロ」[11] とでも称すべき人

物であり，白人をも凌駕するような資質を秘めた人物であった。彼女はジェファソンの黒人論のフレームを踏襲しつつも，アクセントの置き方を正反対の方向へと移動させ，「心の資質」のプラス面を全面的に強調する手法を打ち出したといえる。

　アンクル・トムの意味を思想史の脈絡のなかで位置づけるなら，どのようになるであろうか。思想史の上で19世紀前半は，ロマン主義の風靡した時代として知られている。理性一辺倒で普遍的志向の強かった啓蒙主義の時代に対する反動として，19世紀前半は個別性，民族性を尊び，心情のほとばしりを賛美する風潮が高まりをみせた時代であった。この時代はまたアメリカを代表する国民的詩人ホイットマンが「実証科学万歳！」と謳ったように，科学的な実証精神の台頭した時代でもあった。ジェファソンが人間本性に宿ると見た二つの資質（理性と道徳感覚）は，この時期それぞれ実証科学とロマン主義という異質な思潮の台頭をうながした。そしてこれらの思潮に棹さすかたちで，南部と北部には対極的な色合いをもつ黒人像が形成されるにいたった。南部では，アメリカ人種学派の科学者たちが実証科学の手法を駆使して黒人の「頭脳の資質」の劣等性を論証し，それをベースにして生来の奴隷，生来の劣等人種というマイナス・イメージの黒人像を作りあげた。他方，北部ではこれに対抗するかたちで，チャニングやキンモントなどの宗教家がロマン主義の上げ潮に乗って，黒人の「心の資質」を賛美し，黒人こそは生来のクリスチャンであるとする論陣を張った。この宗教家たちの黒人賛歌を受け継いで，それにみごとな肉づけをほどこし，一個の高潔な人格をつくりあげたのが『アンクル・トムズ・ケビン』である。建国期ジェファソンの黒人本性論は両極分解をとげて，北部の奴隷制反対論と南部の奴隷制擁護論に，それぞれ別々の論拠を提供することになったといってよい。ストウ夫人もアメリカ人種学派も，ともにジェファソンの黒人論のフレームを共有していた。アメリカ人種学派がそのマイナス面（「頭脳の資質」の劣等性）を強調したのに対して，ストウ夫人はそのプラス面（「心の資質」の優秀性）を前面へとおしだし，黒人イメージの陰から陽への転換をはかろうとしたといえる。

　『アンクル・トムズ・ケビン』には黒人賛歌とは別に，黒人植民（黒人

排斥)の推奨というもう一つのメッセージがこめられていた。この小説はアンテベラム期（1840年代から南北戦争勃発にいたるまでの時期）最大の奴隷制反対小説であったが，それと同時にアメリカ植民協会最大の宣伝小説でもあった。『アンクル・トムズ・ケビン』における黒人植民の思想は，従来あまり注目されてこなかったが，ストウ夫人がこの小説を書いた目的の半分は実は黒人植民理念（すなわち裏からいえば白人共和国の理念）の推奨にあったのであって，この側面を抜きにして『アンクル・トムズ・ケビン』を語ることはできない。

　奴隷制反対の思想をアンクル・トムのたどる悲惨な運命によって表明しているとすれば，黒人植民の思想はイライザとジョージというもう一組の黒人主人公の運命にからめて展開されている。小説の末尾で，ジョージはイライザとともにリベリアに向けて旅立つことになるが，その際かれは友人に宛てて長文の手紙を書き，なぜ自分たちが合衆国を捨ててアフリカに渡ろうとしているのかという理由を説明している。ジョージの手紙は実はストウ夫人自身の黒人植民論を表明したものに他ならない。作者は黒人主人公の筆を借りて，自分の見解を語っているわけである。

　このジョージの手紙から，黒人植民に関するストウ夫人自身の見解をいくつか引き出すことができる。一つはアメリカを「人種のるつぼ」としてとらえつつも，黒人だけをそこから排除しようとする差別的な発想が見られることである。ジョージはアメリカが多様な人種の共存の場であることを表明し，「われわれ黒人は，アイルランド人やドイツ人やスエーデン人と同じように，このアメリカ共和国に伍してゆく同等の権利をもっている……(中略)……われわれが彼らと席を同じくし，彼らに伍してゆく自由をもつのは当然なのだ」と主張する。しかし，ジョージはこれにすぐ続けて，「僕が欲しいのは，国なのだ。僕自身の国家なのだ」といって，アメリカから自発的に出ていく道を選ぶ。この選択の仕方は黒人のそれというよりも，むしろ白人である作者自身の願望を表明したものに他ならない。

　ジョージの手紙にあらわれている第二の点は，黒人植民によって暗黒大陸アフリカを文明化せよという発想である。ジョージはキリスト教の教師としてアフリカに渡りたい，合衆国で身につけた高度な白人文明と

宗教をアフリカに伝えたいという意向を繰り返し表明する。「輝かしいアフリカ大陸全体がわれわれの前に，そしてわれわれの子供たちの前に，展けてくるのだ。われわれの国は，アフリカの沿岸に文明とキリスト教の潮流を導き，至る所に力強い共和国の若木を植えるだろう。その木は熱帯植物特有の速さで生長し，永遠に生い繁ることだろう」[14]，「キリスト教徒の愛国者として，キリスト教の教師として，僕は，僕の国へ——僕の選んだ，栄光のアフリカへ行くのだ！」[15]。

　合衆国の優れた制度文物を暗黒大陸に伝えて，彼の地を文明化せよという発想は，ストウ夫人をはじめとする植民論者（白人）の発想であり，アメリカ植民協会のうたい文句でもあったが，自由黒人や奴隷たちのなかで，アフリカの文明化を義務や使命と心得ているような者はほとんどいなかった。黒人たちの多くは，むしろリベリア行きを極度に恐れていた。ちなみに『アンクル・トムズ・ケビン』が出版される2カ月まえ，ニューヨーク州知事ハントは州議会に対して，アメリカ植民協会に資金提供するよう促しているが，このときニューヨーク州の自由黒人はただちに集会を開いて，州がそうした出費をするのは憲法違反であるという抗議声明を出している。そしてニューヨーク州の自由黒人の中，アフリカ移住を希望している者など50人もいないであろうとして黒人植民の企てを手厳しく批判したのであった[16]。

　ジョージの手紙にあらわれている第三の点は，黒人資質と白人資質を対照的にとらえ，前者の優秀性（とくに道徳的宗教的資質の優秀性）を強調しつつも，これを白人の側にとりこむのではなく，あくまで排除しようとしている点である。ジョージは黒人が将来その資質に見合った独自の文明をアフリカに作り出すであろうことを，つぎのように誇らしげに論じている。

　　「僕は，アフリカ民族には文明やキリスト教の中にあってもいまだに知られていないような特性があると考えている。それは，アングロ・サクソン民族の特性と同じものではないとしても，道徳的には，より一層高度なものとなることをやがて証明することだろう。……(中略)……世界の運命は，その闘争と葛藤の開拓時代にあっては，アングロ・サクソン民族に委ねられていた。この民族のもつ厳正な，剛直な，精力的な要素は，この使

命を果たすのに実によく適していた。しかし，一クリスチャンとして，僕は新しい時代が始まるのを期待している。……(中略)……僕は，アフリカの発展は本質的にクリスチャンとしての発展であるべきだと信じている。アフリカ民族は，支配的な，統轄的な民族でないとしても，少なくとも，愛に満ちた，寛大な，そして寛容な民族である」(17)(傍点，清水)。

　ストウ夫人の黒人植民論について，もう一，二補足しておこう。『アンクル・トムズ・ケビン』は黒人資質の美化だけではなく，実はアフリカ大陸の美化をも行なっている。アフリカは従来，見渡す限りの荒廃と茫漠たる砂漠，飛びかかる毒蛇，熱病の荒れ狂う不健全な土地といったマイナス・イメージでとらえられ，暗黒大陸，死の大陸といった不気味な描かれ方をしてきたのであったが，ストウ夫人はこれを「黄金，宝石，香料，風にゆらぐ椰子，珍しい花，奇跡とも思われるほど豊穣な，このはるか彼方の神秘の国」(18)といったエキゾチックな南国のイメージで描きだし，幻想的な美化をほどこそうとした。そして送りこまれたら熱病や飢えで百発百中死んでしまうという死のイメージに代えて，自然の恵み豊かな土地，陽光の燦々と降り注ぐ南国という明るいイメージで描きだし，アメリカ黒人がそこに移住したくなるように仕向けたのであった。より多くの黒人移住者を募り，白人たちからより多くの支援と寄付を募るには，このイメージ転換はどうしても必要であったといえる。(19)

　『アンクル・トムズ・ケビン』が黒人を主人公にして書かれているという点も，黒人植民論に大きな説得力を与えるものとなっている。もしストウ夫人が白人を主人公にして，白人の側から黒人植民を描いていたとしたならば，たとえその主人公がいくら良心的で善良な人道主義者であっても，ストーリー展開の仕方としては，どうしても黒人を追い出す，出ていかせるという論理にしかならなかったはずである。この小説が北部読者層の良心を満足させ，多大な共感を勝ち取ることができたのは，そうした押しつけの論理ではなく，アフリカ移住を黒人の自発的な脱出劇に仕立て上げたからであった。

　ちなみに，『アンクル・トムズ・ケビン』には黒人主人公のジョージとイライザが白人たちに向かって，どうかアメリカから立ち去らせてくださいというせりふを繰り返す場面がいくつも出てくる。ジョージは「私

第Ⅴ章　北部多数派の黒人奴隷制論

がこの国に要求したいのは，ただかまわないでほしいということだけです。そうすれば私はおとなしく出て行きます[20]」という。イライザも「おお，神さま，どうぞお慈悲をくださいますよう！私たちを揃ってこの国から出て行かせて下さいませ，ただそれだけでいいのでございます[21]」と懇願する。またジョージは「私はあなたの国にしてもらいたいことは何もありません。ただかまわずにいてほしいのです，——おとなしくそこから立ち去らせてもらいたいだけです。……(中略)……しかしたとえ誰であろうと，この私を邪魔しようという者があれば，その者は用心するがいい，私は命を賭していますからね[22]」といった強硬な言い方すらする。要するに，黒人の方からどうでもこうでも出ていかせてほしいと切望しているわけであって，何度も繰り返されるこの謙虚で自主規制のきいたせりふは，白人読者層の耳には，願ってもないこととばかり心地よく響いたはずである。

　ストウ夫人は小説を完結させたあと，「あとがき」に相当する「第45章　結語」で，北部に逃げこんでくる逃亡奴隷の問題を取り上げて，その扱い方をつぎのように論じている。ここでは（登場人物の口を借りてではなく）作者みずからの口でストレートに黒人植民を提唱しているわけである。

　　「北部の教会はこれらの受難者たちをキリストの御心の中に迎えようではありませんか。教育の上からも有利な，われわれキリスト教徒の共和主義的な社会や学校へ彼らを迎えようではありませんか。そして彼らが倫理的にも知的にもある程度，成熟したならば，その時こそ彼らの手をとってアフリカの沿岸へと渡らせてやろうではありませんか。そこで彼らは，アメリカで学んだ学問を実践に移すことができるのです」[23]。

　『アンクル・トムズ・ケビン』は要するに，黒人賛歌と黒人植民（黒人排斥）の思想を並行して打ち出しているという点にその顕著な特徴がある。ストウ夫人は強力な奴隷制反対の論陣を張りながらも，黒人との共存の道（すなわち合衆国内での黒人の権利向上や人種差別の解消）は考えてはいなかった。この場合，もし彼女が黒人を理想的な人種として描き，そこから奴隷の国内解放や人種融合の勧めを説くという筋書きにしていたならば，彼女の作品が爆発的に受けるということはなかったはずであ

る。

　ちなみに，当時少数ではあったが，黒人を美化して描き，黒人と白人の混血を提唱する人びともいた。アボリショニストのジェームズ・R・ローウェルは「皮膚の色に関する偏見」(1845年)のなかで，黒人の道徳的宗教的資質を賛美し，人種融合をつぎのように推奨している。

　　「アフリカ人種は新しい文明の要素を（合衆国の白人のなかに——清水）注入すべく（神によって——清水）意図されているのであり，白人はより穏和でより利他的な性質を注入されることによって，大いなる恩恵をこうむるであろうこと疑いをいれない。白人の精神はどんな犠牲を払ってでもつねに他人を支配しようとするところがあるので，それは服従を説き勧めるあの一見卑屈ではあるが，しかし本当はより高貴な（黒人の——清水）性質と混血することによって，はじめて麗しいキリスト教的な文明の高みへといたりうるのである」。

　もし黒人資質を称賛するのならば，このように人種融合を説き勧めた方が，主張としてははるかに筋が通っている。しかし，もしストウ夫人がこうした人種平等論者と一緒になって，その黒人賛歌を混血の主張へと結びつけていたならば，空前のベストセラー小説は誕生しなかったはずである。北部多数派世論の基底には「奴隷制反対」と同時に，「黒人反対（混血反対，人種平等反対）」感情が流れていたのであって，ストウ夫人はこの二つの感情を正確に読みとっていた。彼女はこの両面感情を基線にすえて小説を書くことによって，北部人の南部糾弾願望と黒人排斥願望を同時にみたす論理を展開しえたのであった。

　『アンクル・トムズ・ケビン』は外国の作家や批評家からも注目され，さまざまな論評を加えられた。それらのなかでもとくにイギリスの『タイムズ』(1852年9月3日)に掲載された長文の書評は非常な力作であり，『アンクル・トムズ・ケビン』の特徴をきわめて的確にとらえている。この匿名の書評家は『アンクル・トムズ・ケビン』には「顕著な欠陥」ないし「致命的な欠陥」があるとして，二つのものを挙げている。

　一つは黒人資質を美化しすぎているという点である。アンクル・トムは右の頬を打たれたら，左の頬をもさしだすという黒人であり，人がトムを鞭打てば鞭打つほど，トムはその者を祝福する。そして肉体的な苦

悩が増せばますほど，トムの精神性もまた高揚していくという描き方になっている。書評家はこのように述べた上で，つぎのようにいう。われわれヨーロッパ人はこれまで，多大な労力と資金を費やして異教の地に宣教師を送り出してきたのであるが，黒人がもしトムのような人種であるのなら，そういうことをする必要はないのではないか。むしろキリスト教の真髄について教えを乞うために，アフリカから1，2ダースの黒人を呼び寄せた方がいいのではないか。もし黒人がそれほど優れているのなら，われわれはかれらから学ぶことはあっても，かれらに教えるべきことなど何一つないではないか，と。こう述べた上でこの書評家は，ストウ夫人は「アフリカ人の資質をアングロ・サクソンの資質よりも優位に置く」べきではなかったと結んでいる。[26]

奴隷主権力に敵愾心をいだく合衆国北部の読者層にとっては，この美化は南部を叩く都合上どうしても必要な要素であったわけで，この小説が北部で受けたのもこの「顕著な欠陥」ゆえだったわけだが，奴隷制論争の渦中にない外国人には，南北の険悪な感情など察知しえなかったのであろう。ただ，過大な美化がほどこされているという指摘自体は，きわめて適切である。

『タイムズ』の書評家があげているもう一つの欠陥は，『アンクル・トムズ・ケビン』の構成上の欠陥である。「彼女は物語の構成においては月並みな才能を示しているにすぎない。彼女の語り口はコンパクトで十分まとまったものになってはおらず，一連のバラバラな場面のつなぎあわせにしかなっていない。読者は二組の主人公の運命に関心を引かれるのであるが，主人公に降りかかる出来事の流れは決して交わることがない。場面がアンクル・トムで終わると，ジョージ・ハリスがはじまり，ジョージ・ハリスの場面が終わると，アンクル・トムがはじまるのである」[27]，と。

二組の主人公の運命が噛みあっておらず，両者のあいだに何の関連性もなしに物語が進められているというわけであるが，この指摘もまた適切である。『アンクル・トムズ・ケビン』は一方で黒人を優秀人種として描きつつも，他方ではこれを国外に除去しようとしているわけであるから，もともと矛盾した性格をもっている。奴隷制反対のために設定した

主人公(アンクル・トム)と，黒人植民推奨のために設定した主人公(イライザとジョージ・ハリス)の運命が嚙みあわないのはむしろ当然であったといわねばならない。ただしかし，これは北部世論の現実がそうなっていた(すなわち人種差別の横行と黒人像の美化とが現実に並存していた)ということであって，ストウ夫人の力量不足によるものではない。ストウ夫人は物語としての整合性や構成面での緊密性を追求するよりも，北部世論の矛盾した現実を忠実に写しとる道を選んだにすぎない。もし彼女が前述したローウェルのような人種平等論者と一緒になって，黒人の美化と人種融合の勧めをセットにしたような物語を展開していたなら，論理の辻褄はあっていたかも知れないし，主人公の運命も嚙みあっていたかも知れないが，北部多数派の共感を呼ぶ作品にはなっていなかったはずである。

(1) H・B・ストウ(山屋三郎・大久保博訳)『アンクル・トムズ・ケビン──奴隷の生活の物語──』(角川文庫，昭和52年)，上巻，26頁。以下，この訳本を使う。
(2) チャールズ・エドワード・ストウ(鈴木茂々子訳)『ストウ夫人の肖像──その手記による伝記──』(ヨルダン社，1984年)，181, 184頁。
(3) 『アンクル・トムズ・ケビン』，上巻，3頁。
(4) 同上，上巻，178-179頁。
(5) 同上，下巻，446頁。
(6) 同上，下巻，354頁。
(7) 同上，上巻，45頁。
(8) 同上，上巻，61頁。訳は一部変更。
(9) 同上，下巻，353-354頁。
(10) 同上，下巻，389頁。
(11) Elizabeth Ammons, ed., *Critical Essays on Harriet Beecher Stowe* (Boston: G.K. Hall, 1980), p.13.
(12) ちなみに，吉田健一訳の『アンクル・トムス・ケビン』(新潮文庫，昭和50年)では「奴隷制廃止論者と植民論者との争い」とでも訳すべきところを「奴隷制廃止論者と開拓者の闘争」(下巻，368頁)と訳している。この作品の最も重要なテーマが全然わかっていないことをうかがわせる訳し方である。

(13) 『アンクル・トムズ・ケビン』，下巻，424頁。
(14) 同上，下巻，423頁。
(15) 同上，下巻，426頁。訳は一部変更。
(16) Herbert Aptheker, ed., *A Documentary History of the Negro People in the United States* (Secaucus, New Jersey: Citadel Press, 1973), I, 329-330.
(17) 『アンクル・トムズ・ケビン』，下巻，425頁。アフリカにはいつか将来，黒人の宗教的美質を反映したすばらしい文明の花開くときが来るにちがいない。それは冷酷な白人文明とちがって，慈愛に満ちた光り輝く華やかな文明であることだろう。アフリカ植民をこのように意義づける思想をストウ夫人はこの小説の中のまた別の箇所でつぎのように語っている。

「もしアフリカが卓越した教養ある民族を世界に示す日があるならば，——そしてこの人類発展の大きな劇の中で，その日はいつかきっと訪れてくるであろうが——われわれつめたい西欧の種族がぼんやりとしか考えていなかった生命が，そこに，華やかに，光り輝きながら目を覚ますことであろう。……（中略）……彼らはその心の優しさ，その謙譲な心の従順さ，より優れた心の上に憩い，より高い力の上に休もうとするその傾向，子供にも似たその愛情の素朴さ，誰をもゆるそうとするその心の寛大さによって，この啓示を必ずわれわれに示すことであろう。彼らはこうした特性のすべてによって，・特・殊・キ・リ・ス・ト・者・的・生・活・の・最・高・の・型を教示するであろう」（傍点，清水）。同上，下巻，325-326頁。訳は若干修正。

(18) 同上，上巻，326頁。
(19) このアフリカ大陸の美化は，アメリカ植民協会が必死になってやろうとしていたことでもあった。植民協会の年次報告には，アフリカを「太陽の国，熱帯の輝きと美の土地，かぐわしい花と甘美な果実の土地」として描き，「金，象牙，蜜蠟，染料木，各種の木材，炭酸カリ，椰子油，インディゴ，米，コーヒー，サトウキビ，胡椒，ひまし油，ジャコウその他種々の薬種」など珍奇な品々に富む「際限のない資源」の大陸として紹介する記述が出てくる。ストウ夫人は年次報告の散文を文学的趣向の文章に仕立て直して，アフリカ・イメージの転換を効果的におしすめようとしたといえる。*The Thirty-Fourth Annual Report of the American Colonization Society*, p.25. 以下 *AR* と略；*AR3*(1820), pp. 109-111; *AR 26*(1843), Appendix, p.11.

(20) 『アンクル・トムズ・ケビン』，上巻，343頁。
(21) 同上，上巻，347頁。
(22) 同上，上巻，209-210頁。
(23) 『アンクル・トムズ・ケビン』，下巻，445-446頁。
　　父親のライマン・ビーチャーや兄弟も含めて，ストウ夫人の一族はすべて熱心な黒人植民の提唱者であった。ストウ夫人は南北戦争後はフロリダ州に居を構えることになるが，ここでは彼女は学校や教会で人種分離を行なうべしとする世論を支持している。そして南部白人はそれを許さないであろうとして，解放奴隷に選挙権を与えることにも反対している。Ammons, ed., *op. cit.*, p.132.
(24) William H. Pease and Jane H. Pease, eds., *The Antislavery Argument* (New York: The Bobbs-Merrill Company, Inc., 1965), p.314.
(25) Ammons, ed., *op. cit.*, pp.27, 29.
(26) *Ibid.*, pp.27-28. チャールズ・ディッケンスもストウ夫人に宛てた手紙のなかで，彼女の小説を称賛しつつも，その唯一の欠点はアフリカ人種を偉大な人種として，美化しすぎていることであると述べている。*Ibid.*, p.151.
(27) *Ibid.*, p.26.

3節　リンカーンの黒人奴隷制論

　エイブラハム・リンカーンはイリノイ州オッタワで行なった演説(1858年8月21日)の中で，アメリカ社会では「世論がすべてであります。世論を味方にもてば，万事失敗することはありません。世論の支持を失うなら，万事成功することはありません」[1]と述べている。かれは世論の動向を正確に把握することが，職業政治家である自分に課せられた任務であると考えていた。そして当時の政治家たちのなかで北部世論の微妙な綾を冷静に読みとることにかけて，かれ以上に卓越した手腕を発揮した人物はいなかった。北部多数派の黒人奴隷制論をより掘り下げてとらえるために，ここではリンカーンの立場について見ておこう。
　リンカーンは，アンテベラム期の北部人の立場がジェファソンのそれに連なるものであることを自覚していた。南北戦争前夜の1859年4月にジェファソンの生誕祝賀会がボストンで開催された際，リンカーンはジ

ェファソンの支持基盤が入れ替わってしまったことを指摘して，つぎのように述べている。いまから約70年まえにはボストンはジェファソンの政敵の本拠地であったのだが，その都市がいまではこうした催しを行ない，逆にジェファソンの後継者であるはずの南部人が，かれの名前をほとんど口にしなくなってしまったのは実に奇妙でもありかつ興味深いことでもある，と。黒人奴隷制に関してリンカーンが打ち出した立場もジェファソンのそれを継承するものであった。

リンカーンの発言を見ていく上でとりわけ重要なのは，1850年代に民主党の大物政治家スティーヴン・ダグラスと数回にわたって行なった論戦，いわゆるリンカーン＝ダグラス論争である。1854年10月16日，イリノイ州ペオリアで行なった演説(以下，ペオリア演説と略)は，リンカーンの黒人奴隷制論を最もまとまったかたちで示しているという点でとくに重要である。

ペオリア演説の骨子は二点に要約することができる。一つは奴隷制反対と黒人反対の主張を表裏一体のかたちで打ち出し，北部選挙民の意識の基底に横たわっていた両面感情を取り出してみせたこと，もう一つは雑多な北部世論を幅広く糾合しうる自由土地のスローガンを掲げたことである。

まず奴隷制反対の主張であるが，リンカーンはこの演説で南部奴隷制が道徳的な悪であり，人間本性に宿る正義感に大きくもとるものであることを繰り返し指摘している。そして，論敵のダグラスが奴隷制問題を「道徳上の問題」としてとらえようとしていないことに不満の意を表明し，むしろ「人類の大多数」が奴隷制に反対していることをつぎのように指摘する。

「人類の大多数は奴隷制を巨大な道徳的悪であるとみなしております。かれらの奴隷制反対感情は一時的なものではなくて，永遠のものであります。この感情はかれらの正義感の根底に横たわっているのでありまして，決して粗略にあつかっていいものではありません。この感情は人民に行動をうながす偉大かつ永続的な要素なのでありまして，わたしはいかなる政治家もこの感情を無視することはできないものと考えております」。

リンカーンはこのように人間本性をもちだして，奴隷制が時間や場所

を超えた普遍的な原理に照らして悪であることを強調する。「奴隷制は人間本性の利己主義に基礎を置くものであり、奴隷制に対する反対は正義愛に基礎を置くものであります」。「わたしは巨大な不正義ゆえに奴隷制を憎みます」。もしこのような不正を認めるなら、人間の行動原理は「利己主義」以外になくなってしまいます。奴隷制を嫌悪する感情は肉体的な苦痛を感じる感覚を取り除くことができないのと同様、人間から取り除くことのできないものであります。「人はミズーリ協定を破棄し、すべての妥協を破棄し、独立宣言を破棄し、過去のすべての歴史を破棄することはできるかも知れません。しかし、人間本性を破棄するわけにはいきません」。人が奴隷制を悪とみなすのは、この人間本性に根ざした感情にもとづいてのことであります、と。(5)

同じペオリア演説でリンカーンは、上の点と並んで黒人反対(黒人との混血反対、人種平等反対)の立場をつぎのように表明している。

「黒人たちを解放し、かれらを政治的社会的にわれわれの同等者にすべきなのでしょうか。わたし自身の感情がこれを認めないでありましょうし、たとえわたしの感情が認めるといたしましても、白人の大多数の感情はこれを認めないでありましょう。この感情が正義と健全な判断に合致しているかどうかは、問題であるにしましても、唯一の問題というわけではありません。人びと一般の感情というものは、正しかろうが間違っていようが、無視しうるものではありません。したがって、われわれは黒人を同等者にすることはできません」(傍点、清水)。(6)

リンカーンは奴隷制反対を打ち出すときには「人類の大多数」をもちだし、人間本性をもちだしたのであったが、ここではもっと限定して「白人の大多数」をもちだし、白人多数派の意向を拠り所にして黒人反対を表明している。そして、この差別的発想がたとえ「正義と健全な判断」に反するものであろうとも、自分は白人多数派の意向に従うまでだという姿勢をとっていることがわかる。(7)

北部世論の基底に奴隷制反対と黒人反対の両面感情をさぐりあてたという点で、リンカーンの世論把握は政敵ダグラスのそれをはるかに凌駕していた。ダグラスは黒人反対の主張と奴隷制反対の主張が両立しうるものであることに思いいたらなかった。ダグラスは黒人反対(人種差別)

の立場にこだわるのあまり，奴隷制反対を前面に打ち出すことができなかった。またダグラスの立場からすれば，奴隷制反対を掲げるリンカーンは黒人のシンパ，人種平等の支持者であるかのように映った。リンカーンは奴隷制反対でありかつ同時に黒人反対(混血反対，人種平等反対)でもあるという立場が成立しうるのだということを示すために，つぎのようなたとえを繰り返し持ち出している。

「わたしが黒人の女性を奴隷にしておきたくないと思っているからといって，わたしが彼女を妻にしたがっているのだと決めつけようとする(ダグラスの——清水)まやかしの論理に抗議いたしたく思います。わたしは彼女をそのいずれにもしておく必要はありません。わたしは彼女をただかまわずに放っておくことができます」(傍点，原文イタリック)。[8]

「わたしが黒人女性を奴隷にしておきたくないからといって，わたしが彼女を妻にしたがっているということにはなりません。わたしは彼女をただかまわずに放っておくことができます。わたしは現在50歳ですが，これまで黒人女性を奴隷にしたことも妻にしたこともありません。わたしたちが黒人を奴隷にも妻にもしないで生活していくことは十分可能であります。これに加えてわたしは，黒人と白人のあいだに社会的政治的に完全な平等をつくり出すことを支持しているような男女，子供にこれまでいちども出会ったことがないということを申し添えておきます」。[9]

リンカーンの奴隷制反対の立場について，一つだけ限定を加えておこう。かれの奴隷制反対はより正確にいえば，既存の(南部諸州の)奴隷制の撤廃を要求するものではなく，奴隷制の(西部テリトリーへの)「拡大」に反対するというものであった。ペオリア演説でリンカーンは「既存の制度」とその「拡大」を明確に区別すべきことを強調した。そして建国の父祖たちの立場に言及して，かれらは奴隷制の「原理」には反対だったのであり，「ただやむをえず」譲歩したにすぎなかったのだとして，わたし自身も既存の奴隷制は受け容れるしかないが，それが今後拡大していくことに対しては反対せざるをえないという立場を表明した。事実，[10][11]現行憲法を尊重し，その枠内で行動しようとすれば，奴隷制への反対は「拡大」反対という限定的な立場にならざるをえなかった。奴隷制は南部諸州の制度であり，ある州の奴隷制を廃止すべきかどうかは，その州

の判断にかかっている。憲法論からいうかぎり，北部住民が南部諸州の奴隷制に干渉することはできないし，連邦議会にもそうした権限はない。ただしかし，連邦議会は新しく獲得した西部のテリトリーに奴隷制が導入されるのを阻止することはできる。したがってリンカーンの奴隷制反対は西部テリトリーへの拡大反対というかたちで(裏からいえば，南部諸州の奴隷制には干渉しないというかたちで)表明されることになった。[12]

　ペオリア演説で打ち出されたもう一つの注目すべき点は，自由土地(フリーソイル)の主張(すなわち西部テリトリーを白人専用の土地として確保すべきであるとする主張)をかかげて，奴隷制拡大反対と黒人反対を一語に要約して示したことである。

　リンカーンはこの演説でトマス・ジェファソンを独立宣言の起草者にして革命の立役者，大統領を二期つとめたわが国史上もっとも著名な政治家と呼んで権威づけした上で，ジェファソン起草の北西部条例に言及し，この条例は北西部を「自由で繁栄する何百万もの白人の幸福な住みか」にすることを目指したものであり，「新しいテリトリーにおける奴隷制の禁止」(すなわち奴隷制の拡大阻止)こそは独立宣言の起草者の強い意向であったと述べて，自由土地のスローガンを打ち出した。[13]

　自由土地のスローガンをかかげたことは，重要な意味をもっていた。このスローガンはただ単にテリトリーから奴隷制(黒人奴隷)の排除を要求するだけでなく，黒人(自由黒人)の排除をも要求するものであり，奴隷制拡大反対と黒人反対を一語でいいあらわす格好のスローガンであった。リンカーンはこのスローガンが，かれの析出した北部世論の基線をみごとに押さえたものであることをいち早く認識していた。

　自由土地のスローガンは戦術的な観点からいってもまた重要であった。奴隷制拡大反対と黒人反対を二つ並べて掲げるよりも，自由土地の一語を掲げた方が相異なるグループや階層を幅広く糾合することができるという点においてである。このスローガンのもとには人道主義者やアボリショニストのような奴隷制反対派も参集するであろうし，黒人嫌悪者や人種差別主義者も馳せ参じることになるであろう。リンカーンはこのスローガンが北部世論を最大公約数的なかたちで糾合しうるものであることを認識していた。

リンカーンの演説のなかでペオリア演説についで重要なのは、1857年6月26日にスプリングフィールドで行なった演説である。建国期のジェファソンは奴隷制反対と黒人反対を並列的に掲げたのみで、黒人反対（混血反対）であるがゆえに奴隷制反対であるのか、それとも黒人反対であるにもかかわらず奴隷制反対であるのかという関連づけの論理を提示したわけではなかった。これに対してリンカーンは奴隷制拡大反対と黒人反対が意味的に関連しあっていることを実証し、そうすることによって自分の主張により明確な整合性を与えることができた。

リンカーンはスプリングフィールド演説で混血の問題を取り上げて、白人と黒人のあいだで混血が恒常的に生じるのは自由州においてではなく奴隷州においてであることをつぎのように論じている。

「1850年に合衆国には40万5751人のムラットー（白人と黒人の混血——清水）がいましたが、これは白人と自由黒人のあいだに生まれた者ではなく、そのほとんどが黒人奴隷と白人の主人とのあいだに生まれた者であります。……（中略）……1850年に自由州には5万6649人のムラットーがいました。しかも、かれらはその大部分が自由州で生まれた者ではなく、奴隷州からやってきた者たちであります。この同じ年、奴隷州には34万8874人のムラットーがいましたが、かれらはすべて奴隷州で生まれた者たちであります。自由黒人に対する自由ムラットーの割合は、自由州よりも奴隷州の方がはるかに多いのであります。また自由州のなかでも、黒人をできるだけ白人と対等にあつかっている州ではムラットーは最も少なく、混血は最も起こっていないという点も注目に値します。人種の平等を最も実現しているニューハンプシャー州には、わずか184人のムラットーしかいません。これに対してヴァージニアにはこの州だけで7万9775人ものムラットーがいるのでありまして、この数字は自由州のムラットーを合計したものを2万3126人も上まわっております」（傍点、原文イタリック）。

リンカーンは国勢調査の数字をもちだしてこのように述べ、「この統計上の数字は、奴隷制こそが混血を生み出す最大の温床なのだということを示すもの」であると結論づけた。黒人が自由な状態にあるときよりも、奴隷の状態に置かれているときの方が、混血の起きる確率ははるかに高い。混血がもっとも頻繁に起こるのは白人の主人と女奴隷とのあい

だにおいてであって，南部奴隷州のように人種間に歴然たる身分上の差異が存在するところにおいてである。もし奴隷制が廃止されて黒人が自由の身になるならば，白人たちは逆に黒人嫌悪症や黒人恐怖症になって黒人を遠ざけるようになるであろうし，混血も激減するであろう。リンカーンはこのように論じた。

　奴隷制が混血をうながす温床になっているという事実の把握は，大きな意味をもっていた。このことは奴隷制問題と黒人問題(人種問題)が意味的に関連しあっていることを示すものであり，奴隷制は混血反対の観点からいっても反対されなくてはならない，奴隷制拡大反対は混血反対(黒人反対)と同義である，自由土地(フリーソイル)はこれらを一括して表現するものであるということを意味していたからである。

　リンカーンはまたスプリングフィールド演説において，ものごとを成就するには人びとの道徳心に訴えかけると同時に，利害やエゴイズムに訴えかけるものでなくてはならないという視点を打ち出して，「道徳感覚と自己利益という二つの要素」(16)を同時肯定する立場を表明した。かれはそうすることによって，正義(奴隷制反対)と自己利益(黒人反対)に立脚する自由土地の理念をより整合的なかたちで根拠づけようとしたといえる。

　リンカーンの黒人奴隷制論は自由土地の主張へと帰着することになるが，奴隷・自由黒人を問わず，黒人はすべて西部テリトリーから排除さるべきであるとする主張は，最終的には黒人植民論に行き着かざるをえない。ちなみにかれはスプリングフィールド演説のなかで「白人と黒人のあいだの見境のない混血に関しては，ほとんどすべての白人の心のなかに生理的な嫌悪感が宿っています」，「両人種を分離することが混血を防ぐ唯一の完璧な防止策であります。しかし，いまただちに分離を行なうということは不可能でありますから，次善の策はまだ両人種が混在していないところ(西部テリトリー——清水)で，今後も引き離しつづけていくことであります。……(中略)……この人種分離は，もしこれを効果的に行なおうとしますならば，植民によらなくてはなりません」(17)と述べて，黒人植民の思想を表明している。そこで次節ではリンカーンの黒人植民論に焦点を絞って，大統領としてのかれがこれをどのように実践し

ようとしたかについて見ておくことにしたい。

(1) Roy P. Basler, ed., *The Collected Works of Abraham Lincoln* (New Brunswick, New Jersey: Rutgers University Press, 1953), III, 27. 以下 *Collected Works* と略。
(2) *Collected Works*, III, 375.
(3) *Collected Works*, II, 281.
(4) *Collected Works*, II, 281-282.
(5) *Collected Works*, II, 255, 271.
(6) *Collected Works*, II, 256. リンカーンは後年チャールストンで行なった演説では、かれの人種平等反対の立場をもっと具体的につぎのように述べている。

「わたしは白人と黒人の社会的政治的平等の実現には賛成ではありませんし、これまで賛成したこともありません。わたしは黒人を投票者や陪審員にしたり、あるいは官職に就く資格を与えたり、白人と結婚する資格を与えたりすることに賛成ではありませんし、これまで賛成したこともありません。さらにつけ加えますと、わたしは白人と黒人のあいだには肉体上の違いがあるわけでありますから、両人種が社会的政治的に平等な条件のもとで一緒に生活するのは永久にできないことであると信じております。平等なかたちで共存することができないかぎり、優越者と劣等者の地位が生じざるをえませんが、わたしは他の人びとと同様、白人に優越者の地位を割りあてることに賛成するものであります」。*Collected Works*, III, 145-146.
(7) リンカーンは多数派世論に与して黒人反対を唱えつつも、多数派の命じるところが「正しいことなのか間違ったことなのかを議論するつもりはない」(*Collected Works*, V, 371) として、善悪の判断を保留し、それが普遍的善（ペオリア演説の言葉でいえば、「正義と健全な判断」）に照らして見た場合、間違っている可能性があることをはっきり意識していた。そしてその上で、しかし自分は多数派にしたがうまでであり、それ以外に依拠すべきものはないという立場をとっている。ジェファソンのように多数派の正当性を内在的に根拠づけるということはしていないわけである。
(8) *Collected Works*, II, 405.

(9)　*Collected Works*, III, 146.
(10)　*Collected Works*, II, 248.
(11)　*Collected Works*, II, 274-275.
(12)　ペオリア演説から数年後，リンカーンはジョシュア・F・スピードに宛てた手紙（1858年8月24日付）のなかで，自分の記憶に焼きついているある光景を思い出してつぎのように記している。「わたしは哀れな人びとが駆り立てられて捕らえられ，連れ戻されてむち打たれ，無報酬の苦役に従事させられるのを見るに忍びませんが，ただ唇を嚙んで沈黙するのみであります。1841年にあなたとわたしはルイスヴィルからセントルイスまで，水かさの減った退屈な船旅を一緒にしました。ルイスヴィルからオハイオ川の河口まで，船には十数人の鉄鎖につながれた奴隷たちが乗っていたのを，あなたも覚えておられることと思います。あの光景はわたしにとっては絶えざる苦痛の種でした」。このあとリンカーンは「北部の大多数の人びとが憲法と連邦を忠実に守っていくために，かれらの感情をどれほど犠牲にしていることでしょう」とつづけ，「わたしは奴隷制の拡大に反対であります。わたしの思慮分別と感情がそのようにうながすからであります」と付言している。リンカーンは奴隷制の非人道性に対して，人道主義者や改革者と同じような激しい憤りを覚えつつも，他方では現行憲法の枠内で行動すべきであるという姿勢を崩さなかった。奴隷制の存在や逃亡奴隷法の施行がいかに「絶えざる苦痛の種」であろうとも，現行の法と秩序を尊重するという立場に立つかぎり，「ただ唇をかんで沈黙する」以外にない。政治家としては「拡大」反対という限定つきの立場にならざるをえなかったわけである。*Collected Works*, II, 320.

　　後年オッタワで行なった演説（1858年8月21日）では，この奴隷制拡大反対の立場（既存の奴隷制への不干渉）と人種差別肯定の立場をつぎのように表明している。かれはこの種の演説を大統領選出時にいたるまで繰り返し口にすることになる。

　　　　「わたしは奴隷州の奴隷制に直接的にも間接的にも干渉するつもりは全然ありません。わたしにはそのようなことをする合法的な権限などないと思っておりますし，そうしたいという気もありません。わたしは白人と黒人のあいだに政治的社会的な平等を導入しようという意図などもちあわせてはおりません。両人種のあいだには肉体的な違いがあるわけでありますから，わたしは両人種が完全な平等という土台の上で一緒に生活していくことは永久にできないことで

あると判断しております。区別立てをしなくてはならないかぎり、わたしはダグラス判事と同様、自分の属している人種が優越者の地位に立つことに賛成であります」。Collected Works, III, 16.
- (13) Collected Works, II, 249, 268.
- (14) Collected Works, II, 408.
- (15) Collected Works, II, 408.
- (16) Collected Works, II, 409.
- (17) Collected Works, II, 405, 408-409.

4節　リンカーンの黒人植民政策

　リンカーンが黒人植民論をはじめて口にしたのは1852年のことであった。この年の6月29日にホイッグ党の指導者ヘンリー・クレイが亡くなった際、当時連邦下院議員であったリンカーンはクレイのための追悼演説を行なっている。クレイはリンカーンを政界に導き入れ、政治家として育て上げてくれた最大の恩人であり、リンカーンにとっては導きの星とでもいうべき存在であった。後年ある演説のなかでリンカーンは「わたしのささやかな全生涯をそのひとのために戦ってきた、わが理想の政治家ヘンリー・クレイ[1]」という言い方をしている。クレイはアメリカ植民協会の会長を長年つとめた人物であり、アンテベラム期最大の黒人植民の提唱者でもあった。

　リンカーンはこの追悼演説のなかで、「アフリカにその子供たちを送り返すという考え方には、道徳にかなったものがあります。かれらの父祖は詐欺行為と暴力という無情な方法でアフリカから引き裂かれたわけであります。異国の地に連れてこられたかれらは宗教、文明、法律、自由という豊かな果実をかれらの故郷に持って帰ることになるでありましょう[2]」というクレイの25年まえの演説を引用し、これに続けて自分自身の言葉で、「もしも植民の支持者たちが期待しているように、わが国の現在および将来の世代が、なんらかの方法でわが国を奴隷制という危険物から解放し、それと同時に囚われの人びとを、将来への輝かしい希望をもたせて、長いあいだ遠ざけられていたかれらの祖国に帰すことに成功

するならば，またこの変革によっていずれの人種も個人もなんらの被害も被らないようなかたちで徐々にこれを行なうならば，それこそ輝かしい大団円となるでありましょう」と述べている。この演説がなされたのは，ストウ夫人の『アンクル・トムズ・ケビン』が空前のベストセラーとして話題を呼んでいた最中のことであった。リンカーンはそうした北部の雰囲気を踏まえた上で，クレイの威信にもたれかかりつつ黒人植民への支持を表明したわけである。

追悼演説から二年後のペオリア演説では，リンカーンは「たとえわたしに地球上の全権力が与えられたとしましても，わたしは奴隷制をどうしたらいいのか，わかりません。わたしがいま直ちにしたいのはすべての奴隷を解放して，かれらをリベリアに送り返すことであります。しかし，少し考えてみますと，この企ては長い目で見れば希望が持てるものであるにしましても，これを一挙にやり遂げるのは不可能であることがわかります」[4]と述べている。着手したいのは山々であるが，実行するのは難しいとして，消極的な姿勢をとっていることがわかる。

ペオリア演説からさらに三年後のスプリングフィールド演説ではリンカーンは混血をくい止める最善の方法は黒人植民であると述べ，「この企ては難しいものではありますが，『意志のあるところ，道は開ける』ということわざどおり，植民がもっとも必要としているのも熱い意志であります」[5]と述べて，積極的な姿勢に転じている。そしてすでに見たように「道徳感覚と自己利益という二つの要素」を同時肯定する立場をうちだして，「アフリカ人を生まれ故郷に送還することが道徳的に正しいことであり，同時にわれわれの利益にもかなうものである，すくなくともわれわれの利益に反するものではないということを確信しようではありませんか」[6]と聴衆に呼びかけている。

リンカーンの大統領就任以前の発言は以上のとおりであるが，大統領就任から一年後の1862年4月16日，連邦議会は黒人植民のための資金として60万ドルの予算を組み，これを大統領の使用にゆだねる措置をとってくれた。これによってリンカーンは財政的な後盾をえたといえる。62年8月にはリベリア共和国から，この国の初代大統領をつとめたジョゼフ・J・ロバーツがやってきて，ホワイト・ハウスにリンカーンを訪ね，

もっと多くの黒人をリベリアに送りこんでほしいと要請している。その直後の8月中旬，リンカーンは五人の自由黒人の代表をホワイト・ハウスに招いて，異例の会談を行なった。

この黒人代表との会談でリンカーンは，連邦議会が黒人植民のための予算を組んでくれたことを黒人代表に伝え，植民事業への協力を呼びかけた。そして自分は「なぜ」と「どこへ」，すなわちなぜ黒人は国外に出ていった方がいいのか，どこに出て行くべきなのかの二点について話をしたいと予告した上で，本題に入っている(7)。

リンカーンは「なぜ」に関しては，白人と黒人のあいだの肉体上の差異をあげ，黒人はたとえ奴隷制から解放されても白人とは対等になれないこと，人種差別は決してなくならないであろうことをつぎのように論じている。

「あなた方とわれわれとは，異なった人種です。われわれのあいだには，他のどんな二つの人種のあいだに存在するよりももっと大きな違いがあります。ことの善悪を論じるつもりはありませんが，この肉体上の差異は，われわれ双方に大きな不利益をもたらしています。あなた方の人種はわれわれと一緒に住むことによって大変な苦痛を感じていますし，われわれの人種もあなた方の存在に苦痛を感じています。要するに，お互いに苦痛を感じているのです。もしこの点がご了解ねがえるならば，なぜわれわれが分かれなくてはならないかについて，おわかりいただけると思います。……（中略）……わたしの見るところ，あなた方は他の人種の経験したことのないような不当な取り扱いを受けています。しかし，あなた方はたとえ奴隷でなくなっても，白人と対等な立場に置かれることはありえません。あなた方は白人が享受している数多くの特権から切り捨てられたままです。人間は自由な状態にあるときには，誰はばかることなく平等を享受したいと思うものですが，この広い大陸で，あなた方の中のただの一人も，白人の対等者となっているような者はいません。あなた方がいちばんいい取り扱いをされるような場所に出て行ってください。あなた方を追放したいという雰囲気がまだまだ根強くあるのです(8)」。

リンカーンは話の内容をひと一倍論理的に組み立ててしゃべるタイプの人間であったが，この黒人代表との会談ではかなり気を緩めてしゃべ

っているところがある。たとえば，このあとかれは白人がお互いにいつ果てるとも知れぬ血で血を洗う争いを繰り広げていることに触れ，「あなた方がわれわれの国にいなかったら，戦争は起こりえなかったのです」「奴隷制とその基礎としての黒人が存在しなかったなら，戦争は起こりえなかったのです」と述べて，南北戦争の勃発を黒人のせいにし，「ですから，われわれ双方は分離されている方がいいのです」[9]と，植民に話をもどしている。黒人がいたから南北戦争が起こった，黒人のために白人は血みどろの戦闘を繰り広げている，だから出て行くべきであるというのは，いくら無学な黒人を前にして語ったものとはいえ，論理的にいってやや無理がある。リンカーンはまた植民事業がはかばかしい成果を挙げていないのは，植民事業が自由黒人の境遇改善に資するものであることを黒人たちが理解していないからであるとして，黒人の無理解を責め，「酷な言い方かも知れませんが，われわれ白人の側には，あなた方自由黒人にわれわれのもとに留まってほしくないという気持ちがあるのです」[10]と言い放っている。また黒人の気乗り薄が植民事業の妨げになっていることを熟知していたリンカーンは自発的に出ていこうとしない黒人たちの態度を指して，それは「極度に利己的な考え方」[11]ではないかと（自分の発想が白人の利己主義を丸出しにしたものであることには気づいていないかのような口ぶりで）言っている。

　リンカーンは二つめの論点である「どこへ」（移住先）についても具体的に語っている。ペオリア演説やスプリングフィールド演説では，かれはリベリアに望みを託していたが，大統領就任以後は費用などの点で，より現実的な考え方をするようになり，もっと手近な場所を考えるようになっていた。この黒人代表との会談でリンカーンはリベリアからロバーツが数日まえに訪ねてきたことに触れつつも，リベリアではなく中央アメリカを勧めている。そしてその理由として，リベリアよりもはるかに近距離にあり，しかも定期便が通っていること（すなわち船をわざわざチャーターする必要がないこと），天然資源とくに石炭の埋蔵量が豊富なので，植民者は炭坑掘りで生計を立てることができること，気候が合衆国よりも黒人の体質にあっていることなどを挙げている。[12]

　黒人代表との会談から約1カ月後，リンカーンは植民事業に着手した。

具体的に選ばれたのは，中央アメリカのチリキ地方(当時コロンビア領)であった。当時このあたりに鉱山開発と鉄道敷設の利権をもつと称するアメリカ人実業家A・W・トンプソンが埋蔵量豊かな鉱山資源をうたい文句にチリキ開発会社なるものを発足させ，植民者を募っていた。トンプソンから黒人植民の話をもちかけられたリンカーンは1862年9月11日にかれと契約をむすび，チリキ植民の準備にとりかかった。自分の名前にちなんでこれをリンコニア植民地と命名し，とりあえず500人の黒人を送りこむ予定であった。

しかし，チリキ植民計画は予期せぬ方面から反対を受けることになった。チリキ周辺のコスタリカ，ホンジュラス，ニカラグア，グアテマラ，エルサルヴァドルなどの国々が，黒人植民につよい反対の意向を表明してきたからである。リンカーンは中南米諸国との善隣外交をもくろむウィリアム・H・シュウォード国務長官の説得に折れざるをえなかった。計画着手後わずか1カ月足らずで中止命令が出され，黒人植民は早々に頓挫した。

チリキ計画の挫折から11日後の1862年9月22日，リンカーンは奴隷解放予備宣言を出している。これは，もし南部が矛先をおさめないようなら本番の奴隷解放宣言を出すという威嚇の意をこめたものであった。この予備宣言のなかでリンカーンは「アフリカ人の子孫を，かれらの合意をえた上でアメリカ大陸かその他の場所に，あらかじめその土地の政府の合意をとりつけた上で，植民する努力は今後とも続けられるべきものとする[13]」と表明し，植民場所のあらたなる模索に乗り出した。

リンカーンの関心を新しく引きつけたのは，エスパニョーラ島の南西沖数マイルに浮かぶハイチ領カウ島であった。1862年10月初旬，リンカーンはこの島に長期借地権をもつというアメリカ人実業家バーナード・コックから長文の手紙をもらったが，それはアメリカ黒人をカウ島に移住させ，住居と仕事を提供したいという旨のものであった。島の気候はすこぶる快適で，家，病院，学校，教会などもすべてそろっているとのことであった。コックは62年12月31日，連邦上院の熱烈な植民論者J・R・ドゥーリトルを伴ってホワイト・ハウスを訪れた。リンカーンは5000人の黒人を一人あたり50ドルの費用でカウ島に入植させるというコック

持参の契約書に署名した。

しかし、このカウ島計画も実施の運びとはならなかった。請負業者コックの素行と誠意に疑問をいだいた国務長官のシュウォードが、カウ島契約書への認可の署名を拒んだからである。リンカーンが1863年1月1日に出した本番の奴隷解放宣言は、結局、国内解放のかたちで実施されることになった。

しかしことの成否はともかく、リンカーンが二度にわたって植民契約をむすんだ日付は注目に値するものをもっている。チリキ契約（62年9月11日）といい、カウ島契約（62年12月31日）といい、これらはそれぞれ奴隷解放予備宣言（62年9月22日）と奴隷解放宣言（63年1月1日）の数日前ないし前日に交わされていることである。リンカーンは奴隷解放の実施にあたって、植民地の確保が急務であることを痛感していた。かれは奴隷解放と黒人植民をあくまで表裏一体のものとして構想していたのであって、国内での奴隷解放はかれにとっては不本意で不完全なものでしかなかった。

カウ島計画はいったんは挫折したが、奴隷解放宣言から数カ月後、再浮上することになった。先述したコックはリンカーンとの契約が破棄されたあと、同島の借地権をP・S・フォーブスとC・K・タッカーマンというニューヨーク市の二人の金融業者に譲渡していた。そしてリンカーンはこの二人の金融業者のもってきた500人の黒人を一人あたり50ドルの費用でカウ島に移住させるという契約書に再び署名した。今回はシュウォードも反対しなかった。1863年4月中旬、453人の黒人が急遽駆り集められ、オーシャン・レーンジャー号でカウ島に運ばれた。これはリンカーンの植民政策の最初の成果になるはずであった。しかし、実験はことごとくの点で失敗に終わった。航海中天然痘が発生し、30人の黒人が船内で命を落とした。現地に着いてみると教会、学校はおろか、住居などなく、土地は疲弊していた。植民者は連日マラリア熱に苦しめられ、疲労困憊の極みへと追いやられた。しかもまずいことに、この計画はハイチ政府の了承を取りつけていないことが後日判明した。ハイチの認可は結局おりなかった。現地の窮乏と外交上の不手際は、ただちに首都ワシントンにも伝わった。1864年2月末、マーシャ・C・デイ号がカウ島

に派遣され，3月20日，368人の生存者を乗せて帰国した。一年間で実に二割ちかくもの死者を出したことになる。連邦議会はこの惨憺たる失敗に懲りて，1864年7月初旬，黒人植民に国費をあてる法律の無効を宣言した。財政支援を打ち切られたリンカーンは植民事業から撤退せざるをえなかった。

　リンカーンはしかし，黒人植民の夢を捨て去ったわけではなかった。かれの側近の一人ベンジャミン・F・バトラーは1892年に公刊した回想録のなかで，1865年2月初旬にリンカーンと交わしたという会話を披露している。それによるとリンカーンはバトラーに「わたしは人種戦争を恐れています。かれら(黒人たち——清水)に戦い方を教えた以上，それは少なくともゲリラ戦の様相を呈することになるでしょう」と述べて，南北戦争中武装訓練を施した黒人兵をどう処遇するかに頭を悩ませていたという。このときリンカーンから助言を求められたバトラーは，わたしが黒人兵を引き連れてダリエン(パナマ)地峡に運河開削に出かけてもよろしいと答えた旨記している。バトラー回想録のこのくだりが事実だとすれば，この会話はリンカーン暗殺のわずか1,2カ月まえのものであり，リンカーンは死の直前にいたるまで黒人植民に執着していたことになる。[14]

(1) *Collected Works*, III, 29.
(2) *Collected Works*, II, 132.
(3) *Collected Works*, II, 132.
(4) *Collected Works*, II, 255.
(5) *Collected Works*, II, 409.
(6) *Collected Works*, II, 409.
(7) *Collected Works*, V, 371.
(8) *Collected Works*, V, 371-372.
(9) *Collected Works*, V, 372.
(10) *Collected Works*, V, 372.
(11) *Collected Works*, V, 372.
(12) *Collected Works*, V, 373.
(13) *Collected Works*, V, 434.

(14) Mark E. Neely, Jr., "Abraham Lincoln and Black Colonization: Benjamin Butler's Spurious Testimony," *Civil War History*, XXV (March, 1979).

5節　マーティン・R・デレイニの移住主義

　アンテベラム期の北部社会にはアメリカ植民協会のすすめる植民運動に対抗するかたちで，移住主義(emigrationism)を掲げる運動が自由黒人のあいだで支持を博していた。これはアメリカ合衆国の人種的偏見と差別の根強さに絶望した自由黒人の企画したもので，合衆国外に独自の黒人国家を建設して，差別や偏見に煩わされない土地で黒人の能力を存分に開花させようとする運動であった。黒人が国外移住するという点では，アメリカ植民協会も移住主義運動も同じことを企てているわけであるが，前者が白人主導の運動であり，黒人に国外移住を押しつける性格をもっているのに対して，後者は自由黒人の企画する自発的な運動であるという点に決定的なちがいがある。

　アメリカ黒人史を貫流するこの移住主義の潮流は南北戦争前夜の1850年代に，マーティン・R・デレイニの指導のもとに一つの大きな盛り上がりを迎えた。デレイニは古代ユダヤ人のエジプトからの脱出や近世におけるピューリタンのイギリスからの脱出を引きあいに出して，移住主義の思想を正当化している[1]。かれはまた合衆国外に黒人国家をつくれば，南部奴隷制を外側から崩壊させることができると考えていた。カリブ海域かアフリカ大陸に黒人国家をうちたて，綿花，砂糖，米の大規模生産を行なう。黒人の自由労働で栽培した商品作物を合衆国南部の奴隷制商品に対抗させて，南部を経済的に圧迫しようという遠大な構想である。デレイニは当時白人中産階級のあいだで流行していた自助哲学に染まっていたので，少数精鋭主義の移住を考えていた。アメリカ黒人のなかでも経済的に成功した自由黒人と「選り抜きの知的」分子を引き連れて移住し，人種的偏見に煩わされない土地で，これらエリート層の能力を存分に発揮させる。そうすることによって黒人の優秀性を世界にデモンストレートしようというわけである[2]。20世紀の移住主義者マーカス・ガー

ヴェイがアメリカ社会の底辺に呻吟する無教養な黒人大衆に焦点をあてて，玉石混淆の集団移住をとなえたのとは好対照をなしているといえよう。

　デレイニはアメリカ植民協会は黒人の敵であると考えて，これを忌み嫌っていた。かれは白人の息のかかっていない黒人国家の樹立を目指していたので，白人人道主義者の支援するリベリア共和国を真の独立国家であるとは見なしていなかった。1830年代にデレイニが移住場所として考えていたのは東アフリカであった。しかし50年代の前半には，「われわれはこの大陸を去ってはならない。アメリカはわれわれの目的地であり，故郷である」，神は「地上のあらゆる民族の避難場所として」アメリカ大陸を意図し給うたのだと説いて，中南米（とりわけニカラグアとヌエバ・グラナダ）と西インド諸島を候補地に挙げた。ユカタン半島からホーン岬にかけての地域は気候も変化に富んでおり，穀物，果物，鉱物資源も豊富である。またこの地域は有色人種の優勢なところであり，中央アメリカは南部の逃亡奴隷が容易に逃げこみうるという点でも好都合である。デレイニは北方のカナダとカリブ海のキューバは，合衆国がいずれ併合することになるであろうと考えていたので，最初からこれらをはずしていた。[3]

　1850年代の後半になると，デレイニは目を再びアフリカ大陸に転じて，西アフリカのラゴス内陸部にひろがるヨルバ地域に注目した。そのきっかけとなったのはデーヴィッド・リヴィングストンの『南アフリカ伝道踏査』とトマス・J・ボーウェンの『中央アフリカ———アフリカ内陸部の冒険と伝道 1849-56年』の二著である。ヨルバ地域が綿花栽培の適地であり，10万人もの植民者を容れる余地があるというボーウェンの記述は，とくにデレイニの心を強くとらえた。1859年，デレイニは「ニジェール川流域探検隊」を組織して西アフリカに渡り，ギニア湾沿岸のラゴスからアベオクタ，オーヨー，イロリンへと北上して，ヨルバ地域を調査した。そしてアベオクタで現地の国王と交渉して，土地の確保に成功した。[4] しかしこの直後合衆国は南北戦争へと突入し，デレイニも北軍兵士として戦場に赴くことになったので，黒人国家建設の夢は中途で放棄されることになった。

移住主義の実践は不発に終わったが、移住思想を誕生させたアンテベラム期の社会的背景については見ておく価値がある。この思想を育んだ一般的な背景としては、白人主導の奴隷制反対運動に対する黒人アボリショニストの反発が、黒人ナショナリズムの気運を培ったことが挙げられよう。白人アボリショニストが奴隷制反対運動内部で行なってきた人種差別は、黒人活動家たちの反感を募らせていた。北部各地の奴隷制反対協会は南部の奴隷制に対して反対を唱えつつも、協会内部では人種差別を行なっていた。白人アボリショニストはしばしば黒人を協会会員に加えるべきかどうかをめぐって議論を交わしている。そしてたとえ黒人活動家の加入を認めることはあっても、かれらには雑用や使い走りのような些末な仕事しか与えなかった。奴隷制反対集会では、元奴隷であったフレデリック・ダグラスやウィリアム・W・ブラウンなども演壇に引っぱり出されて、白人アボリショニストの講演の前座をつとめさせられることがよくあったが、そのさい黒人たちに求められたのは奴隷時代の体験談を語ることだけであって、運動方針について意見を述べることなどは許されなかった。黒人はあくまで小間使い的な役割を割りあてられるだけであり、黒人がイデオロギーや戦術に口出しするのは分不相応であるという雰囲気が支配していた。自分より見識の劣る白人がただ皮膚の色が白いというだけで、あれこれ上から指図してくることは、ダグラスやデレイニのような気位の高い黒人には耐え難い屈辱であった。また白人アボリショニストの保護者然とした態度は、黒人たちの自尊心を大きく傷つけるものであった。黒人アボリショニストのあいだに鬱積していた長年の不満が自立の動きを培ったとしても不思議ではなかった。

　移住主義の指導者デレイニは『合衆国の有色人種の状態、向上、移住、運命に関する政治的考察』（1852年）のなかで、従来の白人主導の奴隷制反対運動のあり方を批判して、つぎのように述べている。

　　「不幸なことに、総じてわれわれはこれまで自分の頭でものを考えるのではなく、誰か他の人に代わって考えてもらわなくてはならないと思いこまされてきた。……(中略)……なにか論題が提起されても、その発案者が黒人である場合、軽蔑の念をもってではないにせよ、無関心にあしらわれてしまうのだ。

宗教において，白人たちが解釈者であり注釈者でもあるがゆえに，われわれはどんな馬鹿げたことであろうとも，われわれの圧迫者がわれわれに教えこむ以外のことを信じてはならないのだ。……(中略)……奴隷制反対運動において，われわれは白人の同志たちがいうこと以外のことをいってはならないのだ。われわれがどのように向上するかに関して，われわれは白人の同志たちがどこからこうしなさいと指図してくる以外のことをしてはならないのだ。

われわれは待望していたような状況を実現するどころか，むしろ奴隷制反対をとなえる(白人の――清水)同志たちとの関係において，ちょうど社会の奴隷制支持派に対して占めているのと同じような，単なる従属的で下積みの地位しか占めていないのだ」。[5]

北部の奴隷制反対運動が分裂したことも，黒人ナショナリズムの動きを加速させることになった。ガリソン派とニューヨーク派の対立からアメリカ奴隷制反対協会が1840年に解体すると，黒人アボリショニストたちは自主路線への傾斜を強めていった。この黒人ナショナリズムの動きは，国内改革派と移住主義派の二通りのあらわれ方をした。合衆国に踏みとどまり，合衆国内で黒人の自立と向上をはかろうとする一派，すなわち「アメリカの土壌にわれわれの木を植え，その木陰に憩おう」とする国内改革派はナショナル・カウンシルを設け，黒人自身が管理，運営する出版，教育，裁判組織を合衆国内に創り出すことを目指して，1853年7月にロチェスター集会を開催した。他方，合衆国外の土地に黒人国家を建設しようとする移住主義者たちは，1854年8月，デレイニの呼びかけに応えてクリーヴランドで全米移住集会を開き，移住場所の模索に乗り出した。[6]

移住主義の台頭に直接のきっかけを与えたのは，連邦議会における逃亡奴隷法（1850年）の成立であった。この法律は合衆国のすべての市民に「この法律の迅速かつ有効なる執行を支援するよう」義務づけるものであり，逃亡奴隷を追跡する政府の役人に民兵隊召集の権限すら与えていた。これ以後，奴隷主の意を受けた役人たちが公然と北部を横行するようになり，逃亡奴隷の逮捕を妨害したり，逃亡者に宿を提供するなどした者には最高1000ドルの罰金と6カ月の禁固刑が課せられることにな

った。しかもこの法律の謳う「この法のもとでは，いかなる裁判や審問に際しても，逃亡容疑者の証言は証拠として認められない」という文言は，デレイニも指摘したように，すべての自由黒人が「時と場所，状況を問わず逮捕され，白人の申し立てさえあれば，抗弁することも許されないまま，永遠の奴隷状態に放りこまれる」可能性が生じたことを意味していた。逃亡奴隷法は北部の自由黒人に足元の崩れるような不安感を与えたといえる。

　北部自由黒人の置かれていた根無し草の状況も，移住主義をうながす上で一役買った。多数の奴隷が密集して生活していた南部では，奴隷たちは白人文化に完全に同化する必要はなかった。南部の農園には西アフリカから持ち込まれたさまざまな部族の言語，風習，呪術，土俗宗教，生活習慣などが脈々と息づき，色濃く残っていた。しかし，少数の自由黒人がまばらに散在していた北部には，そうした伝統文化は根づいてはいなかった。北部自由黒人のあいだでは父祖伝来の文化や西アフリカ固有の伝統は忘れ去られてしまっており，黒人たちは人種的，文化的に根無し草のような状況で生活していた。1830年代にアメリカを訪れたフランス人のトックヴィルはアメリカ黒人の状況をつぎのように観察しているが，かれの指摘は依拠すべき文化的地盤を喪失していた北部自由黒人に関して特によくあてはまる。

　　「圧制は，アフリカの子孫たちから人間のほとんどすべての特権を一撃の下に奪ってしまった。アメリカ連邦の黒人は自国の追憶までも失ってしまった。この民族はその祖先たちが話した言葉をもはや知っていない。この民族はその宗教を捨ててしまっており，その風習を忘れてしまっている。アフリカに属することをやめたこの民族は，そうだからといってヨーロッパの文明にあずかる何らかの権利を獲得しているわけではない。この民族は，二つの社会の中途半端なところに立ちどまらされている。この民族は二つの民族の間に，一方の民族によっては売られ，他方の民族によっては排撃されて，孤立したままに留まっている」。

　移住主義に走った黒人アボリショニストたちは，こうした根無し草の状況のなかで，みな一様にある種の似通った心理傾向を示した。それは白人に対する愛憎並存（アンビヴァレンス）の心理とでもいうべきものである。白人の価値観

や生活様式を受容し、身につけることによって白人社会に受け容れてもらいたいとする点で、これらの黒人たちは人一倍強い願望をもっていた。かれらは白人文化を必死になって模倣しようとした。しかしその涙ぐましい努力が徒労におわり、白人社会から拒まれるにいたると、かれらは白人に対して燃えるような憎悪を抱くにいたった。同化の願望が人一倍強かっただけに、挫折感と憎悪もまた人一倍強かったといえる。

　この愛憎並存の心理(アンビヴァレンス)は、19世紀移住主義の先駆者ともいうべきルイス・ウッドソンのうちにすでにあらわれている。ウッドソンは1850年代に開花する移住主義の輪郭を30年代に先取りするかたちで示した人物であるが、かれの思考の特徴を一言でいえば、愛憎両極感情のつよさ、すなわち白人に受け容れられたいとする願望と白人に対する憎悪の強さである。当初ウッドソンは「皮膚の色ではなく生活状態こそが偏見を生み出す主要な原因」であると考えていたので、白人の改革者ウィリアム・ウィッパーに師事して、アメリカ道徳改革協会のピッツバーグ支部の書記をつとめ、北部自由黒人のあいだに勤勉、節約、節酒、上品な言葉遣い、洗練されたマナーの習得など、白人中産階級の美徳を黒人たちに植えつけようと努力していた。ウッドソンは農民と職人こそが社会の基礎であるとする伝統的な農本主義の信奉者でもあったので、黒人青年に都会を去って西部に赴き、土地の耕作者となるよう呼びかけた。かれは黒人が白人社会に受け容れられるには、有能堅実な農民・職人を多数輩出して、黒人の勤勉さを立証してみせる必要があると考えていた。ウッドソンはしかしこうした路線を追求しつつも、しだいに合衆国内での黒人の地位向上を絶望視するようになり、黒人の人種的結束と自立を説いて、白人社会からの分離を唱えるようになった。分離の主張はやがてカナダや英領西インド諸島への移住の勧めへと発展していくことになる。要するにウッドソンは一方で白人中産階級の価値観を前提として、白人社会に合流することを目指しながらも、他方ではそうした試みに背を向けるかのように、分離と国外移住を口にしていたわけで、その志向は本質的にいって矛盾していたと言わねばならない。[10]

　ウッドソンの示したこのアンビヴァレンスを典型的なかたちで示したのが、19世紀を代表する移住主義者デレイニであった。黒人が対等な資

格で白人社会に受け容れられることを夢想していたデレイニは1830年代にはウッドソンの経営する学校に通い，ウッドソンの勧めにしたがってアメリカ道徳改革協会のペンシルヴェニア市黒人節酒協会の役員となり，自由黒人のモラル向上運動に打ちこんでいた。1838年にペンシルヴェニア州憲法が改正されて黒人選挙権が剥奪されたときには，これに抗議して奔走している。また40年代には，白人中産階級のあいだで流行していた自助哲学に心酔して，勤勉，節約，実業教育の重要性を自由黒人のあいだに説いてまわっている。デレイニはウッドソンと同様，黒人のこうむる差別は皮膚の色ゆえではなく貧困と堕落した生活状態のせいであると考えていたので，黒人が社会的尊敬をかちとるには，堅実な農民，職人，実業家を多数輩出することが急務であると考えていた。

　しかし，デレイニはこうした運動をおしすすめていくなかでやがて人種の壁に突きあたり，白人との接触を深めるごとに心理的な葛藤と挫折感を深めていった。デレイニの胸中では白人社会に溶けこみたいという願望と，白人から対等な取り扱いを拒否されたことに対する憤懣が渦巻くようになった。やがてデレイニは何事をなすに際しても白人と黒人が提携するかぎり，そこには必ず主従関係が生じることを痛感するようになり，白人と協力・提携すること自体に疑問をいだくようになった。

　デレイニは『ノース・スター』紙をかつて共同編集したことのある盟友フレデリック・ダグラスがストウ夫人と協力して黒人青年のための実業学校を設立しようとした際，白人との提携如何をめぐって，ダグラスと論戦を交わしている。ダグラスはデレイニと同様，黒人の人種的結束と自立の必要性を痛感していたが，実際問題として黒人が自立も自足もできていない以上，独り立ちできるようになるまでは白人の支援を受け容れるのも致し方ないと考えていた。しかしデレイニは白人慈善家たちのなかでも，ストウ夫人をとりわけ敵視しており，彼女は一見黒人に理解あるかのようなポーズをとってはいるが，その実黒人についてなに一つ知ってはおらず，その温情主義的な態度には鼻持ちならないものがあると感じていた。デレイニはこういう偽善的な白人と組んで黒人学校をつくること自体に反対であったし，保護者然とした白人教師や管理者の運営する学校で，黒人生徒が好ましい影響を蒙るはずがないと考えて

いた。

　デレイニはやがて白人との提携だけではなく，白人からの支援も一切拒否すべきであるとする潔癖主義の立場を打ち出し，黒人は独自の人種組織をつくって，白人をそこから排除すべきであるとする逆差別の主張を口にするようになる。そして現状打開の方法を武装蜂起に見出すことになる。『アングロ・アフリカン』紙に掲載されたデレイニの小説『ブレイク』は大規模な奴隷反乱を画策する主人公を描いたものであり，それは同じ移住主義者のヘンリー・ハイランド・ガーネットが「合衆国の奴隷たちへの呼びかけ」(1843年)のなかで，「同胞たちよ。立ち上がれ，立ち上がれ！生命と自由のために，立ち上がるのだ。……(中略)……諸君のモットーは反抗！反抗！反抗だ！」と呼びかけた主題をいわば小説のかたちで展開したものであった。白人への絶望と憎悪の深まりは，移住主義者を暴力肯定の立場に追いやったといえる。

　デレイニはしかし，このように白人に対してあたう限りの反抗心と敵愾心を示しつつも，かれの思考の枠組みは白人のそれをはみ出すものではなかった。移住主義者デレイニの悲劇は，一方できわめて戦闘的な姿勢をとりつつも，他方ではどこか白人迎合的で模倣的であるという点にある。

　ちなみに，デレイニはクリーヴランド全米移住集会のために書いた「アメリカ大陸の有色人種の政治的運命」(1854年)のなかで，黒人が「アングロ・サクソンの世界支配」のなかで伍していくには，その生来の人種資質を純粋なかたちで発展させていく以外にないとして，つぎのような黒人本性論を展開している。

　「有色人種が最高度の文明の資質をもっていることは疑問の余地がない。かれらは礼儀正しく，平和的で，行き過ぎではないかと思われるくらいに宗教的である。数学，彫刻，建築のような学芸の分野や，通商，内陸開発のような企業の分野においては，白人の方がたぶん優れているであろう。しかし，言語，雄弁，詩，音楽，絵画のような学芸の分野や倫理，形而上学，神学，法学，すなわち真の道徳原理，正しいものの考え方，宗教，法律ないし市民政府の分野では，黒人が世界に教示すべきものをまだまだもっていることは明らかである」。

ここに示されているのは，黒人の「心の資質」を積極的に評価しようとする人種論(つまり裏からいえば，黒人の「頭脳の資質」の劣等性を認める人種論)であり，当時の白人社会に出まわっていたステレオタイプの人種論の受け売りでしかない。それはこの時期ベストセラーとして一世を風靡したストウ夫人のアンクル・トムの焼き直しとでもいうべき黒人論であり，系譜的にいえばジェファソンの黒人本性論に行き着くものである。

　白人の価値観やフレームに取って代わる独自のものを打ち出さないかぎり，白人と対等な資格で共存するという発想にはならないはずであるが，デレイニがお手本としていたのはあくまで白人中産階級の価値観であった。アンテベラム期の北部には，燕尾服を着てステッキをもち，婦人と腕組みして町を闊歩する成り上がり者の黒人たちがいたが，かれらが誇らしげに白人紳士の真似をすればするほど北部白人の失笑を買った。デレイニは懐疑の色もなしに白人のマナーや身振り，素振りを真似するこうした成り上がり者や無知で卑屈な黒人下層民を嫌悪し，軽蔑していた。気位の高いデレイニにとっては，黒人同胞の演じる浅薄な物真似の光景は我慢のならないものであった。しかしその浅薄さはまた同時に，われとわが身をカリカチュアライズするものとして，デレイニの胸を痛烈に刺したはずである。「かれ（黒人――清水）はその圧制者たちを嫌うよりもむしろ尊敬しており，その喜びと誇りとを，かれを圧迫している主人たちへの卑屈な模倣のうちに見出している」，「黒人はかれを拒絶している社会にはいりこもうとして，大変な努力を払っているが，結局それは徒労に終わっている。かれは圧迫者たちの好みに屈従し，その意見を採用し，かれらをまねることによってかれらと一体になりたいと願っている」[14]という言葉は，そのままデレイニにもあてはまったからである。白人の文化や価値観を前提とし，それに近づくことをもってよしとする発想で行くかぎり，合衆国に踏みとどまって黒人の地位向上と自立をもとめる道はただただ自己嫌悪を募らせるほかはなかったはずであり，内面的な葛藤とジレンマを断ち切るには結局，国外移住以外に道はなかったというほかない。

(1) Martin R. Delany, *The Condition, Elevation, Emigration, and Destiny of the Colored People of the United States, Politically Considered* (Philadelphia, 1852, rpt. New York: Arno Press, 1968), p.159. 以下 Delany, *Condition* と略。
(2) Floyd J. Miller, *The Search for A Black Nationality. Black Colonization and Emigration 1787-1863* (Chicago: The University of Illinois Press, 1975), pp.251-52, 269. 以下 Miller, *Search* と略。
(3) Delany, *Condition*, pp.31, 171, 174-75, 177.
(4) Miller, *Search*, pp.205-206, 212-213.
(5) Delany, *Condition*, pp.190-191.
(6) Miller, *Search*, pp.136-137.
(7) William Goodell, *The American Slave Code in Theory and Practice: Its Distinctive Features Shown by its Statutes, Judicial Decisions, and Illustrative Facts* (New York: American and Foreign Anti-Slavery Society, 1853: reprinted in New York, Johnson Reprint Corporation, 1968), pp.409-416.
(8) Delany, *Condition*, p.154.
(9) A・トクヴィル（井伊玄太郎訳）『アメリカの民主政治』（講談社文庫，昭和62年），中巻，305-306頁。
(10) Miller, *Search*, pp.94-101.
(11) *Ibid.*, p.128.
(12) Herbert Aptheker, ed., *A Documentary History of the Negro People in the United States* (Secaucus, New Jersey: The Citadel Press, 1973), I, 232-233.
(13) Martin R. Delany, "The Political Destiny of the Colored Race on the American Continent," in Sterling Stuckey, ed., *The Ideological Origins of Black Nationalism* (Boston: Beacon Press, 1972), pp.202-203.
(14) トクヴィル，前掲書，中巻，306, 308頁。

おわりに

　ジェファソンが『ヴァージニア覚書』で指摘したように，黒人奴隷制を解消するには，奴隷制の廃止と人種問題の解決という二重の課題に取り組む必要があった。このうち前者は1865年12月に奴隷制の全面廃止を定めた憲法修正第13条が発効することになって，いちおうの解決をみる。しかし後者に関していえば，その解決をうながすような思想的状況は南北戦争終結時には何一つ準備されてはいなかった。人種的偏見と差別の問題が未解決のまま戦後社会に持ち越されることになった点を簡単にみて，この論考をおえることにしたい。
　南北戦争勃発にいたるまでの時期に展開された黒人奴隷制論を大別すると，一方の極に奴隷制廃止と黒人植民をともに斥ける南部の奴隷制擁護論者，他方の極にこれと正反対の主張をかかげる北部のアボリショニスト，その中間に奴隷制反対・黒人植民をとなえる北部多数派世論（移住主義もこれに含める）という三つの陣営があったととらえることができるであろう。
　これらのなかで唯一黒人植民を否定して，奴隷の国内解放をかかげたのは北部の過激派アボリショニストのみであったが，（白人）アボリショニストは人種的偏見の根強さについては，なんの認識ももっていなかった。かれらは人種的偏見は奴隷制の生み落とした単なる副産物にすぎないと考えており，奴隷制が撤廃されれば人種的偏見も自然消滅すると安易に考えていた。人種問題を，取り組むべき独自の課題として設定していなかったといってよい。
　ちなみに，南北戦争終結時の1865年5月，アメリカ奴隷制反対協会の集会の席で，会長のガリソンを初めとする白人アボリショニストとチャールズ・レモンド，フレデリック・ダグラスら黒人アボリショニストとのあいだで，奴隷制反対協会の存続をめぐって激論が闘わされているが，この論戦は白人アボリショニストが人種問題の本格的な浮上をなんら予

測していなかったことを物語るものである。このときレモンドはガリソン起草のアメリカ奴隷制反対協会の「所信の宣言」を持ち出して、ここには南部の奴隷解放だけではなく、北部自由黒人の社会的地位の向上も謳われているではないかと指摘し、わたしはこの後者の点も奴隷制反対協会の「本来の目的」であったと理解していると主張した。またフレデリック・ダグラスも、たとえ憲法修正によって奴隷制が撤廃されようとも、南部諸州はやがてこれを骨抜きにする法律を制定して、黒人に与えられた自由を内実のないものにしていくであろうという懸念を表明した。黒人アボリショニストたちのこうした予測と予感は、その後の南部で実際に進展していくことになる事態をみごとに言いあてたものであった。

しかし、このときガリソンは黒人アボリショニストに向かって、こう答えている。われわれの長年の扇動によって大衆はわれわれと同じ水準に達したのであり、大衆もまた黒人の社会的地位の向上を望んでいる。いまやわれわれは孤独や孤高を求めるのではなく、大衆と協力してやっていくべきである。わたしが「所信の宣言」で自由黒人の地位向上を謳ったのは事実であるが、それは奴隷制廃止という大目標からすれば、単に「付随的な」ものでしかない。「奴隷制は廃止されたのであり、これを引き起こした変革はわれわれとともに歩むことになるであろうし、黒人にあらゆる権利をすみやかに賦与することになるであろう」。われわれの役割はすでに終わったのである、と。ガリソンは奴隷制の廃止をもって能事終われりとしたのであり、黒人奴隷制の抱えるもう一つの側面（人種問題）については、これを手つかずの状態で放置したのであった。かれの率いる白人アボリショニストたちは問題把握の点でも現実に深く根を下ろした認識を持ってはいなかった。

北部過激派だけでなく、北部多数派も人種問題の解決に大きな関心を払うことはなかった。小説『アンクル・トムズ・ケビン』のたどった運命は、このことを裏から示している。この戦前のベストセラーは（外国で読み継がれていったのとは対照的に）南北戦争後のアメリカでは絶版となり、1948年に叢書「モダン・ライブラリー」に加えられるまで、つまり初版が出てから一世紀近くのあいだ、古本屋でしか手に入らない代物となってしまう。戦前爆発的な共感を呼んだアンクル・トム型の黒人

像は，戦後は一気に影をひそめ，人びとの口の端にすらのぼらなくなってしまった。もともと美化された黒人像などというものは北部人の実感に根ざしていない（対南部プロパガンダ用の）架空のイメージでしかなかったわけで，南部奴隷主権力が打倒されてしまったあとは無用の物でしかなかった。アンクル・トムの役割は，リンカーンが奴隷解放宣言を出した時点で終わりを告げていたのである。

　人種問題の解消をうながすプラス要因が皆無であったのに対して，人種差別強化の方向にはたらく要因は十分に用意されていた。とりわけ重要なのは，アメリカ人種学派の思想である。戦前，黒人の「頭脳の資質」の劣等性を説いて奴隷制を擁護したこの学派は，戦後社会でも再び重要な役割を果たすことになった。宗教的擁護論や社会学的擁護論の場合は，戦乱の砲火のなかで奴隷制が潰えさり，擁護すべき実態を喪失してしまった後は，理論自体が宙に浮くほかなく，これらの擁護論は戦後社会のなかで急速に忘却の淵へと沈んでいった。ところが，アメリカ人種学派の思想は戦後は人種差別の理論として復活し，往時に倍する生命力を発揮することになる。もともとこの学派の思想の根幹は人種の生物学的優劣という点にあったのであって，奴隷制の擁護論はいわばそのコロラリーとして導き出されたものにすぎない。奴隷制の消滅と人種問題の本格的浮上は，この学派の理論を無効にするどころか，むしろその理論が真価を発揮しうる打ってつけの状況を作り出したといってよい。

　奴隷制という身分制が確立していて，黒人が隷属状態に置かれているときには，白人はわざわざ黒人に「分」をわきまえさせるための聖戦などを繰り広げる必要はない。しかし奴隷制という障壁が取り去られてしまうと，白人たちは皮膚の色で差別する以外に，差別のしようがなくなってしまう。この戦後の状況は，アメリカ人種学派の理論に本格的な出番を与えることになった。ヴァンエヴリやノットの著作は，その基本命題になんらの修正を加えることもなく戦後社会に出まわることになった。ノットとグリドンの共著『人類の諸類型』にいたっては，ストウ夫人の小説とは対照的に1900年になっても依然版を重ねるという好評ぶりであった。

　アメリカ人種学派の思想は，戦後南部に台頭してくる革新主義者の主

張を先取りしていたという点でも注目にあたいする。戦後南部の革新主義者は一方で白人内部での民主化実現を要求し，白人が大同団結して黒人に対抗することの重要性を訴えかけた。そして他方では黒人の公民権剝奪をとなえて，人種差別的な政策の実施を要求した。かれらはアメリカ人種学派と同様，白人平等論者であり，かつ徹底した人種差別主義者であった。史家C・ヴァン・ウッドワードは，南部革新主義運動のたかまりが人種差別の高揚期と一致していること，白人内部における民主化要求の運動が黒人選挙権剝奪のうごきと連動している点に注目して，つぎのように述べている。

「一部の人びとにとって，人種主義は南部革新主義の基盤そのものであった。南部革新主義者のなかで，もっとも明晰で教養ある人物の一人であったエドガー・ガードナー・マーフィーは「白人の意識的な結合」を「新しい民主主義のための幅広い基盤」として考えていた。そしてかれは，「社会の民主主義的再編のための基礎として，富や職業，財産，家柄，階級などによる区別よりも，人種による区別の方が，その予想される問題点をすべて考慮しても，はるかによい」と信じていた。かれは，「『人種的偏見』と呼ばれるものの深い社会学的価値」を称揚した。……（中略）……南部の教育家でもあるトーマス・P・ベイリーは，革新主義を，南部における黒人の人権剝奪の直接の結果であると考えていた。かれは書いている。「要するに，黒人の公民権剝奪は，白人のあいだでの政治的・社会的結合の増大に付随するものである。白人たちが，かれらの同胞間の血のつながりをはっきりと認識すればするほど，また，その言葉のもつあらゆる意味において，民主主義がかれら白人のあいだに拡大されていくに従って，黒人はますます『自己の分限をまもる』ことを強制されていくことになる」(傍点，清水)。

ここに引かれている革新主義者マーフィーの言葉は，「もし自然の区分というものが存在しなかったなら，階級分裂を生み出すあの富，教育，家系の誇りといった偶然的で人為的なものが社会的政治的秩序の基礎」（傍点，清水）になるであろうと述べたヴァンエヴリーの言葉と酷似している。奴隷制消滅後，皮膚の色によってしか黒人とのちがいを云々できなくなった南部の白人小農や貧乏白人に対してもっとも強く訴えかけ

たのは，この自然(資質，人種)の区切りを重視する論理であった。アメリカ人種学派も南部革新主義者も自然に依拠しようとした点で，「富，出生その他の偶然的条件や環境は顧慮しないで」(5)，自然(資質)のみを尊重すべきであるとしたジェファソンの思想を継承する人びとであった。自然の立場は白人の大同団結をうながし，白人平等を称揚する社会理論として時代を超えた有効性をもっていたといえる。

アメリカ人種学派の思想はアメリカ国内の奴隷制や人種差別だけでなく，より広範な対象，すなわち19世紀後半の帝国主義支配を正当化する理論としてもまた有効であった。ちなみに『人類の諸類型』は南部奴隷制から目を転じて白人の海外進出に着目し，白人による植民地支配は「自然法」の成就であるとして，それに手放しの喝采を送っている。黒人，アメリカ先住民，黄色人種は「その生まれた場所に本能的に執着し」，造物主から与えられた場所の外へと出向いていく能力を持ちあわせてはいない。これに対して，白人は本性上「世界主義的」であり，七つの海を股にかけて活動する資質をそなえた人種である。すなわち，

> 「あらゆる時代を通じてかれら(白人——清水)には，最大の頭脳と最も強靱な知性が賦与されてきた。文明を押しひろめ，それを完全なものにするという使命はまさにかれらのものである。かれらは本性上，野心的で大胆かつ支配者的であり，危険をものともしない。抗しがたい本能につき動かされて，かれらはどんな困難をもいとわず，あらゆる地域へと乗り出していく。……(中略)……二つのまったく異なる人種が平等な条件のもとに共存することなどできはしない。……(中略)……これまでコーカサスという一般的な言葉のもとに理解されてきたあの人種グループは，あらゆる時代を通じてつねに支配者であった。かれらが気候の許すかぎり，地球上のあらゆる土地を征服し保有すべく究極的に宿命づけられているということを予見するのに，予言者の目など必要としない。いかなる博愛行為，いかなる立法措置，いかなる伝道活動といえど，この趨勢を押しとどめることなどできはしない。それは造物主の御手によって，人間本性の中に書き刻まれているのであるから」(6)(傍点，清水)。

南部奴隷制を賛美したのとまったく同じ口ぶり，同じ論法でもって，帝国主義支配を正当化していることがわかる。アメリカ人種学派が実証

したのは白人を頂点とする人種序列の存在であり，有色人種全般に対する白人の生物学的優越性であったわけであるから，それはグローバルな規模での「白人の責務」を正当化する理論としてもまた打ってつけであったといわねばならない。

(1)　Hugh Hawkins, ed., *The Abolitionists: Means, Ends, and Motivations* (Lexington, Massachusetts: D.C. Heath and Company, 1972), pp. 211-212. 本書 pp.211-224 に協会解体をめぐる論議が収録されている。
(2)　*Ibid.*, pp.220-221, 223.
(3)　*Ibid.*, pp.213-216.
(4)　C・ヴァン・ウッドワード（清水博・長田豊臣・有賀貞訳）『アメリカ人種差別の歴史』（福村出版，1977年），105-106頁。訳は一部変更。
(5)　Merrill D. Peterson, ed., *Thomas Jefferson. Writings* (New York, N.Y.: Literary Classics of the United States, Inc., 1984), p.365; Julian P. Boyd, ed., *The Papers of Thomas Jefferson* (Princeton, N.J.: Princeton University Press, 1969), I, 539.
(6)　Josiah Clark Nott and George R. Gliddon, *Types of Mankind: or, Ethnological Researches, Based upon the Ancient Monuments, Paintings, Sculptures, and Crania of Races, and upon their Natural, Geographical, Philological, and Biblical History* (Philadelphia: Lippincott, Grambo & Co. 1855, Seventh Edition), pp.67-69, 77, 79.

あとがき

　本書はアメリカ建国期にトマス・ジェファソンのとなえた黒人奴隷制論を，その後の論客たちがどのように受けとめ，どのように思想的に展開していったかをあとづけたものである。
　第Ⅰ章ではジェファソンの現世主義の立場がどのような人間本性論を生むか，これを基底にすえてどのような黒人奴隷制論が導き出されるか，善性を内在させる人間本性論が政治論にどのような色彩を賦与することになるかについて検討を加えている。道徳感覚という概念に着目してジェファソン思想の再解釈を行なっており，これがつづく諸章の叙述の大前提をなすという構成になっている。
　第Ⅱ章では，ジェファソンの黒人奴隷制論が黒人植民論に収斂していったのを受けて，19世紀初頭に創設されたアメリカ植民協会を取り上げ，この協会の創設とリベリア建設の背景を探り，セクショナリズムの進展するなか，植民協会が南北両サイドから浴びせられる十字砲火に対してどのように対処し，リベリア共和国の誕生にまで漕ぎ着けるにいたるかを概観している。
　つづく第Ⅲ章では南部のイデオローグを俎上に載せて，かれらが奴隷制の理念的な正当化をはかるために，どのような擁護論を編み出すにいたるか，連邦議会における少数派としての苦境を打開するために，どのような理論を構想するにいたるかを取り上げている。
　これに対して第Ⅳ章では，南部人と正反対の論陣を張った北部の過激派アボリショニストを取り上げて，かれらの即時主義のスローガンが北部社会で世論覚醒的な役割をはたした点を評価するとともに，完全主義という宗教思想に規定されたガリソン派の思想・行動様式に大きな限界があったことを指摘している。
　第Ⅴ章ではこの北部過激派に対して，ストウ夫人のベストセラー小説と職業政治家リンカーンの発言を取り上げて，北部多数派の黒人奴隷制

論がジェファソンのそれをどのようなかたちで継承するものであったかを明らかにしようとした。それと同時に植民運動の裏返しともいうべき移住主義運動を取り上げて，その社会的，心理的背景についても考察を加えてみた。

　黒人奴隷制論をどのようにあとづけるかは研究者の問題関心によって種々異なってくるはずで，本書はジェファソンの思想（人間本性論）をベースに敷いてその論理展開の過程を内在的にあとづけようとした一つの試みにすぎない。関心も方法も限定されている上，至らない部分も多々あることは自覚しているが，奴隷制問題を思想史の分野にひきよせてあつかった研究はあまり見かけないので，一つの問題提起にでもなればと思っている。アプローチの仕方や分析視角に関して，読者諸兄のご批判をいただければ幸いである。

　これまでの論文をこうしたかたちで一書にまとめることができたのは，数多くの先生方のご鞭撻のおかげであると思っている。とくに今津晃先生と故志邨晃佑先生を中心とする関西アメリカ史研究会の先生がたには厚く謝意を表したい。この研究会での研鑽を抜きにして，筆者のアメリカ史研究の進展はなかったはずで，本書に収録した論文の大半はこの研究会で口頭発表し，先輩諸氏のご批判と助言をあおいだものばかりである。故大下尚一先生主催の同志社大学の共同研究「建国・発展期アメリカの文化形成」に参加させていただいて，リパブリカニズムとジェファソン研究に触れたことも大きな学問的刺激となった。また思想史研究に手を染めはじめたころ，故平野孝先生から種々ご鞭撻をいただいたことも筆者にとっては忘れがたい思い出となっている。有賀貞先生には『世界歴史大系　アメリカ史』以来，さまざまな点で刺激と励ましをいただいたし，山口房司先生と安武秀岳先生には大学院時代以来の温かいご鞭撻に対して，どう申し上げていいのか感謝の言葉を知らない。なお最後になったが，本書の出版を快く引き受けてくださった木鐸社社長能島豊氏にも心から謝意を表したい。

2000年9月

　　　　　　　　　　　　　　　　　　　　　　　　　　清水忠重

索 引

[ア]

愛憎並存の心理（アンビヴァレンス）
(ambivalence) 302-303
「相分かれた帝国」(divided empire)
35-37, 50-51
アウタセット(Outassete) 74-75
アダムズ(John Adams)
5, 14, 19, 45, 48, 53, 83, 87, 97, 107-109
アッティラ(Attila) 199
アデア(Adair) 14
アブラハム（旧約）(Abraham)
154, 166-167
『アフリカ植民に関する考察』(Thoughts on African Colonization) 131, 223, 228
『アフリカ人と呼ばれているアメリカ人のための訴え』(An Appeal in Favor of Americans Called Africans) 262
『アフリカン・レポジトリ』(African Repository) 137
アベオクタ(Abeokuta) 299
阿片戦争 174
「アボリショニストの忍耐」(Forbearance of the Abolitionists) 249
（アメリカ）植民協会(American Colonization Society)
6, 113-121, 123-126, 128-148, 153, 220, 222-223, 229-230, 274-275, 281, 291, 298-299
アメリカ人種学派(American School of Ethnology)
6, 157, 182-184, 186-189, 191, 194-200, 273, 311-314
「アメリカ大陸の有色人種の政治的運命」
(The Political Destiny of the Colored Race on the American Continent) 305
アメリカ哲学協会(American Philosophical Society) 12, 29
アメリカ道徳改革協会(American Moral Reform Society) 303-304
アメリカ奴隷制反対協会(American Anti-Slavery Society)
216, 228, 231, 247, 248, 255, 301, 309-310
「アメリカのゴルゴタ」(American Golgotha) 184
『アメリカの民主政治』(De la Démocratie en Amérique) 245-246, 267, 307
「アメリカン・システム」(American System) 136
アリストテレス(Aristotle)
6, 171, 175-176, 180
『アンクル・トムズ・ケビン』(Uncle Tom's Cabin)
226, 240, 263, 268-270, 273-282, 292, 310
『アングロ・アフリカン』(Anglo-African) 305
アングロ・サクソン（民族）(Anglo-Saxon)
270, 275, 279, 305
暗黒大陸(Dark Continent) 121, 274-276
アンティゴネー(Antigone) 101
アンテベラム(antebellum)
124, 149, 165, 205, 274, 282, 291, 298-299, 306
アントニウス(Antonius) 39

[イ]

（イエス）キリスト
40-41, 89, 155, 165, 167-168, 244, 248-249,

252, 264, 271-272, 277
イェール（大学）(Yale)　　105
「イギリス領アメリカの諸権利に関する概要」(Summary View of the Rights of British America)　　95
イサク（旧約）(Isaac)　　166
移住主義（者）(emigrationism, ― nist)
　　298-303, 305, 309
イムレイ(Gilbert Imlay)　　70, 82
イライザ(Eliza) 269-270, 274, 276-277, 280
インディアン(Indian)
　　12, 14, 77-78, 85-86, 199

[ウ]

「ヴァージニア王朝」(Virginia Dynasty)
　　119
『ヴァージニア覚書』(*Notes on the State of Virginia*)
　　12-13, 19-22, 24, 27, 29-30, 32, 44, 51, 54, 56-57, 63-64, 67-68, 70, 75, 80-83, 107, 126, 128, 155, 160, 162, 169, 309
ヴァージニア州憲法草案(Draft Constitution for Virginia)　　92
ヴァージニア信教自由法(Virginia Statute for Religious Freedom)　　104
ヴァージニア大学(University of Virginia)　　32, 104-106, 111
ヴァスコ・ダ・ガマ(Vasco da Gama)
　　174
ヴァンエヴリ(John H. Van Evrie)
　　183, 188-196, 198-199, 203-204, 311-312
ウィッパー(William Whipper)　　303
ウィリー(Basil Willey)　　7-9, 55
ウィリアム・アンド・メアリー大学(William and Mary College)　　151
ウィリアムズバーグ(Williamsburg)
　　22, 24-25, 75
ウィルキンソン(James Wilkinson)　　96
ウィンスロー(Hubbard Winslow)

242, 246
ウェルド(Theodore D. Weld)　　247
ウォタストン(George Watterston)　　32
ウォード(ward)　　89-91, 93, 108-109
ウォーラーステイン(Immanuel Wallerstein)　　171
ウッドソン(Lewis Woodson)　　303-304

[エ]

エアズ(Eli Ayres)　　142
エッペス(John Wayles Eppes)　　29
エピクテトス(Epictetus)　　40
エピクロス(Epicurus)　　15, 39-40
エルサルヴァドル(El Salvador)　　295
『エンクワイアラー』(*Enquirer*)　　161
エンゲルス(Friedrich Engels)
　　173, 196-197, 204
エンバーゴウ(Embargo Act)　　90, 93

[オ]

オーシャン・レーンジャー号(*Ocean Ranger*)
　　296
『オブザーヴァー』(*Observer*)　　237, 241
オーヨー(Oyo)　　299
オランウータン(Oranootan)　　58, 61, 70
オールトン(Alton)　　237, 241-244
温情主義（的）(paternalism, ― listic)
　　155, 157, 170-172, 177-178, 190-191, 304

[カ]

カー(Peter Carr)　　33-34, 38, 42, 53, 95
改革者(reformer)
　　156, 231-234, 251, 256, 290, 303
「改革の時代」(Era of Reform)　　233
開化五部族(Five Civilized Tribes)　　86
ガーヴェイ(Marcus Garvey)　　298
カウ島(Cow Island)　　295-296
カウンティ(county)
　　22, 89-92, 102, 109, 138, 232

革新主義者(progressive) 311-313
「各人対各人の戦争」(warre of every man against every man) 47
『学問芸術論』(Discours sur les Sciences et les Arts) 50, 55
カスティス(George Washington Park Custis) 120, 125
カーチヴァル(Samuel Kercheval) 17, 108-109
「合衆国の奴隷たちへの呼びかけ」(An Address to the Slaves of the United States) 305
『合衆国の有色人種の状態, 向上, 移住, 運命に関する政治的考察』(Condition, Elevation, Emigration, and Destiny of the Colored People of the United States, Politically Considered) 300
カトー(Cato) 91
カートライト(John Cartwright) 28
カナダ(Canada) 120, 122, 269-270, 299, 303
カナン(Canaan) 166
ガーネット(Henry Highland Garnet) 305
カベル(Joseph C. Cabell) 108-109
『神の定めたもうた奴隷制』(Slavery Ordained of God) 162
ガーリー(Ralph R. Gurley) 135-136, 142
ガリソン(William Lloyd Garrison) 114, 131, 215-216, 219-223, 227-231, 234-239, 245, 247-249, 252, 254-255, 257-259, 309-310
ガリレオ(Galileo Galilei) 188
カルヴィニズム(Calvinism) 250
カルフーン(John C. Calhoun) 183, 200, 205-206, 208-213
ガンジー(Mohandas Karamchand Gandhi) 258
完全主義(Perfectionism) 250-251, 256
カント(Immanuel Kant) 62

[キ]

キケロ(Cicero) 39, 77
疑似科学(pseudoscience) 185
『北アメリカの西部テリトリーの地形』(A Topographical Description of the Western Territory of North America) 70
ギャサウェイ(John Gassaway) 108
キャロル(Charles Carroll) 114
『旧約聖書』(Old Testament) 62-63, 70, 81, 154, 168, 186, 203, 216 「士師記」249;「出エジプト記」216;「申命記」168, 259;「創世記」62, 166-167;「ヨシュア記」154;「レビ記」167-168
キューバ(Cuba) 299
キュビエ(Georges Cuvier) 62
競合的多数(Concurrent Majority) 210-212
共産主義(communism) 178, 182
『共産党宣言』(Communist Manifesto) 173
協同(association) 177-178
共和主義(的)(republican, —ism) 88-89, 91-92, 103, 106, 109, 150, 157, 234, 277
共和党(Republican Party) 256
キリスト教(Christianity) 15, 32-33, 40, 46-47, 52, 121, 158-159, 164-165, 179, 236, 264-265, 274-275, 278-279
ギルマー(Francis Walker Gilmer) 53
キング(Rufus King) 134-136
キンモント(Alexander Kinmont) 263, 265-266, 269, 272-273

[ク]

グアテマラ(Guatemala) 295
クエーカー(教徒)(Quakers) 237
『草の葉』(Leaves of Grass) 183

『クラーニア・アメリカーナ』(Crania Americana) 184-185, 187, 200, 202
『クラーニア・エギュプティアカ』(Crania Aegyptiaca) 184, 200
クランダル(Prudence Crandall) 237-238
グリドン(George R. Gliddon) 183, 188, 190, 200, 311
グリムケ(Archibald H. Grimke) 215
クレイ(Henry Clay) 114, 121, 125, 131-133, 136, 211, 256, 291-292
クレイバン(William C. C. Claiborne) 109
グレゴワール(Henri Gregoire) 56-57
「黒いキリスト」(Black Christ) 272
クローフォード(William H. Crawford) 103

[ケ]

ケイド(Jack Cade) 156
啓蒙主義(Enlightenment) 7, 51, 273
ケネディ(John F. Kennedy) 11
　　　　　(Thomas Kennedy) 268
ゲブリエル(Gabriel Prosser) 66, 120, 122
ケームズ卿(Lord Henry Horne Kames) 63
建国の父祖たち(Founding Fathers) 75, 87, 216, 248, 285
ケンタッキー決議の草案(Draft of Kentucky Resolutions) 110
憲法修正第13条(Thirteenth Amendment) 309

[コ]

「好感情の時代」(Era of Good Feelings) 133, 150, 216
「高貴なる野蛮人」(noble savage) 78
孔子(Confucius) 199
「公平な代表」(equal representation) 92
公有地(public land) 68, 134-136, 138-139
コウルズ(Edward Coles) 62
コーカサス(人種)(Caucasian Race) 185, 313
『黒人と黒人奴隷制』(Negroes and Negro Slavery: The First, An Inferior Race —— The Latter, Its Normal Condition) 188
国勢調査(census) 29, 115, 139, 151, 207-208, 287
「告別演説」(Farewell Address) 37, 111
「心の資質」(endowments of heart) 32, 34, 51, 58, 60-61, 262-265, 271-273, 306
コズウェイ(Maria Cosway) 35, 38, 41, 50, 53
コスタリカ(Costa Rica) 295
コック(Bernard Kock) 295-296
骨相学(phrenology) 198
『コマーシャル・ガゼット』(Commercial Gazette) 238-239
コーライー(A. Coray) 15, 53, 108
コリア(M. Correa) 52
コルヴィン(John B. Colvin) 110
コルンビア(Colombia) 295
コロンブス(Christopher Columbus) 174
混血(amalgamation) 5, 57, 61-63, 67, 79-80, 84, 87, 120, 127, 199, 261, 278, 284-285, 287-288, 292

[サ]

「財産と地位ある紳士たち」(Gentlemen of Property and Standing) 239
「サウスカロライナ解釈」(South Carolina Exposition) 210
『ザ・フェデラリスト』(The Federalist) 98, 111, 213
サムナー(Charles Sumner) 267
「サンガモ・カウンティの人びとへ」(Communication to the People of Sangamo

索 引 *321*

County) 232
サンチョ(Ignatius Sancho) 59, 77
サンドマング(Saint-Domingue) 66, 254

[シ]

ジェイ(William Jay) 232
ジェファソン(Thomas Jefferson)
　共和国の課題　43-45；現世主義の志向　15-18；黒人植民論　67-69, 113-114, 119, 121-123, 126, 128, 133-134；黒人奴隷制論との関係　5-8, 149, 151, 154-156, 261, 282-283, 287；黒人論　55-62, 185, 189, 262, 264, 271-273, 306；国勢調査への関心　29；互換性の原理　30；事実主義と統計的手法　18-22, 183-184；自然の立場　194-195, 204, 313；自由土地の理念　286；自由・平等　171, 176-177, 181, 193；少数派の異端視　101-107, 110-112；心情倫理　95-97；人祖多元論　62-64, 81, 182-183；人祖単元論者による批判　70, 72-73, 82；政治家の資質　45-46；先住民政策　79-80, 84-87；先住民論　74-78；代議制論　91-94, 109, 232-233；多数派論　98-100, 205-206, 213, 235-236, 242, 289；多面的関心　11-14；知識の普及　54；直接民主制論　87-91, 108；道徳感覚の思想史上の意味　46, 48, 50-51；道徳感覚の重視　37-43, 52-53, 162-163；奴隷制論　64-67, 309；ビュフォン批判　22-27, 31-32；理性と道徳感覚　32-37, 51
「自覚せる少数派」(Conscious Minority) 205
私権剝奪法(Bill of Attainder) 102-104, 110-111
「自己愛」(self-love) 47-49
シーザー(Julius Caesar) 90
自助（哲学）(self-help) 298, 304

自然権(natural right) 7, 55-56, 66, 77, 158, 176
「自然災害」(physical evil) 225-227
「自然の貴族」(natural aristocracy) 45-46, 195
「自然の区分」(natural distinction) 192-195, 312
「自然の情愛」(natural affection) 48, 55, 99
「自然の退化」(rapetissement de la nature) 22-23, 26, 75
『自然の弁証法』(*Dialektik der Natur*) 196, 204
自然法(natural law) 7-8, 34, 49-50, 100, 313
実証科学(positive science) 51, 183, 185-186, 273
シドニー(Algernon Sidney) 111
『ジーニアス』(*Genuis of Universal Emancipation*) 220, 228, 230
「資本への従属」(slavery to Capital) 172
社会主義者(socialist) 171, 173, 177, 196
ジャクソニアン・デモクラシー(Jacksonian Democracy) 94, 107, 232
シャートリュー(Chastellux) 83
シャフツベリ(Anthony Ashley Cooper, Earl of Shaftesbury) 46-49, 54, 99
シャーブロ島(Sherbro Island) 118
シュウォード(William H. Seward) 295-296
自由社会(Free Society) 170-173, 175, 177-178
自由党(Liberty Party) 239, 256
自由土地(free soil) 6, 283, 286, 288
自由土地党(Free Soil Party) 256
「自由の使徒」(Apostle of Freedom) 106, 112
『18世紀の自然思想』(*The Eighteenth Century Background*) 7, 9, 55

自由貿易(free trade)
　　　　　　171-172, 174-175, 177
「受動的服従」(Passive Obedience)　49
「殉教者の時代」(Martyr Age)　242
ジョージ（ハリス）(George Harris)
　　　　　269-270, 274-277, 279-280
「所信の宣言」(Declaration of Sentiment)
　アメリカ奴隷制反対協会の———
　228, 231, 248, 310；ニューイングランド・ノンレジスタンス協会の———
　248-249
ショート(William Short)　15, 53
ジョンソン(Oliver Johnson)　215
ジョンソン判事(Judge Johnson)　51
ジラーダン(L. H. Girardin)　110-111
「人為の貴族」(artificial aristocracy)
　　　　　　　　　　　　　　45-46
「人為の区分」(artificial distinction)　194
ジンギスカン(Ginghis Khan)　199
人種学(ethnology)
　　　　　158, 183-184, 196-197, 199
人種戦争(race war)
　　　　　　65-66, 120, 124, 254, 297
(人祖)多元論(polygenism)
　　　　　7, 62-64, 74, 182-183, 186, 188, 200
(人祖)単元論(monogenism)
　　　　　62-64, 69-70, 74, 182, 186-188, 202, 217
人体測定学(anthropometry)　199
信約(Covenants)　47-48
『新約聖書』(New Testament)
　　　　　　　　　　　155, 168, 217
　「エペソ人への手紙」155；「コリント人への第一の手紙」155, 169；「コリント人への第二の手紙」252；「山上の垂訓」168, 217, 220；「使徒行伝」217；「テトスへの手紙」155；「テモテへの第一の手紙」155；「ペテロの第一の手紙」155, 169；「マタイによる福音書」168, 217, 250；「ローマ人

への手紙」259
『人類の諸類型』(Types of Mankind)
　　　　　　　　　190-191, 311, 313
『人類の聖書的および自然科学的歴史の関連性についての二つの講演』(Two Lectures on the Connection Between the Biblical and Physical History of Man)
　　　　　　　　　　　　　　　188
「人類の多様性に関する簡潔な所見」(Brief Remarks on the Diversities of the Human Species)　187
『人類の皮膚の色および姿態の多様性に関する一試論』(An Essay on the Causes of the Variety of Complexion and Figure in the Human Species)
　　　　　　　　　　　　70-71, 74

[ス]

救い(salvation)　250-251
スタントン(F. P. Stanton)　124
スチュアート(Archibald Stuart)　125
ストウ夫人(Harriet Beecher Stowe)
　226, 240, 246, 263, 268-282, 292, 304, 306, 311
ストックトン(Robert F. Stockton)
　　　　　　　　　　　　　118, 141
ストリングフェロー(Thornton Stringfellow)　165-170
「頭脳の資質」(endowments of head)
　32, 34, 58-61, 77, 184-185, 189, 262, 272-273, 306, 311
スパークス(Jared Sparks)　68, 121, 134
スピード(Joshua F. Speed)　290
スプリングフィールド演説(Speech at Springfield)　287-288, 292, 294
スミス(Adam Smith)　52, 172, 178
　(Gerrit Smith)　132
　(Samuel Stanhope Smith)
　69, 70-74, 82-83, 186-188, 218-219, 226,

228

[セ]

セイ(Jean Baptiste Say) 54
『政治学』(*Politics*) 175, 180
『聖書と奴隷制は両立せず』(*The Book and Slavery Irreconcilable*)
　　　　　　216, 222, 229, 231
『政治論』(*A Disquisition on Government*)
　　　　　　205, 213
生来のクリスチャン(natural Christian)
　　　　　　265, 272-273
「生来の奴隷」(servi a natura)
　　　　　　6, 175-176, 190
「積極的善」(positive good)
　　　　　　150, 158-159, 183, 200, 217, 227
セネカ(Seneca) 39, 86
セム（旧約）(Shem) 62, 81, 166, 203
先住民(native American)
　　12, 14, 21-22, 32, 73-80, 82, 84-87, 120,
　　122, 185, 200-201, 313
漸進主義(者)(gradualism, — list)
　　　　　　215, 220-222, 224-227
『1831年および32年のヴァージニア州議会における討論の論評』(*Review of the Debate in the Virginia Legislature of 1831 and 1832*)
　　　　　　131, 149, 151, 153, 157-158, 215, 223
1812年戦争(War of 1812)
　　　　　　91, 94, 103, 113, 115, 117
全米移住集会(National Emigration Convention) 301, 305

[ソ]

「即時悔改め」(immediate repentance)
　　　　　　225, 227, 231
即時主義(immediatism)
　　215-217, 219-220, 222-224, 226, 228, 231
「即時・無条件・国内解放」(immediate unconditional emancipation on the soil) 6, 222
ソクラテス(Socrates) 39, 99
ゾラ(Emile Zola) 227
「それ自体罪説」(sin per se doctrine)
　　　　　　163, 169
「存在の偉大な連鎖」(Great Chain of Being) 61

[タ]

「大学教授」(professor)と「農夫」(ploughman) 34, 50
大洪水(Deluge) 81, 186-187
第二合衆国銀行(Second Bank of the United States) 136
『タイムズ』(*Times*) 278-279
タウンシップ(township) 88-90, 109
「唾棄すべき関税」(Tariff of Abomination) 210-211
タキトゥス(Cornelius Tacitus) 33
ダグラス(Frederick Douglass)
　　　　　　300, 304, 309-310
　　(Stephen A. Douglas)
　　　　　　283-285, 291
「多数派の専制」(Tyranny of Majority)
　　　　　　107, 206, 231, 236, 242, 246
タッカー(George Tucker) 120, 253
タッカーマン(Charles K. Tuckerman)
　　　　　　296
タッパン(Arthur Tappan) 114, 247
ダンモア卿(Lord Dunmore) 77

[チ]

地域利害対立(sectionalism)
　　　　　　119, 125, 133, 136, 206, 266
「知識の一般的普及のための法案」(A Bill for the More General Diffusion of Knowledge) 44, 46
「知識の共和国」(Republic of Science)

　　　　　　　　　　　　　　　44, 51
チムール(Tamerlane)　　　　　　199
チャイルド(Lydia Maria Child)　260, 262
チャニング(William Ellery Channing)
　　　　　263-265, 267-268, 272-273
『中央アフリカ———アフリカ内陸部の冒
　険と伝道 1849-56年』(Central Africa;
　Adventures and Missionary Labors in
　Several Countries in the Interior of
　Africa, from 1849 to 1856)　　　299
チリキ(植民計画)(Chiriqui colonization
　project)　　　　　　　　　295-296

　　　　　　　　[テ]

ディアボーン(Henry Dearborn)　　111
帝国主義(imperialism)　　　　　　313
ディッケンス(Charles Dickens)　　282
ティファニー(I. H. Tiffany)　　　108
テイラー(John Taylor)　　29, 108-109
テキサス併合(Annexation of Texas) 200
デモステネス(Demosthenes)　　　　77
デュー(Thomas R. Dew)
　　　131, 149, 151-160, 165, 170, 179, 215, 223
デュフィエフ(N. G. Dufief)　　　　33
テリトリー(territory)　6, 70, 285-286, 288
デレイニ(Martin R. Delany)　　298-306
天然橋(Natural Bridge)　　　　　　20

　　　　　　　　[ト]

トウェイン(Mark Twain)　149, 161, 267
道徳感覚(moral sense)
　　32-43, 45-54, 58, 60, 87, 95, 98-101, 103,
　　107, 162-163, 235-236, 262, 273, 288, 292
道徳感覚学派(Moral Sense School)
　　　　　　　　　　　　　　48-50, 99
道徳本能(moral instinct)
　　　　　　　　　33, 40, 42, 100-101
逃亡奴隷法(Fugitive Slave Law)
　　　　　　　　　　226, 290, 301-302

ドゥーリトル(James R. Doolittle)　295
ドオベントン(D'Aubenton)　　　　27
「徳と英知」(virtue and wisdom)　46
「徳と才能」(virtue and talents)　45-46
独立革命(American Revolution)
　　　　　　　　8, 74, 103, 106, 242
独立記念日(Independence Day)
　　　　　　　　　　134, 220, 234
独立宣言(Declaration of Independence)
　　5-7, 15, 69, 95, 103-104, 111, 114, 149,
　　176, 178, 194, 204, 284, 286
独立戦争(War of Independence)
　　　　　　　　　36, 102, 248, 260
トックヴィル(Alexis de Tocqueville)
　　53, 236, 242, 245-246, 261, 267, 302, 307
ドッジ(Joshua Dodge)　　　　　　111
トーニー(Roger B. Taney)　　　　114
トムソン(Charles Thomson)　　　　28
トラシー(Antoine Louis Claude Destutt
　de Tracy)　　　　　　　　　　　29
トランバル(John Trumbull)　　27, 32
トルストイ(Leo Tolstoy)　　　227, 258
『奴隷解放』(Emancipation)　　　264
奴隷解放宣言(Emancipation Proclama-
　tion)　　　　　　　　　295-296, 311
奴隷解放予備宣言(Preliminary Emanci-
　pation Proclamation)　　　295-296
『奴隷所有に関するイギリス領アメリカ植
　民地住民への訴え』(An Address to the
　Inhabitants of the British Settlements
　in America, upon Slave-Keeping)　69
『奴隷制』(Slavery)　　　　　　　263
奴隷制即時廃止運動（アボリショニズム）
　(abolitionism)
　　215-216, 219-220, 222, 233, 238-239, 246-
　　247, 250, 254-255
奴隷制即時廃止論者（アボリショニスト）
　(abolitionist)
　　6, 107, 114, 131, 137, 146-147, 150, 164,

168, 191, 215-216, 224, 227-228, 230-231, 233, 235-237, 239, 242-243, 246-249, 251, 255-257, 261, 278, 286, 300-302, 309-310 ガリソン派 224, 246-257, 259, 261, 301；ニューヨーク派 247, 250-251, 256, 301
『奴隷制とその救済策に関する講演』(*Lectures on Slavery and its Remedy*) 224
「奴隷制に関する聖書の証言の簡潔な検討」(A Brief Examination of Scripture Testimony on the Institution of Slavery) 165
奴隷制擁護論(pro-slavery argument) 5, 6, 67, 74, 131, 137, 146, 149-151, 154, 157-159, 162, 170, 183, 205, 215-216, 223, 258, 273, 309
　　科学的擁護論　157, 159, 182-183, 188；社会学的擁護論 157, 159, 170, 175, 182, 311；宗教的擁護論 154-155, 157-159, 161-162, 165, 169, 171, 182, 311
奴隷主権力(slave power) 266-267, 279, 311
奴隷貿易(slave trade) 117-119, 121, 128, 216, 219
ドレッド・スコット事件(*Dred Scott* case) 114
トンプソン(Ambrose W. Thompson) 295
　　(George Thompson) 238

[ナ]

ナイチンゲール(Florence Nightingale) 227
内陸開発(internal improvement) 136, 139, 305
ナショナリズム(nationalism) 115, 117, 136, 300-301
『ナショナル・イラ』(*National Era*) 269

ナット・ターナーの奴隷反乱(Nat Turner Insurrection) 135, 151, 257
「南部国会議員の選挙民への呼びかけ」(Address of the Southern Delegates in Congress, to their Constituents) 209
『南部のための社会学』(*Sociology for the South, or the Failure of A Free Society*) 150, 157, 179
南北戦争(Civil War) 5, 124, 137, 147, 149, 161, 199, 210, 255, 274, 282, 294, 297-299, 309-310

[ニ]

ニカラグア(Nicaragua) 295, 299
西インド諸島(West Indies) 120, 153, 222, 264, 299, 303
ニジェール川(Niger River) 120-121
ニジェール川流域探検隊(Niger Valley Exploring Party) 299
ニューイングランド奴隷制反対協会(New England Anti-Slavery Society) 224
ニューイングランド・ノンレジスタンス協会(New England Non-Resistance Society) 248-249
ニュートン(Isaac Newton) 27, 56
「人間的主人への従属」(slavery to human Masters) 172
『人間の自然史に関する12の講話』(*Twelve Lectures on the Natural History of Man*) 265, 269
『人間・風習・意見・時代等の諸特徴』(*Characteristics of Men, Manners, Opinions, Times, etc.*) 46, 48, 54
人間本性(human nature) 6-8, 11, 32-34, 37, 43-49, 51, 55, 58, 61-62, 65-66, 87, 95, 99-101, 162, 171, 175-178, 190, 194-195, 205, 235, 264-265, 273, 283-284, 313

[ヌ]

ヌエバ・グラナダ(Nueva Granada) 299

[ノ]

ノア (旧約) (Noah) 62, 81, 165-166, 186
ノイズ(John Humphrey Noyes) 250-252
農奴制(serfdom) 156, 170-171, 190
『ノース・スター』(*North Star*) 304
ノット(Josiah C. Nott)
　　　　　183-184, 188, 190, 195, 198, 311
ノブレス・オブリージュ(noblesse oblige)
　　　　　　　　　　　　　　　　171
ノンレジスタンス(non-resistance)
　　　　　　　　　　　　246-250, 256-258

[ハ]

バー(Aaron Burr) 96-97
ハイチ(Haiti) 66, 68, 120, 146, 230, 295-296
ハーヴァード (大学) (Harvard) 105
パウロ (使徒) (Paul) 272
バーク(Edmund Burke) 94
『白人の優位と黒人の従属』(*White Supremacy and Negro Subordination*) 188-189
バークレイ(George Berkeley) 49
方舟(ark) 81, 198
バージェス(Ebenezer Burgess) 118
『蜂の寓話 私悪すなわち公益』(*The Fables of the Bees, or Private Vices Public Benefits*) 99, 110
バックマン(John Bachman) 202
『ハックルベリー・フィンの冒険』(*The Adventures of Huckleberry Finn*) 149
ハッチンズ(Robert M. Hutchins) 106
パドーヴァー(Saul K. Padover) 11, 28
バトラー(Benjamin F. Butler) 297
バーニー(James G. Birney) 237, 239-240
バネカー(Benjamin Banneker) 55, 57, 60
バーネット(Jacob Burnet) 240

ハーパー(Robert G. Harper)
　　　　　　116, 118, 121, 126, 128, 133, 257
ハーパーズフェリー(Harper's Ferry) 257
ハミルトン(Alexander Hamilton)
　　　　　　　　　　　5, 46, 53, 87, 193
ハム (旧約) (Ham) 62, 81, 166, 203
バーロウ(Joel Barlow) 57
バーン(George Bourne)
　　　　　　　　　215-222, 227-229, 231
バンクロフト(E. Bancroft) 60
ハンター(John Hunter) 61
ハンフリーズ(David Humphreys) 244

[ヒ]

ピタゴラス(Pythagoras) 39
ビーチャー(Lyman Beecher) 263, 268, 282
必要悪(necessary evil) 150, 179
『人みな食人種』(*Cannibals All!*) 157, 170
「皮膚の色に関する偏見」(The Prejudice of Color) 278
ビュフォン(Georges-Louis Leclerc de Buffon)
　　　　　22-23, 25-27, 31-32, 62, 75-77, 82
貧乏白人(poor white) 312

[フ]

フィシュバック(J. Fishback) 52
フィッツヒュー(George Fitzhugh)
　　　　　6, 150, 157, 170-181, 190-191, 203, 258
フィニー(Charles Grandison Finney)
　　　　　　　　　　　　　　250-252, 256
『フィランスロピスト』(*Philanthropist*)
　　　　　　　　　　　　　　　237, 240
フィリップス(Josiah Philips) 102, 111
　　　　　　 (Wendell Phillips)
　　　　　　　　　　　　235-236, 239, 246
フィンドレー(William Findley) 110
フェルプス(Amos A. Phelps)
　　　　　　　　　　　　　　224-226, 231

索　引　*327*

フォーテン(James Forten)　140
フォーブス(Paul S. Forbes)　296
ブキャナン(Thos Buchanan)　145, 148
ブラウン(James Brown)　110
　　　(John Brown)　257
　　　(William Wells Brown)　300
ブラザー・ハンサム・レイク(Brother Handsome Lake)　83
プラトン(Plato)　15, 19, 54
フランクリン(Benjamin Franklin)　53, 172
フーリエ(Charles Fourier)　171, 178
「ブリストル選挙民への演説」(Speech to the Electors of Bristol)　94
プリンストン（大学）(Princeton)　105
ブルックス(Preston Brooks)　267
ブルーメンバッハ(Johann Friedrich Blumenbach)　62, 201
『ブレイク』(*Blake; or, the Huts of America*)　305
ブレッキンリッジ(James Breckinridge)　105
　　　(John C. Breckinridge)　109

[ヘ]

ベイリー(Thomas P. Bailey)　312
ヘイン(Robert Y. Hayne)　135
ペイントリック(Paint Lick)　268-269
ペオリア演説(Speech at Peoria)　6, 283-287, 289-290, 292, 294
ベーコン(Francis Bacon)　11, 27, 32, 58-59, 81, 183, 196-197, 200, 204
ヘルパー(Hinton Rowan Helper)　212
ヘンドリック(Captain Hendrick)　84
ヘンリー(Patrick Henry)　84

[ホ]

ホイットマン(Walt Whitman)　183, 273
ボーウェン(Thomas J. Bowen)　299
暴徒(mob)　99, 173, 236-243, 260
ホーキンス(Benjamin Hawkins)　85
　　　(John Hawkins)　218
北西部条例(North West Ordinance)　6, 86, 286
「保護者」(guardian)と「被保護者」(ward)　190
ボストン女性奴隷制反対協会(Boston Female Anti-Slavery Society)　238
ボストン茶会事件(Boston Tea Party)　242
ボストン・モッブ(Boston Mob)　239, 245-246
ホッブズ(Thomas Hobbes)　46-49, 54
ボナパルト(Napoléon Bonaparte)　90
ホマー(James L. H. Homer)　239
ホームズ(John Holmes)　82
ホリンズ(John Hollins)　54
ホワイト(Charles White)　61
ホンジュラス(Honduras)　295

[マ]

マキャベリ(Niccolo Machiavelli)　52, 96
『マクベス』(*Macbeth*)　159
マーサー(Charles F. Mercer)　115, 118-119, 133
マサチューセッツ奴隷制反対協会(Massachusetts Anti-Slavery Society)　255
マーシャ・C・デイ号(*Marcia C. Day*)　296
マーシャル(John Marshall)　102, 135-136, 238-239
マックダフィー(George McDuffie)　159
マディソン(James Madison)　13, 16-17, 53, 87, 98, 100-101, 105, 107, 110, 114, 119, 135-136, 213
マーティノー(Harriet Martineau)　232, 245, 247, 258

マーフィー(Edgar Gardner Murphy) 312
マルクス(Karl Marx) 171, 173
マルブランシュ(Nicolas de Malebranche) 54
マンデヴィル(Bernard de Mandeville) 99, 110
マンフォード(William Green Munford) 53
マンモス(mammoth) 22-23, 31

[ミ]

ミズーリ協定(Missouri Compromise) 284
『南アフリカ伝道踏査』(*Missionary Travels and Researches in South Africa*) 299
ミルズ(Samuel J. Mills) 118
ミンストレル・ショー(minstrel show) 267

[ム]

無効宣言条例(Ordinance of Nullification) 211
無効宣言の理論(Doctrine of Nullification) 210-211
無神論(atheism) 19, 47, 162-163, 172
無政府(no-government) 179, 248-249, 255-256, 258-259

[メ]

メキシコ戦争(Mexican War) 209, 257
『綿花は王者 奴隷制擁護論』(*Cotton is King, and Pro-Slavery Arguments*) 170

[モ]

モース(Jedediah Morse) 13
モーセ(Moses) 70, 165
モートン(Samuel G. Morton) 183-188, 195, 198-202
モンゴル(人種)(Mongol) 186, 198-199
モンテスキュー(Montesquieu) 54

モンテーニュ(Michel Eyquem de Montaigne) 54
モンロー(James Monroe) 30, 113, 118-119, 122, 142

[ヤ]

ヤコブ（旧約）(Jacob) 166
ヤペテ（旧約）(Japheth) 62, 81, 166, 203

[ユ]

ユークリッド(Euclid) 59, 77

[ヨ]

予定説(predestination doctrine) 196, 250
ヨルバ(Yoruba) 299
「ヨーロッパとアメリカの四足動物比較表」(A comparative View of the Quadrupeds of Europe and of America) 25
「世論の一大革命」(greater revolution in public sentiment) 233

[ラ]

ラヴジョイ(Elijah P. Lovejoy) 237, 241-243, 260
ラッシュ(Benjamin Rush) 53, 64, 69, 112
ラッセル卿(Lord John Russell) 159
ラフィトー(Lafitau) 14
ラマルク(Jean-Baptiste de Monet de Lamarck) 71
ランドルフ(Edmund Randolph) 102, 111

[リ]

『リヴァイアサン』(*Leviathan*) 47
リヴィウス(Livy) 33
リヴィングストン(David Livingstone) 299
理性(reason) 32-46, 49-51, 53, 58-60, 62, 66, 74, 77, 79-80, 89, 99, 161, 163-164, 198, 235-236, 265,

270, 273
離脱主義 (come-outerism) 251-252
律法 (law)
 6, 158, 162-165, 167-169, 249, 251
リベリア共和国 (Republic of Liberia)
 113, 123, 139, 144, 146-147, 270, 292, 299
『リベレイター』(*Liberator*)
 131, 215-216, 219-220, 228, 237, 254-255
領土膨張主義 (expansionism) 122-123
リンカーン (Abraham Lincoln)
 6, 125, 159, 203, 232, 234, 256, 282-297, 311
リンカーン=ダグラス論争 (Lincoln-Douglas Debates) 283
リンチ (lynch) 237-239, 249
リンネ (Carolus Linnaeus) 62

[ル]

ルイジアナ購入 (Louisiana Purchase)
 85-86, 96
ルヴェルチュール (Toussaint L'Ouverture)
 66
ルソー (Jean-Jacques Rousseau) 50-51, 55
ルネサンス (Renaissance) 7, 11

[レ]

レイナール神父 (Abbé Raynal) 75
レヴィ (Leonard W. Levy) 110
レッセフェール (laissez faire) 172, 177
レモンド (Charles Lenox Lemond)
 309-310
『レリジャス・ヘラルド』(*Religious Herald*) 170
レーン神学校 (Lane Theological Seminary) 268

[ロ]

ロー (Thomas Law) 38-39, 53, 110
ローウェル (James Russell Lowell)
 278, 280
ローガン (Logan) 77
ロジャース (Nathaniel P. Rogers)
 251-252
ロス (Fred A. Ross) 162-165, 169
ローズヴェルト (Franklin D. Roosevelt)
 112
ロスコウ (Mr. Roscoe) 111
ロック (John Locke) 27, 111
ロバーツ (Joseph J. Roberts)
 141, 146, 292, 294
ロバートソン (John Robertson) 54
ロマン主義 (romanticism) 50-51, 273

[ワ]

ワシントン (Bushrod Washington)
 114, 128
 (George Washington)
 37, 111, 114
 (Washington, D.C.)
 13, 200, 269, 296

著者紹介

清水忠重（しみず　ただしげ）

1944年　岡山県に生まれる。
1968年　京都大学文学部卒業。
1973年　京都大学大学院文学研究科西洋史学専攻博士課程退学。
同　年　京都大学文学部助手。
1986年　神戸女学院大学文学部講師，助教授をへて同教授。
著　書　『アメリカの歴史―統合を求めて―』（共著，柳原書店，1982年）
　　　　『世界歴史大系　アメリカ史1』（共著，山川出版社，1994年）他

アメリカの黒人奴隷制論

2001年2月20日　第1版第1刷印刷発行

（乱丁・落丁はお取替致します）

著者との了解により検印省略	著　者	清水忠重
	発行者	能島　豊
	発行所	有限会社　木鐸社
	印　刷　アテネ社　　製　本　関山製本所
	〒112-0002　東京都文京区小石川5-11-15-302
	電話・FAX　(03)3814-4195番　振替　00100-5-126746

©2001 Tadashige Shimizu
ISBN4-8332-2306-6 C3022　Printed in Japan

多文化主義
■アメリカ・カナダ・オーストラリア・イギリスの場合
多文化社会研究会編訳
A5判・284頁・3000円（1997年）ISBN4-8332-2247-7

　本書はアメリカ・カナダ・オーストラリア・イギリスの4国で1980-90年代にかけて出版された多文化主義に関する主要な論文を厳選し翻訳編集した論文集。多文化主義が「平等」と「民族文化」という二つの対立軸を巡ってどのように展開し、その結果いかなる問題点が生まれつつあるかを具体的に知る上で良き手引書となっている。

〔知のフロンティア叢書　4〕
常識のアメリカ・歴史のアメリカ
■歴史学の新たな胎動
執筆者代表　金井光太朗
46判・314頁・2200円（1998年3刷）ISBN4-8332-2181-0

　新たな政治史の胎動＝遠藤泰生　既得権と多数決＝金井光太朗　黄熱の首都フィラデルフィア、1739年＝山田史郎　ブラックストーン運河と19世紀初頭のニューイングランド社会の変容＝肥後本芳男　ジャクソン期インディアン強制移住政策とインディアン＝鵜月裕典

民衆支配の讃歌
Sean Wilents, Chants Democratic, 1984
S.ウィレンツ著　安武秀岳・鵜月裕典・森脇由美子訳
A5判（近刊）
■NY市とアメリカ労働者階級の生成と展開
　Ⅰ職人共和国1788～1825　　Ⅱ雑種仕事場1825～1850　　Ⅲ勤労者の代弁者1825～1832　　Ⅳ雇われ職人の反乱1833～1836　　Ⅴ不況と政治1837～1849　　Ⅵメトロポリスにおける階級闘争1850
　大都会の共同体職人世界の崩壊と労働者階級の形成過程を考察。

アメリカ政治文化史　建国より一世紀
Robert Kelley, The Cultural Pattern in American Politics: The First Century, 1979
R.ケリー著　長尾龍一・能登路雅子訳
46判・464頁・3800円（1987年）ISBN4-8332-2112-8

　本書は、伝統的な意味でのアメリカ政党史ではない。それを形作ってきた様々な人間集団の歴史として、建国期のアメリカを生きた普通の人々の生活意識や体験に基づく対立と連携の壮大なドラマを描く。